高等职业教育财经类“十二五”系列规划教材·经济管理基础课

经济学基础教程

（Economics foundation course）

关　剑　王鸣华　主编

電子工業出版社
Publishing House of Electronics Industry
北京·BEIJING

内 容 简 介

本书介绍经济学的基础知识和基本原理，涵盖微观经济学和宏观经济学的基本内容。全书共分 11 章，内容分别是：第 1 章经济学导论，第 2 章需求、供给和价格均衡，第 3 章弹性理论，第 4 章产量与成本，第 5 章完全竞争市场，第 6 章完全垄断市场，第 7 章垄断竞争市场和寡头垄断市场，第 8 章生产要素市场，第 9 章宏观经济分析中的变量与模型，第 10 章宏观经济运行，第 11 章宏观经济政策。配套的教案、课件极大地丰富和方便了教师的教学。

本书尽量回避高等数学繁复的公式、函数和运算，选择贴近生活的实际案例，希望通过通俗易懂的语言和图表对复杂的理论和模型进行透彻的分析，对重要的问题进行深入浅出的阐述，从而使学生能尽快地用经济学的思维方式去分析和理解经济问题，掌握经济学的精髓。

本书内容充实、讲解深入浅出，既可作为高职高专院校经济管理类专业经济学基础课程的教材，也可作为初学者掌握经济学相关知识的自学用书。

图书在版编目（CIP）数据

经济学基础教程/关剑，王鸣华主编. —北京：电子工业出版社，2014.9
高等职业教育财经类“十二五”系列规划教材 • 经济管理基础课
ISBN 978-7-121-24303-5

Ⅰ. ①经… Ⅱ. ①关… ②王… Ⅲ. ①经济学－高等职业教育－教材 Ⅳ. ①F0

中国版本图书馆 CIP 数据核字（2014）第 209569 号

责任编辑：张云怡　　特约编辑：张国栋
印　　刷：三河市鑫金马印装有限公司
装　　订：三河市鑫金马印装有限公司
出版发行：电子工业出版社
　　　　　北京市海淀区万寿路 173 信箱　邮编 100036
开　　本：787×1 092　1/16　印张：18.75　字数：480 千字
版　　次：2014 年 9 月第 1 版
印　　次：2014 年 9 月第 1 次印刷
印　　数：3 000 册　　定价：37.00 元

凡所购买电子工业出版社图书有缺损问题，请向购买书店调换。若书店售缺，请与本社发行部联系，联系及邮购电话：（010）88254888。

质量投诉请发邮件至 zlts@phei.com.cn，盗版侵权举报请发邮件至 dbqq@phei.com.cn。

服务热线：（010）88258888。

前　言

19 世纪伟大的经济学家阿尔弗雷德・马歇尔（Alfred Marshall）在他的教科书《经济学原理》中这样写道：“经济学是一门研究人类一般生活事务的学问。”懂得一些经济学的基本常识是现代人应该具备的最基本素质之一。

作为一名高职学生，学习经济学将有助于你了解所生活的世界。生活中有许多经济问题可能会引起你的兴趣，例如：歌星的高收入合理吗？上大学的机会成本是多少？为什么丰收会使农民的收入反而减少？这些只是本书可以帮助你回答的许多问题中的几个。学习经济学将引导你学会经济学推理方式，从而能够从经济学角度去思考问题。在你的日常生活中，你要做出许多经济决策。当你高中毕业时，你要决定上大学还是参加工作。当你工作以后，你要决定把多少收入用于支出、多少用于储蓄以及多少用于投资。当你某一天决定要自主创业办公司时，你要为你的产品制定价格策略。经济学是关于“选择”的学问，我们每一个人都面对着无穷无尽的经济选择，“有了这个”就意味着“失去那个”。掌握基本的经济学原理，能帮助我们理解选择的后果，规划好自己的人生。学习经济学本身不会使你富有，但它将给你一个有助于你致富的头脑和一些有用的工具。

作为高职院校经济管理类专业“经济学基础”课程的教材，本书内容包括微观经济学和宏观经济学的主要理论。根据课程的培养目标，在兼顾经济学理论体系的前提下，依照“够用、实用”的原则，对经济学的内容进行精选与整合。全书共分 11 章，内容分别是：第 1 章经济学导论，第 2 章需求、供给和价格均衡，第 3 章弹性理论，第 4 章产量与成本，第 5 章完全竞争市场，第 6 章完全垄断市场，第 7 章垄断竞争市场和寡头垄断市场，第 8 章生产要素市场，第 9 章宏观经济分析中的变量与模型，第 10 章宏观经济运行，第 11 章宏观经济政策。

本书尽量回避高等数学繁复的公式、函数、运算，选择贴近生活的实际案例，希望通过通俗易懂的语言和图表对复杂的理论和模型进行透彻的分析，对重要的问题进行深入浅出的阐述，从而使学生能尽快地用经济学的思维方式去分析和理解经济问题，掌握经济学的精髓。

本书穿插介绍了在历史上有过重要影响，其思想成为经济学重要来源的经济学家及流派，以激发学生的兴趣，培养学生的经济学洞察力和理解力。

此外，本书还提供了大量的图表，形象生动、通俗易懂，可以使复杂的问题直观化和简明化，更好地帮助学生分析和解决现实生活中的经济问题。

本书适合作为高职高专院校经济管理类专业学生学习经济学课程的教材，同时也可作为社会培训教材或自学读物。

本书由关剑、王鸣华主编，主要由董乃全、傅连仲、任义、王玲启、张琳、程昂、马莹、刘芳、吴洁、韩先文、吴红翠编写。

在编写过程中，我们参考借鉴了国内外同行的很多文献，由于篇幅所限，在参考文献中没能一一列出，如有遗漏，在此对这些作者表示诚挚的歉意和感谢。另外，由于编写时间仓促，学识尚浅，书中一定存在疏漏和不足之处，恳请专家和读者批评指正。

编　者

2014 年 7 月于天津

目　录

第 1 章　经济学导论

本章导学

经济学最早产生于古希腊。在公元前 11 世纪到公元前 14 世纪时期，古希腊和古罗马的奴隶制庄园经济有了较快的发展，偶尔也有一些简单的、少量的商品交换。一些学者出于奴隶主阶级利益的需要，对当时的一些经济问题进行了研究，提出了最早的经济学概念和思想，比如说，关于商品价值和使用价值的看法，关于发展农业和手工业的看法，关于货币的看法，等等。

经济学产生于 15 世纪，18 世纪形成了较为系统的理论体系，建立起了经济学科。自 19 世纪 70 年代以后，经济学成为市场经济运行和国家调节的重要理论基础，国家政府经济政策的制定往往都是以一种或几种经济学的理论和政策主张作为理论依据的。在西方国家，经济学常常被称之为“社会科学之王”。

学习经济学有助于人们了解自己生活的世界；经济学使人们更精明地参与经济活动；经济学使人们更好地理解经济政策的潜力与局限性。

通过本章的学习，你将能够：

（1）理解经济学的定义，知道经济学要解决的基本经济问题；

（2）理解微观经济学和宏观经济学研究的主要内容及其关系；

（3）了解经济学的研究方法，理解经济学模型；

（4）定义生产可能性边界和计算机会成本；

（5）理解贸易和专业化生产的好处；

（6）简要了解经济学的发展史。

1.1　经济学的研究对象

1.1.1　经济学的产生

1.“经济”的概念

英文中“Economy”一词，是由希腊文“家庭”与“管理”两词合并而成。古希腊思想家色诺芬在《经济论》中使用“经济”一词原意是家庭管理论，反映了当时奴隶制自然经济的特点与局限。

在色诺芬时代，家庭是社会的经济单位，奴隶们分属于各个奴隶主家庭，所以家庭管理实际上就是研究如何搞好各个奴隶主庄园的组织和管理。在《经济论》中，色诺芬强调经济（家庭管理）应成为一门学问，这个学问研究的是：优秀的主人如何管理好自己的财产，使自己的财富不断增加。

现在“经济”一词的含义，则泛指人类社会中人们获取各种物质财富或物质生活资料的一切谋生活动。

2．稀缺性——经济学的出发点

（1）欲望的无限性。

欲望（wants）是人们为了满足生理和心理上的需要而产生的渴求和愿望，欲望是一种心理现象，欲望的主要特点是多层次性与无限性。

由于人类需要层次的多样性，因而人的欲望是无穷无尽的。在一种欲望得到满足后（甚至还没有完全得到满足时），新的欲望就会产生。

清朝人胡澹庵（图 1-1）编辑的《解人颐》一书中收录了一首《不知足》诗，充分反映了人无限的欲望本能。

图 1-1　胡澹庵

终日奔忙只为饥，方才一饱便思衣；
衣食两般皆具足，又想娇容美貌妻；
取得美妻生下子，恨无田地少根基；
买到田园多广阔，出入无船少马骑；
槽头拴了骡和马，叹无官职被人欺；
县丞主簿还嫌小，又要朝中挂紫衣；
做了皇帝求仙术，更想登天跨鹤飞；
若要世人心里足，除是南柯一梦西。

19 世纪，马克思和恩格斯把人的需要分成生存、享受和发展三个层次。人们的生存需要、享受需要和发展需要的满足既取决于生产力水平，又取决于一定的经济制度。

20 世纪，美国心理学家马斯洛（1908—1970 年）在《人类动机的理论》一书中提出了自己的需要层次论（如图 1-2 所示）。马斯洛认为：①人要生存，他的需要能够影响他的行为。只有未满足的需要能够影响行为。②人的需要按重要性和层次性排成一定的次序，从基本的需要（如食物和住房）发展到复杂的需要（如自我实现）。③当人的低一级的需要得到最低限度的满足后，才会开始追求高一级的需要，如此逐级上升，成为推动人们持续努力的内在动力。马斯洛提出人的需要有五个层次：一是生理需要，是个人生存的基本需要，如吃、喝、住；二是安全需要，包括心理上和物质上的安全保障，如不受盗窃和威胁，预防危险事故，职业有保障，有社会保障和退休金等；三是社交的需要，人是社会的一员，需要友谊和群体的归属感，人际交往需要彼此同情、互助和赞许；四是受人尊重的需要，包括受到别人的尊重和具有内在的自尊心；五是自我实现的需要，指通过自己的努力，实现自己对生活的期望，从而对生活和工作真正感到很有意义。

马斯洛的人本主义心理学为其美学理论提供了心理学基础。其心理学理论核心是人通过“自我实现”，满足多层次的需要系统，达到“高峰体验”，重新找回被技术排斥的人的价值，实现完美人格，其中自我实现的需要是超越性的，追求真、善、美，将最终导向完美人格的塑造，高峰体验代表了人的这种最佳状态。

（2）资源的稀缺性。

资源是用来满足人们欲望的物品，可以分为：

自由取用物品（Free Goods）：价格为零供给为无穷大，如空气就属于自由取用的物品。

图 1-2 马斯洛及其需求层次论

经济物品（Economic Goods）：价格为零，供给为零，指人类必须付出一定的代价方可得到的物品，即必须通过生产和交换才能获得的物品，如土地、劳动、资本、企业家才能。

土地（Land）：自然资源的总称，包括陆地、森林、水域、地下矿藏。

劳动（Labor）：人力资源的总称。

资本（Capital）：指为了提高生产能力而利用土地和劳动制造出来的投入品，包括机器、设备、建筑、道路等。

企业家才能（Entrepreneurship）：是指雇用其他资源生产产品和服务并承担经营风险的特殊能力。

人们需要的满足主要来自经济物品，而经济物品的资源是有限的。首先，地球上的自然资源是有限的；其次，经济组织中的资本、劳动力、企业家才能等资源也是有限的；再次，时间资源也是有限的。

相对于人类社会的无限欲望而言，经济物品或者生产这些物品所需要的资源总是不足的，资源的这种相对有限性就是资源的稀缺性。

经济学就是为解决人类经济活动中经常面临的欲望的无限性与资源的稀缺性之间的矛盾而产生的。即经济学是由于稀缺性的存在而产生的。

物质生活资料是人类社会赖以生存和发展的基础。但人们所生产的物质生活资料，相对于人们的欲望来说总是有限的或稀缺的，总不能充分满足人们各种各样的需求。因此，客观存在的物质生活资料稀缺性的事实，就是经济问题产生的根源，也是经济学研究的出发点。

稀缺性（Scarcity）：即指生产的产品资源（经济物品）不能满足人们需要的情况。这是一个永恒的问题，是一条普遍的规律。

3．选择——经济学的产生

经济学家认为，由于稀缺性的普遍存在而引起选择的必要性，就必然产生经济学。一切经济问题来源于稀缺性。

由于稀缺性，怎样使有限的物品和劳务在有限的时间内去满足人们最急需和最迫切的欲望，就成为人类社会经济生活的首要问题。要解决这个问题人们只有去“选择”。

选择是为最大限度满足人们的欲望和需求，怎样利用现有资源去生产经济物品。

4. 机会成本

机会成本的定义是把既定资源投入某一特定用途所放弃的其他可能用途中获得的最大收益。

使用机会成本的经济意义是更好地考察厂商的经济行为是否有效。机会成本属于隐含成本，是做出一种选择时必须放弃的其他可能选择中最好一种的收益。

案例 1-1

姚明上大学的机会成本是多少？

“小巨人”姚明没有上大学而是同美国休斯敦火箭队签了 3 年 2 000 万美元的工作合同，到 NBA 打球。

姚明并没有上大学，他为什么不上大学呢？凭姚明的智商，考上重点大学没有一点问题。但是，他不上大学是明智的选择，因为他有到 NBA 打球的机会。加上他拍广告的收入，每年的实际收入在 1 000 万美元以上。

可以想象，如果姚明选择上大学，放弃到 NBA 打球，他一年就少收入至少 1 000 万美元。这就是姚明上大学的“机会成本”。

所以姚明是最聪明的，他没有让机会白白溜走，他抓住了机遇。虽然姚明有时候也感叹：“我现在也就是一个蓝领，天天干的都是力气活！”虽然他也想上大学，但是他可能会说他“上不起大学”。这并不是说他付不起学费，而是指他不愿意放弃不上大学所能赚到的高额收入。证实一种东西的机会成本是为了得到这种东西所放弃的其他东西。经济学家会这样理解：由于个人上大学的机会成本达到了足够高的程度，以至于上大学反而得不偿失。

5. 偏好及其边际利益

偏好是对一个人喜好和厌恶的描述。为了描述偏好，经济学家利用了边际利益的概念。边际利益是一个人多消费一单位某种产品或服务所得到的利益。我们用一个人愿意为增加一单位某种产品或服务所支付的最大值来衡量这种产品的边际利益。

经济学家用边际利益曲线来描述偏好。边际利益曲线描述了从一单位产品中得到的边际利益与该产品消费数量之间的关系。一般的原则是，我们所拥有的任何一种产品和服务越多，得到的边际利益就越少，并且我们多额外增加一单位产品的支付意愿也越小，我们称之为边际利益递减原则。

1.1.2 经济学的研究对象

1. 多种多样的观点

究竟什么是经济学？不同时代和不同国家的经济学家有各种各样的定义与说明。有人从经济学研究和考察人们的经济活动角度，认为经济学是研究人类社会生活中经济问题的一门科学；有的人从面对稀缺性现实必须做出选择的角度，认为经济学是研究经济主体怎样进行选择的一门学科；有的人从经济主体为着既定目的去参与经济活动的角度，认为经济学是研究在经济活动中的经济行为的一门科学；有的人从有限经济资源配置的角度，认为经济学是研究经济资源的有效配置的一门学科；有的人从经济社会的福利角度，认为经济学是研究在既定资源条件下怎样增加社会福利的一门学科。

萨缪尔森《经济学》第12版中的定义为："经济学研究的是社会如何利用稀缺的资源以生产有价值的商品，并将它们分配给不同的个人。"

2．当代经济学的研究对象

从20世纪30年代起，经济学界普遍接受了英国经济学家L.罗宾斯提出的定义：经济学是研究用具有各种用途的稀缺资源来满足人们目的的人类行为科学。罗宾斯的定义强调了经济资源的稀缺性和人们面临的选择。

以后的经济学定义都以此为基础演化发展。如美国在20世纪60年代末出版的《国际社会科学百科全书》中对经济学的定义为："经济学是研究稀缺资源在无限而又有竞争性的用途之间配置的问题。它是一门研究人与社会寻求满足他们的物质需求与欲望的方法的社会科学，这是因为他们所支配的东西不允许他们去满足一切愿望。"

萨缪尔森在《经济学》第12版中对经济学的定义是："经济学是研究人和社会如何进行选择，来使用可以有其他用途的稀缺的资源以便生产各种商品，并在现在或将来把商品分配给社会的各个成员或集团以供消费之用。"

3．资源配置的说明

资源配置（resource allocation）是指对相对稀缺的资源在各种不同用途上加以比较做出的选择。资源是指社会经济活动中人力、物力和财力的总和，是社会经济发展的基本物质条件。在社会经济发展的一定阶段上，相对于人们的需求而言，资源总是表现出相对的稀缺性，从而要求人们对有限的、相对稀缺的资源进行合理配置，以便用最少的资源耗费，生产出最适用的商品和劳务，获取最佳的效益。资源配置合理与否，对一个国家经济发展的成败有着极其重要的影响。

一般来说，资源如果能够得到相对合理的配置，经济效益就显著提高，经济就能充满活力；否则，经济效益就明显低下，经济发展就会受到阻碍。

在市场经济体制下，市场机制是资源配置的决定性力量。但市场配置资源客观上存在不足，不可能使资源配置尽善尽美。当一定时期资源配置出现问题，地区结构、产业结构、市场结构、企业结构存在失衡时，国家可通过财政政策，把掌握或控制的资源转移分配到急需发展的领域，使经济结构符合生产力发展的要求。如在我国地区结构调整中，加快西部地区发展，保持东部、中部与西部之间的平衡；在产业结构调整中，以技术创新为动力，加强第一产业、提高第二产业、发展第三产业，促进产业优化升级。

资源配置合理，就能节约资源，带来巨大的社会经济效益；资源配置不合理，就会造成社会性资源浪费。随着社会和经济的发展，对资源的需求在增加，而大多数资源是有限的，不能再生。因此，合理配置资源，使资源得到有效使用是经济发展的一项重大任务。

合理配置资源，必须做到以下几点：①优化配置资源。使全社会资源生产总量与使用总量平衡，资源的生产结构与需求结构一致，全社会资源配置合理。②节约使用资源。努力降低消耗，有效使用，对贵重稀缺资源可采取替代措施。③保证重点产业对资源的需要。根据重点产业对资源的要求，支持国家重点产业和企业的生产。

资源配置的方法主要有计划配置和市场调节配置。在市场经济条件下，市场调节配置对资源配置起基础性作用，即根据市场供求规律支配资源流向、流量及消费强度。

1.1.3 经济体系的功能和基本经济问题

经济学的研究对象表明，对一个经济社会来说，首要的任务就是充分利用稀缺资源，按照社会经济目标的要求，选择合适的商品组合进行生产。这就是合理有效地利用和配置资源。因此，一个社会的经济系统通常应具备如下功能或解决以下基本经济问题。

（1）生产什么？这就涉及资源应该如何配置的问题。

（2）如何生产？这里涉及两个问题：一是在解决问题（1）的前提下，如何实现资源利用效率的问题，也就是宏观经济学的核心问题即产出；二是从增长角度看，就是技术进步对于产出或效率提高的作用的问题。

（3）为谁生产？这就涉及分配问题，即产品如何分配的问题。

（4）充分就业，是指在某一工资水平之下，所有愿意接受工作的人，都获得了就业机会。

（5）物价水平，是指整个经济的物价，而不是某物品或某类别物品的价格，是用来衡量所在的目标市场潜在的消费能力和分析其经济状况的又一非常重要的指标。物价稳定是经济稳定、财政稳定、货币稳定的集中体现，物价稳定同时标志着社会总体需求量的基本平衡，财政收支的基本平衡和市场流通的货币供应量与市场的货币需求量的基本适应。

（6）经济增长，通常是指在一个较长的时间跨度上，一个国家人均产出（或人均收入）水平的持续增加。经济增长率的高低体现了一个国家或地区在一定时期内经济总量的增长速度，也是衡量一个国家或地区总体经济实力增长速度的标志。

其中前三个问题是微观经济学研究的问题，即资源配置问题；后三个问题则是宏观经济学要考察的问题，即资源利用方面的问题。

20 世纪 70 年代后，西方社会又出现了失业和通货膨胀、能源危机、环境污染、生态破坏、贫困化、城市膨胀等一些新的问题，从而进一步扩展了经济学的研究内容和范围。

1.2 经济学的发展

1.2.1 经济学的发展阶段

经济学发展大致划分为前古典经济学、古典经济学、新古典经济学和现代经济学四个阶段，主要代表人物、著作与思想介绍如下。

图 1-3 色诺芬

1. 经济学的萌芽

“经济”这一概念的出现，大约在 3000 多年前，古希腊的哲学家、历史学家色诺芬（图 1-3）写了《经济论》一书，在书中最早使用了“经济”一词，它的原意是“家庭管理”。

色诺芬强调，家庭管理应该成为一门学问，这门学问研究的是主人如何管理好自己的财产，使财富不断增加。

我国古代汉语中原有的“经济”一词，具有“经邦济世、经国济民”的含义。19 世纪后半期，日本学者翻译西方著作，借用古代汉语中“经济”这个词。我国学者在翻译西方著作时最初是译成

“富国”、“生计”等，后来逐渐采用了“经济”这一译法。

古代经济学只是形成了经济学知识的某些要素，还未形成一门独立的学科。

2．古典经济学的创立

古典经济学是指大约从1750—1875年这一段政治经济学创立时期内的除马克思主义政治经济学之外的所有的政治经济学。其起源以大卫·休谟（David Hume）的有关著作出版（1752年）为标志，以亚当·斯密（Adam Smith，图1-4）的代表作《国富论》的出版（1776年）为奠基。

图1-4 亚当·斯密

古典经济学是由亚当·斯密在1776年开创的，主要追随者包括大卫·李嘉图、托马斯·马尔萨斯和约翰·穆勒。一般说来，该学派相信经济规律（特别如个人利益、竞争）决定着价格和要素报酬，并且相信价格体系是最好的资源配置办法。

许多人知道亚当·斯密是从“看不见的手”这句话开始的。不论是马克思还是西方经济学界都毫不怀疑地认为亚当·斯密是古典经济学最杰出的代表。马克思说：“在亚当·斯密那里，政治经济学已发展成为某种整体，它所包括的范围在一定程度上已经形成。”当代美国最著名的经济学家萨缪尔森说：“我们可以把亚当·斯密出版《国富论》的那年看做是现在所学的经济学的诞生之年。”《国富论》出版于1776年，《独立宣言》也发表于这一年，全面地考虑，很难说清楚哪一部文献具有更重要的历史地位。《独立宣言》向社会发出了一个全新的呼吁，呼唤社会致力于生活、自由和快乐的追求，而《国富论》则解释了这样的社会是如何运行的。

当亚当·斯密写完这本书的时候，他在书的扉页上这样写道：“献给女王陛下的一本书！”他说：“女王陛下，请您不要干预国家经济，回家去吧！国家做什么呢？就做一个守夜人，当夜晚来临的时候就去敲钟，入夜了看看有没有偷盗行为，这就是国家的任务。只要国家不干预经济，经济自然就会发展起来”。

亚当·斯密在书中提出这样一个理论，叫做“看不见的手”。他说经济中有一只看不见的手，每一个人在做事的时候，没有一个人想到为了促进社会利益，他首先想到的是怎么实现自己的利益，都是从个人的利益出发去做事的。但是当他真正这样做的时候，就像有一只看不见的手在引着他，其结果要比他真正想促进社会利益的效果要好得多得多。

什么是“看不见的手”？“看不见的手”指的是个人利益，是市场机制，是价格机制。

斯密的故事

1723年亚当·斯密出生在苏格兰法夫郡(County Fife)的寇克卡迪(Kirkcaldy)。亚当·斯密的父亲也叫亚当·斯密，是律师，也是苏格兰的军法官和寇克卡迪的海关监督，在亚当·斯密出生前几个月去世。母亲玛格丽特（Margaret）是法夫郡斯特拉森德利（Strathendry）大地主约翰·道格拉斯（John Douglas）的女儿。亚当·斯密一生与母亲相依为命，终身未娶。

斯密小的时候，有一天妈妈带他到舅舅家去，把他放在门前，让他自己玩耍，妈妈进到院子里和舅舅说话。没想到这时来了一群吉卜赛流浪汉，他们抱起孩子就跑，孩子大哭不止。他舅舅听到哭声追了出来，一直追到二十英里以外的一个大森林时，这群流浪汉发现有人紧追不舍，就放下孩子逃跑了。舅舅把斯密抱了回来。

当他创造了经济学，成为一位伟大的经济学家时，在传记中这样写道：“他的舅舅幸运地为世界挽救了一个天才，正是这样一个天才创造了经济学；否则这个社会将多了一名算命先生，少了一位经济学家。”

斯密之所以能成为经济学家，是因为他从小生长在一个小渔村，那里有一个码头。由于贸易的发展，这个小渔村变成了中等城市。船员们出海回来就坐在那里一边喝着啤酒，一边谈论着世界各地的经济贸易，以及他们在世界各地看到的情况。斯密发现了贸易对于一个地区、对于一个国家经济发展的重要性。

斯密 14 岁就进了格拉斯哥大学，17 岁获得硕士学位。1746 年又毕业于牛津大学巴特奥尔学院。他先在爱丁堡大学任讲师，1751 年担任格拉斯哥大学逻辑学教授，第二年改任道德哲学教授。由于他高超的教学水平和智慧的思辨而远近闻名。

1763 年，他辞去教授职务，担任布克莱希公爵（Duke of Bucleuch）的私人教师。年薪 300 英镑加旅费再加此后一年 300 英镑津贴，条件实在太优厚了。当他第二年陪着年轻的公爵从“英伦三岛”出发，踏上欧洲大陆时才发现，啊！原来英国是这么落后！他们到了法国，去了德国，游历了欧洲，看到所有的一切。这期间，他结识了很多研究经济的学派。他拜访了重商学派，他们说商业创造价值；他拜访了重农学派，他们说农业创造价值。后来，斯密自己提出了劳动创造价值的理论。

欧洲讲学两年半的生涯结束后，斯密回到英国，1767 年他带着丰厚的报酬回到家乡。他十年闭门在家，思考着一个问题，这个社会究竟是怎样运转的呢？经济究竟是怎么发展的呢？思来想去，最后他终于发现，原来这个社会的运转靠的是一只“看不见的手”。每一个人在做事时，没有人想到社会利益，想到的都是个人利益。但当他真正这样做的时候，就像有一只“看不见的手”在拉着他，其结果要比他真正想要促进社会利益还好得多的多，他认为自己发现了资本主义社会运转的真正内核。

3. 新古典经济学

现代西方经济学的系统性发展源自亚当 • 斯密，后经大卫 • 李嘉图、西斯蒙第、穆勒、萨伊等，逐渐形成了一个经典的经济学理论体系，这就是古典经济学（Classical Economics）。19 世纪 70 年代后，资本主义经济开始从自由竞争向垄断过渡，大企业不断涌现，它们更注意改进生产技术和扩大市场份额，这时的经济学研究的重点转向了对市场供求关系的研究，与此同时定量分析方法被引入了经济学。

图 1-5 阿尔弗雷德 • 马歇尔

这一时期经济学理论的集大成者是英国经济学家阿尔弗雷德 • 马歇尔（1842—1924 年），其代表作为《经济学原理》（1890 年）。以马歇尔为代表的经济理论体系的核心理论是均衡价格理论，这一学派的理论是古典经济学的继续和发展，所以被称为“新古典经济学”，是现代微观经济学的基础。

阿尔弗雷德 • 马歇尔（Alfred Marshall，1842—1924 年，图 1-5），近代英国最著名的经济学家，新古典学派的创始人，剑桥大学经济学教授，19 世纪末和 20 世纪初英国经济学界最重要的人物。在马歇尔的努力下，经济学从仅仅是人文科学和历史学科的一门必修课发展成为一门独立的学科，具有与物理学相似的科学性。剑桥大学在他的影响下建立了世界上第一个经济学系。

马歇尔是剑桥大学教授，也是英国正统经济学界无可争辩的领袖。他于 1890 年发表的《经济学原理》被看做是与斯密《国富论》、李嘉图《赋税原理》齐名的划时代著作，其供给与需求的概念，以及对个人效用观念的强调，构成了现代经济学的基础。这本书在马歇尔在世时就出版了 8 次之多，成为当时最有影响的专著，多年来一直被奉为英国经济学的圣经。而他本人也被认为是英国古典经济学的继承者和发展者，他的理论及其追随者被称为新古典理论和新古典学派。同时由于他及其学生，如 J.M.凯恩斯、J.S.尼科尔森、A.C.庇古、D.H.麦格雷戈等先后长期在剑桥大学任教，因此也被称为剑桥学派。

4．现代经济学

（1）*宏观经济学的产生和发展。*

1929 年，一场空前的世界性的经济危机爆发了。危机首先从美国开始，股市崩盘、企业破产、银行倒闭、工人失业，经济陷入大萧条，然后波及整个西方资本主义世界。这场危机从 1929 年持续到 1933 年，出现的问题之重，历经的时间之长，波及的范围之广，以致没有哪一个国家可以幸免。这时人们不禁要问：斯密的那只“看不见的手”哪儿去了？他不是说国家不管经济就可以自动发展吗？怎么现在经济不能发展了？经济到底怎么才能恢复过来呢？传统的经济学理论已经无法解决大萧条中出现的各种经济现象，更不能为摆脱这场危机提供有效的对策。

这时英国又出现一个伟大的经济学家约翰·梅纳德·凯恩斯（1883—1946 年，图 1-6）。他是现代西方经济学最有影响的经济学家之一，他创立的宏观经济学与弗洛伊德所创的精神分析法和爱因斯坦发现的相对论一起并称为 20 世纪人类知识界的三大革命。

图 1-6 约翰·梅纳德·凯恩斯

古典经济学家和新古典经济学家都赞同放任自流的经济政策，而凯恩斯却反对这些。1936 年，凯恩斯出版了《就业、利息和货币通论》一书，这本书是经济学历史上的一个里程碑。它的问世，从根本上动摇了传统的经济理论，在西方经济学界和政界引起了巨大反响，同时也引起了经济理论上的一场革命——提出“看得见的手”的理论，即政府干预经济生活。从此产生以宏观经济总量为研究对象的宏观经济学。他的这种以财政政策和货币政策为核心的思想后来成为整个宏观经济学的核心，甚至可以说后来的宏观经济学都是建立在凯恩斯的《就业、利息和货币通论》的基础之上的。

约翰·梅纳德·凯恩斯，是活跃于 20 世纪上半叶西方学术、思想和政治舞台的著名经济学家、哲学家和政治家，也是 20 世纪西方资本主义世界应付内外危机、实现国家和社会治理的政策和思想传统的根本转换的枢纽型人物。在 20 世纪 30 年代，凯恩斯发起了一场导致经济学研究范式和研究领域根本转变的革命（即著名的“凯恩斯革命”）；在 20 世纪 40 年代的“二战”后期及战后初期，凯恩斯参与了国际货币基金组织、国际复兴开发银行（即世界银行的前身）和关贸总协定（世贸组织之前身）等机构（它们构成了所谓的“华盛顿体系”）的组建工作，是当今世界经济秩序的主要奠基人之一。1998 年的美国经济学会年会上，在 150 名经济学家的投票中，凯恩斯被评为 20 世纪“最有影响力”的经济学家（弗里德曼排名第二）。

1936 年 2 月 4 日，凯恩斯的代表作《就业、利息与货币通论》（这是“凯恩斯革命”的核心文献）的出版，立即在大危机后惊魂未定的西方世界引起轰动。西方学者对此评论道：“凯恩斯是在致命危机威胁资本主义世界时挽救和巩固了这个社会。”有的学者把凯恩斯的理论比做“与哥白尼在天文学上、达尔文在生物学上、爱因斯坦在物理学上一样的革命”。

凯恩斯的成就，与他的背景和个性有关。凯恩斯的父亲（内维尔）是剑桥经济学家和逻辑学家，母亲（佛萝伦丝）也是剑桥毕业生，曾任剑桥市长。因此，他在青少年时代就有机会同一些经济学家和哲学家接触，并结识一些有文艺才能和创新精神的朋友。后进入剑桥大学专攻数学，以优异成绩毕业，后到剑桥国王学院任经济学教师。第一次世界大战爆发后被征召进财政部工作，曾以英国财政部首席代表身份参加巴黎和会并因对德国赔款问题的意见未被接受而愤然辞职回到剑桥。凯恩斯长期担任权威刊物《经济学杂志》的主编，先后出版过几本名著，从事证券投资获利数十万英镑，兼任不少公司的顾问或董事，开办过艺术剧院，担任过皇家学院总务长。“二战”期间凯恩斯担任了英国财政部顾问，是英国战时经济政策的主要制定者。战争结束前后，他又忙于英美贷款谈判和布雷顿森林会议等一系列活动，于 1946 年 4 月 21 日辞世。

（2）新古典综合派。

第二次世界大战结束后，以美国经济学家萨缪尔森等人为代表，将凯恩斯的宏观经济学与新古典经济学的市场均衡价格理论结合在一起，形成了“新古典综合派”。由微观经济学和宏观经济学这两部分构成的新古典综合派的经济学理论体系是经济学的主流经济体系。

1929 年爆发了一场震撼资本主义世界的经济大危机，1936 年英国著名经济学家凯恩斯在其出版的《就业、利息和货币通论》一书中提出主张国家干预经济的政策。第二次世界大战以后，凯恩斯的追随者纷纷根据经济现状发展凯恩斯主义，试图解决凯恩斯没有解决的问题。在发展凯恩斯主义的热潮中，后凯恩斯主义经济学的内部大体上形成了两大主要派别：以美国萨缪尔森为首的新古典综合派和以英国琼罗宾逊为首的新剑桥学派。新古典综合派的经济理论以最完整的形式体现在萨缪尔森的《经济学》一书中。20 世纪 50 年代以来，新古典综合派不但是西方资产阶级经济学界流行的主流经济学，而且他的政策主张也相继被主要资本主义国家作为基本经济政策付诸实施。

图 1-7 保罗·安东尼·萨缪尔森

保罗·安东尼·萨缪尔森（1915－2009 年，图 1-7），生于美国印第安纳州加里，著名经济学家，专长于数理经济学、国际贸易等，为新古典综合学派的创始者之一，他是凯恩斯学派能在美国推广的重要学界领导者之一，为盐水学派代表人物之一。

保罗·萨缪尔森于 16 岁进入芝加哥大学，之后在哈佛大学取得博士学位。25 岁时成为麻省理工学院经济学助理教授，32 岁时成为教授。1947 年在其《经济分析基础》一书中提出比较静态经济分析方法，同年获得约翰·贝茨·克拉克奖。1948 年出版《经济学》（*Economics: An Introductory Analysis*），它是美国第二本以凯恩斯学派为主的经济学教科书，也是第一本成功推广凯恩斯学派的教科书。它成为史上最畅销的经济学教科书，当前已经延续至第 19 版，曾被译成 40 种语言，全球卖出接近 400 万本。他使麻省理工学院的经济学系成为全美国的经济学重镇，培育出多位杰出经济学者，如保罗·克鲁格曼、罗伯特·C.默顿、约瑟夫·斯蒂格利茨等人，其中多人都获得了诺贝尔经济学奖的肯定。

萨缪尔森曾经担任美国约翰·肯尼迪总统与林登·约翰逊总统的经济顾问，也曾担任美国财政部与美国总统经济顾问委员会的顾问。他曾与米尔顿·傅利曼在《新闻周刊》写作每周专栏，两人分别以凯恩斯学派与货币学派的支持者，进行经济政策的讨论。1970 年获得第二届诺贝尔经济学奖，是第一位获得诺贝尔经济学奖的美国学者。1996 年获得美国国家科学奖章。

1.2.2 微观经济学与宏观经济学

1. 微观经济学

（1）什么是微观经济学。

微观经济学是从个量分析出发，以单个经济单位为研究对象，是关于单个经济单位的经济行为和个别经济变量变动的理论。微观经济学的定义中应有以下内容：

① 研究方法是个量分析。

② 研究对象是单个经济单位。

③ 要达到的目标是最大化。

④ 解决的问题是资源配置。

⑤ 核心是价格理论。

微观经济学的假设有四个，首先是理性经济人假设，第二是充分就业的假设，第三是市场出清假设，第四是完全信息假设。

（2）微观经济学的主要内容（见图 1-8）。

① 均衡价格理论。供求决定价格，价格又调节供求及生产者和消费者的行为。

② 消费者行为理论。消费者如何把既定收入分配于不同商品和劳务的消费上，以实现最大化的满足或效用。

③ 生产者行为理论。其中又包括了生产理论、成本理论、收益理论和市场结构与厂商理论。

④ 分配理论。

⑤ 一般均衡与经济福利理论。

⑥ 微观经济政策。

2. 宏观经济学

（1）什么是宏观经济学。

宏观经济学是从总量分析出发，以整个国民经济为考察对象，通过研究经济中各有关总量的决定及其变化，来说明社会经济资源如何才能得到充分利用。宏观经济学的定义中有以下内容：

① 研究方法是总量分析。

② 研究对象是整个经济。

③ 解决的问题是资源利用。

④ 中心是国民收入决定理论。

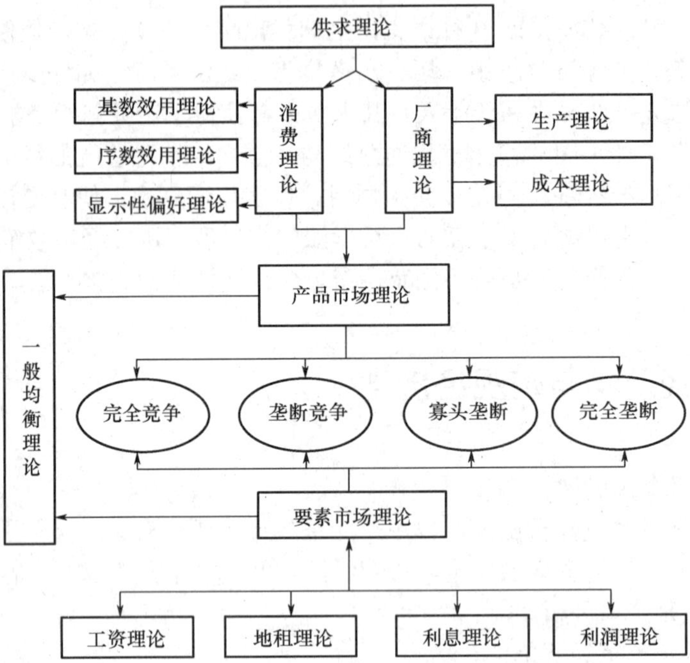

图 1-8　微观经济分析的基本内容

（2）宏观经济学的主要内容（见图 1-9）。

① 国民收入决定理论。

② 失业和通货膨胀理论。

③ 经济周期和经济增长理论。

④ 开放经济理论。

⑤ 宏观经济政策。

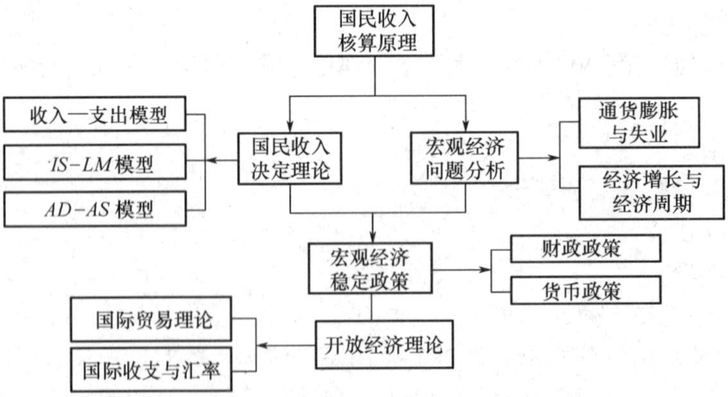

图 1-9　宏观经济分析的基本内容

3．微观经济学与宏观经济学的关系

微观经济学与宏观经济学是相互补充的，二者在分析中所假定的制度前提一致，都假定制度因素不变，二者所使用的分析方法（除个量分析与总量分析的区别外）也是相

同的，微观经济学是宏观经济学的基础，宏观分析总是以一定微观分析为基础的，详见表 1-1。

表 1-1 宏观经济学与微观经济学关系对照表

	微观经济学	宏观经济学
理论依据	新古典经济学	凯恩斯主义经济学
解决问题	资源配置	资源利用
基本假设	资源稀缺、充分就业	需求不足、存在失业
分析方法	个量分析	总量分析
分析对象	家庭、企业、市场	国民经济总体
研究中心	市场价格	国民收入
主要目标	个体利益最大	社会福利最大

1.3 经济学的研究方法

根据研究方法性质的不同，也可以把经济学分为实证经济学与规范经济学两类。

1.3.1 实证经济学和规范经济学

1．实证经济学（Positive Economics）

实证经济学是指企图超脱或排斥一切价值判断，只研究经济本身的内在规律，并根据这些规律分析和预测人们经济行为的效果。它要回答“是什么”的问题，而不对事物的好坏做出评价。

例如，政府采取什么样的政策将会降低失业率？什么样的政策将会防止发生通货膨胀？

【例 1-1】 轿车能否进入家庭？涉及汽车价格、消费者收入等因素之间的关系，这种关系是客观的。通过分析可以得出在收入达到什么水平以及价格为多少时，汽车可以进入家庭——这是实证分析。

2．规范经济学（Normative Economics）

规范经济学是以一定的价值判断作为出发点，提出行为的标准，并研究如何才能符合这些标准。它说明的是“应该是什么”的问题，即价值判断问题。

例如，政府应该更关注通货膨胀还是应该更注重降低失业率？

轿车是否应该进入家庭？涉及人们的价值判断，即轿车进入家庭是好事还是坏事。不同的人看法不同，得出的结论也完全不同。经济学家以某种价值判断为基础分析这一问题——这是规范分析。

【例 1-2】 一部分人先富起来是否意味着人与人的不平等，这是一个规范经济学问题；而一部分人先富起来能否促进国民经济的发展，则是一个实证经济学问题。

3．实证经济学与规范经济学的区别和联系

（1）主要区别。

① 分析的依据不同。实证经济学为了使经济学具有客观科学性，就要避开价值判断问题；规范经济学要判断某一具体经济事物的好坏，则从一定的价值判断出发来研究问题。

② 要解决的问题不同。实证经济学要解决“是什么”的问题，即要确认事实本身，研究经济本身的客观规律与内在逻辑，分析经济变量之间的关系，并用于进行分析与预测；规范经济学要解决“应该是什么”的问题，即要说明事物本身是好还是坏，是否符合某种价值判断，或者对于社会有什么积极意义。

③ 所得出的结论客观程度不同。实证经济学的内容具有客观性，所得出的结论可以通过事实来检验，也不会以人们的意志为转移；规范经济学本身没有客观性，它所得出的结论要受到不同价值观念的影响。

（2）联系。

规范经济学研究要以实证经济学为基础，而实证经济学研究也离不开规范经济学的指导。

4．实证分析的工具

经济理论是在对现实经济事物的主要特征和内在联系进行概括和抽象的基础上，对现实的经济事物所进行的系统的描述。经济理论的建立，是对一些非基本因素进行舍弃，就经济事物的基本因素及其相互关系进行研究，使得经济理论能够说明经济事物的主要特征和相关的基本因素之间的因果关系。

（1）静态分析、比较静态分析、动态分析。

静态模型是所有变量都属于同一个时期，没有时间先后上的差别。动态模型需要区分变量在时间上的先后差别（顺序、时序），研究不同时点上的变量之间的相互关系，核心是考虑模型中的变量所属的时间。

静态分析是考察在既定的条件下，某一经济事物在经济变量的相互作用下所实现的均衡状态的特征。

比较静态均衡分析是对两个均衡状态的比较分析。例如，由于条件改变了，均衡状态发生改变。新均衡状态与原均衡状态之间有什么关系的分析。

动态分析是研究不同时点上的变量的相互作用在均衡状态的形成和变化过程中所起的作用，其目的是考察均衡状态随着时间的变化过程，即是从时间序列角度对经济现象的分析（即过程分析）。

（2）局部均衡与一般均衡。

均衡是考察在既定的条件下，某一经济事物在经济变量的相互作用下所实现的均衡状态的特征。

局部均衡是指在假定其他全部产品和要素价格不变的前提下对一种产品（或要素）市场的供给与需求的均衡分析。

一般均衡是指全部产品和要素同时达到市场均衡状态的分析。

（3）经济模型。

经济模型是指用来描述与所研究的经济现象有关的经济变量之间的依存关系的理论结构，经济模型有文字语言、几何图形和数学方程三种形式。

经济模型的构成要素主要有设立假设前提（由对经济现象的归纳得到）、建立有关经济变量的联系和通过逻辑演绎得出结论。

1.3.2 经济学模型实例

经济学中常常用假设条件来研究问题，假设可以简化复杂的世界，使之更容易理解。例如，为了研究国际贸易，假设世界上只由两个国家组成，而且每个国家只生产两种产品。尽管在实际中是不真实的，但这可以帮助我们更方便地学习和理解现实世界。

模型是对一个复杂现象的高度简化，经济学家使用模型来研究经济问题。

1. 循环流量图模型

循环流量图是常用于说明货币如何通过市场在家庭与企业之间流动的直观经济模型，包括家庭和企业两类主体，物品与劳务和生产要素两个市场。其中家庭拥有并出售或出租生产要素给企业以获得收入、购买并消费物品与劳务，企业购买或雇用生产要素并用以生产物品与劳务、出售物品与劳务，如图 1-10 所示。

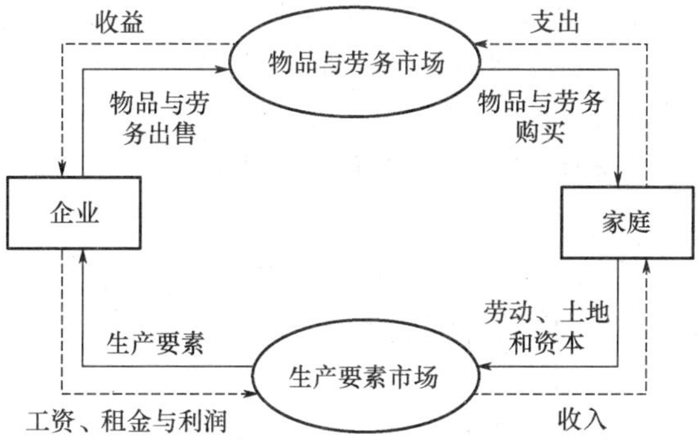

图 1-10 循环流量图

2. 生产可能性边界模型

（1）生产可能性边界（PPF）。

生产可能性边界（PPF）表示在可得到的生产要素与生产技术既定时，一个经济所能生产的两种产品数量的各种组合的图形。

例如电视机与苹果两种物品，一种劳动力资源（以小时为单位来衡量），每月经济有 50 000 个劳动小时可用于生产。生产一台电视机需要 100 个小时的劳动，生产一吨苹果需要 10 个小时的劳动。生产可能性组合见表 1-2，由表可绘制如图 1-11 所示的生产可能性图。

表 1-2 生产可能性表

	雇用的劳动小时		生 产 数 量	
	电视机	苹果	电视机	苹果
A	50 000	0	500	0
B	40 000	10 000	400	1 000
C	25 000	25 000	250	2 500
D	10 000	40 000	100	4 000
E	0	50 000	0	5 000

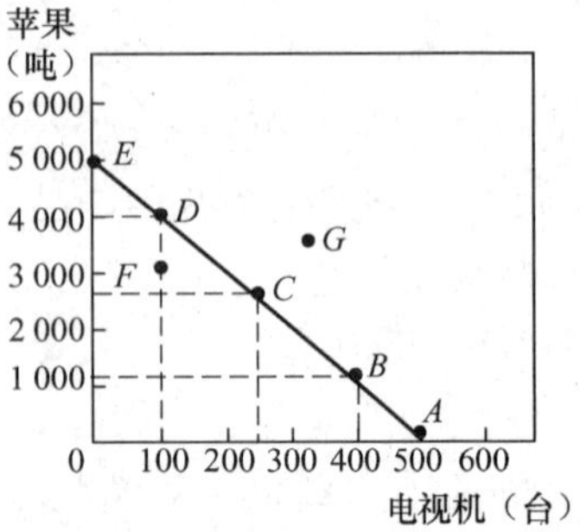

图 1-11　生产可能性图

（2）不在生产可能性边界上的点。

① 在图上找出代表（100 台电视机，3 000 吨苹果）的点，并标作 *F*。经济能生产出这样的两种产品数量组合吗？为什么？点 *F* 需要 40 000 个小时的劳动。能够实现但没有效率：不用减少任何物品的生产便能获得更多的两种物品。

② 接下来，找出代表（300 台电视机，3 500 吨苹果）的点，并标作 *G*。经济能生产出这样的两种产品组合吗？为什么？点 *G* 需要 65 000 个小时的劳动，因为经济只有 50 000 个劳动小时，所以不可能。

从以上分析不难得出，在生产可能性边界上的点（*A*～*E*）是能够达到的有效率生产，资源都已经充分利用；在生产可能性边界以内的点（*F*）是能够达到的没有效率生产，一些资源没有被充分利用（例如工人失业、厂房闲置等）；在生产可能性边界以外的点（*G*）是不能达到的生产可能。

（3）生产可能性边界与边际成本。

一种产品的边际成本是多生产一单位该种产品的机会成本。我们通过生成可能性边界的斜率来计算边际成本。

直线的斜率等于直线的横坐标向右移动一个单位时，直线的纵坐标变化的大小。如图 1-12 所示，多生产 1 台电视机的边际成本是 10 吨苹果，而多生产一吨苹果的边际成本是 1/10 台电视机。

（4）经济增长和生产可能性边界。

如果有额外的资源或技术进步，经济便能生产更多的电视机、苹果，或两种物品的组合，使生产可能性边界向外移动，如图 1-13 所示。

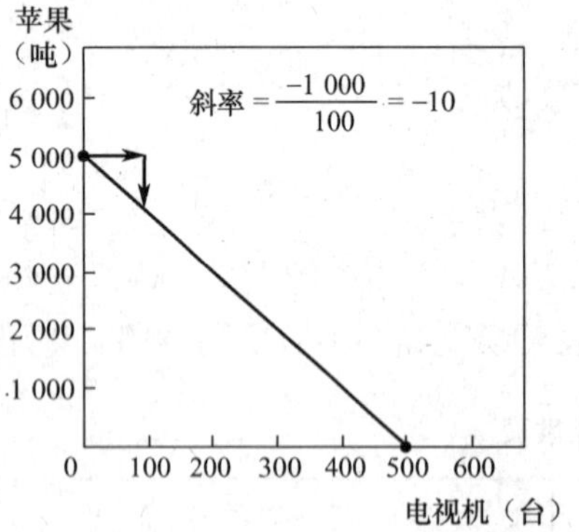

图 1-12　生产可能性边界的斜率

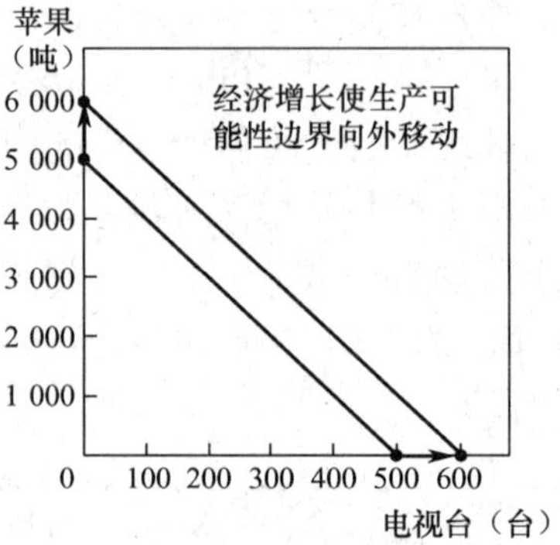

图 1-13　生产可能性边界外移

（5）生产可能性边界的形状。

生产可能性边界可以是直线，也可以是曲线，这取决于经济将资源从一个行业转向另一个行业时机会成本的变化情况。如果机会成本不变，那生产可能性边界为一条直线（在上述例子中，1 台电视机的机会成本恒为 10 吨苹果）；如果一种物品的机会成本随着生产数量的增多而上升，那生产可能性边界为曲线。

例如，当经济把资源从饮料行业向自行车行业转移时，生产可能性边界变得更加陡峭，自行车的机会成本也不断上升，如图 1-14 所示。

如图 1-15 所示，在点 A，大部分工人都在生产饮料，即使这些工人更加适合于生产自行车。因此，为得到更多的自行车无须放弃太多饮料。

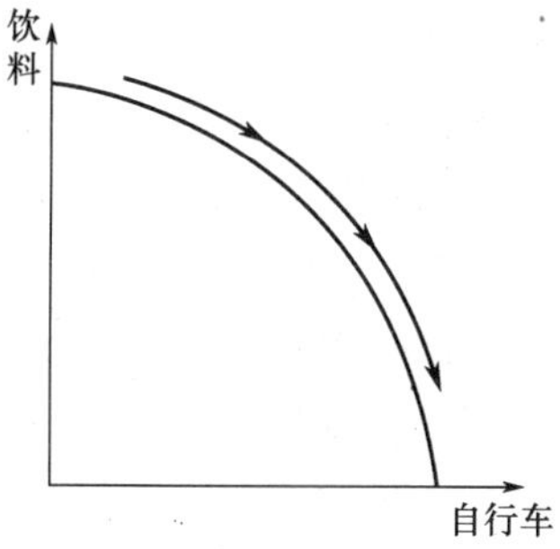

图 1-14　生产可能性边界的形状

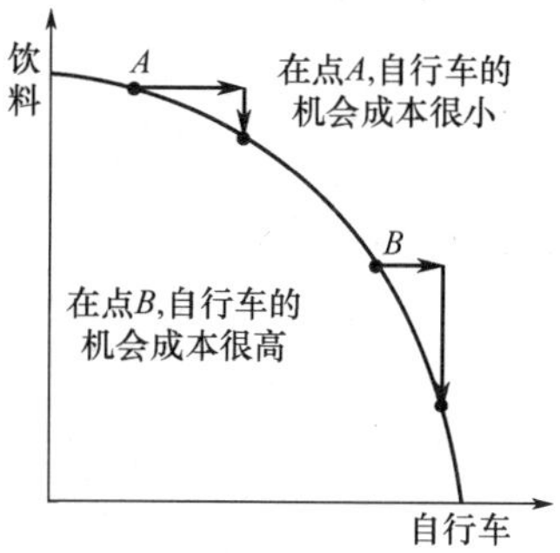

图 1-15　生产可能性边界 A、B 点的斜率

在点 B，大部分工人都在生产自行车，留在饮料行业的工人是最好的饮料技师。生产更多的自行车需要将最好的饮料技师从饮料行业转移出来，这会使饮料产量大幅度降低。

生产可能性边界可能是曲线是因为不同的工人有不同的技能，多生产一单位物品的机会成本也不同，这使生产可能性边界变为曲线。当经济中存在一些其他资源，或者机会成本不同的资源混合时，生产可能性边界也可能是曲线（例如，贫瘠、肥沃和沿海等不同类型的土地有不同的用处）。

（6）生产可能性边界小结。

生产可能性边界表示在可得到的生产要素与生产技术既定时，一个经济所能生产的两种产品数量的各种组合。生产可能性边界阐释了权衡取舍与边际成本，效率与无效率，失业和经济增长等思想。曲状的生产可能性边界意味着递增的机会成本。

3. 偏好及其边际利益

（1）偏好。

偏好（preferences）是对一个人喜爱和厌恶的描述。偏好，是微观经济学最基本的假设，它包括传递性、非饱和性、完全性三部分。偏好是指消费者对商品或商品组合的喜好程度。消费者对商品的偏好可以根据某些客观指标，也可以基于因心理感受而给出的主观判断。每一个消费者拥有一个特定的偏好，消费者基于偏好对商品做出主观价值判断，并据此对商品及其数量组合所带来满足程度的大小进行排序。

偏好生成的原因有示范效应（环境的影响）、突发事件可改变或加强偏好（某突发事件给予一个改变或加强偏好的信号）、天生偏好（先天决定的偏好，比如对酒的偏好，有些人天生对酒精过敏等）等因素，偏好实际是潜藏在人们内心的一种情感和倾向，它是非直观的，引起偏好的感性因素多于理性因素。偏好有明显的个体差异，也呈现出群体特征。

消费偏好是指消费者对特定的商品、商店或商标产生特殊的信任，重复、习惯地前往一定的商店，或反复、习惯地购买同一商标或品牌的商品。属于这种类型的消费者，常在潜意识的支配下采取行动。

（2）边际利益。

为了描述偏好，经济学家引入了边际利益的概念，边际利益（marginal benefit）是一个人从多消费一个单位某种产品或服务中所得到的利益。我们用一个人愿意为增加一个单位某种产品或服务所支付的最大值来衡量这种产品的边际利益。

经济学家用边际利益曲线来描述偏好。边际利益曲线（marginal benefit curve）描述了从一个单位产品中得到的边际利益与该产品消费数量之间的关系。

边际利益递减原则是指我们所拥有的任何一种产品或服务越多，所得到的边际利益就越少，并且，我们对额外一单位产品的支付意愿也越小。其原因是我们喜爱的多样性，我们消费的任何一种产品或服务越多，我们就会更喜爱其他的产品。

我们以你对苹果的支付意愿为例，来说明边际利益递减原则。如果苹果很难得，你 2 年才能得到一个，你可能愿意为多得到额外的一个苹果支付高昂的价格。但是，如果在过去的几个月里你每天吃的水果只有苹果，你几乎不愿意花钱再去买一个。

现在假设你消费苹果的支付意愿如表 1-3 所示，据此绘制苹果的边际利益曲线如图 1-16 所示。

表 1-3　苹果的边际利益表

	消费苹果	支付意愿	备　注
a	10 千克	10 元/千克	
b	20 千克	8 元/千克	
c	30 千克	6 元/千克	
d	40 千克	4 元/千克	

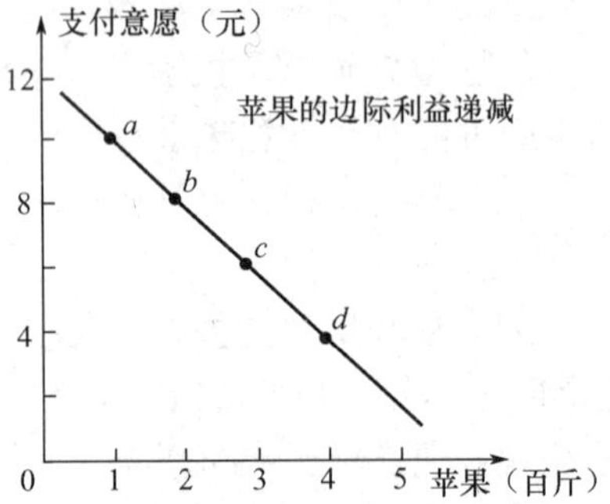

图 1-16　苹果的边际利益曲线

1.3.3　相互依存性与贸易的好处

为什么人们（还有国家）之间会选择经济上相互依存？贸易怎样能使每个人都更好？什么是绝对优势？什么是比较优势？这些概念有什么相同之处？它们又有什么不同之处？

1．相互依存性

经济学十大原理之一是贸易可以使每个人的状况都变得更好。你每天都在享用世界上许多素不相识的人向你提供的物品与劳务，而其中绝大多数人你根本不认识。

现在，我们假设牧民张三和农民李四共同生活在一个封闭的环境中，与世隔绝。以此为例说明为什么人们之间会选择相互依存，他们又是如何从贸易中获益的。假设张三和李四都只生产水稻和牛肉两种物品，他们俩都既爱吃牛肉，又爱吃米饭，每个人每年用于生产的时间有 10 个月。

首先，分析张三和李四两个人都选择自给自足，将分别生产和消费多少物品。

如果牧民张三只生产牛肉，而农民李四只种水稻，他们选择不进行食品贸易。但是，吃了几个月牛肉的牧民张三和吃了几个月米饭的农民李四都感到自给自足的生活方式并不幸福，这种情况下贸易的好处最明显，贸易能使他们享用到更多种类的食物，两个人都能吃到牛肉和米饭。

2. 生产可能性

在不进行贸易的自给自足情况下，为了既能吃到牛肉，又能吃到米饭，牧民张三和农民李四决定各自独立生产牛肉和水稻。

假设擅长养牛的牧民张三每年有 10 个月的生产劳动时间，生产 1 吨牛肉需要 1 个月的劳动时间，生产 1 吨水稻需要 2 个月的劳动时间，牧民张三的生产可能性组合如表 1-4 所示，生产可能性边界（PPF）如图 1-17 所示。

表 1-4 张三的生产可能性组合

	劳动时间（月）		生产数量（吨）	
	牛肉	水稻	牛肉	水稻
A	10	0	10	0
B	8	2	8	1
C	5	5	5	2.5
D	2	8	2	4
E	0	10	0	5

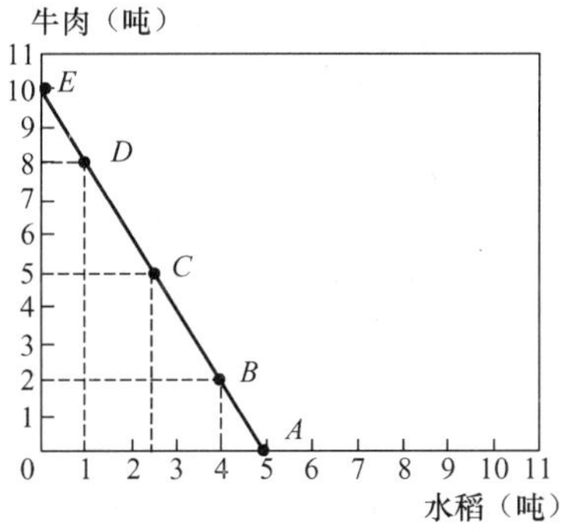

图 1-17 张三的生产可能性边界

假设擅长种水稻的农民李四每年也有 10 个月的生产劳动时间，生产 1 吨牛肉需要 2 个月的劳动时间，生产 1 吨水稻需要 1 个月的劳动时间，农民李四的生产可能性组合如表 1-5 所示，生产可能性边界（PPF）如图 1-18 所示。

表 1-5　李四的生产可能性组合

	劳动时间（月）		生产数量（吨）	
	牛肉	水稻	牛肉	水稻
A	10	0	5	0
B	8	2	4	0
C	5	5	2.5	5
D	2	8	1	8
E	0	10	0	10

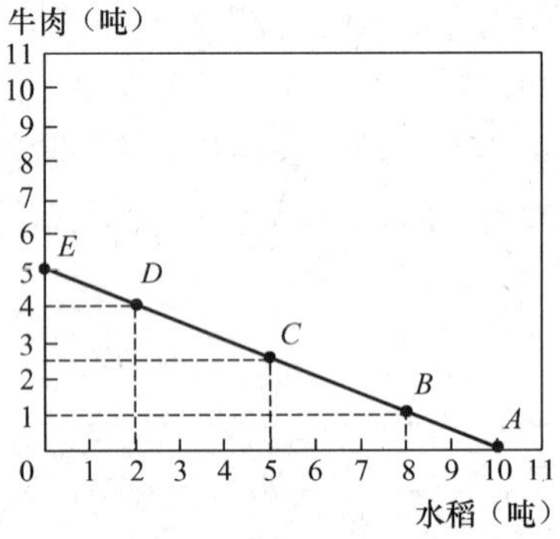

图 1-18　李四的生产可能性边界

如果牧民张三和农民李四都平均分配生产牛肉和水稻的劳动时间，即用 5 个月的时间生产牛肉和用 5 个月的时间生产水稻，他们各自生产出的牛肉和水稻的数量如表 1-6 所示。

表 1-6　张三和李四生产数量表

	牧民张三		农民李四	
	牛肉	水稻	牛肉	水稻
C	5 吨	2.5 吨	2.5 吨	5 吨

3．专业化生产与贸易

牧民张三和农民李四就这样独立地自给自足地生产了很多年，某一天经济学家王五来到了他们生活的封闭环境，了解到他们的生产方式后，把牧民张三和农民李四请到了一起，对他们说："我有一个好主意可以使你们得到更多的食物、生活得更好。牧民张三因为你擅长养牛，你每年 10 个月的劳动时间全部用来养牛，你可以生产 10 吨牛肉；农民李四因为你擅长种水稻，你每年 10 个月的劳动时间全部用来种水稻，你可以生产 10 吨水稻。张三你可以用 4 吨牛肉换取李四的 4 吨水稻（相互贸易），这样你们获得的牛肉和水稻都比以前多。"张三和李四想了一会儿好像明白了其中的道理，他们尝试着这样生产了一年，结果他们各自获得的牛肉和水稻真的都比以前多，详细数据见表 1-7。

表 1-7 张三和李四贸易前后生产量对照表

	牧民张三		农民李四		总 产 量	
	牛肉	水稻	牛肉	水稻	牛肉	水稻
贸易前	5 吨	2.5 吨	2.5 吨	5 吨	7.5 吨	7.5 吨
贸易后	6 吨	4 吨	4 吨	6 吨	10 吨	10 吨

现在，假设牧民张三和农民李四只想获得和原来一样多的牛肉和水稻，他们每年都只劳动 7.5 个月就可以了，闲暇时间每年多了 2.5 个月，生活更加悠闲了。具体做法是：张三每年的 7.5 个月的劳动时间全部用来养牛，可以生产 7.5 吨牛肉；李四每年的 7.5 个月的劳动时间全部用来种水稻，可以生产 7.5 吨水稻。张三可以用 2.5 吨牛肉换取李四的 2.5 吨水稻（相互贸易），这样他们获得的牛肉和水稻都和贸易以前一样多，具体见表 1-8。

表 1-8 张三和李四贸易前后对照表

	牧民张三获得		农民李四获得		总 产 量		劳动时间
	牛肉	水稻	牛肉	水稻	牛肉	水稻	
贸易前	5 吨	2.5 吨	2.5 吨	5 吨	7.5 吨	7.5 吨	10 个月
贸易后	6 吨	4 吨	4 吨	6 吨	10 吨	10 吨	10 个月
贸易后	5 吨	2.5 吨	2.5 吨	5 吨	7.5 吨	7.5 吨	7.5 个月

从以上分析不难看出，专业化生产加贸易的生产方式，可以生产更多的物品，也可以减少劳动时间，提高劳动效率，贸易的好处显而易见。

阅读材料

经济学诺贝尔奖

诺贝尔奖是由发明炸药的瑞典人诺贝尔（Alfred Nobel）先生捐赠，在 1895 年设立的，并于 1901 年首次颁奖。受奖对象为在物理、化学、医药、文学领域以及对世界和平有杰出贡献的人。因在 19 世纪末，社会科学尚在萌芽阶段，因此经济学奖没有被包括在内。

图 1-19 诺贝尔经济学奖章

到了 1968 年，当世界最古老的中央银行——瑞典银行——成立三百周年时，该行总裁感叹地问：“为什么诺贝尔奖只为自然科学而设立？”他认为人类生活环境的改善，社会科学有它重要的贡献，他全力争取设立诺贝尔经济学奖，最后终于得到瑞典政府同意，并经国会批准，由瑞典中央银行拨款设立另一个基金，颁赠给“以科学研究发展静态和动态的经济理论，以及对提高经济分析有积极贡献的人士。”诺贝尔经济学奖章如图 1-19 所示。

图 1-20 美国经济学泰斗萨缪尔森

萨缪尔森（1915—2009 年）

美国经济学家（见图 1-20），1970 年获诺贝尔经济学奖，1948 年出版《经济学》教科书。

“政治经济学是最古老的艺术，最新颖的科学。”

“你所有修过的最好的经济学，往往还是那些导论性的东西。一旦进入这块新奇的思想园地，你就会发现世界同以往相比已经大不相同。从现在起，到若干年后的某一天，如果你蓦然回首，看看自己这一段的经历，那么，你一定会感到，当初你的那些一知半解的东西，现在都已经豁然开朗。”

“没有受过一些经济学训练的人，对一国经济问题要思考都无从思考起，就如聋者要去欣赏交响乐一样。给他一个助听器，他可能仍然缺乏足够的才华，但至少可以意识到音乐究竟是怎么一回事！”

曼昆：

29 岁即成为哈佛大学历史上最年轻的终身教授之一（见图 1-21），2003 年 3 月起，曼昆出任小布什政府总统经济顾问委员会主席。

“在我 20 年的学生生涯中，最令我兴奋的课程是在上大学一年级时所选的连续两个学期的《经济学原理》。可以毫不夸张地说，这门课程改变了我的一生。”

图 1-21 美国经济学家曼昆

“经济学将使你更精彩地参与经济。在你的日常生活中，你要做出许多经济决策。当你是学生时，你要决定在学校学习多少年。一旦你参加了工作，你要决定把多少收入用于支出，多少收入用于储蓄，以及把你的多少储蓄用于投资。有一天，你会发现你要管理一家小企业或一个大公司，而且你要决定对你的产品收取多高的价格。学习经济学本身不会使你富有，但它将提供一些有助于你努力致富的工具。”

图 1-22 宏观经济学之父凯恩斯

凯恩斯（1883—1946 年，见图 1-22）：

“经济学并没有提供一套立即可用的完整结论。它不是一种教条，只是一种方法、一种心灵的器官。一种思维的技巧，帮助拥有它的人得出正确结论。”

“经济学家的思想无论是否正确，其力量之大都超过对他们的普遍理解。事实上，世界总是受这些思想统治的。许多自以为不受任何理论影响的实践家都往往是某个已故经济学家的奴隶。”

案例分析

机会成本与经济学思维

一个牧民某甲以 1 万元购买优质品种的 A 种仔牛，目的是繁殖小牛进行销售。但销售牛的牧场以劣等的B种仔牛冒充，价格相差4倍。后来某甲繁殖的小牛无人购买，发现是出售该牛的牧场以次充好，经过交涉未取得满意结果，造成直接经济损失5万元。某甲告到法院要求赔偿损失5万元。牧场认为当初双方的交易额是1万元，赔偿5万元是天方夜谭。

解决这一问题可以采取以下三种思维方式。

（1）民间传统思维：应该赔偿1万元，也就是骗多少就应该赔偿多少。

（2）法官思维：应赔偿所有直接损失，包括购买成本1万元，以及饲料、雇工工资、饲养场土地房舍等直接费用。如果要起到惩戒作用和从制度上消灭假冒伪劣产品的产生，就要贯彻“杀人抵命”的对等原则。如果要建立起有效的激励约束机制，还需要更大的赔偿。

（3）经济学思维：赔偿额要大于5万元。因为该农民除了直接费用开支外，还有一些间接的损失。例如，1万元购买仔牛款、饲料款、工资等费用若不用于购买仔牛进行饲养，将这些款存到银行可得到一定的利息。买了仔牛后这些存款的利息无疑也遭到了损失，这个利息在经济学中被称为机会成本。按照这一思维方式，农场不仅要赔偿5万元，还要赔偿这5万元如果不用于购买这些仔牛进行饲养而用于其他投资可能取得的最大纯收入。只有这样，才会让像这个牧场那样做坏事的人真正“搬起石头砸自己的脚”。

本章小结

1．“经济”的概念。“经济”泛指人类社会中人们获取各种物质财富或物质生活资料的一切谋生活动。

2．稀缺性（Scarcity）。即指生产的产品资源（经济物品）不能满足人们的需要的情况。这是一个永恒的问题，是一条普遍的规律。

3．机会成本的定义是把既定资源投入某一特定用途所放弃的其他可能用途中获得的最大收益。

4．微观经济学是从个量分析出发，以单个经济单位为研究对象，是关于单个经济单位的经济行为和个别经济变量变动的理论。微观经济学的假设有四个——理性经济人假设、充分就业的假设、市场出清假设、完全信息假设。

宏观经济学是从总量分析出发，以整个国民经济为考察对象，通过研究经济中各有关总量的决定及其变化，来说明社会经济资源如何才能得到充分利用。

微观经济学与宏观经济学是相互补充的，二者在分析中所假定的制度前提一致，都假定制度因素不变，二者所使用的分析方法（除个量分析与总量分析的区别外）也是相同的，微观经济学是宏观经济学的基础，宏观分析总是以一定微观分析为基础的。

5．经济学的研究方法：实证经济学（Positive Economics）、规范经济学（Normative Economics）。

6．经济学模型：循环流量图模型、生产可能性边界模型、偏好及其边际利益。

本章习题

一、名词解释与简答题

1．经济物品

2．稀缺性
3．机会成本
4．边际利益递减原则
5．微观经济学研究的主要问题是什么？
6．宏观经济学研究的主要问题是什么？
7．生产可能性边界

二、选择题

1．资源稀缺性的含义是指（　　）。
A．资源的数量较少
B．获得一定量资源所必须耗费的成本相当高
C．相对于人类无限的欲望来说，再多的资源也显不足
D．资源的价格很高

2．假定某机器原来生产产品 A，利润收入为 200 元，现在改生产产品 B，所花的人工、材料费为 1 000 元，则生产产品 B 的机会成本是（　　）。
A．200 元　　B．1 000 元　　C．1 200 元　　D．800 元

3．下列四个命题中，与微观经济学相关的命题是（　　）。
A．货币数量影响价格水平　　B．技术水平影响经济增长
C．石油价格影响汽车需求　　D．预算赤字影响储蓄水平

4．（　　）是现代宏观经济学的创始人。
A．亚当·斯密　　B．约翰·梅纳德·凯恩斯
C．米尔顿·弗里德曼　　D．阿弗里德·马歇尔

5．（　　）是微观经济学的创始人。
A．亚当·斯密　　B．约翰·梅纳德·凯恩斯
C．米尔顿·弗里德曼　　D．阿弗里德·马歇尔

6．下列不属于实证经济学的命题为（　　）。
A．专家认为我国目前的失业率高达 10%　　B．高失业率在短期没有下降的趋势
C．我国的高失业率是由很多原因引起的　　D．失业率应该降低到 8%

7．下列命题中不属于规范经济学的是（　　）。
A．将富人的一部分收入转移支付给穷人能提高社会福利
B．不完全竞争市场不能合理配置资源
C．资本家的利润来源于工人创造的剩余价值
D．收入分配应该公平

8．下列会导致一国生产可能性曲线向内移动的是（　　）。
A．自然灾害　　B．国外援助
C．有用性资源增加或技术进步　　D．投资增加

9．消费者剩余是（　　）。
A．消费者获得的总效用　　B．消费者消费不了的商品
C．消费者的总效用与支付的总额之差　　D．消费者的货币剩余

第 2 章　需求、供给和价格均衡

本章导学

在市场经济制度环境中，生产资源的配置是利用和依靠价格通过市场进行的。一方面需求与供给决定着商品的价格，另一方面价格又反过来影响供求。正是这种价格和供求的相互作用，使生产资源得到合理的配置。

微观经济学研究家庭与企业的行为，要说明价格如何配置资源、调节经济。价格理论是微观经济学的核心。在市场经济中，价格是由供求关系决定的，所以供给与需求就是最重要的概念。本章主要介绍需求、供给、均衡价格的决定以及价格如何调节经济。

经济学界流传很广的一句谚语：你甚至于可以使鹦鹉成为一个博学的经济学家，它必须学习的全部就是“供给”与“需求”这两个单词。

由此可以看出供求在经济学中的重要性。微观经济学的核心理论是价格理论，几乎每一章都牵涉到价格，因此微观经济学也被称为价格理论，而价格是由需求和供给共同决定的，所以本章是本门课程的基础。

通过本章的学习，你将能够：

（1）理解需求、供给、需求规律和供给规律的定义；

（2）了解导致需求变动和供给变动的因素；

（3）区分需求量变动和需求变动、供给量变动和供给变动；

（4）解释供求相互作用如何决定均衡价格和均衡数量；

（5）运用供给和需求图形来预测价格和数量的变化。

2.1　需求理论

2.1.1　与需求有关的几个概念

1．需求（Demand）

一种产品或服务的需求量是指在一定时期内和一定条件下，消费者愿意且有支付能力购买这种商品或劳务的数量。对于某种产品或服务需求量必须同时具备两个条件：第一，具有购买意愿；第二，具有支付能力。没有支付能力的购买意愿只是自然需要而不构成需求。

需求是指一种产品或服务需求量与价格之间的全部关系。需求同时涉及商品价格及与该价格相对应的需求量两个变量，可以用需求曲线和需求表来说明。需求量指一条需求曲线上的一点，即某一种价格对应的需求量。需求量并非实际购买量，需求量不一定与实际购买量相一致，如供不应求等。

需求可以分为个人需求和市场需要两类。个人需求是单个消费者在各个可能价格下愿意购买并且能够购买商品或服务的数量，市场需要是市场上所有的消费者在各个可能价格下愿意购买并且能够购买的商品或服务的数量总和，所有个人需求量的叠加构成市场需求。

2. 需求的表示方法

（1）需求表（Demand Schedule）（表格法）。

描述商品或服务的价格与需求数量之间的对应关系的表格称为需求表，其特点是较明确展现该商品价格和需求量之间的函数关系，如表 2-1 所示。市场需求是所有个人需求量的叠加，如表 2-2 所示，反映出价格与需求量反向变动的需求规律。

表 2-1　某种商品的需求表

	A	*B*	*C*	*D*	*E*	*F*	*G*	*H*	*I*	*J*
价格（*P*）	10	9	8	7	6	5	4	3	2	1
需求量（*Q*）	10	20	30	40	50	60	70	80	90	100

表 2-2　个人需求量与市场需求量表

价格	个　人　需　求　量（单位）						总需求量（单位）
	张	王	李	赵	钱	……	
10	12	8	5	…	…	……	45 000
9	24	17	13	…	…	……	57 000
8	34	25	20	…	…	……	63 000
7	43	32	26	…	…	……	68 000
6	49	38	31	…	…	……	71 000
5	54	42	35	…	…	……	73 000
4	57	45	38	…	…	……	75 000
3	59	47	40	…	…	……	77 000
2	60	48	41	…	…	……	78 000
1	61	49	42	…	…	……	79 000

（2）需求曲线（Demand Curve）（图示法）。

显示商品或服务的价格与需求数量之间对应关系的二维曲线称为需求曲线，直观地反映出商品的价格和需求量之间的函数关系，其函数称为需求函数，用 Q_d 表示需求数量是因变量，影响需求数量的 *P*、*I*、*T*、*Pi*、*E* 等各个因素是自变量，需求的数学表达式为：

$$Q_d=f\,(P，I，T，Pi，E，\cdots)$$

将问题简化，假定其他因素保持不变，仅仅分析价格对该商品需求量的影响，如图 2-1 所示，需求函数就可以用下式表示：

$$Q_d=f\,(P)$$

其中，*P* 为商品的价格，Q_d 为商品的需求量。

在不影响结论的前提下，大多使用线性需求函数，如图 2-2 所示，其形式为：

$$Q_d=\alpha-\beta\times P$$

其中，α、β 为常数，α为截距，β 为斜率倒数，斜率为负值，需求量与价格呈反向变动。

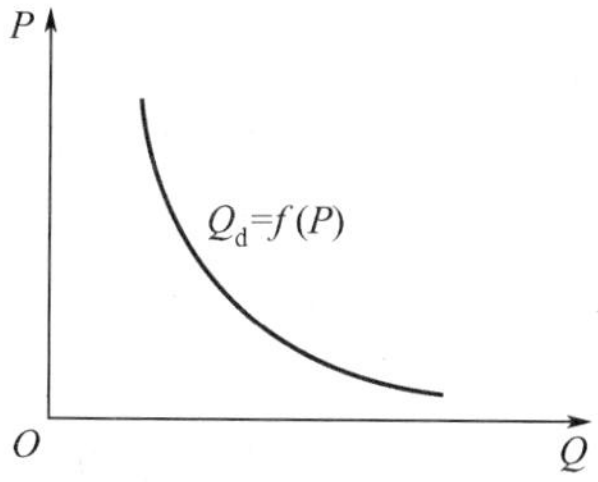

图 2-1 需求函数曲线

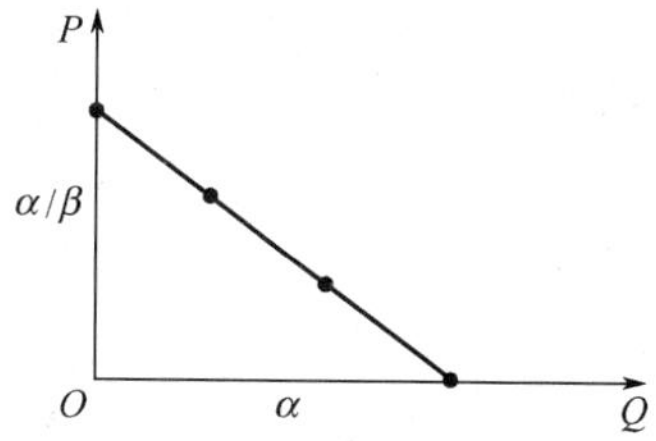

图 2-2 线性需求函数曲线

3. 需求定律（Law of Demand）

（1）需求定律的定义。

一般而言，在其他因素不变的情况下，当商品价格越高，消费者对这种商品的需求量就越少；当商品价格下跌，则这种商品的需求量就增加。价格与需求量之间成反向变动的依存关系，经济学上称之为需求定律，或称需求法则。

（2）需求定律的特例。

需求定律符合绝大多数商品价格与需求量之间成反向变动的依存关系，但是，也有商品价格与需求量同向变化的特例情况，部分特例如下。

① 吉芬物品（Giffen Goods）（违反需求定律）。吉芬商品是指低档的生活必需品，英国人吉芬发现 1845 年爱尔兰在发生灾荒的特殊时期，土豆价格上升，但需求量却反而增加。在当时被称为“吉芬难题”。

特例分析

消费者需要购买肉和土豆。此时土豆价格上升，人们相对变穷了。然而，由于土豆是人们必需的食物，并且它相对肉来说是低档品，因此土豆的价格上升会产生很强的收入效应，而人们对于生活水平下降的反映是削减奢侈品——肉，从而更多地购买土豆这种主食。因此，可以认为土豆的价格上升实际引起了土豆需求量的增加。

我国“非典”时期，市场对板蓝根药品的需求大起大落，也是典型一例。这种情况称为吉芬效应，具有这种特点的商品称为吉芬商品。

② 炫耀性物品（Conspicuous goods）。凡勃伦认为，非炫耀性商品只能给消费者带来物质效用，炫耀性商品则给消费者带来虚荣效用。由于这一现象最早由美国经济学家凡勃伦注意到，因此被命名为凡勃伦效应（有些经济学家称它们为炫耀性商品）。

如果完全用价格来衡量需求程度，在价格低时买得少，价格高时买得多。例如首饰中的翡翠、和田玉、钻石等和中华烟、茅台酒等都显示出凡勃伦效应。

③ 投机性商品。还有一些投机性商品（如证券、股票、黄金、邮票等），当其价格小幅波动时，需求量的变化类似于一般商品；当其价格大幅波动时，需求量的变化类似于吉芬商品。投机性商品价格发生波动时，需求量呈现出不规则变化，主要是受心理预期影响较大，“买涨不买落”。

（3）需求定律的根源。

需求法则的根源是替代效应和收入效应。

① 替代效应（substitution effect）。由商品价格变动引发相对商品价格变动而导致商品需求量变化的效应称为替代效应，反映了实际收入不变的情况下某种商品价格变化对其需求量的影响。这也就是说，如果某种商品价格上涨了，而其他商品的价格没变，那么，其他商品的相对价格下降了，消费者就要用其他商品来代替这种商品，从而对这种商品的需求就减少了。

② 收入效应（income effect）。由商品价格变动引发实际收入变动而导致商品需求量变化的效应称为收入效应，是指货币收入不变的情况下某种商品价格变化对其需求量的影响。这也就是说，如果某种商品价格上涨了，而消费者的货币收入并没有变，那么，消费者的实际收入就减少了，从而对这种商品的需求也就减少了。

2.1.2 影响需求的因素和两种不同性质的需求变动

1. 影响需求的因素

（1）商品或服务自身的当前价格（price）。

一般情况下，某种商品的需求量与其价格呈反方向变动，即价格上升，需求量减少；价格下降，需求量增加。

（2）其他相关商品或服务的价格。

互补品是指满足一种消费者某种需要必须由两种或两种以上商品共同发挥作用。例如汽车与汽油、电与家电、酒与菜、镜架与镜片、左鞋与右鞋等。一种商品的互补品的价格上升（下降），则对该商品的需求减少（增加）。

案例 2-1

精明的商人卖机器便宜，卖零部件贵

某机械厂需要采购一套生产设备，国内外有许多厂商出售该类设备，价格为 2 000～2 300 万元。该厂预测经过艰苦谈判，最多能争取到 1 800 万元，不料某外商找上门来，开价 1 800 万元。该厂厂长心想，其中一定有鬼，但考察结果是，货真价实，无可挑剔，于是成交。

设备使用一年后，许多零部件需要更换，结果发现国际上只有该厂商的型号相配，厂商将零部件的供货价格提高了一倍，明知不合理，该厂也不得不接受这个条件。几年下来，整套设备比最早预期的 1 800 万元价格高出了许多。

学习了经济学以后，该厂长明白了其中的道理，恍然大悟："商人真鬼！"你能否用经济学原理分析其中的道理？

替代品是指满足消费者某种需要可以分别由几种商品来实现，例如各种衣服、肉、水果、日用品等。一种商品的替代品的价格上升（下降），则对该商品的需求增加（减少）。

案例 2-2

父母在乘坐飞机旅行时，是应该允许他们把婴儿放在他们的膝盖上，还是要求他们为婴儿单独购买机票，并用安全带把婴儿固定在安全座位上？一项要求为婴儿购买单独机票和将婴儿放置在单独座位上的法律将会同时产生好消息和坏消息。好消息是：由于婴儿在他们自己的座位上会更安全，因而死于飞机碰撞的婴儿将会减少。而坏消息是：更多的人将死于车祸。要求父母购买两张机票而不是一张机票的法律会增加乘坐飞机旅行的成本，这将使很多父母转向乘坐汽车旅行，从而使旅行的危险增加了。

在多次研究之后，得出的结论是对更多的人来说这是坏消息。美国联邦航空局于是于1992年做出规定，父母可以在乘坐飞机时将其婴儿放置在他们的膝盖上。

一个简单的教训是，消费者会对价格的变动做出反应。一种物品价格的上升（乘飞机旅行）会引起一些消费者转向它的替代品（高速公路旅行），从而导致了一个意想不到的结果。

（3）消费者对商品或服务的预期价格。

消费者对自身未来收入的预期是影响需求的因素之一。预期未来收入稳定增长，需求增加；预期未来收入不确定或下降，需求减少。

消费者对商品未来价格的预期是影响需求的因素。预期商品未来价格上涨，需求增加；预期商品未来价格下降，需求减少。

（4）消费者的收入水平。

消费者自身的收入水平是影响需求的因素之一。对于正常商品，消费者对其需求与收入成正方向变动；对于低档商品，消费者对其需求与收入呈反方向变动。正常商品与低档商品因不同人而异，因同一人的不同时期而异。

（5）消费者的偏好。

偏好是消费者对某种物品的喜好或嗜好。对某种商品偏好，需求大；对某种商品不偏好，无需求或需求小。消费者爱好、风尚、年龄结构等的改变，都会导致消费偏好的改变，从而影响商品需求。广告宣传会改变人们的偏好，从而改变需求。

我们可以用表2-3来总结影响某种物品需求量的因素。

表2-3 影响需求的因素

需求增加	需求减少
该物品价格下降（需求量增加）	该物品价格上升（需求量减少）
替代品价格上升	替代品价格下降
互补品价格下降	互补品价格上升
收入增加	收入减少
未来预期价格上升	未来预期价格下降
人口（消费者人数）增加	人口（消费者人数）减少
对该物品的偏好增加	对该物品的偏好降低

此外，人口及其构成的变动、气候条件、闲暇时间、消费政策、企业的促销策略，也都会不同程度影响某种商品的需求。

2. 两种不同性质的需求变动

（1）沿着需求曲线的变动。

在其他因素不变的情况下，仅由商品本身价格因素导致商品或服务需求数量的变动，引起需求曲线上点的移动。其实质是仅由商品自身价格变化引起的消费者对商品需求量的变化，如图 2-3 所示，表现为一条既定需求曲线上点的位置移动，需求曲线并未发生移动。

（2）整条需求曲线的移动。

在商品本身价格不变的情况下，其他因素变化（价格以外因素）导致商品或服务需求数量变动，引起需求曲线的移动。例如，收入减少，需求减少，使需求曲线向左移动；收入增加，需求增加，使需求曲线向右上移动，如图 2-4 所示。

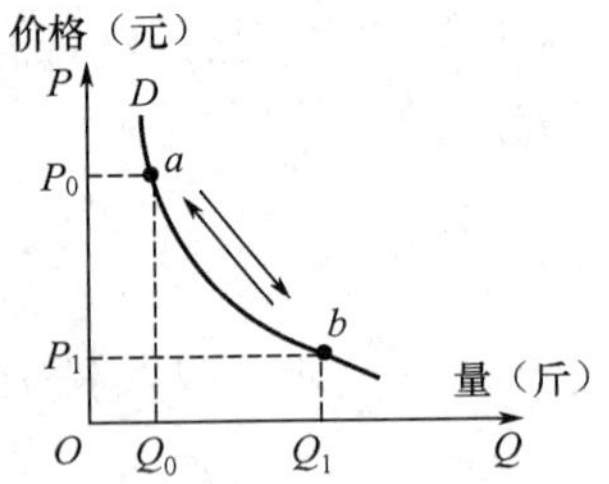

图 2-3　需求量变动

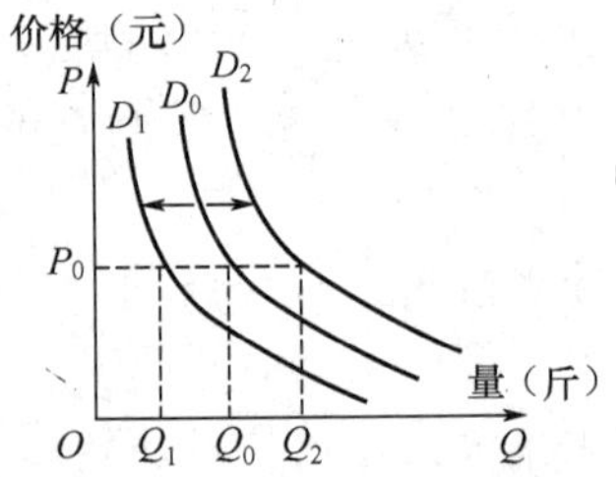

图 2-4　需求曲线移动

2.2　供给理论

2.2.1　与供给有关的几个概念

1. 供给（Supply）

一种产品或服务的供给量是指生产者在一定时期内在既定的价格下愿意而且能够提供出售的该产品或服务的数量。根据定义，供给量是指既有提供出售愿望又有提供出售能力的有效供给。缺少其中任何一个条件都不能算做供给量，供给量是出售意愿与生产供应能力的统一。

供给是指一种产品供给量和价格之间的所有关系。它可以用供给曲线和供给表（如表 2-4 和表 2-5 所示）来说明，供给同时涉及商品价格及与该价格相对应的供给量两个变量。供给量是指供给曲线上的一点，即在某一种价格时的供给量，需要注意的是供给量不是实际售卖量，供给量不一定等于实际售卖量。

供给可以分为个人供给和市场供给两类。个人供给是单个生产者在各个价格下愿意出售并且能够卖出商品或服务的数量；市场供给是市场中所有生产者在各个价格下愿意出售并且能够卖出商品或服务的数量总和，是个人供给的总和。

2. 供给表示方法

（1）供给表（Supply Schedule）。

供给表是描述商品或服务的价格与供给数量之间对应关系的表格，其特点是较明确地展现该商品价格和供给量之间的对应关系。

表 2-4　某种商品的供给表

	A	B	C	D	E	F	G	H	I	J
价格（P）	1	2	3	4	5	6	7	8	9	10
供给量（Q）	100	200	300	500	800	900	950	1 000	1 100	1 200

表 2-5 个人供给量与市场供给量表

价格	个人供给量（单位）						市场供给量（单位）
	张	王	李	赵	钱	……	
10	12	8	5	…	…	……	45 000
9	24	17	13	…	…	……	57 000
8	34	25	20	…	…	……	63 000
7	43	32	26	…	…	……	68 000
6	49	38	31	…	…	……	71 000
5	54	42	35	…	…	……	73 000
4	57	45	38	…	…	……	75 000
3	59	47	40	…	…	……	77 000
2	60	48	41	…	…	……	78 000
1	61	49	42	…	…	……	79 000

（2）供给曲线（Supply Curve）。

显示商品或服务的价格与供给数量之间对应关系的二维曲线称为供给曲线，直观地反映出商品的价格和供给量之间的函数关系，其函数称为供给函数，用 Q_s 表示，需求数量是因变量，影响需求数量的 P、I、T、Pi、E 等各个因素是自变量，供给的数学表达式为：

$$Q_s=f\,(P,\ I,\ T,\ Pi,\ E,\ \cdots)$$

将问题简化，假定其他因素保持不变，仅仅分析价格对该商品供给量的影响，如图 2-5 所示，供给函数就可以用下式表示：

$$Q_s=f\,(P)$$

其中，P 为商品的价格；Q_s 为商品的供给量。

在不影响结论的前提下，大多使用线性需求函数，如图 2-6 所示，其形式为：

$$Q_s=-\delta+\gamma\times P \quad （斜率为正）$$

其中，δ、γ 为常数，δ 为截距，γ 为斜率倒数，斜率为正值，供给量与价格呈正向变动。

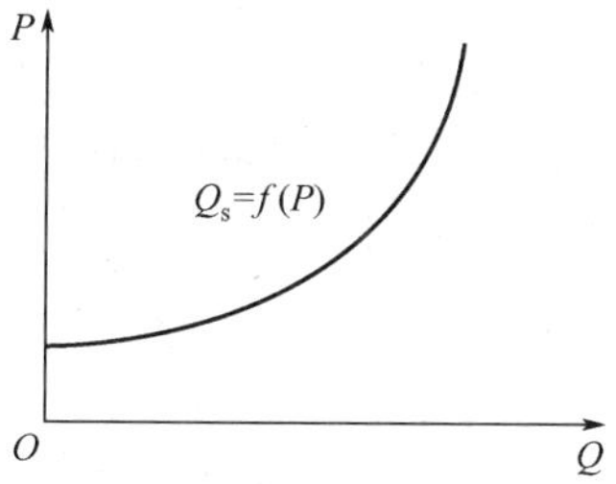

图 2-5 供给函数曲线

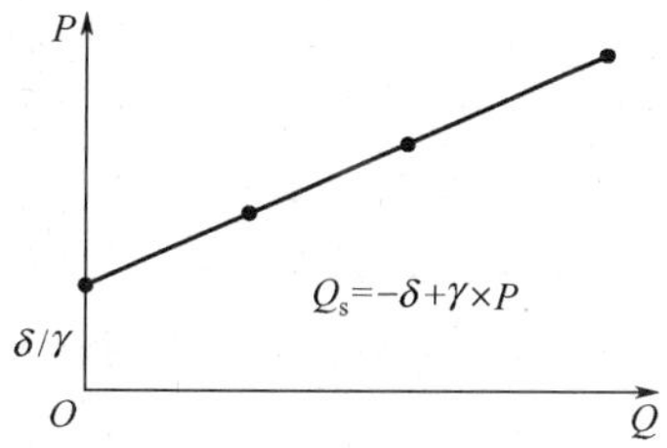

图 2-6 线性供给函数曲线

3．供给定律（Law of Supply）

（1）供给定律定义。

一般而言，在其他因素不变的情况下，一种商品的价格越高，供给量越多；一种商品的价格越低，供给量越少。价格与供给量之间成正向变动的依存关系，经济学上称之为供给定律，或称供给法则。

（2）供给定律例外。

① 有些商品的供给量是固定的，如名画、古玩。这类商品的供给曲线是一条垂直于横轴的直线，如图 2-7 所示。

② 具有规模效应的厂商。某些厂商在大规模生产时平均成本锐减，这时商品价格虽有所下降，但厂商仍愿意提供更多的商品，以追求利润的最大化。此类商品往往是那些适合于机械化大批量生产的高技术产品，如手机和电视机的生产等。这类商品的供给曲线是向右下方倾斜的，如图 2-8 所示。

③ 劳动的供给曲线向后弯曲。当工资开始提高时，劳动的供给会增加，当工资水平上升到一定程度后，劳动者感到对货币的需求并不迫切了，这时工资再提高，劳动者会减少劳动，增加闲暇，因而劳动的供给曲线是一条向后弯曲的曲线，如图 2-9 所示。

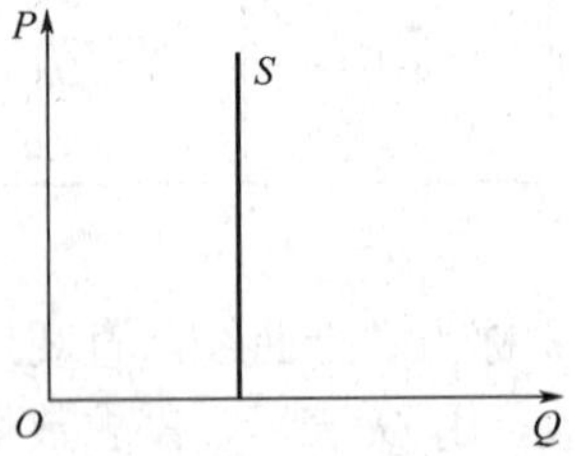

图 2-7　供给曲线的例外①

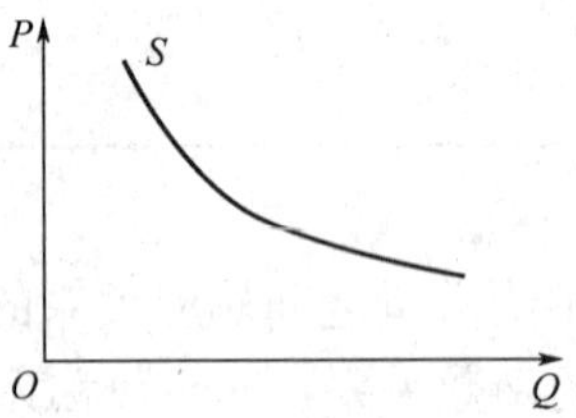

图 2-8　供给曲线的例外②

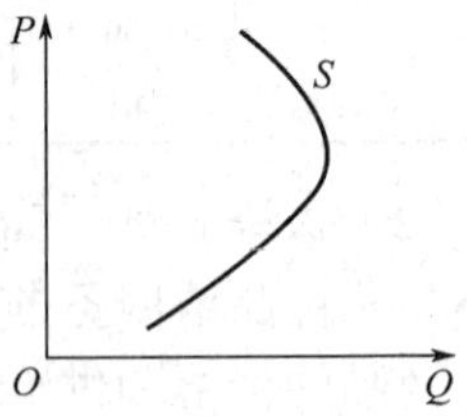

图 2-9　供给曲线的例外③

2.2.2　影响供给的因素和两种不同性质的供给变动

1．影响供给的因素

（1）商品或服务本身的价格。

一般情况下，某种商品的供给量与其价格成正方向变动，即价格上升，供给量增加；价格下降，供给量减少。资源会在不同生产部门和行业之间转移。

（2）相关商品或服务的价格。

对于互补品，相关商品的价格上升，供给量增加。例如，当镜架的价格上升时，镜架的供给量就会增加，会引起与镜架互补的镜片的供给量也增加。

对于替代品，相关商品的价格上升，供给量减少。例如，当玉米的价格不变而大豆的价格上升时，大豆的耕种面积就会增加，而玉米的耕种面积就会随之减少。所以，大豆价格的上升，导致玉米供给的减少。

（3）生产者对商品或服务的预期价格。

厂商对未来经济发展持乐观态度，会增加供给；持悲观态度，则会减少供给。

（4）生产成本。

生产成本与利润有直接关系。当商品价格既定时，生产成本越高，利润就越少，从而企业的供给量就会减少，反之，成本越低，利润就越多，从而企业的供给量就会增加。

（5）生产技术和管理水平。

生产技术和管理水平的提高会使资源得到更充分的利用。生产技术和管理水平可以提高劳动生产率，降低生产成本，增加利润，从而使商品的供给增加；相反，生产技术和管理水平降低，使商品的供给减少。

（6）自然因素。

自然灾害（非人为控制），如农产品受此影响很大。

（7）政府的政策。

政府采取鼓励投资与生产的政策，可以刺激生产，从而增加产品供给；反之，政府采取限制投资与生产的政策，则会抑制产品生产而减少供给。

2．两种不同性质的供给变动

（1）沿着供给曲线的变动。

在其他因素不变的情况下，仅由商品本身价格因素导致商品或服务供给数量的变动，引起供给曲线上点的移动。其实质是仅由商品自身价格变化引起的厂商对商品供给量的变化，如图 2-10 所示，表现为一条既定供给曲线上点的位置移动，供给曲线并未发生移动。例如，大蒜的供给量增加是指大蒜的价格上升而引起的增加。

（2）整条供给曲线的移动。

在商品本身价格不变的情况下，其他因素变化（价格以外因素）导致商品或服务供给数量变动，引起供给曲线的移动，表现为整条供给曲线的移动。例如，生产成本提高，供给量减少，使供给曲线向左移动；生产技术提高使供给量增加，使供给曲线向右移动，如图 2-11 所示。

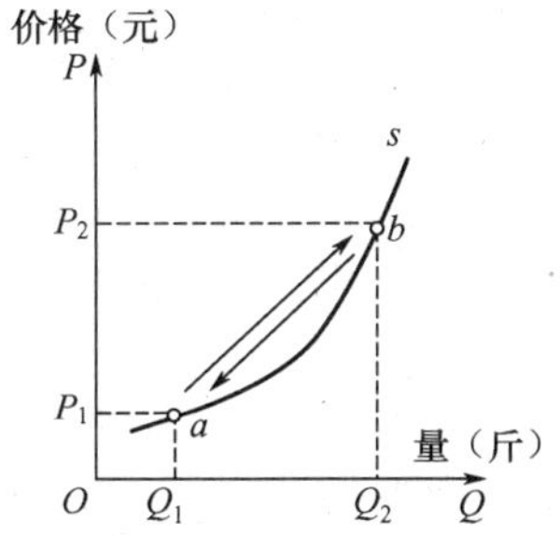

图 2-10　供给量变动

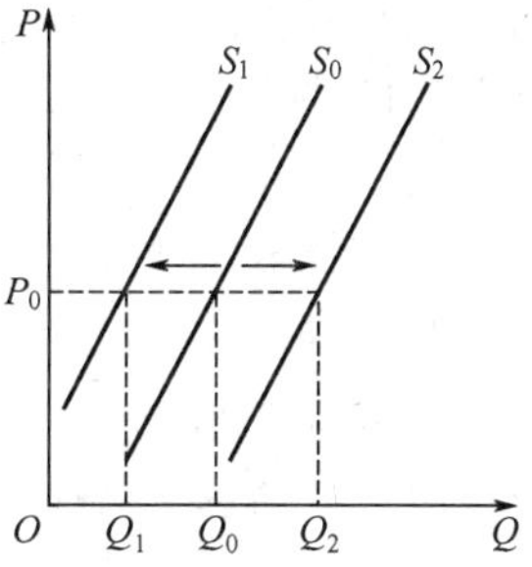

图 2-11　供给曲线移动

2.3　供求均衡及均衡价格、均衡产量

2.3.1　几个重要概念

1．均衡（Equilibrium）

均衡的最一般的意义是指经济事物中相关变量在一定条件下的相互作用、相互制约，最终达到相对静止的一种状态。

均衡是在不改变影响当前状态的内部因素的情况下，相对稳定的静止。市场价格使得某商品供给量和需求量恰好相等的均衡状态，是市场上供给和需求双方力量相互作用的结果，即消费者正好买到该价格下愿意购买的商品数量，生产者也正好卖出该价格下自己愿意售出的商品数量（市场出清，Market Clearing）。

2．均衡价格和均衡产量

均衡价格是消费者对某种商品的需求量和生产者提供该种商品的供给量相等时的价格（市场出清价格，Market-clearing Price）。商品市场供给和需求双方力量相互作用达到均衡状态时，即市场上供给量恰好等于需求量时的市场价格。

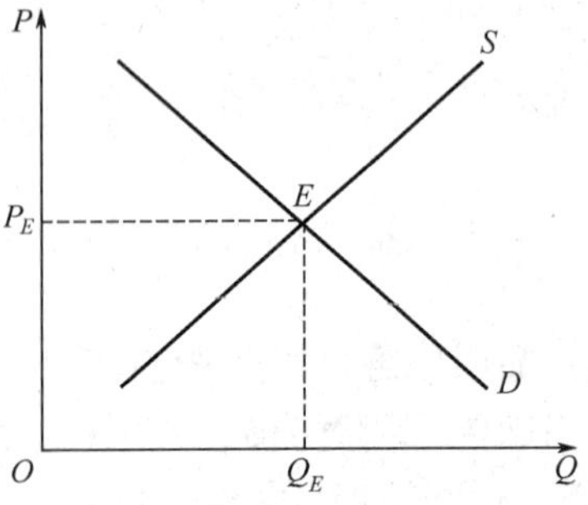

图 2-12　供给、需求与市场均衡

均衡产量是均衡价格下的交易量，即需求量或供给量。均衡价格水平下，市场供给量与市场需求量相等。

均衡价格和均衡产量是通过市场供求关系的自发调节形成的，反映在几何图形上被称为均衡点，即需求曲线和供给曲线的交点，如图 2-12 所示，图中 E 为均衡点、P_E 为均衡价格、Q_E 为均衡数量。

2.3.2　供求均衡形成过程与供求定理

1．供求均衡形成过程

（1）市场实际价格低于均衡价格。

如图 2-13 所示，假设市场价格为 P_2，低于均衡价格 P_E，则有超额需求（$Q_{D2}-Q_E$）。商品供不应求，厂商就会提高售价，市场价格便会上升，往 P_E 移动。

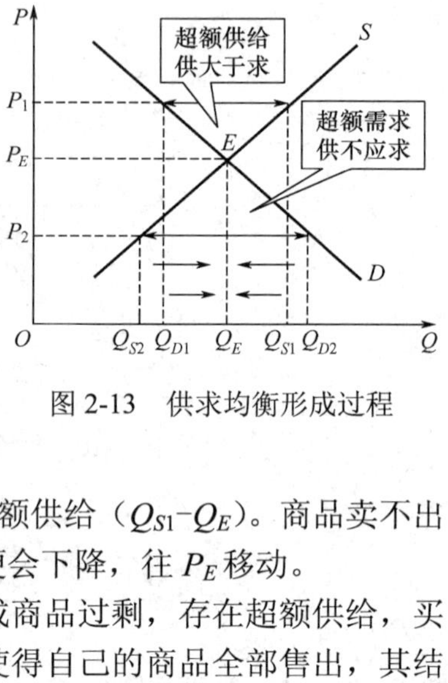

图 2-13　供求均衡形成过程

市场价格低于均衡价格，会形成供不应求的情况，造成商品短缺，存在超额需要，卖方主导市场。消费者因为得不到自己满意的需求量而考虑出更高价格以买到自己需求数量的商品，生产者因为价格升高而愿意提供更多的商品，其结果是价格提升，需求量减少，供给量增加至均衡状态。

（2）市场实际价格高于均衡价格。

如图 2-13 所示，假设市场价格为 P_1，高于 P_E，则有超额供给（$Q_{S1}-Q_E$）。商品卖不出去，厂商可能会降价求售。若每个厂商都降价，市场价格便会下降，往 P_E 移动。

市场价格高于均衡价格，会形成供大于求的情况，造成商品过剩，存在超额供给，买方主导市场。生产者试图通过降价吸引消费者，降低产量使得自己的商品全部售出，其结果是价格降低，消费者需求量增加，生产者供给量减少至均衡状态。

2．供求定理（The Law of Supply and Demand）

在其他条件不变的情况下，需求变动分别引起均衡价格和均衡数量的同方向的变动；供给变动引起均衡价格的反方向的变动，引起均衡数量的同方向变动，这种需求和供给与价格的关系称为供求定理。供求定理不是供给定理和需求定理的加总。供求定理表明的是供求变动对均衡的影响；而供给定理和需求定理表示商品价格变化对其供给量和需求量的影响。

曼昆的经济学原理对供求定理的定义为：任何一种物品价格的调整都会使该物品的供给和需求达到平衡。市场上商品价格的变动，受到市场供求双方相互作用的影响，最终形成市场均衡状态，使市场实际价格最终趋向于均衡价格，需求量和供给量也最终趋于相等。

3. 消费者剩余和生产者剩余

“消费者剩余”的概念，是纽约大学教授马歇尔在其《经济学原理》一书中提出来的。简单地说，就是买者和卖者都希望从市场活动中获得收益：一个叫“消费者剩余”；一个叫“生产者剩余”。两者相加，叫“市场总剩余”。

（1）消费者剩余（Consumer Surplus）。

消费者剩余又称为消费者的净收益，是指消费者在购买一定数量的某种商品时愿意支付的最高总价格和实际支付的总价格之间的差额。消费者剩余衡量了买者自己感觉到所获得的额外利益。在一定条件下（利用需求曲线图），消费者剩余的货币价值可以用需求曲线以下、价格线以上的面积来衡量，如图 2-14 所示。计算公式为：

消费者剩余=买者愿意支付的最高价格－买者的实际支付价格

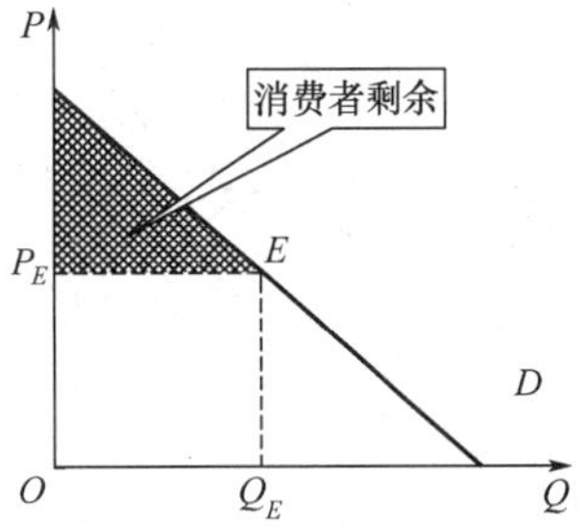

图 2-14 消费者剩余

在自愿交易的条件下，消费者通过选择最优的消费数量可以使自身的情况得到改善。借助于如图 2-14 所示的消费者需求曲线可以很好地说明如何度量经济交换多得的好处。首先，需求曲线不仅表示价格与商品的需求量之间的关系，也可以理解为在购买特定数量时消费者愿意支付的最高价格。但对消费者而言，市场价格是给定的，所以在其支付意愿与实际支付之间存在一个差值，这就构成了一种“心理剩余”。

从对如图 2-14 所示的消费者剩余的分析不难得出，如果价格上升，则消费者剩余下降；反之，如果价格下降，则消费者剩余上升；如果需求曲线是平的，则消费者剩余为 0。例如，一场足球赛的票价为 50 元，可消费者对它的估值是 80 元（心理价位），那么消费者剩余则是 30 元。

消费者剩余概念的提出目的是告诉我们消费者：我们的付出总是少于我们的所获。我们总是在交易当中获取额外的利益，我们社会的总福利总是在交易当中不断增长。

产生消费者剩余的原因是除最后一单位外，该商品用货币表示的边际效用都大于其价格。根据边际效用递减定律，消费者对具体产品或服务边际效用的评价而愿意支付的价格，经常高于他们实际支付的由市场供求关系决定的市场价格。

（2）生产者剩余（Producer Surplus）。

生产者剩余等于厂商生产一种产品的总利润加上补偿给要素所有者超出和低于他们所要求的最小收益的数量。简单来说，生产者剩余就是指卖者出售一种物品或服务得到的价格减去卖者的成本。如电影公司提供一部电影的成本是 5 元，可票价是 50 元，那么生产者剩余就是 45 元。

生产者剩余是生产者的所得大于其边际成本的部分。因为生产者按照最后一个商品的边际成本确定所有商品的价格，在这最后一个商品以前的商品的边际成本都低于最后一个商品，低于的这部分就是生产者的额外收入。从几何的角度看，它等于价格曲线之下、供给曲线之上的区域，如图 2-15 所示。通俗地讲，就是生产者的会计利润。计算公式为：

生产者剩余=卖者得到的收入－卖者的实际成本

现在举例说明以上概念：假如有 3 家电脑供应商，惠普的成本是 4 000 元，戴尔的成本是 3 500 元，联想的成本是 3 200 元（均以一单位产品计），如果都按照 4 500 元的价格出售，那么他们出售 1 台电脑将分别获得 500 元、1 000 元和 1 300 元的生产者剩余。同时，如果这些企业采取新的技术和管理措施，使成本进一步下降，那他们可以获得更多的生产者剩余。

（3）市场总剩余。

市场总剩余是指买卖双方在交易过程中所得到收益的总和，即市场总剩余等于消费者剩余加上生产者剩余，如图 2-16 所示。

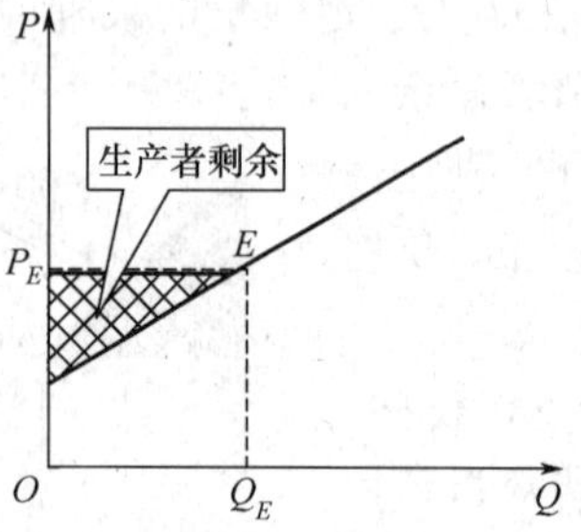

图 2-15　生产者剩余

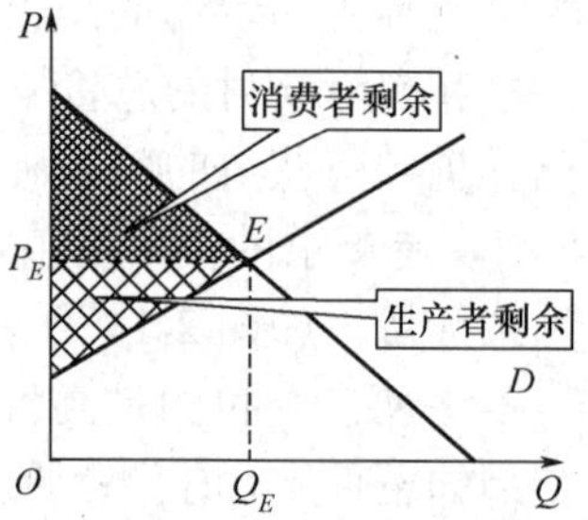

图 2-16　市场总剩余

2.3.3　均衡价格和均衡产量的变动

1．供给不变，需求发生变动的情况

如果供给不变，需求曲线的移动对均衡价格和均衡产量的影响是：需求增加则使需求曲线向右上方移动，均衡价格上升，均衡产量增加；需求减少则使需求曲线向左下方移动，均衡价格下降，均衡产量减少，如图 2-17 所示。

引起需求曲线移动的原因是非价格因素（外部因素），如收入增加、疾病暴发等。

2．需求不变，供给发生变动的情况

如果需求不变，供给曲线的移动对均衡价格和均衡产量的影响是：供给增加则使供给曲线向右下方移动，均衡价格下降，均衡产量增加；供给减少，供给曲线向左（上）平移，均衡价格上升，均衡产量减小，如图 2-18 所示。

引起供给曲线移动的原因是非价格因素（外部因素），如自然灾害等。

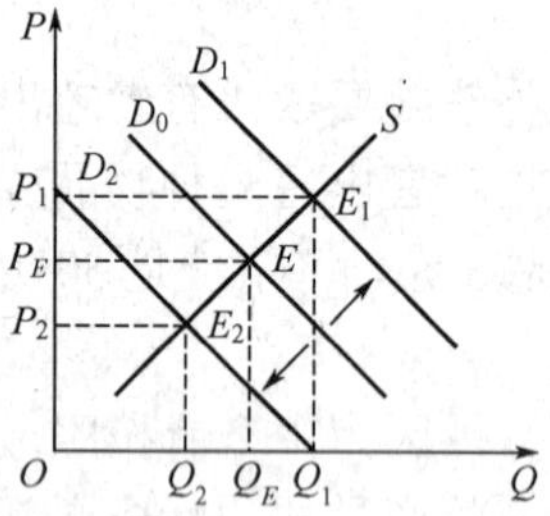

图 2-17　需求变动

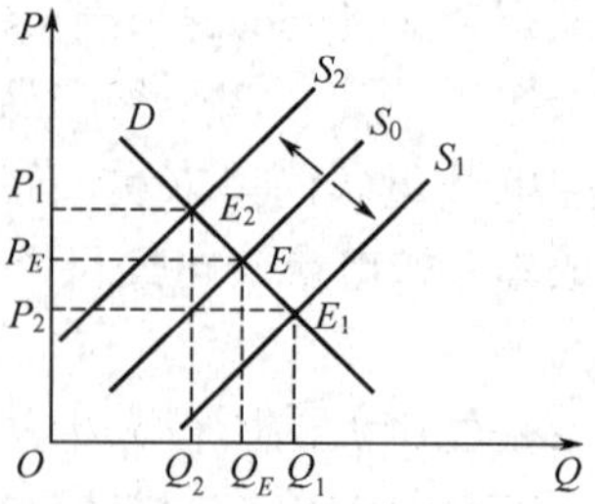

图 2-18　供给变动

3．需求和供给同时发生变动

下面我们用图 2-19 来分析需求和供给同时发生变动的情况。

（1）供给和需求同向变动。

供给和需求同时增加（曲线右移）肯定使均衡产量增加，均衡价格的变动方向不能确

定，它取决于两种情况下哪一个价格上升或下降的幅度大一些。当需求增加幅度大于供给增加幅度时，均衡价格上升；当需求增加幅度小于供给增加幅度时，均衡价格下降；当需求和供给增加幅度相同时，均衡价格不变。供给和需求同时减少（曲线左移）会使均衡产量减少，均衡价格不定。

（2）供给和需求反向变动。

当供给曲线右移使供给增加的同时，需求曲线左移使需求减少，新的均衡价格肯定下降，但均衡产量变动方向则不一定，它取决于两种情况下哪一个数量上升或下降的幅度更大一些。此时为供过于求状态。

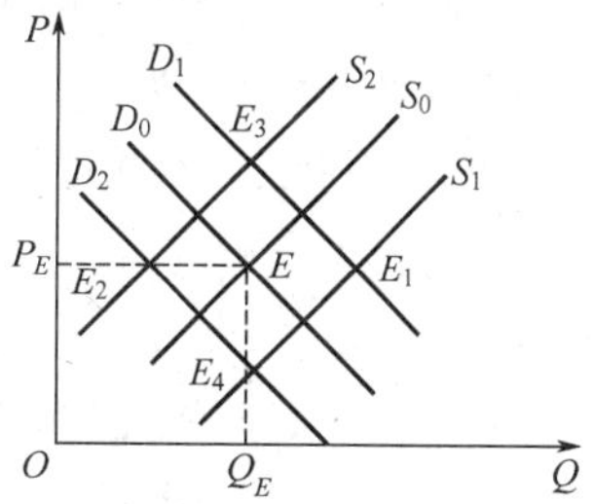

图 2-19 需求和供给同时变动

当供给曲线左移使供给减少的同时，需求曲线右移使需求增加，新的均衡价格肯定上升，均衡产量变动不定，此时为供不应求状态。

2.4 价格政策——均衡价格理论的运用

价格对经济具有调节的作用，是反映市场供求状况的风向标。价格的变动可以调节需求和供给，可以使资源配置达到最优状态。

价格机制通常是指市场调节经济运行的功能和方式。它一方面通过市场价格的波动自发调节商品的供求，使供求趋于一致；另一方面，通过供求关系的变化，自动引发价格的变动，使之趋向于稳定的均衡价格。

价格机制是市场若干机制中的核心机制，它是供求定理的具体表现和作用形式。价格的变动必然引起供求的变动，而供求的变动反过来又引起价格的升降。下面结合这两种情况分析市场机制，即价格杠杆的调节作用。

2.4.1 价格控制

供求关系变化引起的价格波动，不利于生产的稳定；而供求严重失衡时，不利于社会稳定。为调节和稳定某种产品的供求，政府通常会采取价格上限和价格下限两种价格政策。

1. 价格上限

价格上限也称为最高限价，是政府为了稳定经济生活，对某些商品规定的低于市场均衡价格的最高价格，其目的是为抑制某些商品价格上涨，或基于保护消费者的考虑，如规定粮食、糖、肉、奶等物品的最高价格。

价格上限政策会直接导致商品供给的短缺，如图 2-20 所示，易导致消费者排队问题和黑市交易盛行。通常政府会采取配给制来解决供不应求问题，但是容易滋生腐败等问题，如我国改革开放初期对钢铁、煤炭等产品实行价格上限政策，并采取配给制以解决供不应求问题。实际上，价格上限并不能收到满意的效果，这种片面保护消费者利益的做法，反而造成对消费者的伤害。

2. 价格下限

价格下限或称为最低限价，是政府为扶持某一行业生产，对该行业产品规定高于市场均衡价格的最低价格，其目的是为扶持某些行业发展，或基于保护生产者的考虑。

价格下限政策会导致商品供给过剩，如图 2-21 所示，政府采取购买、鼓励多余产品出口、限制产量、维持价格等措施为过剩的商品买单。例如，许多国家目前仍然对粮食实行价格下限政策，并收购多余粮食作为储备。价格下限政策不可长期实行，这种片面保护生产者利益的做法，终究会损害生产者的利益。

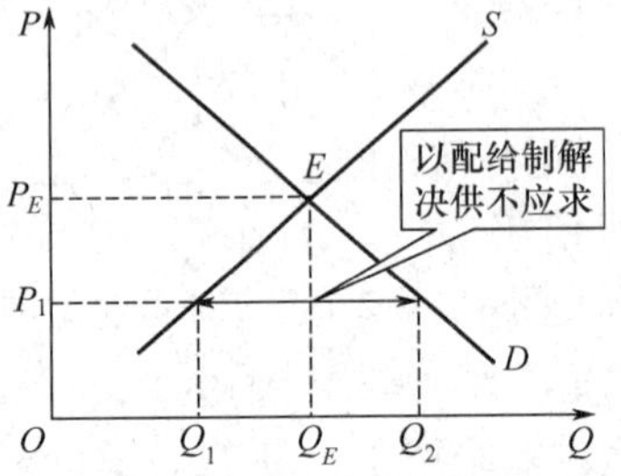

图 2-20　价格上限造成供不应求

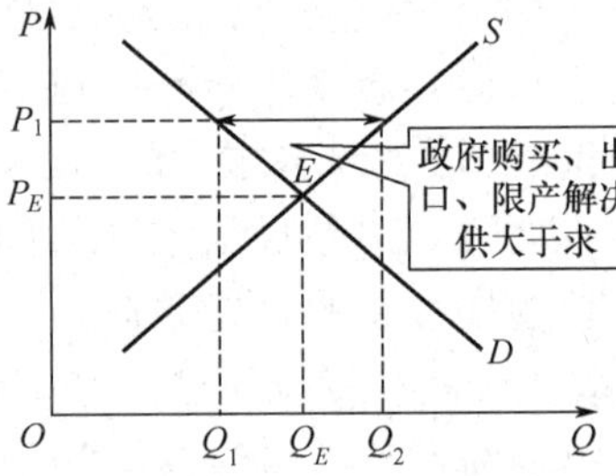

图 2-21　价格下限造成供大于求

2.4.2　易腐商品的售卖

易腐商品，尤其是一些食品，必须在一定时期内被销售出去，否则销售者会蒙受损失。易腐商品的销售者应该如何定价，才能既在规定时间内卖完全部商品，又能获得最大收入呢？应当根据易腐商品的需求曲线及待售数量，决定其对应的最优价格。

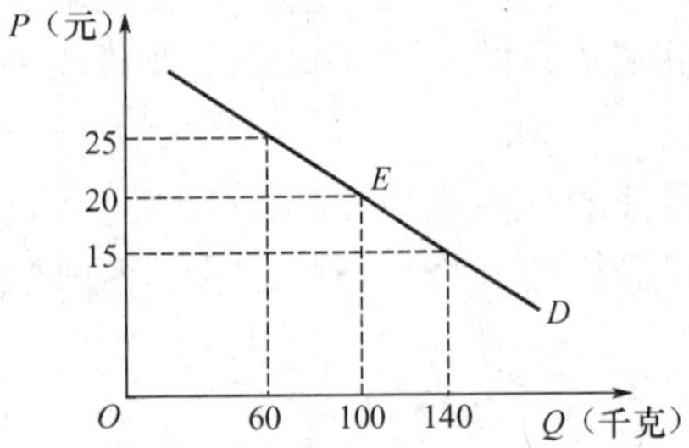

图 2-22　鲜活河虾的定价

例如，夏天鲜活河虾的售卖。夏天鲜活的河虾一般都是当天卖完，否则其售价就会大幅度下降。某销售者所面对的市场一天内对他的鲜活河虾的需求曲线如图 2-22 所示。假定他在一天内需要卖掉的鲜活河虾的数量为 100 千克，则他应当根据需求曲线将价格定在 20 元/千克，这样他可以全部卖掉，总收入（100 千克×20 元/千克）为 2 000 元。如果将价格定得过高，为 25 元/千克，由于鲜活河虾的需求一般富有弹性，因此导致销售量大幅减少，将有 40 千克的鲜活河虾卖不出去，而使总收入减少［(100−40) 千克×25 元/千克］为 1 500 元。如果将价格定得过低，为 15 元/千克，虽然能全部卖完，但总收入会因单价过低而减少（100 千克×15 元/千克）为 1 500 元。

案例分析

【案例 2-3】　　　　雪天的杂货店

1967 年，一场大暴雪使得芝加哥市区的交通瘫痪，外面的生活必需品难以进入城区。当时还是大学学生的詹姆斯在他住所附近有两家杂货店。一家杂货店慈悲为怀，坚持在大雪天对店内商品不涨价，其店中的商品很快被抢购一空，因为如此低的价格难以使其以高价向外界继续采购新的商品，这家店很快就关门大吉。另外一家杂货店则将所有的商品和价格暂时提高到原来的两倍，同时这家杂货店的老板出高价请当地的孩子乘雪橇从外地运进当地市民需要的各种商品。涨价的杂货店因为能够支付较高的雇用雪橇拉货的成本，一直在雪灾过程中保证了对居民的基本供应，同时较高的价格也自然促使居民根据新的价格状况调整自己的需求，将自己采购的物品控制在自己能够承担的、确实也是必需的范围内。

【案例分析】 这就是“看不见的手”调节暴雪期间的杂货店商品价格的一个小小案例。在市场供求决定价格水平的市场机制面前，不考虑均衡价格的波动而慈悲为怀，往往不会获得预期的效果，维持低价的杂货店必然会面对居民的抢购，因为不能以低价格补充新的商品而在雪灾之中不得不关门，好心的低价杂货店没有赚到合理的利润，居民也因为杂货店的低价而没有调整自己的商品需求，同时在低价杂货店关门之后，居民也就再也买不到所需的日用品了。倒是那位看起来发雪灾财的高价杂货店店主，始终维持了居民在雪灾期间的日用品的供应。也就是说，市场规则看起来无情，但是，正是因为它的充分作用，经济才能得到良好发展。

【案例 2-4】 **歌星的高收入合理吗？**

某歌星一场演唱会的出场费为几十万元人民币，是普通人几年或几十年的收入，老百姓难免有不平衡之感。歌星收入的主要来源是门票收入。我们分析演唱会门票的价格，如果想听演唱会的人增加了，而歌手的供给不变，则门票的价格就会上升，由于演唱会举办方与歌手都能从高价格的门票中得到更多的收益，他们还会增加演唱会的场次。同理可以推出，如果没有那么多歌迷，需求减少，门票的价格必然下降，他们会减少演唱会的场次。如果歌手增加，门票的价格也会下降，演唱会的场次会增加；同理可以推出，歌手减少，门票的价格也会上升，演唱会的场次会减少。这就是经济学分析的供求规律。

【案例分析】 歌星的高收入是由歌星的供给和公众的需求决定的，这是市场机制作用的结果，既然对歌星的消费需求如此之大，而供给方又稀缺，也就是说在市场上少数著名歌星有完全垄断地位，因此他们的高收入不仅是合理的也是公正的，少数歌星是竞争出来的。当看到一夜走红的歌星收入高于我们这些十几年寒窗苦读的教授许多时，难免有不平衡之感，但从经济学的理性来看，歌星的高收入是市场供求关系决定的，因此歌星的高收入是合理的。

阅读材料

马歇尔及其需求和供给理论

一、马歇尔需求理论

马歇尔需求理论的出发点是人的欲望。他认为，需求是欲望的满足，而人的欲望是由效用来满足的，因此，欲望和效用是相互有关的名词。所谓需求价格就是购买者为购买一定量的某种商品而愿意支付的价格，它以商品的边际效用为基础，由边际效用决定。

关于边际效用，马歇尔论述说，一个人在他要买进某种商品时，他刚刚被吸引而购买的那一部分，叫做他的“边际购买量”。因为是否值得花钱购买这种商品，他还处于犹豫不决的边缘。他的“边际购买量”的效用，就是该物品对他的边际效用。所谓“边际购买量”，就是最后刚刚还能吸引他购买的、对他还有最小效用的、可买可不买的商品量。边际效用决定一个人对一定量的商品愿意支付的价格，即他对该商品的需求价格。

马歇尔接着论述了边际效用递减规律和边际需求价格递减规律。他认为商品对一个人的效用随其拥有量的增加是递减的。“一物对任何人的边际效用，是随着他已有此物数量的第一次增加而递减。”这就是边际效用递减规律。他与庞巴维克的观点不同，庞巴维克没有找到一个衡量边际效用的尺度，而他认为物品边际效用大小虽不能直接衡量，但可以通过购买者对物品愿意支付的价格，或愿意支付的货币额来间接衡量。货币为什么能衡量边际效用？因为货币对购买者有主观效用，而且货币的边际效用也随他拥有的货币数量变动而变动。若他的货币量减少，其边际效用就增加，他在购买商品时愿支付的价格也减少，所以物品的边际效用可以用货币间接衡量。

马歇尔在需求价格递减规律基础上来说明需求变动同价格变动的关系，由此来说明需求变动规律。他把一个购买者在不同价格下愿意购买的商品量列成一个表，就是“需求表”。根据需求表上的一系列数据，把它们看成一种连续变量，用坐标图像方法画成一条曲线就是“需求曲线”。他把个人需求扩大为社会需求，把个人需求表扩大为社会需求表。他认为个人需求的综合就是社会需求，个人需求价格的综合就形成社会需求价格。

他根据“需求表”和“需求曲线”，得出需求一般规律：“要出售的数量越大，为了找到购买者，这个数量的售价就必然越小，或者，换句话说，需要的数量随着价格的下跌而增大，并随着价格的上涨而减少。”马歇尔所描述的需求变动规律是符合实际经济现象的，它揭示了需求受市场价格变动制约的规律。

马歇尔认为，影响需求弹性的因素很多，其中主要是价格水平、消费品的性质和消费者的购买力。一般说来，低价或低档商品，如基本生活必需品，需求弹性小。高价或高档商品，如奢侈品，需求弹性大。各阶级购买力不同，对同种商品的需求弹性也不等。

马歇尔提出需求弹性概念，并且对影响需求弹性的因素作了比较合乎实际的分析，对于进一步了解需求规律，了解需求变动与价格变动的关系，具有重要意义。

二、马歇尔供给理论

马歇尔的供给理论，也就是他的生产理论，主要是论述生产要素的供给及其变动的规律。马歇尔的生产理论包括生产要素和生产成本。

关于生产要素，马歇尔提出劳动、土地、资本、组织为生产四要素。所谓劳动是指人类的经济工作，不论用手的还是用脑的。马歇尔认为，劳动是生产要素，就是说人是生产要素。从劳动的供给角度来看，就是研究人口在数量上、精神上、知识上和品性上的提高。所谓土地是指大自然为了帮助人类，在陆地、空气、光和热方面所赠予的物质和力量。马歇尔着重分析了土地报酬的变动规律。他认为土地报酬是土地对用于土地上的劳动和资本的报酬。它的变动倾向可能是递增的，也可能是递减的。不过，在土地充分利用而人口压力不断增加的国家里，土地报酬递减则是不可抗拒的。所谓资本是指为了生产物质财富并获得收益而积蓄起来的设备。资本作为生产的一个要素，它不是供满足欲望的直接消费之用，而是财富的主要资料。资本来源于节约和储蓄，而节约和储蓄则是为了将来而牺牲的现在的愉快。他提出用“等待”来代替传统的“节欲”说。组织则是指企业的经营和工业组织。马歇尔认为，“组织”作为一个生产要素，是研究分工、生产规模的利弊及企业管理等问题，目的是提高劳动效率，增加企业的收益。他把经济发展分为两类：一是有赖于企业之间的合理分工和联合、经济的合理区划以及企业的经营规模，他把这称做“外部的经济”；二是有赖于个别企业对资源的充分而有效的利用、组织和经营管理效率的提高，他把这称做“内部的经济”。

关于生产成本，马歇尔把生产成本分为实际生产成本、货币成本和边际成本。他认为生产一种商品，一般需要消费各种不同的劳动，并使用各种形态的资本，它们加在一起构成生产的实际成本。他所说的“劳动”不是客观的劳动耗费，而是主观的心里感觉，例如痛苦、厌恶、反感这样“负效用”的感觉。他把对这些劳动和牺牲所必须支付的货币额，叫做货币生产成本或生产的货币成本。货币生产成本即是对商品中使用的各种生产要素必须付出的货币额，或支付的价格的总和。货币生产成本是衡量实际生产成本大小的尺度，是实际生产成本的价格，它直接决定产品的供给价格。所谓边际生产成本就是“边际产品”的生产费用。“边际产品”就是刚刚能引诱生产者去生产的那种最不利条件下所生产的产品，而边际生产成本实际就是边际生产条件下生产产品所必需的最大生产费用。这种边际产品不亏本，也不提供收入。这种边际生产成本决定商品的供给价格。马歇尔还把成本具体分为直接成本、补充成本与总成本和平均成本。“直接成本”是指花费在工资、原材料消费上的货币支出，它的特点是一个不定量，即随产量的变动而正比例同向变动。在每一个产品上花费的直接成本是由技术原因决定的。“补充成本”包括维修费用和高级职工的薪金，它的特点是总量相对固定，分摊在每一个产品上的量随着产品量的增加而减少。“总成本”是直接成本和补充成本之和。“平均成本”是总成本除以产品量。

与生产成本相联系，马歇尔还提出了三个新概念。

一是“替代原理”或“代用原则”。马歇尔认为，就生产者的知识和经营能力所及，他们在每一场合下都会选择那些最适合他们用的生产要素。他所使用的生产要素的供给价格的总和，一般都小于可以用来替代他们的任何其他一组生产要素的供给的总和。一旦生产者发现情况并非如此，他就会选择那种费用较低的方法。无论是生产要素之间的替代，或企业主之间的替代，都可以把它叫做“代用原则”。他认为“这个原理几乎可运用在经济研究的各个领域之中”。

二是“代表性企业”。马歇尔认为，就一个产业部门来说，各个企业的内部经济和外部经济各不相同，因此它们的生产成本水平也差异很大，因此只能用平均的企业作为生产企业的代表。马歇尔认为，一个代表性企业从某种意义上说，也可以看做是一个平均的企业。这个平均的企业是经过广泛的调查之后挑选出来的，因而它具有充分的代表性。

三是“投资的外限”或“投资的有利边际”。马歇尔以建筑业为例来说明他的这一概念。就房屋的某些部分来说，他所得的利益也许超过他所用的实际成本，但当建筑计划逐步扩大时，最后会发现，任何扩建所带来的利益会被所需要的劳动和牺牲所抵消，而那种扩建就处于“投资的外限”，或它的“有利边际”。这一思想后来被发展为“成本—收益分析”理论。

在生产要素和生产成本理论的基础上，马歇尔进而说明供给规律，阐明供给变动同价格变动的关系。同把需求转化为需求价格一样，马歇尔也把供给转化为供给价格。他认为供给价格就是卖主对自己所提供的一定数量的某种产品愿意接受的价格。它以产品的生产费用为基础，由商品的边际生产费用决定。

他认为供给变动同需求变动相反，供给的数量随价格的上升而增加，随价格的下降而减少。这就是供给变动的一般规律，它反映了供给变动同价格变动的关系。这一规律在一定程度上反映了经济生活中的现实情况和内在联系。他把销售者在不同价格下愿意出售的商品量列成一个“供给表”，把“供给表”列出的数据画出一条“供给曲线”，来说明供给变动同价格变动的关系，即供给规律。

马歇尔还讨论了供给弹性。所谓供给弹性，是指商品供给变动率对其价格变动率的关系或比例。他认为商品的供给量随价格的上升而增加，随价格的下降而减少，但两者变动的比例不一定相等。有的产品生产难度大，如制造工业部门价格上升后，供给不一定随之马上同比例增加。有的商品生产难度小，如手工业产品价格稍有变动，供给数量马上就有很大变动。他的这一理论更具体地论述了商品的供给规律。

本章小结

一、需求理论

1．需求量和需求

一种产品或服务的需求量是指在一定时期内和一定条件下，消费者愿意且有支付能力购买这种商品或劳务的数量。需求是指一种产品或服务需求量与价格之间的全部关系。需求可以用需求曲线和需求表来说明。

2．需求定律

一般而言，在其他因素不变的情况下，当商品价格越高，消费者对这种商品的需求量就越少；当商品价格下跌，则这种商品的需求量就增加。价格与需求量之间成反向变动的依存关系，经济学上称之为需求定律，或者需求法则。需求定律的根源是替代效应（由商品价格变动引发相对商品价格变动而导致商品需求量变化的效应）和收入效应（由商品价格变动引发实际收入变动而导致商品需求量变化的效应）。

3．需求定律的特例

需求定律符合绝大多数商品价格与需求量之间成反向变动的依存关系，但是，也有商品价格与需求量同向变化的特例情况，如吉芬物品、炫耀性物品、投机性商品等。

4．影响需求的因素

影响需求的因素主要有商品或服务自身的当前价格、其他相关商品或服务的价格、消费者对商品或服务的预期价格、消费者的收入水平和消费者的偏好等。此外，人口及其构成的变动、气候条件、闲暇时间、消费政策、企业的促销策略，也都会不同程度影响某种商品的需求。

二、供给理论

1．供给量和供给

一种产品或服务的供给量是指生产者在一定时期内在既定的价格下愿意而且能够提供出售的该产品或服务的数量。供给是指一种产品供给量和价格之间的所有关系，它可以用供给曲线和供给表来说明。

2．供给定律

一般而言，在其他因素不变的情况下，一种商品的价格越高，供给量越多；一种商品的价格越低，供给量越少。价格与供给量之间呈正向变动的依存关系，经济学上称之为供给定律，或者供给法则。

3．供给定律的例外

供给量是固定的商品（如名画）、具有规模效应的厂商（如手机）和劳动的供给等，不符合供给定律。

4．影响供给的因素

影响需求的因素主要有商品或服务本身的价格、相关商品或服务的价格、生产者对商品或服务的预期价格、生产成本、生产技术和管理水平、自然因素和政府政策等。

三、供求均衡

1．供求均衡

市场价格使得某商品供给量和需求量恰好相等的均衡状态，即消费者正好买到该价格下愿意购买的商品数量，生产者也正好卖出该价格下自己愿意售出的商品数量（市场出清，Market Clearing）。

2．均衡价格和均衡产量

均衡价格是消费者对某种商品的需求量和生产者提供该种商品的供给量相等时的价格（市场出清价格，Market-clearing Price）。均衡产量是均衡价格下的交易量，即需求量或供给量。均衡价格水平下，市场供给量与市场需求量相等。

3．供求定理

在其他条件不变的情况下，需求变动分别引起均衡价格和均衡数量的同方向的变动；供给变动引起均衡价格的反方向的变动，引起均衡数量的同方向变动，这种需求和供给与价格的关系称为供求定理。供求定理表明的是供求变动对均衡的影响，而供给定理和需求定理表示商品价格变化对其供给量和需求量的影响。

四、消费者剩余和生产者剩余

消费者剩余（Consumer Surplus）又称为消费者的净收益，是指消费者在购买一定数量的某种商品时愿意支付的最高总价格和实际支付的总价格之间的差额。消费者剩余衡量了购买者自己感觉到所获得的额外利益。

生产者剩余（Producer Surplus）等于厂商生产一种产品的总利润加上补偿给要素所有者超出和低于他们所要求的最小收益的数量。简单来说，生产者剩余就是指卖者出售一种物品或服务得到的价格减去卖者的成本。

市场总剩余是指买卖双方在交易过程中所得到收益的总和，即市场总剩余等于消费者剩余加上生产者剩余。

本章习题

一、名词解释

需求定理；需求曲线；供给定理；供给曲线；均衡价格；需求和需求量的变动。

二、选择题

1．微观经济学的中心理论是（　　）。

A．失业与通货膨胀理论　　B．国民收入决定理论

C．经济周期与经济增长理论　　D．价格理论

2．下列情况中，会引起猪肉需求量发生变化的情况为（　　）。

A．猪肉价格从每千克 11 元上升到每千克 13 元

B．猪肉的饲养者宣传牛排中含有丰富的蛋白

C．医生说多吃猪肉可能会导致血脂增高

D．牛肉的价格从每千克 26 元跌到每千克 22 元

3．某商品的需求曲线向下倾斜，如果该商品的价格从 3 美元下降到 2.75 美元，则厂商的总收益将（　　）。

A．下降　　B．上升

C．不变　　D．无法确定是下降还是上升

4．李四对面包的需求表示（　　）。

A．张某买了面包

B．李四没有买面包，而买了煎饼

C．李四准备买 10 个，但钱没带够

D．面包卖每个 1 元时，李四准备用现有的收入买 4 个，而每个为 2 元时准备买 1 个

5．在得出某种商品的个人需求曲线时，下列因素中可变的是（　　）。

A．个人收入　　B．其余商品的价格

C．个人偏好　　D．所考虑商品的价格

6．假如生产某种物品所需原料价格上升了，则这种商品的（　　）。

A．需求曲线向左方移动　　B．供给曲线向左方移动

C．需求曲线向右方移动　　D．供给曲线向右方移动

7．下列不会引起供给曲线移动的因素是（　　）。

A．厂商的预期　　B．生产成本

C．技术状况　　D．物品价格变动

8．如果甲产品价格上升引起乙产品需求曲线向右移动，那么（　　）。

A．甲和乙产品是互替商品　　B．甲和乙产品是互补商品

C．甲为低档商品，乙为高档商品　　D．甲为高档商品，乙为低档商品

9．非均衡价格是指（　　）。

A．在此价格上需求量和供给量相一致

B．在此价格上需求量和供给量不一致

C．实际中不存在，除非供给商品可控制价格

D．上述都不正确

10．下列情况中，不正确的是（　　）。

A．如果供给下降，需求不变，均衡价格将上升

B．如果供给增加，需求下降，均衡价格将下降

C．如果需求增加，供给下降，均衡价格将上升

D．如果需求下降，供给增加，均衡价格将上升

11．一个高于均衡价格的价格表示（　　）。

A．在此价格上生产者无法收回生产成本

B．在此价格上供给量大于需求量

C．消费者愿意在此价格上购买所有产品

D．在此价格上需求了大于供给量

12．在市场经济中，当大蒜的供给量小于需求量时，解决大蒜供求矛盾的下列办法中最有效的办法是（　　）。

A．实行定量供给　　B．宣传吃鸡蛋会导致胆固醇升高

C．让大蒜的价格自由升高　　D．进口大蒜

三、计算题

已知某一时期内商品的需求函数为 $Q_d=30-5P$，供给函数为 $Q_s=-20+5P$。

（1）求均衡价格 P_e 和均衡数量 Q_e，并作出几何图形。

（2）假定供给函数不变，由于消费者收入水平提高，使需求函数变为 $Q_d=40-5P$。求出相应的均衡价格 P_e 和均衡量 Q_e，并作出几何图形。

（3）假定需求函数不变，由于生产技术水平提高，使供给函数变为 $Q_s=-10+5P$。求出相应的均衡价格 P_e 和均衡量 Q_e，并做出几何图形。

第 3 章　弹性理论

本章导学

弹性（Elasticity）是物理学名词，指一物体对外部力量的反应程度。在 1881—1882 年冬季的某一天，经济学家马歇尔一定非常快乐，因为他刚刚把“弹性”引入经济学领域。

这个概念描述了因变量相对变化同自变量相对变化的比率——若价格上升 1%将导致需求量下降 2%，那么需求的价格弹性就是 2。这个概念在一百多年后的今天已经被经济学家们广为使用并习以为常，但在当时它绝对是新颖的和激动人心的。那时，经济学家们已经注意到需求（或供给）变化与价格变化的幅度常常不一致，但进一步的研究却需要把这种不一致明确地表示出来。弹性概念完美地做到了这一点。

当经济变量之间存在函数关系时，弹性被用来表示作为因变量的经济变量的相对变化对于作为自变量的经济变量的相对变化的反应程度。弹性是相对数之间的相互关系，即百分数变动的比率，或者说它是一个量变动 1%引起另一个量变动百分之几（程度）的概念。弹性的大小用弹性系数来度量，弹性系数的一般公式为：

$$\text{弹性系数}=\frac{\text{因变量的相对变动}}{\text{自变量的相对变动}}$$

弹性概念是就自变量和因变量的相对变动而言的，因此，弹性数值与自变量和因变量的度量单位无关。对于任何存在函数关系的经济变量，都可以建立它们之间的弹性关系或进行弹性分析。弹性分析是数量分析，对于难以数量化的因素便无法进行计算和精确分析。

通过本章的学习，你将能够：

（1）理解弹性的概念，掌握需求价格弹性、需求交叉弹性和需求收入弹性的定义；

（2）会计算和解释影响需求价格弹性的因素；

（3）会计算和解释影响需求交叉弹性和需求收入弹性的因素；

（4）会计算和解释影响供给弹性的因素；

（5）说明需求价格弹性对总收益的影响。

3.1　需求弹性

3.1.1　需求的价格弹性

需求的价格弹性通常被简称为“需求弹性”。需求的价格弹性是指在其他条件不变时，因价格的变动而引起产品需求量的相应变动率，它反映需求量的变动对价格变动反应的敏感程度，即价格的值每变动 1%而引起需求量变化的百分率，通常用价格变动的百分率引起需

求量变化的百分率来表示。这两个百分率的比值，称为弹性系数，用 E_d 表示，其计算公式为

$$E_d=\frac{(Q_2Q_1)/Q}{(P_2-P_1)/P}$$

式中，E_d 代表需求弹性系数；P_1 代表初始价格；P_2 代表变动后价格；P 代表商品价格；Q_1 代表初始需求量；Q_2 代表变动后需求量；Q 代表需求量。

为避免计算出不同的结果，通常采用求平均值的方法，公式中 $P=(P_1+P_2)/2$，$Q=(Q_1+Q_2)/2$。需求价格弹性值可以是正，也可以是负。价格弹性系数（E_d）如果是负的，一般取正值，以便于比较。

需求的价格弹性如图 3-1 所示。

【例 3-1】 如图 3-2 所示，a、b 两点价格分别为 5 和 4，需求量分别为 40 和 60，当价格由 5 下降为 4 时，或者当价格由 4 上升为 5 时，计算其弹性系数。

$$E_{ab}=((Q_a-Q_b)/Q)\div((P_a-P_b)/P)=((40-60)/50)\div((5-4)/4.5)=-1.8$$

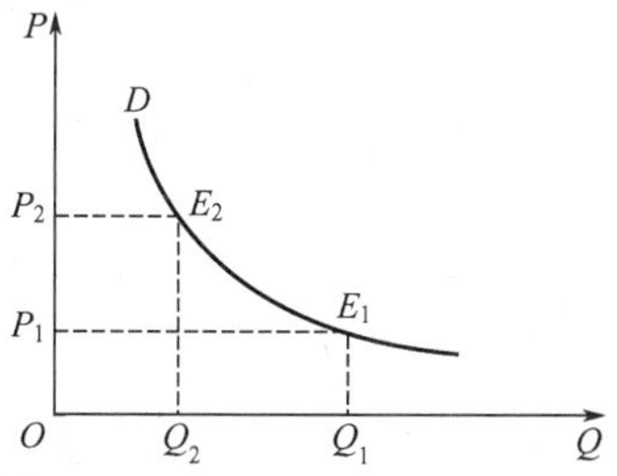

图 3-1 需求的价格弹性

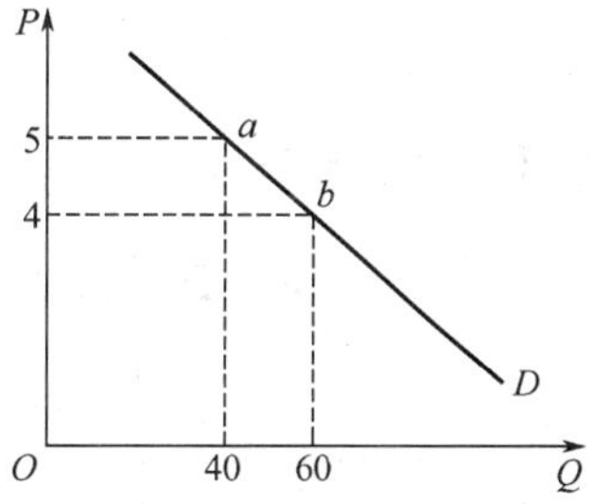

图 3-2 弹性计算实例

3.1.2 需求弹性的类型

1. 富有弹性

当 $E_d>1$ 时，表示需求量的变动率大于价格的变动率，称这种商品富有弹性。如图 3-3 所示，A、B 两点间的需求弧弹性值为 2.1。

2. 缺乏弹性

当 $E_d<1$，表示需求量的变动率小于价格的变动率，称为这种商品缺乏弹性。如图 3-4 所示，A、B 两点间的需求弧弹性值为 0.6。

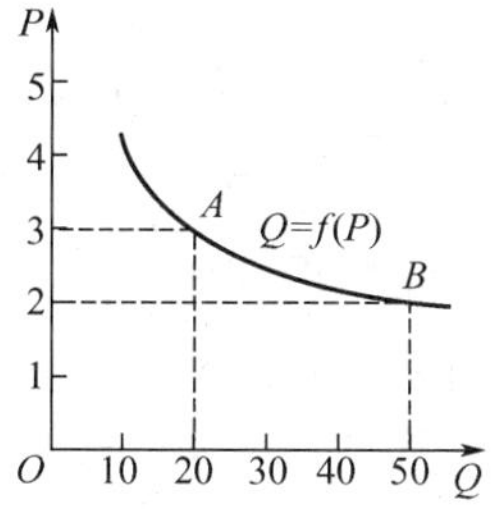

图 3-3 富有弹性

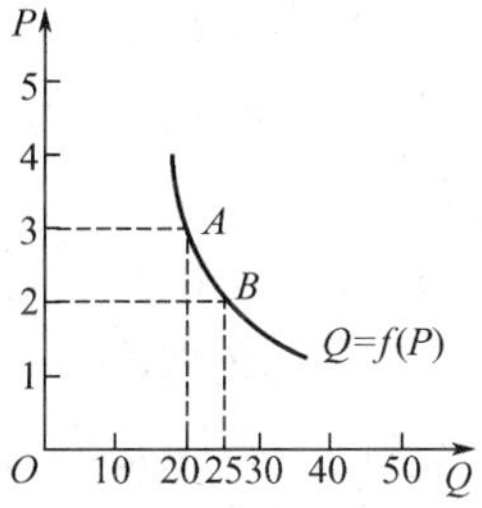

图 3-4 缺乏弹性

3. 单位弹性

当 $E_d=1$ 时，表示需求量的变动率等于价格的变动率，称为单位弹性。如图 3-5 所示，

A、B 两点间的需求弧弹性值为 1。

4．完全弹性

当 $E_d=\infty$ 时，表示价格的变动会引起需求量无限的变动，称为完全弹性。如图 3-6 所示，在既定的价格水平 $P=3$ 上，需求量是无限的。

5．完全无弹性

当 $E_d=0$ 时，表示在任何价格水平上，需求量都固定不变，称为完全无弹性。如图 3-7 中，在任何价格水平，需求量都固定不变，$Q=20$。

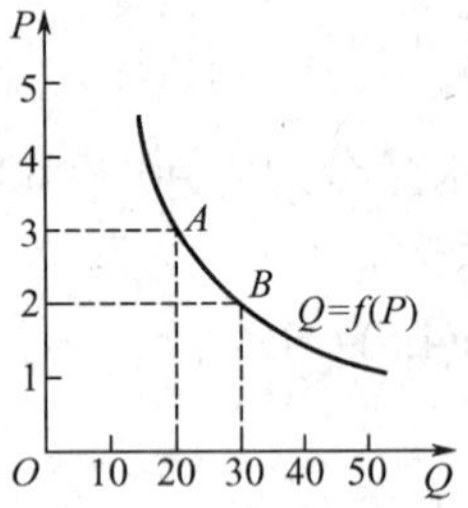

图 3-5　单位弹性

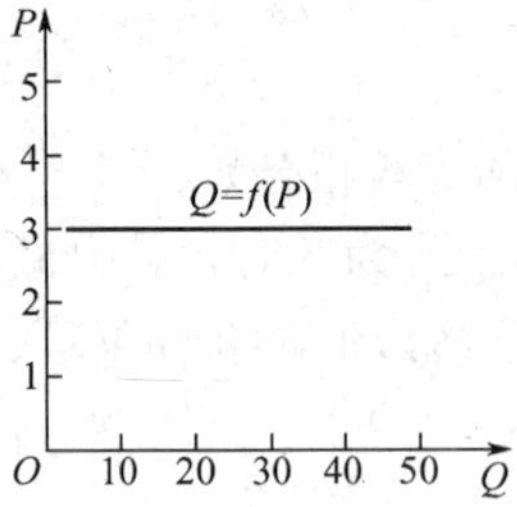

图 3-6　完全弹性

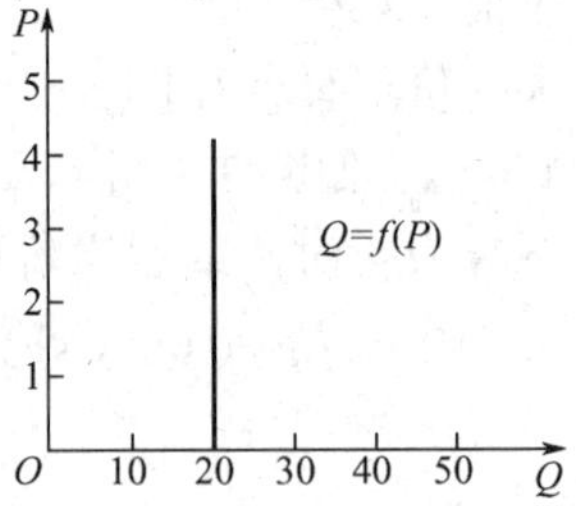

图 3-7　完全无弹性

常用物品的需求价格弹性如表 3-1 所示。

表 3-1　价格弹性系数实例表

物　品	需求价格弹性	物　品	需求价格弹性
食 盐	0.1	汽 车	1.2
水	0.2	国外旅游	1.8
咖 啡	0.3	餐馆就餐	2.3
香 烟	0.3	飞机旅游	2.4
鞋 类	0.7	电 影	3.7
住 房	1.0	特定品牌的咖啡	5.6

3.1.3　需求弹性的影响因素

1．商品的可替代性

一般说来，一种产品的可替代品越多，相近程度越高，该产品的需求弹性往往就越大；相反，该产品的需求弹性往往就越小。例如，在苹果市场，当国光苹果的价格上升时，消费者就会减少对国光苹果的需求量，增加对相近的替代品如香蕉苹果的购买。这样，国光苹果的需求弹性就比较大。又如，对于食盐来说，没有很好的可替代品，所以，食盐价格的变化所引起的需求量的变化几乎等于零，它的需求弹性是极其小的。

对一种产品所下的定义越明确、越狭窄，这种产品的相近的替代品往往就越多，需求弹性也就越大。例如，某种特定商标的豆沙馅面包的需求要比一般的豆沙馅面包的需求更有弹性，豆沙馅面包的需求又比一般面包的需求更有弹性，而面包的需求弹性比一般的面粉制品的需求弹性又要大得多。

2．产品用途的广泛性

一般说来，一种产品的用途越是广泛，它的需求弹性就可能越大；相反，用途越是狭窄，它的需求弹性就可能越小。如果一种产品具有多种用途，当它价格较高时，消费者只购买较少的数量用于最重要的用途上，当它的价格逐步下降时，消费者的购买量就会逐渐增加，将产品越来越多地用于其他的各种用途上。

3．产品对消费者生活的重要程度

一般说来，生活必需品的需求弹性较小，非必需品的需求弹性较大。例如，粮食的需求弹性是较小的，电影票的需求弹性是较大的。

4．产品的消费支出在消费者预算总支出中所占的比重

消费者在某商品上的消费支出在预算总支出中所占的比重越大，该商品的需求弹性可能越大；反之，则越小。例如，火柴、盐、铅笔、肥皂等商品的需求弹性就是比较小的。因为，消费者每月在这些商品上的支出是很小的，消费者往往不太重视这类商品价格的变化。

5．消费者调节需求量时间的长短

一般说来，需求量的调节时间越长，则需求弹性就可能越大。因为，当消费者决定减少或停止对价格上升的某种产品购买之前，他一般需要花费时间去寻找和了解该产品的可替代品。例如，当石油价格上升时，消费者在短期内不会较大幅度地减少需求量。但设想在长期内，消费者可能找到替代品，于是，石油价格上升会导致石油的需求量大幅度地下降。

因此，一种商品需求的价格弹性的大小，是多种因素共同作用的结果。

3.1.4 需求价格弹性的应用

1．需求的价格弹性与总收益的关系

商品的需求价格弹性不同，其价格变动对销售总收益的影响是不同的，本节要介绍的是需求的价格弹性与总收益的关系。

（1）总收益（Total Revenue）。

$$总收益=TR=P\times Q=价格\times销售量$$

（2）需求富有弹性 $E_d>1$。

当需求富有弹性（$E_d>1$）时，需求量变动的比率大于价格变动的比率。例如，手机的需求富有弹性，假设手机需求的价格弹性为 $E_d=2$，当前价格为 $P_0=5\,000$ 元/台时，需求量为 $Q_0=1\,000$ 台，如图 3-8 所示。

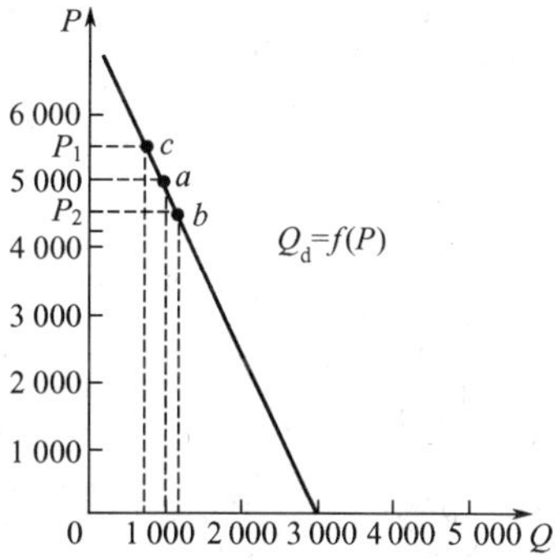

图 3-8 需求富有弹性

① 如果价格下调 10%，分析其收益变化情况。

已知，当前的总收益为 $TR_0=P_0\times Q_0=5\,000$ 元$\times 1\,000$ 台$=500$（万元）；因为手机的需求价格弹性为 $E_d=2$，所以，如果价格下调 10%，由图中的 a 点调整到 b 点，需求量将增加 20%，具体的价格与需求量的计算如下。

$$P_2=5\,000-5\,000\times10\%=4\,500（元/台）$$

$$Q_2=1\,000+1\,000\times20\%=1\,200（台）$$

则总收益为

$$TR_2=P_2\times Q_2=4\,500\times1\,200=540（万元）$$

$$TR_2-TR_0=540-500=40（万元）$$

价格下调 10%后，总收益为 540 万元，比价格调整前的 500 万元增加了 40 万元，即当需求富有弹性时，价格下调，总收益增加。

根据以上分析，许多厂商对需求富有弹性（$E_d>1$）的商品，如化妆品、保健品等采取适当降价的策略，其目的就是用“薄利多销”的手段，达到总收益增加的结果。

② 如果价格上调 10%，分析其收益变化情况。

因为手机的需求价格弹性为 $E_d=2$，所以，如果价格上调 10%，由图中的 *a* 点调整到 *c* 点，需求量将减少 20%，具体的价格与需求量的计算如下。

$$P_1=5\,000+5\,000\times10\%=5\,500（元/台）$$

$$Q_1=1\,000-1\,000\times20\%=800（台）$$

则总收益为

$$TR_1=P_1\times Q_1=5\,500\times800=440（万元）$$

$$TR_1-TR_0=440-500\ 万元=-60（万元）$$

价格上调 10%后，总收益为 440 万元，比价格调整前的 500 万元减少了 60 万元，即当需求富有弹性，价格上调，总收益减少。

当需求量变动的比率大于价格变动的比率时，价格下调，总收益增加，对生产者有利；价格上调，总收益减少，对生产者不利。当需求的价格弹性大于 1，卖者适当降低价格能增加总收益。

（3）需求缺乏弹性 $E_d<1$。

当需求缺乏弹性（$E_d<1$）时，需求量变动的比率小于价格变动的比率。例如，稻米的需求缺乏弹性，假设稻米的需求价格弹性为 $E_d=0.5$，当前稻米价格为 $P_0=2$ 元/千克时，需求量为 $Q_0=250$ 千克，如图 3-9 所示。

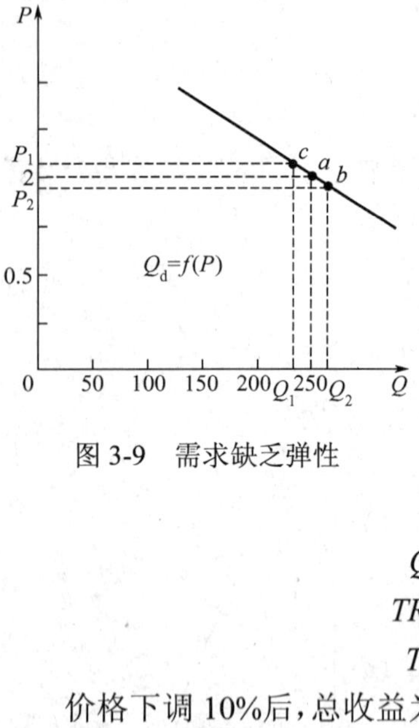

图 3-9　需求缺乏弹性

① 如果价格下调 10%，分析其收益变化情况。

已知，当前的总收益为 $TR_0=P_0\times Q_0=2$ 元/千克×250 千克=500 元；因为稻米的需求价格弹性为 $E_d=0.5$，所以，如果价格下调 10%，由图中的 *a* 点调整到 *b* 点，需求量将增加 5%，具体的价格与需求量的计算如下。

$$P_2=2-2\times10\%=1.8（元/千克）$$

$$Q_2=250+250\times5\%=262.5（千克）$$

$$TR_2=P_2\times Q_2=1.8\times262.5=472.5（元）$$

$$TR_2-TR_0=472.5-500=-27.5（元）$$

价格下调 10%后，总收益为 472.5 元，比价格调整前的 500 元减少了 27.5 元（$TR_2<TR_0$），即当需求缺乏弹性时，价格下调，总收益减少。

案例 3-1

谷贱伤农

谷贱伤农是中国流传已久的一句成语。《五代史 · 冯道传》中明宗问：“天下虽丰，百姓得济否？”道曰：“谷贵饿农，谷贱伤农。”它描述了在丰收年份，农民收入反而减少的现象。

造成这种现象的根本原因在于农产品往往是缺乏需求弹性的商品，由于农产品均衡价格的下降幅度大于农产品均衡数量的增加幅度，致使农民的总收入减少。

如图 3-10 所示，农产品的需求曲线 D 是缺乏弹性的。农产品丰收使供给曲线由 S 向右平移至 S'，市场均衡点由 E_1 移至 E_2，农产品均衡价格由 P_1 大幅下降至 P_2，农民的总收入减少量相当于矩形 $OP_1E_1Q_1$ 和 $OP_2E_2Q_2$ 的面积之差。

与之类似，在歉收的年份，由于缺乏弹性的需求曲线的作用，农产品均衡价格的上升幅度大于农产品均衡数量的减少幅度，致使农民的总收入增加。

需求弹性不足，供给增加但需求增加很少，使价格大幅度下降，结果使农民的总收益减少。

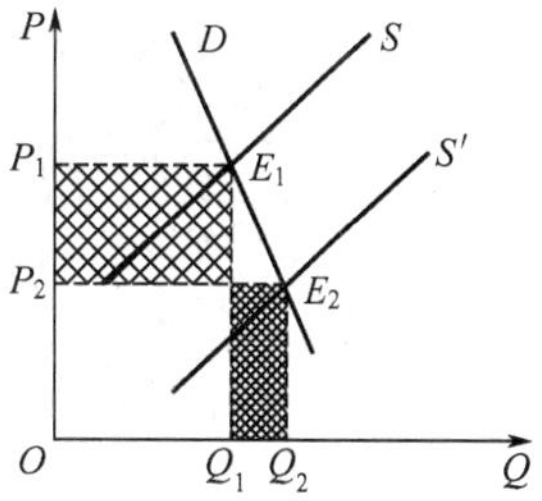

图 3-10 缺乏弹性的需求曲线和谷贱伤农

② 如果价格上调 10%，分析其收益变化情况。

如图 3-9 所示，因为稻米的需求价格弹性为 E_d=0.5，所以，如果价格上调 10%，由图中的 a 点调整到 c 点，需求量将增加 5%，具体的价格与需求量的计算如下。

$$P_1=2+2\times10\%=2.2 \text{（元/千克）}$$

$$Q_1=250-250\times5\%=237.5 \text{（千克）}$$

$$TR_1=P_1\times Q_1=2.2\times237.5=522.5 \text{（元）}$$

$$TR_1-TR_0=522.5-500=22.5 \text{（元）}$$

价格上调 10%后，总收益为 522.5 元，比价格调整前的 500 元增加了 22.5 元，即当需求缺乏弹性时（$E<1$），价格上调，总收益增加。

综上所述，当某种商品的需求量变动比率小于价格变动比率时（需求缺乏弹性 $E<1$），价格上调，总收益增加，对生产者有利；价格下调，总收益减少，对消费者有利。

下面对价格变化、弹性大小与总收益变化的关系的总结如表 3-2 所示。

表 3-2 价格变化、弹性大小与总收益变化的关系

需求弹性	种 类	对总收益的影响
$E_d>1$	富有弹性	价格上升，总收益减少 价格下降，总收益增加
$E_d=1$	单一弹性	价格上升，总收益不变 价格下降，总收益不变
$E_d<1$	缺乏弹性	价格上升，总收益增加 价格下降，总收益减少
$E_d=0$	完全无弹性	同比例与价格的上升（下降）而增加（减少）
$E_d=\infty$	完全弹性	不会降价 价格上升时收益减少为 0

案例 3-2

为什么电影票可以薄利多销而药品却不行？是不是所有的药品都不能薄利多销，为什么？

答：（1）电影票之所以能薄利多销，是因为它是需求富有弹性的商品，小幅度的降价可使需求量有较大幅度的增加，从而使总收益增加，而药品是需求缺乏弹性的商品，降价只能使总收益减少。

（2）并不是所有的药品都不能薄利多销。例如一些滋补药品，其需求是富有弹性的，是可以采取薄利多销的策略的。

3.2 需求的其他弹性

3.2.1 需求的收入弹性

1. 需求的收入弹性定义

需求的收入弹性通常被简称为“收入弹性”。需求的收入弹性是指因收入的变动而引起产品需求量的相应变动率，它反映需求量的变动对收入变动反应的敏感程度，即收入的值每变动1%而引起需求量变化的百分率。通常，用收入变动的百分率引起需求量变化的百分率来表示这两个百分率的比值，称为需求的收入弹性系数，用 E_m 表示，例如，收入增加10%引起需求量增加5%，则收入弹性是0.5。

2. 需求的收入弹性分类

根据收入弹性系数的大小，需求的收入弹性分为以下5类。

（1）收入富有弹性 $E_m>1$。

当 $E_m>1$ 时，称为需求的收入富有弹性，表示需求增加的百分比大于收入增加的百分比。需求的收入富有弹性的产品常称为高档商品，如高档消费品和耐用消费品（高档家电、室内装修、外出旅游等），像名牌服装、钻石、豪车、游艇等奢侈商品也是高档商品。

（2）收入单位弹性 $E_m=1$。

当 $E_m=1$ 时，称为需求的收入单位弹性，表示需求增加的百分比等于收入增加的百分比，即需求量随收入变动相同的百分比，如普通服装等。

（3）收入缺乏弹性 $0<E_m<1$。

当 $0<E_m<1$ 时，称为需求的收入缺乏弹性，表示需求变动的百分比小于收入变动的百分比。需求的收入缺乏弹性的商品常称为正常商品，如粮食、蔬菜等一般消费品。需求的收入缺乏弹性的商品一般是生活必需品。

（4）收入无弹性 $E_m=0$。

当 $E_m=0$ 时，称为需求的收入无弹性，表示消费者收入变化后，这类商品的消费量完全没有变化，如食盐。

（5）收入负弹性 $E_m<0$。

当 $E_m<0$ 时，称为需求的收入负弹性，表示消费者收入增加时，对这种商品的需求量反而减少，如肥肉、化纤服装、公共交通等。需求的收入负弹性的商品一般是劣等品、吉芬物品。

3. 恩格尔系数与恩格尔定律

19世纪中叶，德国统计学家和经济学家恩格尔对比利时不同收入家庭的消费情况进行了调查，研究了收入增加对消费需求支出构成的影响，提出了带有规律性的原理，由此被命名为恩格尔定律。

（1）恩格尔系数。

恩格尔系数是根据恩格尔定律得出的比例数，是表示生活水平高低的一个指标。其定义是食物的支出占全部支出的百分比，其计算公式如下。

恩格尔系数=食物支出总额÷消费支出总额×100%

在总支出金额不变的条件下，恩格尔系数越大说明用于食物支出的金额越多；恩格尔系数越小，说明用于食物支出的金额越少，二者成正比。反过来，在食物支出金额不变的条件下，总支出金额与恩格尔系数成反比。因此，恩格尔系数是衡量一个家庭或一个国家富裕程度的主要标准之一。

一般来说，在其他条件相同的情况下，恩格尔系数较高，表明家庭收入较低，国家较穷；反之，恩格尔系数较低，表明家庭收入较高，国家较富裕。

恩格尔系数是衡量居民生活水平高低的指标，一般认为居民在食物花的钱占总收入的比重越大，生活水平就越低。联合国教科文组织判别生活水平的标准如表 3-3 所示。

表 3-3 联合国教科文组织判别生活水平的标准

恩格尔系数（%）	生 活 水 平
30 以下	最富裕
30～40	富裕
40～50	小康
50～60	勉强度日
60 以上	绝对贫困

2014 年 2 月 24 日，中华人民共和国国家统计局发布《2013 年国民经济和社会发展统计公报》，公报中显示，2013 年农村居民恩格尔系数为 37.7%；城镇居民恩格尔系数为 35.0%，居民消费水平持续提高。按照联合国教科文组织划定的标准，我国城镇居民和农村居民的生活均已经达到富裕程度。

（2）恩格尔定律。

恩格尔定律：不同收入水平的家庭，其食物支出在总的消费支出中的比重不同，收入水平越低的家庭，其食物支出比重越高，收入水平较高的家庭，其食物支出比重较低；在其他条件不变的情况下，随着收入水平的提高，食品支出占总消费支出的比重有逐渐下降的趋势。恩格尔定律说明生活必需品的收入弹性小。

3.2.2 需求的交叉弹性

1. 需求交叉价格弹性的定义

需求交叉价格弹性是指产品的需求量因其他产品价格的变动而引起的需求的相应变动率，它反映一种产品需求量的变动对另一种产品价格变动的反应敏感程度，即一种产品的价格变动 1%时，引起另一种相关产品（互补、替代）需求量变动的百分率，这两个百分率的比值，称为需求交叉价格弹性系数，用 E_c 表示。

2. 交叉弹性值的经济意义

（1）$E_c>0$ 是替代品。

Y 产品的价格 P 上升（下降）引起 X 产品的需求量 Q 上升（下降），这说明产品 X 和产品 Y 之间的关系为替代关系。

（2）$E_c<0$ 是互补品。

Y 产品的价格 P 上升（下降）引起 X 产品的需求量 Q 下降（上升），这说明产品 X 和产品 Y 之间的关系为互补关系。

（3）当 $E_c=0$ 是独立无关的产品。

相关产品价格的变化不影响需求，如茶叶与食盐之间的关系，是既不相互竞争，也不相互补充的物品。

3．交叉价格弹性的计算

假定在某市场上 A、B 两厂商是生产同种有差异的产品的竞争者，两者需求曲线如图 3-11 所示。该市场对 A 厂商的需求曲线为 $P_A=200-Q_A$，对 B 厂商的需求曲线为 $P_B=300-0.5Q_B$。两销售量分别为 $Q_A=50$、$Q_B=100$。求：

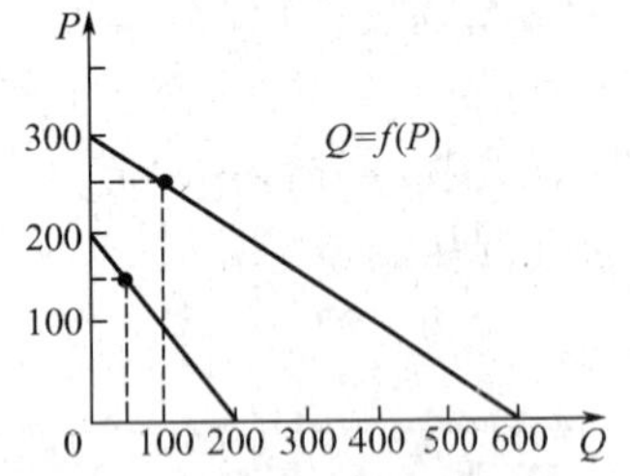

图 3-11　A 和 B 厂商的需求曲线

（1）A、B 两厂商的需求价格弹性各是多少？

（2）如果 B 厂商降价后，使得 B 厂商的需求量增加为 $Q'_B=160$，同时使竞争对手 A 厂商的需求量减少为 $Q_A=40$，那么，A 厂商的需求交叉价格弹性是多少？

（3）如果 B 厂商追求销售收入最大化，那么，你认为 B 厂商的降价是一个正确的选择吗？

解：① $P_A=200-Q_A$　　$Q_A=200-P_A$

$P_B=300-0.5Q_B$　　$Q_B=600-2Q_B$

$Q_A=50$　　$P_A=200-50=150$

$Q_B=100$　　$P_B=300-0.5\times100=250$

$$E_{dA}=\frac{dQ}{dP}\times\frac{P_A}{Q_A}=-1\times\frac{150}{50}=-3 \qquad E_{dB}=\frac{dQ}{dP}\times\frac{P_B}{Q_B}=-2\times\frac{250}{100}=-5$$

② $\Delta Q_A=40-50=-10$

$Q_B=160$　　$P_B=300-0.5Q_B=220$

$\Delta P_B=220-250=-30$

$$E_{AB}=\frac{\Delta Q_A/Q_A}{\Delta P_B/P_B}=\frac{\Delta Q_A}{\Delta P_B}\cdot\frac{P_{B1}+P_{B2}}{Q_{A1}+Q_{A2}}$$

$$=\frac{40-50}{220-250}\times\frac{250+220}{50+40}=1.74$$

③ B 厂降价前 $TR_1=250\times100=25\,000$（元）

B 厂降价后 $TR_2=220\times160=35\,200$（元）

$TR_2>TR_1$，降价是正确的行为选择。

3.3　供给弹性

1．供给的价格弹性定义

供给弹性包括供给价格弹性、供给交叉弹性和供给预期价格弹性等，供给价格弹性通常被简称为“供给弹性”。供给的价格弹性是指一种产品市场价格的相对变动所引起的供给量的相对变动，即供给量的变化率与价格变化率的比值。它反映了供给量变动对价格变动的敏感程度，即价格的值每变动 1%而引起供给量变化的百分率。通常用价格变动的百分比引起供给量变化的百分比来表示。这两个百分比的比值，称为供给弹性系数。

$$供给弹性系数=\frac{供给量变动百分比}{价格变动百分比}$$

供给弹性系数用 E_S 表示，其计算公式为

$$E_S=[(Q_2-Q_1)\div Q]\div[(P_2-P_1)\div P]$$

式中，E_S 代表供给弹性系数；P_1 代表初始价格；P_2 代表变动后价格；P 代表商品价格；Q_1 代表初始供给量；Q_2 代表发动后供给量；Q 代表供给量。

为避免计算出不同的结果，通常采用求平均值的方法，公式中 $P=(P_1+P_2)/2$，$Q=(Q_1+Q_2)/2$。供给价格弹性值可以是正，也可以是负。价格弹性系数（E_S）如果是负的，一般取正值，以便于比较。

供给的价格弹性如图 3-12 所示。

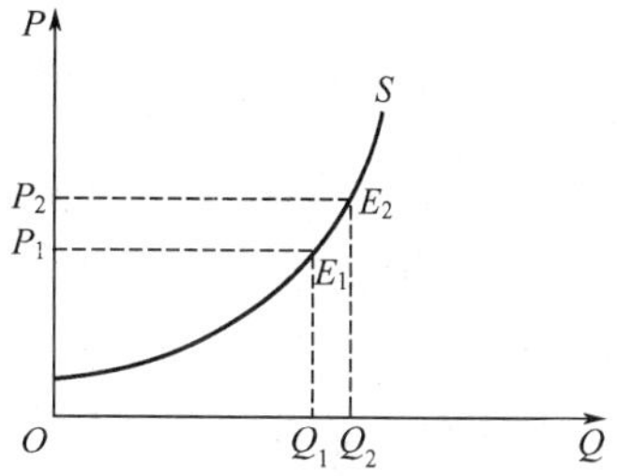

图 3-12　供给的价格弹性

如果供给量变化的百分比大于价格变化的百分比，供给就是相对有弹性的；如果供给量变化的百分比小于价格变化的百分比，供给就是相对缺乏弹性的。

2．供给的价格弹性分类

（1）供给单位弹性。

通过原点的线性供给曲线，其供给量的变化率等于价格的变化率，可以求得供给曲线上任何点的弹性均为 1，称为供给单位弹性，如图 3-13 所示。

（2）供给缺乏弹性。

凡通过原点右边（与横轴相交）的供给曲线，$E_S<1$，均为供给缺乏弹性，如图 3-14 所示。

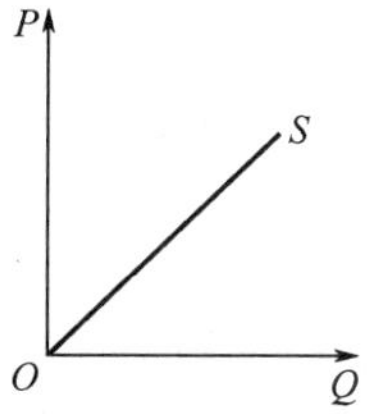

图 3-13　供给单位弹性

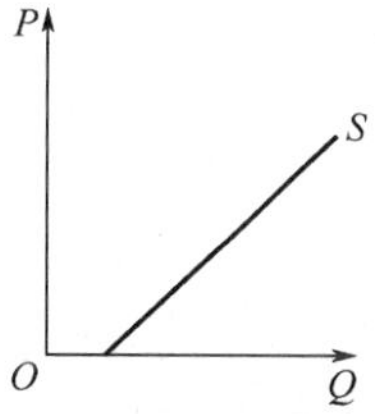

图 3-14　供给缺乏弹性

（3）供给富有弹性。

凡通过原点左边（与纵轴相交）的供给曲线，$E_S>1$，均为供给富有弹性，如图 3-15 所示。

（4）供给完全弹性。

当供给曲线为水平直线时，$E_S=\infty$，表示价格的变动会引起供给量无限的变动，称为完全弹性。如图 3-16 所示，在既定的价格水平 P 时，供给量是无限的。当然，这种情况是不可能发生的。

（5）供给完全无弹性。

当供给曲线为垂直线时，$E_S=0$，表示在任何价格水平，需求量都固定不变，称为供给完全无弹性。如图 3-17 所示，在任何价格水平下，供给量都固定不变，Q 为常量。

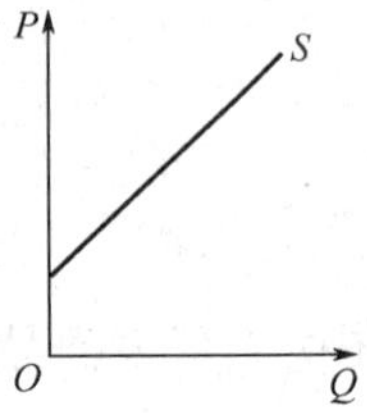

图 3-15　供给富有弹性

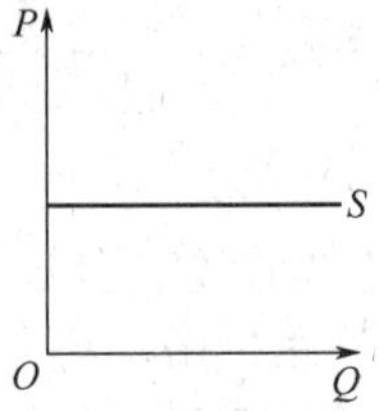

图 3-16　供给完全弹性

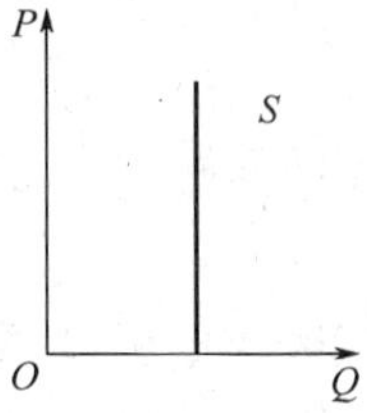

图 3-17　供给完全无弹性

3．影响供给弹性的因素

时间因素是一个很重要的因素。价格变化时，厂商对产量的调整需要一定的时间。短时间内，对生产规模的调整存在不同程度的困难，供给弹性较小。长期内，生产规模可以扩大或缩小，甚至可以实现转产，供给的价格弹性较大。除此之外，影响供给弹性的因素还有以下几个。

（1）生产周期的长短。

一定时期内，生产周期较短的产品，可以根据价格变化及时调整产量，供给弹性较大。相反，供给弹性较小。

（2）生产的难易程度。

容易生产的产品，供给弹性较大；生产困难的产品，供给弹性较小。

（3）生产要素的供给弹性。

要素的供给弹性越大，该产品的供给弹性也越大。例如，如果产量增加只引起边际成本的轻微提高，则意味着厂商的供给曲线比较平坦，供给的价格弹性较大；如果产量增加引起边际成本较大的提高，则意味着厂商的供给曲线比较陡峭，供给弹性较小。

（4）生产所采用的技术类型。

资本密集的生产，供给弹性小；劳动密集的生产，供给弹性大。

案例 3–3

石油的价格

石油市场已成为世界经济的重要引擎。不可否认，石油市场的重要地位非同一般，但它对世界经济的破坏力也不容小觑，这其中的奥秘就隐藏在看似简单的供求规律上。由于全球的石油市场几乎全部集中在中东地区，该地区的石油交易策略就显得尤为引人注目。石油输出国组织（“欧佩克”，OPEC，Organization of Petroleum Exporting Countries）成员通常集体决定石油的产量和相关事宜，从而操纵全球石油价格。

在 20 世纪 70 年代，石油输出国组织的成员决定提高世界石油价格，以增加他们的收入。这些国家通过减少石油产量而实现了这个目标。从 1973 年至 1974 年，石油价格（根据总体通货膨胀水平进行了调整）上涨了 50%以上。几年以后，“欧佩克”又一次故技重演。从 1979 年到 1981 年，石油价格几乎又翻了一番。

但“欧佩克”发现要维持高价格是困难的。从 1982 年到 1985 年，石油价格一直以每年 10%的速度稳步下降。不满与混乱很快蔓延到“欧佩克”各国。1986 年，“欧佩克”成员国之间的合作完全破裂了，石油价格猛跌了 45%。1990 年，石油价格（根据总体通货膨胀水平进行了调整）又回到 1970 年时的水平，并在 20 世纪 90 年代的大部分时间内保持在这一水平。21 世纪的前 10 年中，石油价格又一次上涨了，但主要推动力不是“欧佩克”供给的限制造成的，而是世界需求的增加造成的，这种需求部分来自总量巨大且增长迅速的中国经济。

下面分析一下此案例背后隐藏的供求规律。

首先，短期内石油的供给是缺乏弹性的，因为已知的石油储存量和石油开采能力不能迅速改变。同时，石油的需求也是缺乏弹性的，这是因为购买习惯不会立即对价格变动做出反应。以上两个特点决定了供给曲线和需求曲线都是很陡峭的，如图 3-18 所示。

由于“欧佩克”决定同时减少石油供给，就导致了曲线 S_1 左移，到达 S_2 的位置，均衡价格由 P_1 变为 P_2，很显然，这是一个大幅度的上涨。我们知道，从均衡点向两坐标轴引垂线所形成的矩形面积代表“欧佩克”的收益，而这样做的结果恰好使矩形面积变大，即他们的收入增加了，这就是从 1973 年至 1974 年，石油价格上涨了 50%以上的原因。

那么，为什么 1982 年以后价格又下跌了呢？因为在长期内，“欧佩克”以外的石油生产者，对高价格的反应是加强石油勘探，并建立新的开采能力。另一方面，消费者的反应是更为节减，例如用新型节油型汽车代替老式耗油的汽车。两方面反应使得长期供给曲线和需求曲线都更富有弹性，如图 3-19 所示。

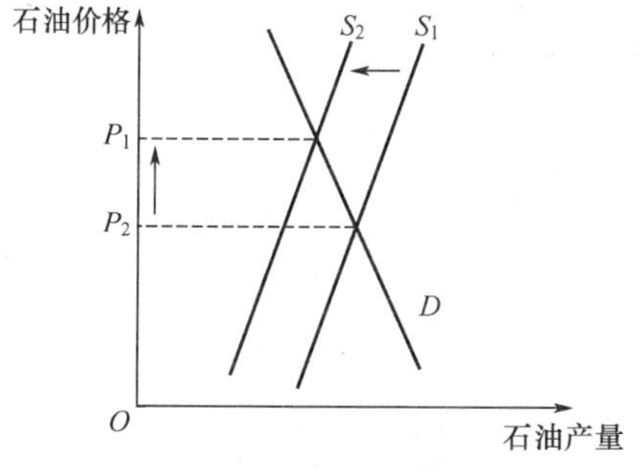

图 3-18 短期石油供需缺乏弹性

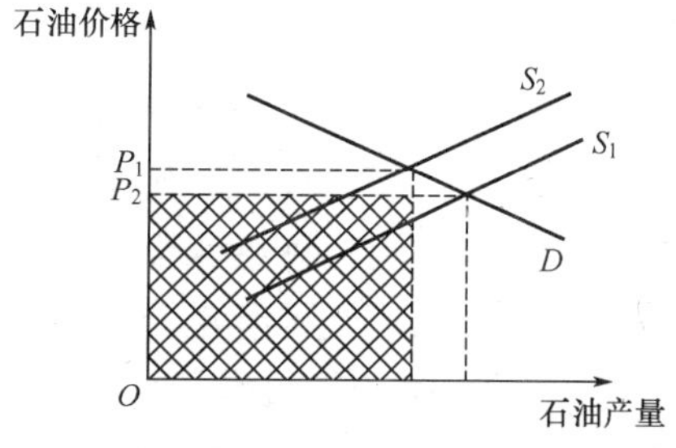

图 3-19 长期石油供需富有弹性

在“欧佩克”做出同样幅度的产量削减时只造成价格的小幅度上升，比较变化前后的矩形面积可知收益减少了。这造成了“欧佩克”成员国之间的合作破裂，石油价格也稳步下降。

在 21 世纪的前 10 年中，石油价格再次上涨，但这次是由于世界范围内需求的增加引起的，如图 3-20 所示。

供给曲线不变，需求曲线向右平移，价格由 P_1 增加到 P_2，收益也相应增加，如图 3-20 中阴影面积所示。所以，对“欧佩克”来说，共同减少供给在长期中无利可图，他们的利益关系可以很容易地从供给曲线和需求曲线的变动中体现出来，这就是简单而又复杂的供求规律。

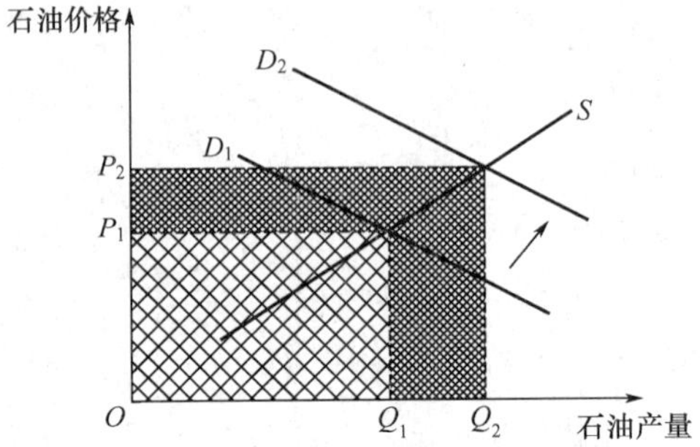

图 3-20　需求曲线向右平移

综合各种分析过程，尽管需求和供给的变化是不可预见的，但各种变化都道出了一个共同的结果，那就是均衡状态。在某一种商品价格决定中，供给与需求就像一把双刃剑，不分彼此，共同决定一种商品的价格，同时价格又像一只无形的手，在市场经济中自发地调节需求，调节供给，调节的最后结果是使市场达到了均衡（社会资源配置较合理）。

在市场经济中，供求关系是配置资源的一个重要手段。作为经济学中最基本和最重要的规律，供求关系必然成为整个理论框架的核心和精髓所在，一切复杂的分析过程最后都可以转换为供给和需求的变化，达到所要求的均衡状态，这就要求我们要认真学习、深刻理解供求规律，努力掌握经济学中最有效率和最简明的分析方法。

3.4　弹性理论的应用

税收政策

税收是国家（政府）公共财政最主要的收入形式和来源。税收的本质是国家为满足社会公共需要，凭借公共权力，按照法律所规定的标准和程序，参与国民收入分配，强制取得财政收入所形成的一种特殊分配关系。它体现了一定社会制度下国家与纳税人在征收、纳税的利益分配上的一种特定分配关系。19 世纪美国法官霍尔姆斯说："税收是我们为文明社会付出的代价。"这说明了税收对于国家经济生活和社会文明的重要作用。税收是由政府征收，取之于民，用之于民。税收具有无偿性、强制性和固定性的形式特征。税收的三性是一个完整的体系，它们相辅相成，缺一不可。

税收政策可分为向消费者征税和向生产者征税两种。向消费者征税政策是指消费者在购买每单位商品或服务时，除支付商品的售价外，还需要额外支付税款。其结果是使消费者的花费增加，收益减少，实际可支配资金减少，即收入水平下降。向生产者征税政策是指生产者生产每单位商品或服务时，除商品的生产成本外，还需要额外支付税款。其结果是生产者提供每单位商品或服务的成本增加（生产成本+税款）。生产者常采用的应对办法是将税收以价格形式（部分）转移给消费者，即提高商品的售价。

现在假设某国家要举办啤酒节，为筹集举办费用，准备对啤酒征收每瓶啤酒 1 元的附加税，加税之前啤酒的均衡价格为每瓶 5 元。我们用经济学的理论分析一下，采取向消费者征税或向生产者征税的政策对啤酒市场的影响，以及税收最终由是由消费者承担还是由生产者承担，或者由二者分摊的问题，即税收归宿问题。

1．征税对啤酒市场供求的影响

（1）向消费者征税。

向消费者征税影响啤酒的需求曲线而不影响供给曲线。因为在任何一种既定的啤酒价格下，市场对生产者的激励是相同的。对消费者来说，征税使啤酒对消费者的吸引力变小，在每一种价格下消费者需要的啤酒量也就减少了，结果税收使啤酒的需求曲线向下移动，供给曲线不变。更准确地说，由于向消费者征收每瓶 1 元的税，相当于啤酒的价格比原来的市场价格高 1 元，所以需求曲线向下移动 1 元，如图 3-21 所示。

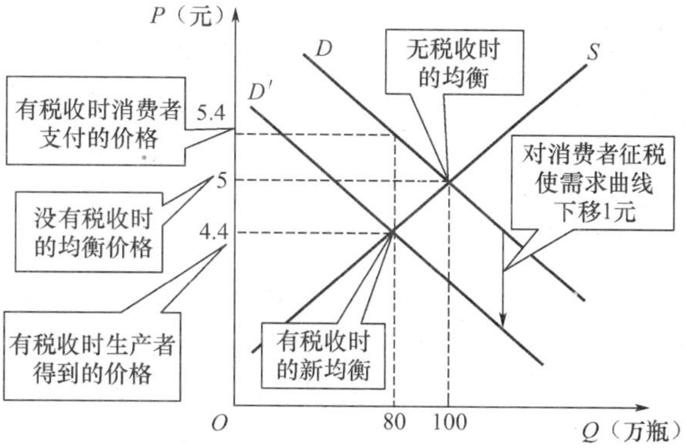

图 3-21 向消费者征税需求曲线下移

对消费者征税，需求曲线向下移动 1 元，由 *D* 移动到 *D′*，啤酒的均衡价格从 5 元下降到 4.4 元，也就是生产者得到 4.4 元/瓶，消费者由于再加 1 元的税收而需要支付 5.4 元/瓶；均衡数量从 100 万瓶减少为 80 万瓶。由此可以看出，尽管是向消费者征税，但实际上是税收在生产者和消费者之间分摊。在新的均衡下，生产者卖的少了，而消费者买的也少了，所以对啤酒消费者征税缩小了啤酒市场的规模。

虽然消费者向政府支付了全部税收，实际上是消费者与生产者分摊了税收负担。当政府对消费者征税时，市场价格从 5 元/瓶下降为 4.4 元/瓶，生产者比没有税收时每瓶啤酒少收入 0.6 元。因此，税收使生产者的状况变坏了。消费者付给生产者较低的价格 4.4 元，但包括税收在内的实际价格从征税前的 5 元上升为征税后的 5.4 元（4.4 元+1 元=5.4 元），消费者比没有税收时每瓶啤酒多支付 0.4 元。因此，税收也使消费者的状况变坏了。

（2）向生产者征税。

假设政府通过法律对啤酒的生产者征税 1 元/瓶。在这种情况下，税收影响啤酒的供给。由于并不向消费者征税，在任何一种既定价格时，啤酒的需求量是相同的，所以，需求曲线不变。对生产者征税增加了销售啤酒的成本，这就使生产者在每一价格水平时供给的数量少了，供给曲线向上移动。这时，我们仍然可以准确地知道供给曲线移动的幅度。由于在任何一种啤酒的市场价格下，生产者的价格在纳税之后要降低 1 元，无论市场价格是多少，生产者仿佛都在比市场价格低 1 元的价格时来供给啤酒数量。换个说法，为了诱使生产者供给任何一种既定啤酒数量，现在市场价格必须提高 1 元，以便弥补税收的影响，如图 3-22 所示。

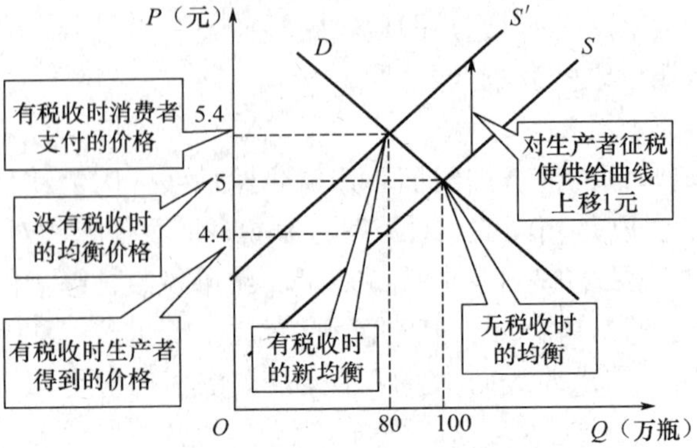

图 3-22　向生产者征税供给曲线上移

供给曲线从 S 向上移动到 S′，移动幅度正好是税收量 1 元。当市场从旧均衡向新均衡移动时，啤酒的均衡价格从 5 元/瓶上升到 5.4 元/瓶，而均衡数量从 100 万瓶减少为 80 万瓶，税收使啤酒市场的规模缩小了。而且，消费者与生产者又一次共同分摊了税收负担。由于市场价格上升，消费者为每瓶啤酒多支付了 0.4 元。生产者得到的名义价格是 5.4 元，但实际价格（在纳税 1 元之后）下降为 4.4 元，每瓶啤酒得到的实际价格比没有税收时的 5 元少 0.6 元。因此，税收使消费者和生产者的状况都变坏了。

（3）综合分析。

比较图 3-21 和图 3-22，我们会得出一个令人惊讶的结论：对消费者征税与对生产者征税的情况是相同的。在这两种情况下，税收是在消费者支付的价格和生产者得到的价格之间打入的一个楔子。无论税收是向消费者征收还是向生产者征收，消费者价格与生产者价格之间的楔子是相同的。在这两种情况下，这个楔子会使供给曲线和需求曲线的相对位置发生移动。在新均衡时，消费者和生产者分摊税收负担。对消费者征税和对生产者征税的唯一差别是谁把钱交给政府。如果我们把图 3-21 和图 3-22 精练一下，则会得到如图 3-23 所示的税收归宿。

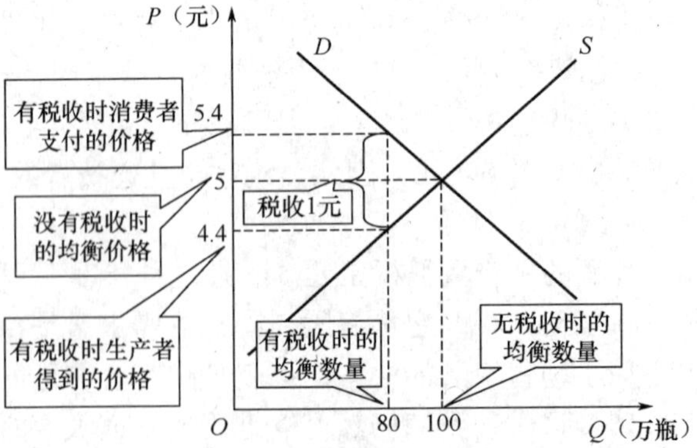

图 3-23　税收归宿

无论向谁征税，都是由消费者与生产者共同分摊税收负担。总之，这种分析得出了两个一般性结论：第一是税收抑制了市场活动，缩小了市场规模。对一种物品征税时，该物品在新的均衡时销售量减少了；第二是消费者和生产者共同分摊税收负担，在新的均衡时，消费者为该物品支付的多了，而生产者得到的少了。

2. 税收归宿与供求弹性

（1）供给富有弹性，需求缺乏弹性。

图 3-24 表示了供给非常富有弹性而需求较为缺乏弹性的市场上的税收负担情况。在这种情况下，消费者对价格不十分敏感，而生产者非常敏感，当对供给较为富有弹性的市场征税时，生产者得到的价格并没有下降多少，因此生产者只负担了小部分税收，与此相比，消费者支付的价格大幅度上升，表示消费者承担了大部分税收负担。

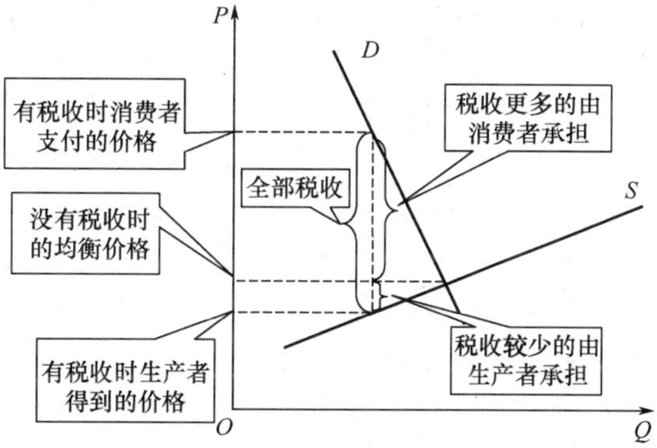

图 3-24 供给富有弹性，需求缺乏弹性时的税收归宿

（2）需求富有弹性，供给缺乏弹性。

图 3-25 表示供给缺乏弹性而需求非常富有弹性的市场上的税收负担情况。在这种情况下，生产者对价格不十分敏感，而消费者非常敏感，当征收税收时，消费者支付的价格上升并不多，而生产者得到的价格大幅度下降。因此，生产者承担了大部分税收负担。

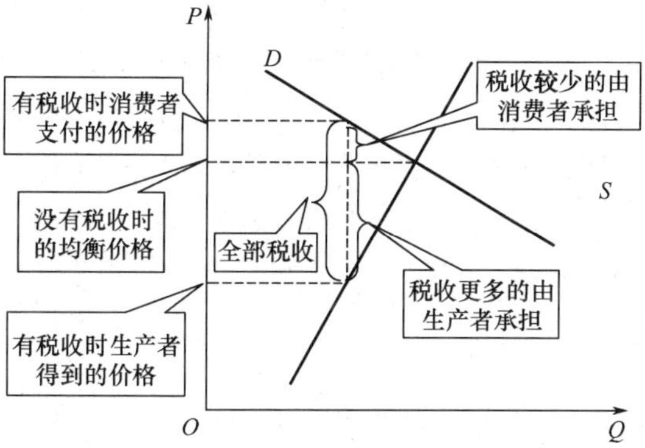

图 3-25 需求富有弹性，供给缺乏弹性时的税收归宿

上述两幅图说明了关于税收负担划分的一般结论：税收负担更多的落在市场上缺乏弹性的一方身上。需求弹性小意味着消费者缺乏离开市场的灵活性，也就是消费者更不容易离开市场，更缺少选择离开市场的机会，不能轻而易举地离开市场，所以税收负担更多的落在消费者身上。供给弹性小意味着生产者缺乏离开市场的灵活性，也就是生产者更不容易离开市场，更缺少选择离开市场的机会，不能轻而易举地离开市场，所以税收负担更多地落在生产者身上。

由此可以得出结论：对买者和卖者征税是相同的。

案例分析

【案例 3-4】 “儿童安全座椅以旧换新享受七折优惠”

现在市场上各商家之间“拆迁大甩卖”、“赔本跳楼价”、“买 200 元返 30 元”等的价格战随处可见，但我们从未仔细考虑过究竟是为什么，只是觉得有需要，美观实用，价格优惠、可以省钱就买了。有一次我路过一家汽车配件专卖店，看到店里打出“儿童安全座椅以旧换新享受七折优惠”的广告。店家的意思是，如果你购买儿童安全座椅时交一个旧儿童安全座椅的话，当场优惠三成的价格；如果直接买新的，就只能按原价购买。这一种促销方式让人觉得好奇，是不是店家加入了什么基金会，或是店家和儿童安全座椅生产厂家有什么协定，收了旧儿童安全座椅可以让店家回收一些成本，因此拿旧儿童安全座椅来才有三折的优惠呢？如果大家是这么想，那可就猜错了，但凡这种以旧换新的促销活动主要是针对不同消费者的需求弹性而采取的区别定价方法，对需求弹性较小的购买者制定较高价格，对需求弹性较大的顾客收取较低价格。而这家汽车配件专卖店的促销做法正是这个理论的实际应用。实际上，店家拿到你那个脏脏旧旧的儿童安全座椅，并没有什么好处，常常是在你走后往垃圾桶里一丢了事。

【案例点评】 店家以顾客是否拿旧儿童安全座椅，来区别顾客的需求弹性。简单地说，没拿旧儿童安全座椅来的顾客说明他没有儿童安全座椅，我国强制使用儿童安全座椅法规制定已展开，此外，出于对儿童乘车安全的考虑，无论价格高低，购买汽车且家里有儿童的人一定要买儿童安全座椅，因此这种顾客的需求曲线较陡，弹性较小。相对地，拿旧儿童安全座椅来抵三折价款的顾客表明他本来就有一个儿童安全座椅，如果儿童安全座椅的价格便宜，他可能会有以旧换新的需求，而如果价格太贵他也可以不买新的，因为已有了一个儿童安全座椅，对该商品的需求没有迫切性。因此，这类的顾客需求曲线较平坦，弹性较大。综上所述不难看出，该汽车配件专卖店采用这种“儿童安全座椅以旧换新享受七折优惠”的促销活动，针对不同消费者的需求定价的方法，不仅不会减少其营业收入，反而会吸引那些本不想购买新儿童安全座椅的消费者前来购买，从而增加收益。因此，认真研究消费者心理，了解市场需求，针对本行业的特点，制定适合自己的价格策略，一定会给单位、公司带来丰厚的利润。

【讨论题】

1．弹性的分类及影响商品弹性大小的因素是什么？

2．如何理解薄利多销？

【案例 3-5】 企业决策的重要依据

在投影仪市场上，投影仪和灯泡的定价很反常：一台投影仪售价仅为 3 000 元人民币左右，低价很诱人，使得学校和企事业单位购买了很多台投影仪。买到投影仪使用一段时间后，当需要更换灯泡时，发现一个灯泡的价格是 2 000 元人民币。学校等单位离不开投影仪，灯泡的消费量很大，如果使用投影仪，就要经常购买灯泡，而更换灯泡的价格和一台投影仪的价格几乎差不多，因此消费者会有买得起投影仪买不起灯泡的感觉。

再如看别人经营一种商品十分赚钱，你也做起同样的生意来，这就是经营别人产品的替代品，这样势必加剧了市场竞争，恐怕竞争中被淘汰的就是你。其实，经营畅销产品的互补产品不失为一种很好的思路，有的中小企业，靠着与汽车配套的思路，生产车用地毯、汽车座套、倒车雷达等配件，结果取得了良好的经营业绩。某私营小企业一开始是十几个农民建立的，最初为饮料企业配套提供饮料吸管，后来生产塑料瓶和瓶盖。饮料企业在哪里建厂，他们就在哪里建配套厂。靠这种积极合作的策略，这个私营企业如今已发展成为年销量超过十几亿元人民币的大公司。

有生产服装的 A、B 两家企业，如果对消费者来说两家企业生产的服装所提供的效用是相同的，那么它们是互相替代的产品。众所周知，为了提高市场占有率他们都不惜投入大量的金钱做广告，进行非价格竞争，但如果只注意非价格竞争而忽视价格竞争也会失去市场。如 A 企业坚持高价格政策，B 企业采取“薄利多销”的低价格政策，服装属于富有弹性的商品，消费者就会由于 B 企业服装价格下降而增加服装的购买量，A 企业就会失去一部分市场份额。因此，应根据交叉弹性的特点正确判断自己的市场定位，制定合适的市场价格，预防不利于自己生存和发展的情况发生。

【案例点评】 投影仪和灯泡是互补产品，如果生产基本品，投影仪应定价低，灯泡是配套品定价高，根据交叉弹性的定价原理，面对基本品投影仪，定价过高消费者处于主动位置，需求弹性较小，只有定低价才能吸引消费者购买，一旦买下基本品，由于不同品牌型号投影仪配套的灯泡之间不能替换，消费者往往处于缺乏替代品的被动地位，此时定高价能够获取较高利润，如果反过来基本品定价高结果导致需求者寥寥无几，那么配套品定价再低也失去意义。懂得需求的交叉弹性对企业决策和个人投资有很大的帮助。总之，企业在制定产品价格时，应考虑到替代品与互补品之间的相互影响。否则，价格变动可能会对销路和利润产生不良后果。

【讨论题】

1. 什么是交叉弹性？
2. 什么是互补商品？什么是替代商品？
3. 交叉弹性原理的微观和宏观意义。

阅读材料

蛛网模型

尼古拉斯·卡尔多（Nicholas Kaldor，1908—1986 年）（见图 3-26）当代英国著名的经济学家，新剑桥学派的主要代表人物之一，以提出与经济增长论相融合的收入分配论和建议以消费税代替个人所得税而著称。卡尔多的经济研究领域很广，从厂商理论到福利经济学，从资本理论、国民收入分配理论到经济周期、经济增长理论，从国际贸易理论到货币政策、税收政策。

图 3-26 尼古拉斯·卡尔多

卡尔多在 20 世纪 30 年代的论文尚未跳出传统的边际主义经济学的框框，但被认为在那时已显现出他在理论上的“创见性”。其中由他所命名的“蛛网理论”，用供求弹性的相对差异分析市场稳定条件（1933 年）。

蛛网模型（Cobweb Model）是用弹性理论考察价格波动对下一周期生产的影响，及由此产生的均衡变动的理论。按照这种理论绘制出来的供求曲线图，形状近似蛛网。常常用于论述诸如农产品、畜牧产品这类生产周期较长的商品的产量和价格在偏离均衡状态以后的实际波动过程及其结果。

蛛网模型的假设是价格对供给的调节作用有一段时间的滞后，而对需求的调节则很少有时间滞后。由此，本期产量决定本期价格，本期价格决定下期产量。

1. 收敛型蛛网

当供给曲线斜率的绝对值大于需求曲线斜率的绝对值时，市场由于受到干扰偏离原有的均衡状态，实际价格和实际产量会围绕均衡水平上下波动，但波动的幅度越来越小，最后会回复到原来的均衡点。

假定在第一期由于某种外在原因的干扰，如恶劣的气候条件，实际产量由均衡水平 Q_e 减少为 Q_1。根据需求曲线，消费者愿意支付 P_1 的价格购买全部的产量 Q_1，于是，实际价格上升为 P_1。根据第一期的较高的价格水平 P_1，按照供给曲线，生产者将第二期的产量增加为 Q_2。

在第二期，生产者为了出售全部的产量 Q_2，接受消费者所愿意支付的价格 P_2，于是，实际价格下降为 P_2。根据第二期的较低的价格水平 P_2，生产者将第三期的产量减少为 Q_3。

在第三期，消费者愿意支付 P_3 的价格购买全部的产量 Q_3，于是，实际价格又上升为 P_3。根据第三期的较高的价格水平 P_3，生产者又将第四期的产量增加为 Q_4。

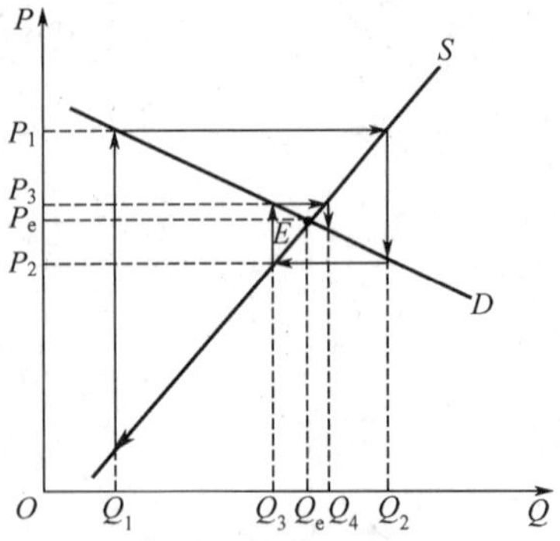

图 3-27 收敛型蛛网波动

如此循环下去，如图 3-27 所示，实际产量和实际价格的波动的幅度越来越小，最后恢复到均衡点 E 所代表的水平。

由此可见，均衡点 E 所代表的均衡状态是稳定的。也就是说，由于外在的原因，当价格和产量偏离均衡数值（P_e 和 Q_e）后，经济制度中存在着自发的因素，能使价格和产量自动地恢复均衡状态。只有当供给曲线斜率的绝对值大于需求曲线斜率的绝对值时，即供给曲线比需求曲线较为陡峭时，才能得到蛛网稳定的结果，相应的蛛网被称为“收敛型蛛网”。

按照动态的逻辑顺序，我们还看到，生产者错误地根据上一期的价格决定供给量，消费者被动地消费生产者提供的全部生产量，而价格则由盲目生产出来的数量所决定。

2. 发散型蛛网

当供给曲线斜率的绝对值小于需求曲线斜率的绝对值时，市场由于受到外力的干扰偏离原有的均衡状态以后，实际价格和实际产量上下波动的幅度会越来越大，偏离均衡点越来越远。其原有的均衡状态是不稳定的。相应的蛛网被称为“发散型蛛网”。

假定，在第一期由于某种外在原因的干扰，实际产量由均衡水平 Q_e 减少为 Q_1。根据需求曲线，消费者愿意支付 P_1 的价格购买全部的产量 Q_1，于是，实际价格上升为 P_1。根据第一期的较高的价格水平 P_1，按照供给曲线，生产者将第二期的产量增加为 Q_2。

在第二期，生产者为了出售全部的产量 Q_2，接受消费者所愿意支付的价格 P_2，于是，

实际价格下降为 P_2。根据第二期的较低的价格水平 P_2，生产者将第三期的产量减少为 Q_3。

如此循环下去，如图 3-28 所示，形成发散型蛛网，这种情况意味着产量可以无限供给，价格可以无限提高，实际中是不存在的。

3. 循环型蛛网

供给曲线斜率的绝对值等于需求曲线斜率的绝对值，即当供给曲线和需求曲线平缓程度一致时，实际产量和实际价格始终按同一幅度围绕均衡点上下波动，既不进一步偏离均衡点，也不逐步地趋向均衡点，如图 3-29 所示。

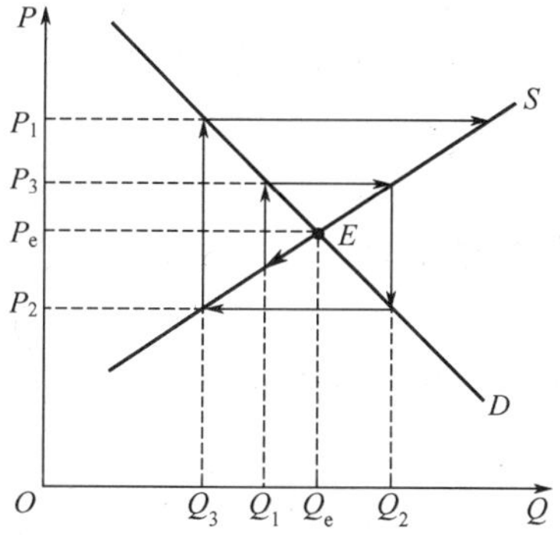

图 3-28 发散型蛛网波动

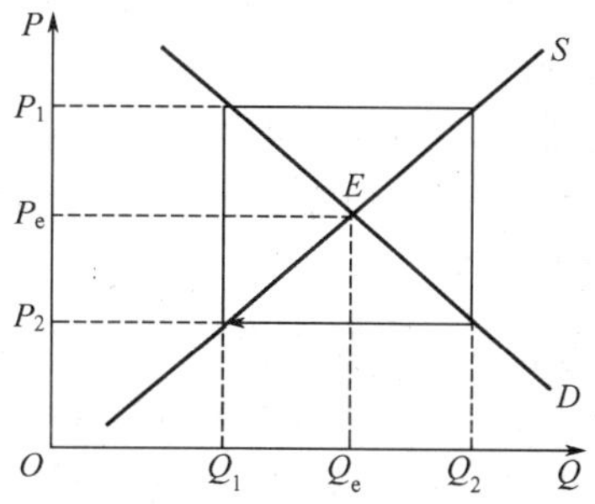

图 3-29 循环型蛛网波动

4. 实例

在美国，1972 年由于暴风雨的恶劣气候，土豆产量大幅度下降，从而使土豆价格上涨。随着土豆价格的上涨。农场主便扩大土豆的种植面积，使土豆产量在 1974 年达到历史最高水平。结果，土豆供给量大幅度增加导致土豆价格又急剧下降。以缅因州为例，每磅土豆的价格由 1974 年 5 月的 13 美分下降为 1975 年 3 月的 2 美分，该价格比平均生产成本还低。这种现象可以用蛛网模型来解释。

作为补充，再举一个特殊的例子来说明蛛网模型的缺陷：在普林斯爱德华岛屿，当农场主们都因土豆价格下降而缩减土豆的种植面积时，只有一个农场主不是这样做的，因为这个农场主根据长期的经营经验，相信土豆价格将上升，而眼下正是自己增加土豆生产的时候。可见，这个农场主的预期和行为与蛛网模型所分析的情况是不吻合的。

本章小结

一、需求的价格弹性

在其他条件不变时，需求的价格弹性衡量一种产品需求量对其价格变动的反应敏感程度。需求的价格弹性等于价格的值每变动 1%而引起需求量变化的百分率。需求价格弹性的值越大，则需求量对其价格变动的反应程度越大。

如果需求是富有弹性的（$E_d>1$），那么降价会增加销售收入；如果需求是缺乏弹性的（$E_d<1$），降价会减少销售收入；如果需求是单位弹性（$E_d=1$），那么价格变动对销售收入没有影响。

需求的价格弹性取决于一种产品作为其他产品替代品的容易程度、产品用途的广泛性、产品对消费者生活的重要程度、产品的消费支出在消费者预算总支出中所占的比重和消费者调节需求量时间的长短。

二、需求的其他弹性

1．需求的收入弹性

在其他条件不变时，需求的收入弹性是指因收入的变动而引起产品需求量的相应变动率，它反映需求量的变动对收入变动反应的敏感程度。

当 $E_m>1$ 时，称为需求的收入富有弹性，如钻石、豪车等高档产品。

当 $E_m=1$ 时，称为需求的收入单位弹性，如普通服装等。

当 $0<E_m<1$ 时，称为需求的收入缺乏弹性，其产品常称为正常商品，一般是粮食、蔬菜等生活必需品。

当 $E_m=0$ 时，称为需求的收入无弹性，如食盐。

当 $E_m<0$ 时，称为需求的收入负弹性，其产品一般是劣等品、吉芬物品等。

2．需求交叉价格弹性

需求交叉价格弹性是指因其他产品价格的变动而引起产品的需求量的相应变动率，它反映一种产品需求量的变动对另一种产品价格变动的反应敏感程度。

当 $E_c>0$ 时，X 和 Y 产品是替代品，Y 产品的价格上升（下降）引起 X 产品的需求量上升（下降）。

当 $E_c<0$ 时，X 和 Y 产品是互补品，Y 产品的价格 P 上升（下降）引起 X 产品的需求量 Q 下降（上升）；

当 $E_c=0$ 时，两种产品是独立无关的，如茶叶与食盐。

3．恩格尔系数及恩格尔定律

恩格尔系数是指用于食物的支出占全部支出的百分比。恩格尔定律是指收入水平越低的家庭，其食物支出比重越高，收入水平越高的家庭，其食物支出比重越低；在其他条件不变的情况下，随着收入水平的提高，食品支出占总消费支出的比重有逐渐下降的趋势。恩格尔定律说明生活必需品的收入弹性小。

三、供给的价格弹性

供给的价格弹性是指一种产品市场价格的相对变动所引起的供给量的相对变动，即供给量的变化率与价格变化率的比值。它反映了供给量变动对价格变动反应的敏感程度。

当 $E_S<1$ 时，称为供给缺乏弹性，供给曲线与横轴相交。

当 $E_S>1$ 时，称为供给富有弹性，供给曲线与纵轴相交。

当 $E_S=1$ 时，称为供给单位弹性，供给曲线过原点。

当 $E_S=\infty$ 时，称为完全弹性，供给曲线为水平直线。

当 $E_S=0$ 时，称为供给完全无弹性，供给曲线为垂直线。

供给的价格弹性取决于时间因素、生产周期的长短、生产的难易程度、生产要素的供给弹性和生产所采用的技术类型。

本章习题

一、简答题

1．名词解释

需求的价格弹性；需求价格富有弹性；需求价格缺乏弹性；需求价格单位弹性；需求价格完全无弹性；需求价格完全弹性；需求的收入弹性；需求的交叉弹性；供给弹性。

2．假设你是某城市博物馆的馆长，财务部长告诉你，博物馆缺乏资金，并建议你考虑改变门票价格以增加总收益。你将怎么办呢？是提高门票价格，还是降低门票价格？

3．某农村地区，在电网改造前电费高达每度 5 元之多，很多农户不敢用电，家用电器不敢开，甚至用蜡烛照明，本想购买的家用电器也不买了。电网改造后，每度电价下降到 6 角 8 分，农户用电的需求量大增，同时对家电的需求量也增加。

（1）利用需求弹性理论分析用电需求量的增加。

（2）利用替代品、互补品的价格与需求之间的关系分析农户“从用蜡烛到弃蜡烛，从不用家电到增购家电”的行为。

4．为什么有些物品（如化妆品）可以薄利多销，而有些物品（如药品）却不行？是不是所有的药品（包括滋补品）都不能薄利多销，为什么？

二、选择题

1．需求收入弹性系数是指（　　）。

A．需求函数的斜率　　B．需求对收入变化的反应程度

C．消费者对价格变化的反应程度　　D．需求对价格变化的反应程度

2．假定某商品的价格从 10 美元下降到 9 美元，需求量从 70 增加到 80，需求为（　　）。

A．缺乏弹性　　B．富有弹性　　C．单性弹性　　D．不能确定

3．右下倾斜的需求曲线的斜率不变，因此其价格弹性也不变，这个说法（　　）。

A．一定正确　　B．一定不正确

C．可能不正确　　D．无法断定正确与否

4．如果某商品缺乏需求的价格弹性，则该商品价格上升会使销售收益（　　）。

A．增加　　B．不变

C．下降　　D．可能增加也可能下降

5．如果需求完全弹性，课税将（　　）。

A．全部向销售者征收　　B．大部分向销售者征收

C．全部向消费者征收　　D．大部分向消费者征收

6．改革开放以来，人民收入水平不断提高，根据经济理论我们可推测，人民的实物支出在总支出中的比重将（　　）。

A．大大增加　　B．稍有增加　　C．下降　　D．不变

7．对于需求弹性系数等于 1 的商品而言，其需求（　　）。

A．缺乏弹性　　B．富有弹性　　C．具有单位弹性　　D．无弹性

8．下列商品中，可以采用“薄利多销”方法通过降价来增加总收益的商品是（　　）。

A．大米　　B．面粉　　C．药品　　D．化妆品

9．如果需求完全无弹性，课税将（　　）。

A．全部向销售者征收　　B．大部分向销售者征收

C．全部向消费者征收　　D．大部分向消费者征收

10．已知当产量为500单位时，平均成本是2元；当产量增加到550单位时，平均成本是2.50元，在这个产量变化范围内，边际成本（　　）。

A．随着产量的增加而上升，并在数值上大于平均成本

B．随着产量的增加而上升，并在数值上小于平均成本

C．随着产量的增加而下降，并在数值上小于平均成本

D．随着产量的增加而下降，并在数值上大于平均成本

11．若X和Y两种产品的交叉弹性是-2.3，则（　　）。

A．X和Y是替代品　　B．X和Y是正常商品

C．X和Y是劣质品　　D．X和Y是互补品

12．如果价格下降10%能使买者总支出增加1%，则这种商品的需求量对价格（　　）。

A．富有弹性　　B．具有单元弹性

C．缺乏弹性　　D．其弹性不能确定

三、判断题

1．如果价格和总收益呈同方向变化，则需求是富有弹性的。（　　）

2．当需求缺乏弹性时，提高价格可以增加利润。（　　）

3．需求的价格弹性为零，意味着需求曲线是一条水平线。（　　）

4．当某种产品的价格上升8%，而需求量减少7%时，该产品是需求富有弹性的。（　　）

5．若某商品的需求价格弹性 E_d =0.6，则卖者提高价格肯定增加销售收入。（　　）

6．E_d>1的商品，降低价格会增加厂商的销售收入。（　　）

四、计算题

1．若市场供需如下：

需求：P=280-Q，供给：P=20+10Q，对于每单位产品课征5元从量税时，则：

（1）物价上涨多少？

（2）消费者负担与生产者负担各多少？

（3）如果不是征收从量税而是向消费者征收5元的消费税，那么消费者负担与生产者负担又有什么变化？

2．从甲地到乙地的汽车票原价为10元，火车的乘客有12万人，当汽车的票价由原来的10元减至8.5元时，火车乘客的人数减至10.56万人，则火车乘客与汽车票价的价格交叉弹性为多少？

第 4 章　产量与成本

本章导学

在厂商理论中，厂商被假设为合乎理性的经济主体。厂商理论的基本指导思想是厂商用最少的成本获得最大的利润。它包括两部分内容。

（1）生产理论，即从实物角度分析生产要素投入量和产出量之间的物质技术关系，主要研究怎样使一定数量的生产要素投入取得最大的产出。

（2）成本理论，即从价值及货币形态的角度分析对应产量变动所消耗的一定数量的生产要素的变动情况，主要研究怎样使一定产量的成本最低。

4.1　厂商与生产函数

4.1.1　厂商的概念

在经济学中，厂商也称为生产者或企业，是指能够做出统一生产决策的单个经济单位。按所有者的多少和所负责任的大小，厂商可以分为个人、合伙、公司等组织形式。

（1）个人企业：单个人独资经营的厂商组织。

（2）合伙制企业：两个以上的人合资经营的厂商组织。

（3）公司制企业：按公司法建立和经营的具有法人资格的厂商组织。

三种厂商组织形式的比较如表 4-1 所示。

表 4-1　三种厂商组织形式的比较

企业类型	优　　点	缺　　点
个人企业	容易建立；决策过程简单；只缴个人所得税	决策不受约束；无法实现规模经济；所有者承担无限责任；企业寿命短
合伙制企业	容易建立；决策多样化；合伙人退出仍可存在；只缴个人所得税	形成统一意见困难；所有者承担无限责任；合伙人退出引起资本短缺
公司制企业	所有者承担有限责任；筹资容易；管理不受所有者能力限制；永远存在（所有权与经营权分离）	管理体系复杂、决策缓慢；要缴公司所得税和个人所得税

在微观经济分析中，厂商被假设为合乎理性的经济主体。它向市场提供产品的目的在于追求利润的最大化。运用有限的资本，通过生产经营活动以取得最大的利润，不仅是厂商的目标，而且是一个企业竞争生存的基本准则。

4.1.2 生产要素

在第 1 章导论中我们介绍过生产要素的概念，生产要素是指在生产过程中所使用的各种资源，在经济学中，通常是指劳动、资本、土地和企业家才能。

（1）劳动（Labour，简称 L）是指人类在生产过程中一切体力和智力的消耗，劳动者的数量和质量是生产发展的重要因素。

（2）资本（Capital，简称 K）是生产者的投资，可以表现为有形资本和无形资本。有形资本包括生产过程中使用的厂房、设备、机器、原料等；无形资本包括商标、专利、企业信誉等。

（3）土地（Land，简称 N）是指生产中使用的各种自然资源，不仅指土地本身，还包括阳光、森林、矿藏等一切自然资源。

（4）企业家才能（Entrepreneurship，简称 E）是指生产经营者对生产过程的组织和管理，包括经营、组织、管理、创新等能力。对于同一家企业来说，由于不同的经营者的管理能力和管理方法不同，其效果大不相同。因此，企业家才能会影响到厂商的经济效益。

厂商进行生产的过程概括起来就是生产要素投入、生产制造、产品产出的过程，如图 4-1 所示。

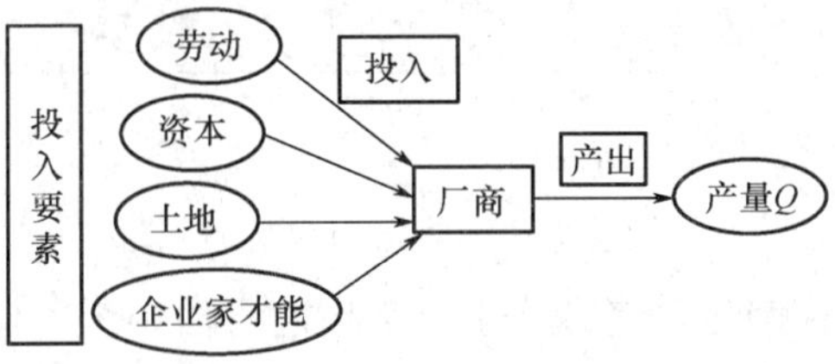

图 4-1　厂商的生产过程

4.1.3 生产函数

生产要素的数量与组合同它所能生产出来的产量之间存在着一定程度的依存关系，这种关系可以用生产函数来表示。生产函数表示在一定时期内，在技术水平不变的情况下，生产中所使用的各种生产要素的数量与所能生产的最大产量之间的关系，即生产中投入量与产出量的关系。

生产函数的一般形式为

$$Q = f(L,K,N,E)$$

其中，Q 表示总产量，L、K、N、E 分别表示劳动、资本、土地和企业家才能。

通常，在分析生产要素与产量之间的关系时，以土地为代表的自然资源是固定的，企业家才能难以估算，因此，生产函数就可以简化为

$$Q = f(L,K)$$

它表示，在技术水平不变的情况下，总产量与一定数量的劳动和资本的组合有关。当劳动与资本的数量与组合为已知时，也就可以推算出最大的产量。

在理解生产函数的概念时必须注意两点。

（1）生产函数反映的是一定技术水平条件下投入和产出之间的数量关系。技术水平条件的改变必然产生新的生产函数。

（2）生产函数反映的是某一要素投入组合在现有技术水平条件下能产生的最大产出。即假定企业的要素利用率是高效的且是相当稳定的。

4.1.4 两组概念

1. 短期与长期

在经济学中，短期与长期的划分并非按照具体的时间长短，而是以生产者能否变动全部的生产要素投入数量作为标准。

短期是指生产者来不及调整全部生产要素的投入数量，即厂商不能根据他们要达到的产量来调整其全部生产要素的时间周期。在短期内，只能调整可变生产要素（如劳动力、原料等），不能调整固定生产要素（如厂房、设备、管理人员等）。

长期是指生产者可以根据环境的变化调整全部生产要素的投入数量，从而对生产进行调整的时间周期。在长期内，一切投入的生产要素都是可变的。

例如，冰淇淋的市场需求由于气温忽然升高而一下子扩大。在短期内，厂商可以通过让工人加班加点等提高现有设备使用强度的方式来增加产量以满足市场需求；在长期内，厂商则可以增加设备，扩大生产规模，满足增长了的市场需求。

在短期与长期之间，并没有特定的区分标准，要视具体情况而定。例如，对一个出售早餐的个体经营者而言，长期可能仅意味着一两天，而在汽车制造业中则意味着若干年。

2. 不变投入和可变投入

在短期和长期划分的基础上，相应地把投入到生产过程中的生产要素分为不变投入和可变投入两大类。

不变投入又称为固定投入，是指在所考察的时期内其数量不能改变的投入要素。不管产量如何变动，不变投入的数量都是固定的，如厂房、机器设备、土地等。

可变投入是指在所考察的时期内其数量可以改变的投入要素。例如，当产量变化时，生产过程中的直接生产工人、原材料、燃料等。

4.2 短期生产函数

4.2.1 短期生产函数的概念

短期生产函数，是指企业在此期间内，只有一种投入要素的数量是可变的，其他投入要素的数量不变。所以短期生产函数又称为单变量生产函数。生产函数 $Q=f(L,K)$可以写成

$$Q=f(L,K_0)\text{或}Q=f(L_0,K)$$

通常，假定资本投入量是固定的，用 K_0 表示，劳动投入量 L 是可变的，则短期生产函数就可以表示为

$$Q=f(L,K_0)$$

短期生产函数主要研究产出量与投入的变动要素之间的关系，以确定单一可变要素的最佳投入量。

4.2.2 总产量、平均产量和边际产量

在短期生产函数中，产量与可变要素投入量之间的关系，可以用下面的案例来说明。

假定某蛋糕店共有 3 个烤箱，采用人工操作的方式制作芝士蛋糕。随着劳动力的数量由 1 增加到 10，总产量、平均产量、边际产量的数据如表 4-2 所示。

表 4-2 总产量、平均产量和边际产量

烤箱投入量	劳动投入量	劳动增量	总产量	平均产量	边际产量
3	1	1	6	6	6
3	2	1	17	8.5	11
3	3	1	31	10.3	14
3	4	1	46	11.5	15
3	5	1	60	12	14
3	6	1	72	12	12
3	7	1	81	11.5	9
3	8	1	86	10.8	5
3	9	1	86	9.6	0
3	10	1	80	8	−6

现在，我们通过表 4-2 中的数据观察各栏数据之间的关系。

1．总产量与劳动投入量之间的关系

总产量（Total Product）是指与一定的可变要素劳动的投入量相对应的最大产量。例如，期初，蛋糕店只雇用了一名店员，劳动投入量为 1，他每天最多可以制作出 6 个芝士蛋糕。蛋糕店多雇用一名员工以后，劳动投入量为 2，他们每天最多可以制作出 17 个芝士蛋糕。由于生意好，每天生产出来的芝士蛋糕供不应求，蛋糕店又雇用了一名店员，劳动投入量为 3，三个人每天最多能制作出 31 个芝士蛋糕……当店员人数为 8 人时，他们每天最多可以制作出 86 个芝士蛋糕。蛋糕店经理看到生意越来越好，决定再多雇用一名店员，结果每天仍然最多制作出 86 个芝士蛋糕。继续多雇用一名店员，每天最多制作出 80 个芝士蛋糕，产量不仅没有增加，反而减少了。

由此，我们可以分析出这样一个结论：期初，总产量随劳动投入量的增加而增加，增加到一定程度以后就开始出现递减的趋势。我们可以将劳动投入量与总产量之间的关系表示在坐标系中，即总产量曲线，如图 4-2 所示。图中，横轴代表劳动投入数量，纵轴代表总产量，可以发现，总产量曲线在上升过程中速度不是固定不变的，期初总产量曲线比较陡峭，说明上升速度较快，后来随着劳动投入量的不断增加，总产量曲线变得越来越平坦，说明上升的速度变慢，直到达到总产量曲线的最高点。

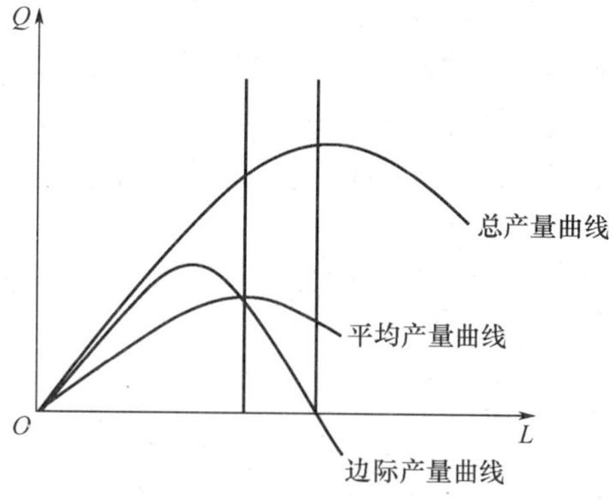

图 4-2 总产量曲线、平均产量曲线、边际产量曲线

2．平均产量与劳动投入量之间的关系

平均产量（Average Product）是指平均每一单位可变要素劳动投入量所生产的产量。例如，在表 4-2 中，当劳动投入量为 3 时，平均产量为 10.3，即当雇用 3 名店员时，他们每天平均可以制作出 10.3 个芝士蛋糕（计算方法为每天生产的 31 个芝士蛋糕除以 3 名店员）；当劳动投入量为 5 时，平均产量为 12，即当雇用 5 名店员时，他们每天平均可以制作出 12 个芝士蛋糕（计算方法为每天生产的 60 个芝士蛋糕除以 5 名店员）；当劳动投入量为 9 时，平均产量为 9.6，即当雇用 9 名店员时，他们每天平均可以制作出 9.6 个芝士蛋糕（计算方法为每天生产的 86 个芝士蛋糕除以 9 名店员）。

通过上面的数据，我们可以分析出：期初，平均产量随着劳动投入量的增加而增加，当增加到一定程度时开始出现递减的趋势。我们将劳动投入量与平均产量之间的关系表示在坐标系中，就是平均产量曲线，如图 4-2 所示。图中，横轴代表劳动投入数量，纵轴代表平均产量，可以发现，和总产量曲线类似，平均产量曲线的变化也是先上升，后下降，只是平均产量曲线是先于总产量曲线达到最高点，然后再下降。

3．边际产量与劳动投入量之间的关系

边际产量（Marginal Product）是指增加一单位可变要素劳动投入量所增加的总产量。例如，当蛋糕店雇用 2 名店员时，边际产量为 11 个芝士蛋糕，其计算方法为用雇用 2 名店员时的总产量 17 减去雇用 1 名店员时的总产量 6；当蛋糕店雇用 4 名店员时，边际产量为 15 个芝士蛋糕，其计算方法为用雇用 4 名店员时的总产量 46 减去雇用 3 名店员时的总产量 31；当蛋糕店雇用 9 名店员时，边际产量为 0 个芝士蛋糕，其计算方法为用雇用 9 名店员时的总产量 86 减去雇用 8 名店员时的总产量 86。

通过以上数据可以得到如下结论：期初，边际产量随着劳动投入量的增加而增加，当增加到一定阶段以后，开始出现递减的结果。我们将这一结论体现在坐标系中，就得到了边际产量曲线，如图 4-2 所示。在图中，横轴代表劳动投入数量，纵轴代表边际产量，我们可以发现，与总产量曲线、平均产量曲线的形状类似，边际产量曲线也呈现出先上升、后下降的规律。只是，在三条曲线中，边际产量曲线是最先达到最高点然后开始下降的。

下面，我们继续观察图 4-2，可以发现总产量曲线、平均产量曲线、边际产量曲线这三者之间的关系存在以下特点。

第一，在资本投入量，即烤箱数量不变的情况下，随着劳动投入量，即店员人数的增加，总产量曲线、平均产量曲线和边际产量曲线的变化趋势都是先上升而后下降的。

第二，边际产量曲线与平均产量曲线相交于平均产量曲线的最高点。在相交之前，平均产量曲线是递增的，并且平均产量小于边际产量；在相交之后，平均产量曲线是递减的，并且平均产量大于边际产量；当平均产量曲线与边际产量曲线相交时，平均产量达到最大值，并且平均产量和边际产量相等。

第三，在边际产量为零时，总产量达到最大值。边际产量大于零时，总产量增加，边际产量小于零时，总产量减少。

4.2.3 边际收益递减规律

对于一种可变要素的短期生产函数来说，边际产量表现出的先增加而后减少的规律，被称为边际收益递减规律，又称为边际报酬递减规律。其基本内容为：在技术水平不变的情况下，当把一种可变的生产要素投入到一种或几种不变的生产要素中时，最初这种生产要素的增加会使产量增加，当它的增加超过一定的限度时，增加的产量将要递减，最终还会使产量绝对的减少。

边际收益递减规律存在的条件为：

第一，以技术水平不变为前提；

第二，以其他生产要素投入不变为前提；

第三，并非一增加投入这种生产要素就会出现边际报酬递减规律，只是投入超过一定量时才会出现；

第四，所增加的生产要素在每个单位上的性质都是相同的，先投入和后投入的在技术上没有区别，只是投入总量的变化引起了收益的变化。不要把劳动投入增加时的边际收益递减规律与劳动质量的可能性变化相混淆（例如有人认为，首先被雇用的员工素质最高，最后被雇用的员工素质最低），在对生产的分析中，假设所有劳动者的素质是等同的。边际收益递减是由于其他固定品（如机器）的使用限制造成的，并非由于员工素质的下降所致。

边际收益递减的原因是在生产中，可变要素与不变要素在数量上存在一个最佳配合比例，即最佳技术系数。当开始投入可变要素时，小于最佳配合比例，随着投入量的逐渐增加，越来越接近最佳配合比例，边际产量呈递增趋势。当达到最佳配合比例后，再增加可变要素投入，边际产量就呈现出递减的趋势。

案例 4-1

三个和尚与边际收益递减规律

中国有句俗语：一个和尚挑水吃，两个和尚抬水吃，三个和尚没水吃。这句俗语讽刺了当今现实生活中互相攀比、人浮于事、吃大锅饭的现象，同时，还反映了经济学原理中的规律。

现在，我们假设一下庙里的情形。庙里有两个水桶，这是固定不变的。期初，庙里只有一个和尚，为了满足生活所需，他每天下山挑水，由于路途遥远，体力和时间有限，他一天只能挑回来一趟水，每个水桶中有半桶水。和尚只有十分节省地用，这一桶水才能刚好够他一天的吃喝洗漱等。

不久，庙里又来了一个和尚，两个人就可以一起下山抬水了。相比一个人挑水，抬水就省力多了，并且两个水桶都是满满的，每天可以抬两趟。一天下来，就能抬回 4 桶水。

庙里又来了第 3 个和尚，由于只有两个水桶，3 个人只好轮流下山抬水，每天一次去两个人，每个人下山两次，3 个人可以抬 3 趟水，每天一共可以抬回 6 桶水。

然后又来了第 4 个和尚。现在他们可以分成两组下山抬水了，每天每组两趟。但是，两组之间谁都想偷个懒，不愿意多抬水，虽然每天抬回来的总水量在增加，但平均每个和尚的用水量却都少了一点。

如果庙里和尚的数量继续增加，水桶还是只有两个，大部分的和尚在大部分的时间里都没事可做，这样就容易出现矛盾。为了改变这种混乱的局面，大家推举一个或几个头目，负责管理和分派抬水及庙内各项事宜。管理者不再负责抬水这样的具体事务，而即使每组和尚不停地轮流去抬水，一天最多也只能抬回 20 趟水。平均到每一个和尚的用水量已经很少了。

如果又不断有和尚来到庙里，可以想象，每天的抬水总量是不可能再增加了。相反，由于人多、事多、矛盾多，每个人的用水量又在急剧下降，大家怨声载道，互相牵制，消极怠工，结果抬水总量还下降了。也许真的有一天，庙里的和尚成了一大群，而水却一滴也抬不来了。把这些情况总结起来，就成了那句俗语：“一个和尚挑水吃，两个和尚抬水吃，三个和尚没水吃。”

【案例分析】 从经济学的角度来分析上述案例，水桶可以看做资本，和尚可以看做劳动者，庙里发生的故事就可以理解为在资本的投入数量固定不变的情况下，不断地增加劳动力的结果。期初，由于劳动力的数量比较少，资本没有被完全利用，增加劳动力以后，总产量、边际产量、平均产量都增加了。当劳动力的数量继续增加时，资本逐渐被完全利用，也就是两种生产要素的组合达到了最佳的配合比例。如果再增加劳动力，边际产量开始下降，平均产量也随之下降，而总产量还在增加，但增加得越来越慢了。此时，如果继续增加劳动力的数量，边际产量下降到零，总产量不再增加了。最后，劳动力的增加会导致总产量也下降了。这就是说，当其余的生产要素不变，而只改变一种生产要素时，一开始总产量会增加，当到达一定的限度时，增加的幅度就会开始递减，即越增加越慢，总产量在达到最高值以后会开始下降。

这就是边际收益递减规律，它告诉我们，一种生产要素的投入不可以过多，过多只能起到反作用。这个规律是一个可以被广泛观察到的经验性的规律。

由边际产量递减规律可以推出总产量、边际产量、平均产量之间的关系如下。

边际产量与总产量之间的关系是：边际产量为正值，总产量就增加；边际产量为负值，总产量就减少；边际产量为零时，总产量为最大。

边际产量和平均产量之间的关系是：边际产量大于平均产量，平均产量递增；边际产量小于平均产量，平均产量递减；边际产量等于平均产量，平均产量最大。

4.2.4 一种生产要素的合理投入

根据总产量（TP_L）、平均产量（AP_L）、边际产量（MP_L）之间的关系，我们将一种可变生产要素的投入分为三个阶段，如图 4-3 所示。

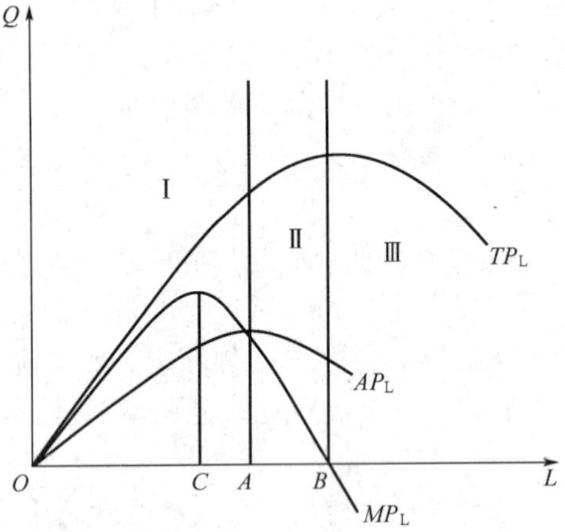

图 4-3 可变生产要素投入的三个阶段

第一阶段，劳动投入量从零增加到 A 这一阶段。这时 AP_L 一直在增加，$MP_L > AP_L$。这说明在这一阶段，相对于不变的资本投入量而言，劳动量不足，随着劳动量的不断增加使得资本得到充分利用，从而产量递增，并且劳动生产率，即劳动的平均产量也是递增的。在这一阶段，劳动的投入应该继续增加，否则，资本无法得到充分的利用。

第二阶段，劳动投入量从 A 点到 B 点这一阶段。随着劳动投入量的继续增加，不变的资本被越来越充分地利用。这时平均产量开始下降，边际产量递减。但由于边际产量仍然大于零，总产量仍在增加，并且在劳动量增加到 B 点时，总产量达到最大。

第三阶段，劳动投入量超过 B 点以后的阶段。随着劳动投入量的继续增加，不变的资本已经被完全充分地利用，已经不再具有增加产量的潜力。此时，边际产量为负数，总产量绝对减少。

由此可见，一种生产要素的合理投入区域应该在第二阶段。但至于具体应该在第二阶段的哪一个点上，则要结合其他因素来考虑。如果厂商的目标是使平均产量最大，那么劳动量增加到 A 点就可以了；如果厂商的目标是使总产量达到最大，那么劳动量就增加到 B 点；如果厂商是要使利润最大化，那还要结合成本与收益进行更加深入的分析。

4.3 长期生产函数

在长期中，所有的生产要素数量都是可变的。通常以劳动和资本这两种可变要素的生产函数来研究长期生产问题，则长期生产函数可以写作：

$$Q = f(L,K)$$

4.3.1 等产量曲线

等产量曲线是在技术水平不变的条件下，生产同一产量的两种生产要素投入量的各种不同组合的轨迹。两种生产要素的不同数量组合可以带来相等产量的一条曲线。

假设某包子铺老板雇用了一定数量的员工，购置了一定数量的蒸笼，每天计划产量为 2 000 个包子。表 4-3 所示的四种要素组合方式都可以实现产量 2 000 个包子这一目标，根据表 4-3，可做出等产量曲线如图 4-4 所示。

表 4-3 同一产量下不同生产要素的组合

组 合 方 式	劳动投入量 L	资本投入量 K	产 量 Q
A	5	300	2 000
B	6	150	2 000
C	7	100	2 000
D	8	80	2 000

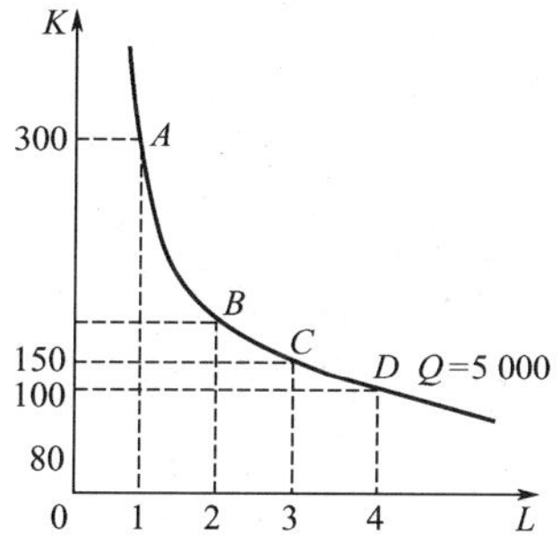

图 4-4 等产量曲线

横轴代表劳动量，纵轴代表资本量，Q 为等产量曲线，在曲线上任何一点所表示的劳动与资本的不同数量组合，都能生产出同一产量的产品。

等产量曲线具有如下特征。

第一，等产量曲线是一条向右下方倾斜的曲线，其斜率为负，这表明，为实现同样的产量，增加一种要素的投入量时，必须减少另一种要素的投入量。

第二，在同一平面图上，可以有无数条等产量曲线，同一条等产量曲线代表相同的产量，不同的等产量线代表不同的产量水平。距离原点越远的等产量曲线所代表的产量越高。

第三，在同一平面图上，任意两条等产量曲线不会相交。

第四，等产量曲线的形状凸向原点。

4.3.2 边际技术替代率

边际技术替代率是在维持相同的产量水平时，减少一种生产要素的数量与增加另一种生产要素的数量之比。如表 4-3 所示，期初，包子铺雇用了 5 名操作工，购置了蒸笼 300 套，每天的产量为 2 000 个包子。目前每天的工作状态是操作工忙得团团转，可总有大量蒸笼闲置，包子铺老板准备就这一问题进行调整。他在网上刊登了招聘信息，准备增加操作工人数；同时，还刊登了蒸笼转让的信息。经过一段时间，包子铺的操作工变为了 6 名，蒸笼数量为 150 套，每天的产量仍然为 2 000 个包子，即多雇用一名操作工，减少 150 套蒸笼。又经过了一段时间，包子铺的操作工增加到 7 名，蒸笼数量减少为 100 套，此时每天的产量仍然保持 2 000 个包子。包子铺老板继续调整生产要素的投入数量，员工人数增加到 8 人，蒸笼数量减少到 80 套，每天的产量还是保持在 2 000 个。

当一种生产要素数量增加时，为了维持产量水平不变，另一种生产要素的数量必须要减少，因此，边际技术替代率应该是负值。但为了方便起见，一般取其绝对值。

根据表 4-3，可以得到相应的边际技术替代率，见表 4-4 所示。

表 4-4 边际技术替代率

组合变动情况	操作工（劳动力）增加量	蒸笼（资本）减少量	边际技术替代率
A—B	1	150	150
B—C	1	50	50
C—D	1	20	20

分析表 4-4 中的数据可以知道，边际技术替代率是递减的。当一种生产要素的投入量不断增加时，每一单位的这种生产要素所能替代的另一种生产要素的数量越来越少，这称为边际技术替代率递减规律。

边际技术替代率递减的主要原因是任何一种产品的生产技术都要求各要素投入之间有适当的比例，这意味着要素之间的替代是有限的。

边际技术替代率递减规律可以解释等产量曲线凸向原点的原因。

4.3.3 等成本线

等成本线，又称为企业预算线，它是一条表明在生产者的成本与生产要素价格既定的条件下，生产者所能购买的两种生产要素数量的最大组合的线。

等成本线可以表示为

$$C = P_L \times Q_L + P_K \times Q_K$$

其中，C 为既定成本支出，P_L、Q_L、P_K、Q_K 分别代表劳动与资本的价格和购买数量。

例如，工人的工资为 200 元/人，肥料为 10 元/千克，如果农场主计划投入资金 3 000 元，则相应的等成本线方程为

$$200Q_L + 10Q_K = 3\,000$$

如果用横轴表示劳动投入数量，纵轴表示资本投入数量，该方程对应的等成本线如图 4-5 所示。

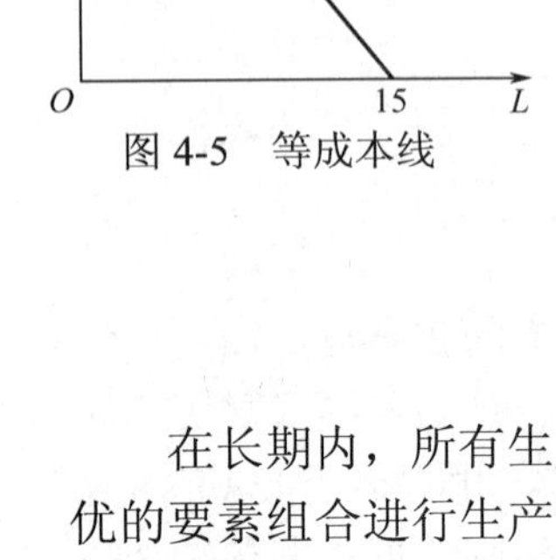

图 4-5 等成本线

4.4 最优的生产要素组合

在长期内，所有生产要素的投入数量都是可变的，任何一个理性的生产者都会选择最优的要素组合进行生产。将等产量曲线与等成本线结合起来可以分析出生产要素的最佳组

合，即在成本既定的条件下产量能够达到最大，或者在产量既定的条件下实现成本最小。

1. 成本既定条件下的产量最大

当生产者的成本和两种生产要素的价格既定时，可以得出一条确定的等成本线。将这条既定的等成本线与无数条等产量曲线结合在一起，放进同一个坐标平面，就必有等成本曲线与无数条等产量曲线中的一条相切于一点。这个切点，就是生产要素最优组合点或生产者的均衡点，此时等产量曲线的边际技术替代率与等成本曲线的斜率相等，如图 4-6 所示。

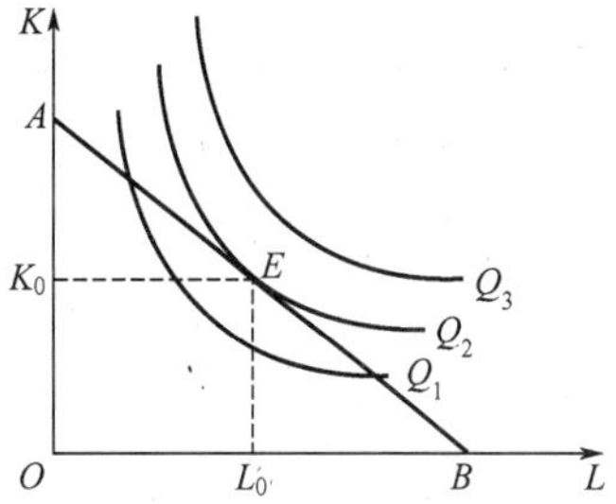

图 4-6 成本既定条件下的产量最大的最优要素组合

在图 4-6 中，有一条等成本线 AB 和三条等产量曲线 Q_1、Q_2、Q_3，其中 Q_3 代表的产量水平最高，Q_2 次之，Q_1 代表的产量水平最低。AB 与 Q_1 相交于点 C、点 D，与 Q_2 相切于点 E，与 Q_3 既不相交也不相切。这意味着，较低水平的产量 Q_1，可以在既定的成本条件下生产，但不经济；较高水平的产量 Q_3，虽经济，但在既定的成本条件下不可能达到；只有在 AB 与 Q_2 的切点 E 上才实现了生产要素的最优组合。这就是说，在成本既定的条件下，购买 L_0 的劳动，K_0 的资本可以获得最大产量。E 点为生产者均衡点，它表示该点的投入组合是既定成本时产量最大的组合。

2. 产量既定条件下的成本最小

在生产者产量目标既定的条件下，可以得出一条确定的等产量曲线。将这条既定的等产量曲线与无数条等成本线结合在一起，放进同一个坐标平面，也必有等产量曲线与某一条等成本线相切于一点。这个切点，同样也是生产要素最优组合点或生产者的均衡点，此时等产量曲线的边际技术替代率与等成本曲线的斜率相等。

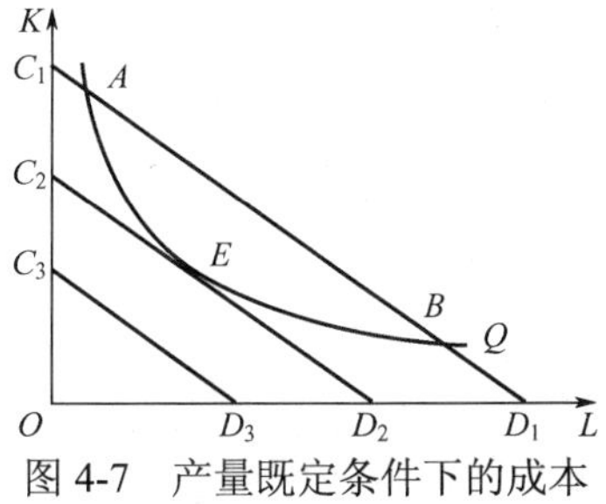

图 4-7 产量既定条件下的成本最小的最优要素组合

如图 4-7 所示，由于产量既定，所以只有一条等产量线 Q，C_1D_1、C_2D_2、C_3D_3 分别表示总成本为 C_1、C_2、C_3 的三条等成本线。其中 C_1D_1 代表的成本最高，C_2D_2 次之，C_3D_3 代表的成本最低。Q 与 C_1D_1 相交，与 C_2D_2 相切，与 C_3D_3 既不相交也不相切。这意味着，用较高的成本 C_1 可以生产产量 Q，但不经济；用较低成本 C_3 虽然经济，但无法生产产量 Q；而用成本 C_2 生产产量 Q，既可能又最经济。我们将既定的等产量线 Q 和等成本线 C_2 的切点 E 称作生产者均衡点，它表示该点的投入组合是既定产量时成本最小的组合。

上述两种情况说明，要实现生产要素的最优投入组合，必须使一定的成本获得最大的产量，或者使一定的产量水平只需要付出最小的成本。生产要素的最优投入组合意味着对资源的最优配置。

4.5 规模经济

在技术水平不变的情况下，当各种生产要素按照同样的比例增加时，即当生产规模扩大时，最初这种生产规模扩大会使产量的增加大于生产规模扩大的比率，成为规模经济。

当生产规模的扩大超过一定限度时，会使产量的增加小于生产规模的扩大，甚至使产量绝对减少，出现规模不经济。

规模收益分析涉及的是企业的生产规模变化与所引起的产量变化之间的关系。规模收益是指当所有投入同比例增加时，总产量的反应程度。规模收益可分为以下 3 种情况。

1．规模收益不变

如果产量增加的比例等于各种投入要素增加的比例，则存在规模收益不变。例如，两个相同的工人使用两台相同的机器所生产的产量，是一个这样的工人使用一台这样的机器所生产的产量的两倍。

2．规模收益递增

如果产量增加的比例大于各种投入要素增加的比例，则存在规模收益递增。例如，一家小型商店需要 3 个人负责进货，而一家连锁商业集团旗下的 10 家连锁商店，由于连锁商业的资源共享，只需要 5 个人就可以实现统一配送，并不需要配备 30 个人。

3．规模收益递减

如果产量增加的比例小于各种投入要素增加的比例，则存在规模收益递减的情况。例如，当全部生产要素投入量增加一倍以后，产量却增加不到一倍。

案例 4-2

王永庆的成功之路

中国台湾塑料工业股份有限公司老板王永庆被称为“主宰中国台湾的第一大企业家”、“华人经营之神”。作为全球最杰出的企业家之一的王永庆，在国际上可谓家喻户晓。1954 年 3 月，他以 50 万美元的自有资金起步，在中国台湾登记设立“台湾塑料工业股份有限公司”，在不足 50 年的时间内，创造了惊人的“台塑”神话，从而成为台湾极具影响力的人物，被誉为经营之神。

王永庆的事业是从台塑生产塑胶粒 PVC 开始的。

在王永庆之前，台塑月产塑胶粉仅 100 吨，在中国台湾地区仅销售 20 吨，成本高，价格降不下来，市场被日本抢去。王永庆接手后，尽管 100 吨还卖不出去，但仍要实现平均成本最低的适度规模，实现低成本和低价格。

1960 年台塑达到月产 1 200 吨，实现世界水平的平均成本最低，加上廉价的原料和劳动，同时努力降低销售成本，加强内部管理，与国外合作等措施获得成功。

【案例评析】王永庆扩大产量、降低成本的做法正是经济学中的规模经济原理。规模经济是说明各种生产要素增加，即生产规模的扩大对产量或收益的影响。当生产规模扩大的比率小于产量或收益增加的比率时，就是规模收益递增；当生产规模扩大的比率大于产量或收益增加的比率时，就是规模收益递减；当这两种比率相等时则是规模收益不变。

王永庆的成功正在于他敢于扩大产量，实现规模收益递增。当时台塑产量低是受台湾地区需求有限的制约。王永庆敏锐地发现，这实际陷入了一种恶性循环：产量越低成本越高，越打不开市场；越打不开市场，产量越低成本越高。打破这个循环的关键就是提高产量、降低成本。当产量扩大到月产 1 200 吨时，可以用当时最先进的设备与技术，使成本大幅度下降，就有进入世界市场、以低价格与其他企业竞争的能力。

当一个企业的产量达到使平均成本最低时，就充分利用了规模收益递增的优势，或者说实现了最适规模。不同的行业中最适规模的大小是不同的。例如，重工业、石化、电力、汽车等行业的最适规模都很大。这是因为在这些行业中所用设备先进、复杂，最初投资大，技术创新和市场垄断程度都特别重要。王永庆经营的公司正属于这种最适规模大的化工行业，所以，规模的扩大带来了收益递增。对于最适规模大的行业中的企业而言，“大的就是好的”。

但是，随着企业规模扩大，管理效率下降，管理成本增加的问题也很严重。这不仅会滋生官僚主义还会使企业缺乏灵活性，难以适应市场的变化。同时，对于适度规模较小的行业中的企业来说，就不要盲目追求规模。在当前国际经济中，占现有企业三分之二以上的是中小企业，它们提供了90%以上的就业机会，创造了世界60%以上的产值，是企业技术创新的中坚力量。这些中小企业大量集中于零售、服务和批发业。

20 世纪 70 年代英国经济学家舒马赫写了一本名为《小的是美好的》的书，批评了以大为好的思想，主张发展中国家采用中间型技术和发展中小企业，形象地把中间型技术称为“介于镰刀和拖拉机之间，或者介于非洲砍刀和联合收割机之间的技术”。这种技术所用的设备与技术简单易学，人员容易培训，对市场适应性强，适于发展中国家采用。与这种中间型技术相对应，要重视中小企业的发展，因为这种技术最适于中小企业采用。

其实企业并不是一味求大或求小，而是以效益为标准。那种盲目合并企业，以求进500 强的做法往往事与愿违，绑在一起的小舢板绝不是航空母舰。王永庆的成功不在于台塑大，而在于台塑实现了规模经济收益递增的最优规模。

在扩大生产规模所引起的产量变动中会导致三种情况的发生：第一种是当长期平均总成本随着产量的增加而减少时，可以说存在规模经济；第二种情况是当长期平均总成本随着产量的增加而增加时，可以说存在规模不经济；第三种情况是当长期平均总成本不随着产量变动而变动时，可以说存在规模收益不变。本案例中王永庆所从事的台塑生产企业，凭借扩大规模降低生产成本，来赢得市场。而另一些企业盲目合并，扩大生产，带来的是规模不经济或规模收益不变。有些企业凭借小规模生产，来提高自身价值，这些企业的成功不是因为规模经济而是利用了小规模、高质量获得发展。因此在确定生产规模时要认真分析自身行业的特点和企业生产的发展阶段，不能盲从。

4.6 成本的概念

4.6.1 成本的基本概念

1. 生产成本、机会成本与经济成本

生产成本，是指企业为生产某种产品或劳务所购买的生产要素的货币支出。

由于经济学是研究稀缺的经济资源如何合理配置的问题的，从这一前提出发，生产一种产品或劳务，是以放弃用同样的经济资源来生产其他产品或劳务时所能获得的收入为代价的。为此，经济学家提出了机会成本的概念。

机会成本是指利用既定资源得到某种收入时，所必须放弃的其他用途中所能得到的最高收入。机会成本只是一种对生产要素使用上的不同选择而产生的相对成本。它是一种无形的代价，主观的损失，并不是实际发生的各种费用。但对经济学家来说却是一个重要的概念。

经济成本即生产成本，又称为生产费用，是指厂商在生产中所使用的各种生产要素的货币支出。其既包括外购要素所形成的成本，也包括自由要素的投入所形成的成本。生产要素包括劳动、资本、土地和企业家才能四种基本形式。厂商为了获得劳动而支出的费用是工资，为了获得资本而支出的费用是利息，为了获得土地而支出的费用是地租，为了获得企业家才能而支出的费用是正常利润。因此，生产成本是由工资、利息、地租和正常利润四部分组成的。劳动—工资、资本—利息、土地—地租、企业家才能—正常利润，被称为四位一体公式。

2. 显性成本与隐性成本

企业的生产成本可以分为显性成本和隐性成本两部分。

显性成本是指企业在生产要素市场上购买或租用所需要的生产资料的实际支出。例如，某蛋糕店雇用了 8 名员工，从银行取得了 10 万元的贷款，租用了 30 平方米的土地，为此，这个蛋糕店需要向员工支付工资，向银行支付利息，向土地出租者支付地租，这些支出构成了蛋糕店的显性成本。这些是以货币形式实际支付并直接反映在会计账簿上的，因此又被称为会计成本。

隐性成本是指本身自己拥有的且被用于企业生产过程的那些生产要素的总价格。例如，企业使用自有资本应付的利息、企业自有土地应得的租金，及企业所有者自己提供劳务的报酬等，企业不需要对这些费用做实际支付，也不会体现在会计账簿上，因此称为隐性成本。

案例 4-3

门脸房是出租还是自己经营

假如你拥有一个门脸房，你用它开了一家杂货店。一年下来，你算账的结果是挣了 5 万元人民币，你很高兴。可用经济成本分析后，你恐怕就高兴不起来了。因为，你没有把隐性成本算进去。假定门脸房出租，按市场价一年是 2 万元。假定你原来有工作，年收入也是 2 万元。那么，这 4 万元就是你自己经营的隐性成本。从经济学分析来看，这应该是成本，是你提供了自有生产要素房子和劳务所理应得到的正常报酬，而这在会计账目上没有作为成本项目记入。这样算的结果是你一年没有挣 5 万元，而是只挣了 1 万元。如果再加上自己经营需要 1 万元的资金进货，这 1 万元的银行存款利息也是隐性成本。这样一算，你自己经营就非常不合适了，应该出租。但是如果你下岗了，也找不到高于 3 万元的工作，还是自己经营为上策。

【案例评析】 这个案例是从会计师的角度来分析，他们工作着眼点是记录企业的资金流入和资金流出，这些都被记录在会计账簿中。在案例中，一年下来的资金流入是 5 万元，资金流出为零，所以利润为 5 万元。而从经济学家的角度来分析上述案例，情况就有所不同。在经济学家的眼中，总收入是 5 万元，总成本为出租门脸房的租金 2 万元、选择出去工作的年收入 2 万元、进货资金 1 万元，这样计算出来的利润为零。两种分析的结果相差如此之多，原因在于经济学家关心和研究企业如何做出生产和定价决策，因此当他们衡量成本时就包括了隐性成本。而会计师只衡量显性成本，忽略了隐性成本。显性成本和隐性成本之间的区别说明了经济学家与会计师分析经营活动的不同。

显性成本也叫会计成本，是指厂商在生产过程中购买各种生产要素实际支出的费用。隐性成本是指厂商使用自己提供的资源所应该支付的费用，包括作为成本项目记入会计账目的厂房、机器等固定设备的折旧费，以及企业所有者投入的资金的利息和所有者为自营企业所提供的劳务而应得到的薪金。

3．会计成本与经济成本

会计成本是指生产活动中企业按照市场价格支付的所有生产要素的费用。这是在企业经营活动的财务分析中使用的一种成本概念。这些支付要记入企业的会计账簿，即显性成本。

经济成本即生产成本，又称为生产费用，是指厂商在生产中所使用的各种生产要素的货币支出，即显性成本与隐性成本之和。

4．沉没成本

沉没成本也叫沉淀成本，是已经发生而无法收回的费用。沉没成本的机会成本等于零。由于它是无法收回的，因而不会影响企业的决策。

机会成本是隐性的，但在经济决策时必须予以考虑。而与之相对应的沉没成本刚好相反，沉没成本通常是显性的，但在经济决策中应该被忽视，因为它的机会成本等于零，已经无法收回，再也没有其他的用途。

5．短期成本与长期成本

经济学将成本划分为短期成本与长期成本。短期与长期不是简单的时间长短，而是有其特定的经济学含义的。短期是指企业不能根据所要求达到的产量来调整其全部生产要素的时期。在短期内，企业只能在既定的生产规模下，根据产量要求调整原材料、劳动力、工人等可变的生产要素，而不能调整土地、厂房、大型设备、管理人员等固定生产要素。生产理论中的边际成本分析就属于短期成本分析。长期是指企业能根据所要达到的产量来调整其全部生产要素的时期。从长期来看，所有的生产要素都是可以调整的。生产理论中的规模经济问题就属于长期成本分析。

短期成本分析和长期成本分析对企业都是非常重要的。当一个企业还未建立时，投资都必须要根据自己的投资能力以及市场对产品的需求程度，进行投入产出分析，确定最佳的生产规模，以实现利润最大化。投资者这一阶段所进行的成本分析属于长期成本分析，因为这时一切生产要素都是可以调整的。当企业的厂房、设备等固定资产购置以后，即生产规模一旦确定，企业就只能根据现有的生产能力，产品市场及生产要素市场的价格变化，来确定每日、每月或每个季度的实际产量，以实现利润最大化。这时企业所进行的成本分析属于短期成本分析，因为企业这时只能调整可变生产要素，而不能调整固定的生产要素。如果企业在经过一段时间生产以后，发现自己的企业规模不适度，而要调整规模时，企业又面临着长期成本分析。

4.6.2 利润

企业的利润通常分为正常利润和经济利润两种。

正常利润指厂商对自己所提供的企业家才能的报酬的支付。正常利润属于成本的组成部分，是隐性成本的一部分。

经济学中通常所说的利润即经济利润，也称为企业利润或超额利润，是指企业的总收益和总成本的差额。企业追求利润最大化，就是要最大限度地获得经济利润。

在企业的会计账目上，很难将正常利润和经济利润进行严格的区分。在经济学分析中，区分正常利润和经济利润的目的是要说明各种利润的来源。

正常利润是企业家才能这一生产要素的报酬，而企业家才能是生产过程中不可缺少的投入要素，因而正常利润属于生产成本的范畴，作为企业应得的收入是合理的。而经济利润，则来源于企业垄断、承担风险或技术创新等。

4.7 短期成本分析

4.7.1 短期成本的分类

表 4-5 列出了服装厂在短期内各类成本的具体数据，从中可以分析出短期成本的分类及其相互之间的关系。

表 4-5 服装厂短期成本

产量 *Q*	固定成本 *FC*	可变成本 *VC*	短期总成本 *STC*	短期边际成本 *SMC*	短期平均成本 *SAC*	平均固定成本 *AFC*	平均可变成本 *AVC*
0	100	0	100	—	—	—	—
1	100	40	140	40	140	100	40
2	100	65	165	25	82.5	50	32.5
3	100	85	185	20	61.7	33.3	28.3
4	100	105	205	15	51.25	25	26.25
5	100	140	240	35	48	20	28
6	100	200	300	60	50	16.7	33.3
7	100	280	380	80	54.3	14.3	40
8	100	380	480	100	60	12.5	47.5
9	100	500	600	120	66.7	11.1	55.6
10	100	650	750	150	75	10	65

1. 短期总成本

短期总成本（Short-run Total Cost，*STC*），是厂商在短期内为生产一定数量的产品所耗费的全部成本，其中包括固定成本和可变成本两部分。

固定成本（Fixed Cost，*FC*），是指厂商在短期内为生产一定数量的产品对不能调整的生产要素所支付的总成本。例如，厂房和设备的租金、贷款的利息、管理人员的工资等，即使企业的产量为零，也必须支付这些开支。并且，如果产量发生变化，这些开支也不会改变。如表 4-5 所示，不论产量是多少，固定成本始终是 100。因此，固定成本不随产量的变动而变动，是固定不变的。

可变成本（Variable Cost，*VC*），是厂商在短期内生产一定的产品对可变生产要素支付的总成本，如原料、燃料的支出和生产工人的工资。在短期总成本中，可变成本随产量的变化而变动。例如，产量为 1 时，可变成本为 40；产量为 5 时，可变成本为 140；产量为 8 时，可变成本为 380，即随着产量的增加，可变成本也在增加。

上述三种成本之间的关系为短期总成本等于固定成本与可变成本之和。例如，当产量为 3 时，固定成本为 100，可变成本为 85，则短期总成本为二者之和，185。

2. 短期平均成本

短期平均成本（Short-run Average Cost，*SAC*），是指厂商在短期内平均每生产一单位产品所需要支付的成本。

短期平均成本分为平均固定成本和平均可变成本两部分。

平均固定成本（Average Fixed Cost，*AFC*），是指厂商在短期内平均每生产一单位产品所消耗的固定成本。例如，当产量为 4 时，平均固定成本的计算方法是用固定成本 100 除以产量 4，等于 25；当产量为 9 时，平均固定成本的计算方法是用固定成本 100 除以产量 9，等于 11.1。

平均可变成本（Average Variable Cost，*AVC*），是指厂商在短期内平均每生产一单位产品所消耗的可变成本。例如，当产量为 3 时，平均可变成本的计算方法是用可变成本 85 除以产量 3，等于 28.3；当产量为 10 时，平均可变成本的计算方法是用可变成本 650 除以产量 10，等于 65。

因此，短期平均成本等于平均固定成本与平均可变成本之和。例如，当产量为 6 时，平均固定成本为 16.7，平均可变成本为 33.3，则短期平均成本为二者之和，50。

3. 短期边际成本

短期边际成本（Short-run Marginal Cost，*SMC*），是指厂商在短期内每增加一单位产量所增加的总成本。例如，当产量为 1 时，短期边际成本为 40，其计算方法为用产量为 1 时的短期总成本 140 减去产量为 0 时的短期总成本 100；当产量为 2 时，短期边际成本为 25，其计算方法为用产量为 2 时的短期总成本 165 减去产量为 1 时的短期总成本 140；当产量为 3 时，短期边际成本为 20，其计算方法为用产量为 3 时的短期总成本 85 减去产量为 2 时的短期总成本 65……当产量为 10 时，短期边际成本为 150，其计算方法为用产量为 10 时的短期总成本 750 减去产量为 9 时的短期总成本 600。

4.7.2 短期成本的变动规律

1. 短期总成本、固定成本、可变成本

利用表 4-5 中的有关数据，可以将短期总成本、固定成本、可变成本的变化规律在坐标系中描述出来，如图 4-8 所示。

在图 4-8 中，横轴 *OQ* 代表产量，纵轴 *OC* 代表成本，*FC* 为固定成本曲线，它与横轴平行，表示在短期中是固定不变的，不随产量的变化而变动，是一个固定的数值。

可变成本 *VC* 随产量的变动而变化，它从坐标系的原点出发，表示产量为零时，可变成本也为零。可变成本变动的规律：最初在产量开始增加时由于固定生产要素与可变生产要素的效率未得到充分发挥，因此，可变成本的增加率要大于产量的增长率，在图形中可以看到，它起初比较陡峭。以后随产量的增加，固定生产要素与可变生产要素的效率得到充分发挥，可变成本的增加率小于产量的增加率。所以这时 *VC* 图比较平坦。最后由于边际产量递减规律，可变成本的增加率又大于产量的增加率，图形又比较陡峭。

短期总成本是固定成本与可变成本之和。固定成本不会等于零，因此，短期总成本必然大于零。而且，因为总成本中包括可变成本，所以，总成本的变动规律与可变成本相同。*STC* 曲线与 *VC* 曲线之间的距离也可以表示固定成本。

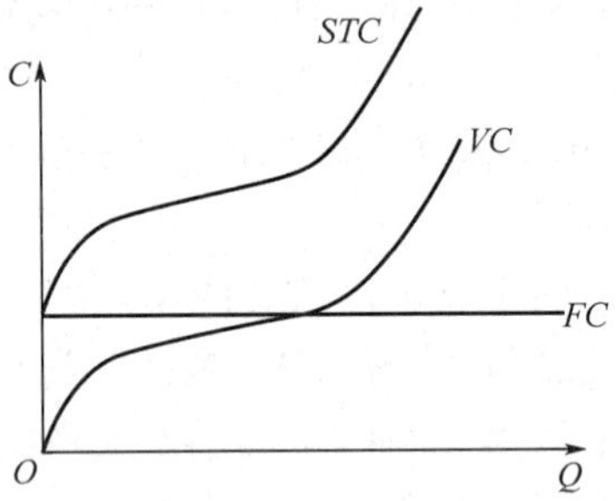

图 4-8 短期总成本、固定成本与可变成本的关系

2．短期平均成本、平均固定成本、平均可变成本

利用表 4-5 中的有关数据，可将短期平均成本、平均固定成本和平均可变成本在坐标系中描述出来，如图 4-9 所示。

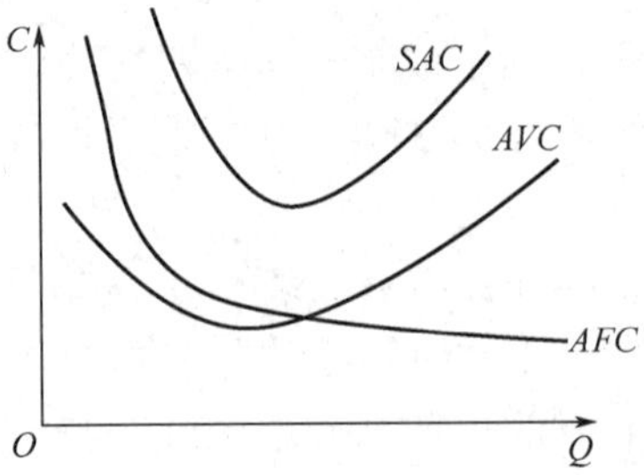

图 4-9 短期平均成本、平均固定成本与平均可变成本的关系

平均固定成本随着产量的增加而减少，这是因为固定成本总量不变，产量增加，分摊到每一单位上的固定成本也就减少了。它变动的规律是起初减少的幅度大，在图形上比较陡峭；之后减少的幅度越来越小，所以在图形上越来越平坦。

平均可变成本变动的规律：起初随着产量的增加，生产要素的效率逐渐得到发挥，因此平均可变成本减少；图形上表现为先下降的过程。但产量增加到一定程度后，平均可变成本由于边际产量递减规律而增加。所以这时平均可变成本 AVC 先下降后上涨，呈“U”形。

短期平均成本的变动规律是由平均固定成本与平均可变成本决定的。当产量增加时，平均固定成本迅速下降，加之平均可变成本也在下降，因此，短期平均成本迅速下降。以后，随着平均固定成本越来越小，它在平均成本中越来越不重要，这时平均成本随平均可变成本的变动而变化，即随产量的增加而下降，产量增加到一定程度之后，又随着产量的增加而增加。它也是一条先下降而后上升的“U”形曲线。它开始时比平均可变成本下降得大，以后的形状与平均可变成本曲线基本相同，说明其规律类似平均可变成本。

3．短期边际成本、短期平均成本、短期平均可变成本

利用表 4-5 中的有关数据，可用图 4-10 来说明短期边际成本、短期平均成本与短期平均可变成本之间的关系。

短期边际成本，即增加一单位产品所增加的成本。短期边际成本的变动取决于可变成本，因为所增加的成本只是可变成本。它的变动规律是：开始时，边际成本随产量的增加而减少，当产量增加到一定程度时，就随产量的增加而增加，因此，如图 4-10 所示。

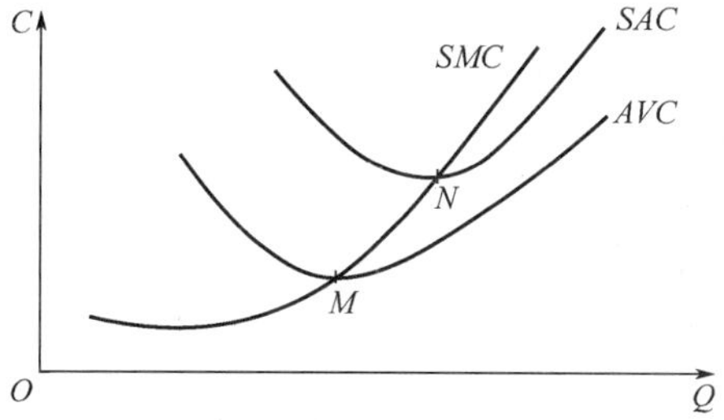

图 4-10　短期边际成本、短期平均成本与短期平均可变成本的关系

从图 4-10 中可以看出，短期边际成本曲线 *SMC* 与短期平均成本曲线 *SAC* 相交于 *SAC* 的最低点 *N*。在 *N* 点上，*SMC*=*SAC*，即短期边际成本等于短期平均成本。在 *N* 点左边，*SAC* 在 *SMC* 之上，*SAC* 一直递减，*SMC*<*SAC*，即短期边际成本小于短期平均成本。在 *N* 点右边，*SAC* 在 *SMC* 之下，*SAC* 一直递增，*SMC*>*SAC*，即短期边际成本大于平均成本。

SMC 与 *AVC* 相交于 *AVC* 的最低点 *M*。在 *M* 点上，*SMC*=*AVC*，即短期边际成本等于平均可变成本。在 *M* 点左边，*AVC* 在 *SMC* 之上，*AVC* 一直递减，*SMC*<*AVC*，即短期边际成本小于平均平均可变成本。在 *M* 点右边，*AVC* 在 *SMC* 之下，*AVC* 一直递增，*SMC*>*AVC*，即短期边际成本大于平均可变成本。

SMC 与 *SAC* 相交于 *SAC* 的最低点，交点 *N* 称为收支相抵点。如果价格为短期平均成本，短期平均成本等于短期边际成本，即 *P*=*SMC*=*SAC*，生产者的成本（包括正常利润在内）与收益相等。说明在这个点处，企业的收益刚好弥补总成本。

SMC 与 *AVC* 相交于 *AVC* 的最低点，交点 *M* 被称为停止营业点。在这一点上，价格只能弥补平均可变成本，这时所损失的是不生产也要支付的平均固定成本。也就是说在 *M* 点上，收益只能弥补可变成本部分，但短期来看不变成本成为了沉没成本，可以不作考虑。所以，在这一点可以营业。如果低于这一点，不能弥补可变成本，则生产者无论如何也不能生产了。

4.8　长期成本分析

在长期内，企业所有投入要素的数量都可能发生变化，不存在固定不变的要素。长期成本分析主要研究产出量与所有投入要素之间的数量关系，以确定多种要素之间的最优组合。

4.8.1 长期总成本

长期总成本（Long-run Total Cost，*LTC*），是长期中在厂商规模可以变动的条件下，生产一定量产品所需要的成本总和。长期总成本随产量的变动而变动，产量为零时总成本也为零。随着产量的增加，总成本也在增加。在开始生产时，要投入大量的生产要素，当产量较少时，这些生产要素不能得到充分利用，因此，总成本增加的比率大于产量增加的比率。当产量增加到一定程度后，生产要素开始得到充分利用，这时总成本增加的比率小于产量增加的比率，这也是规模经济的效益。最后，随着产量继续增加，由于规模收益递减，总成本增加的比率又大于产量增加的比率。

长期总成本可以表示成函数的形式

$$LTC=f(Q)$$

从图 4-11 长期总成本曲线中可以看出长期总成本的变动规律。

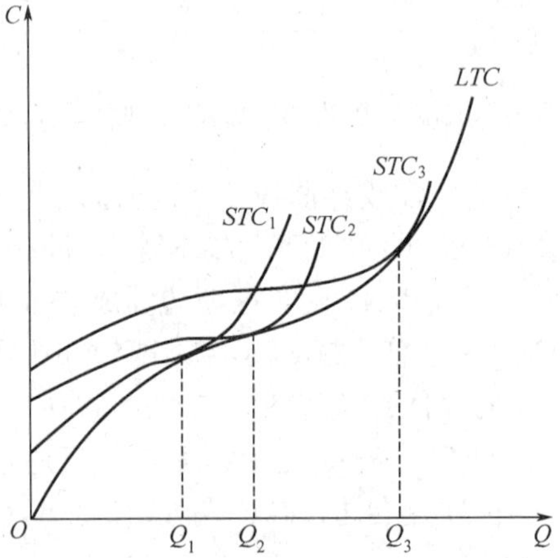

图 4-11 长期总成本曲线

图中，*LTC* 为长期总成本曲线，该曲线从原点出发，向右上方倾斜，表示长期总成本随产量的增加而增加。产量在 *O* 和 Q_1 之间时，长期总成本曲线比较陡峭，说明成本的增加比率大于产量的增加比率；产量在 Q_1 和 Q_3 之间时，长期总成本曲线比较平坦，说明成本的增加比率小于产量的增加比率；产量在 Q_3 以后，长期总成本曲线比较陡峭，说明成本的增加比率又大于产量的增加比率。

4.8.2 长期平均成本

长期平均成本（Long-run Average Cost，*LAC*），是指在长期中厂商规模可以变动的条件下，平均每单位产品所分摊的长期总成本。例如，服装厂的长期总成本为 80 000 元，产量为 2 000 件，则其长期平均成本为长期总成本除以产量，为 40 元。

1. 长期平均成本曲线

在长期中，企业可以根据短期平均成本来调整长期平均成本。因此，我们就可以从短期平均成本曲线来推导出长期平均成本曲线，如图 4-12 所示。

假设某生产者在短期内有 4 种不同的生产规模可选择。这 4 种规模的短期平均成本曲线是图 4-12 中的 SAC_1、SAC_2、SAC_3、SAC_4。

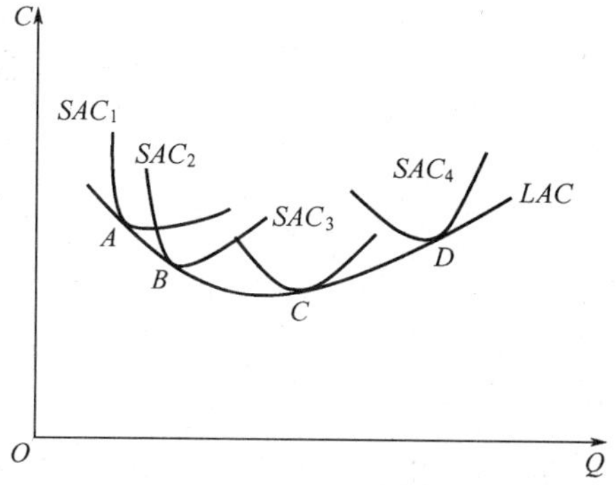

图 4-12　长期平均成本曲线

长期平均成本曲线把各条短期平均成本曲线包在其中，因此，长期平均成本曲线又称包络曲线。各条短期平均成本线与长期平均成本曲线都各有一个切点，在长期平均成本的最低点 C 时，短期平均成本曲线 SAC_3 的最低点与这一点相切。在该切点的左边，SAC_1、SAC_2 最低点 A、B 与长期平均成本曲线相切，在该切点的右边，SAC_4 最低点 D 与长期平均成本曲线相切。在长期中，生产者按这条曲线做出生产计划，确定生产规模，因此，这条长期平均成本曲线又称计划曲线。

2. 长期平均成本曲线的特征

从图 4-12 中可以看出，长期平均成本曲线 *LAC* 也是一条先下降而后上升的“U”形曲线。这就说明，长期平均成本变动的规律也是随着产量的增加，先减少而后增加，这也是由于随着产量的增加，规模收益递增，平均成本减少；之后，随着产量的增加，规模收益递减，平均成本增加。也就是说长期平均成本曲线的“U”形是由于规模经济所导致的。

但长期平均成本曲线与短期平均成本曲线也有区别，这就在于长期平均成本曲线无论下降还是上升时都比较平坦，这说明在长期中平均成本无论是减少还是增加变动都比较慢，这是由于在长期中全部生产要素可以随时调整，从规模收益递增到规模收益递减有一个较长的规模收益不变阶段，而在短期中，规模收益不变阶段很短，甚至没有。

4.8.3　长期边际成本

长期边际成本（Long-run Marginal Cost，*LMC*），是指在厂商规模变动的条件下，每增加一单位产量所增加的长期总成本。例如，当产量为 10 个单位时，长期总成本为 5 000，当产量增加为 11 个单位时，长期总成本为 5 600，那么，长期边际成本就是 600，即产量增加 1 个单位时，长期总成本的增加量。

长期边际成本也是随着产量的增加先减少，而后增加的，因此，长期边际成本曲线也是一条先下降而后上升的“U”形曲线，但它也比短期边际成本曲线要平坦。长期边际成本与长期平均成本的关系和短期边际成本与短期平均成本的关系一样，即在长期平均成本下降时，长期边际成本小于长期平均成本；长期平均成本上升时，长期边际成本大于长期平均成本；在长期平均成本的最低点，长期边际成本等于长期平均成本。长期边际成本、长期平均成本的关系如图 4-13 所示。

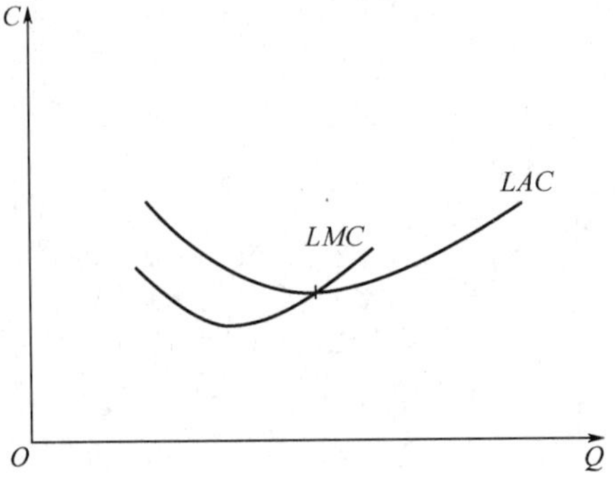

图 4-13　长期边际成本、长期平均成本关系

案例 4-4

福特公司产量的安排

对于许多企业来说，总成本分为固定成本和可变成本，固定成本和可变成本取决于时间。例如美国福特汽车公司，在只有几个月的时期内，福特公司不能调整其汽车工厂的数量与规模，它可以生产额外一辆汽车的唯一方法是，在已有的工厂中多雇用工人。因此，这些工厂的成本在短期中是固定成本。与此相比，在几年的时期中，福特公司可以扩大其工厂规模，建立新工厂和关闭旧工厂。因此，其工厂的成本在长期中是可变成本。

由于许多成本在短期中是固定的，但在长期中是可变的，所以，企业的长期成本曲线，不同于其短期成本曲线。长期平均总成本曲线是比短期平均总成本曲线平坦得多的U 形曲线，这是因为企业在长期中有更大的灵活性。实际上，在长期中，企业可以选择它想用的那一条短期成本曲线。但在短期中，它不得不用它过去选择的任何一条短期成本曲线。

当福特公司想把每天的产量从 1 000 辆汽车增加到 1 200 辆汽车时，在短期中除了在现有的中等规模工厂中多雇用工人之外别无选择。由于边际产量递减，每辆汽车的平均总成本，从 1 万美元增加到 1.2 万美元。但是，在长期中，福特公司可以扩大工厂和车间的规模，而平均总成本仍保持在 1 万美元的水平上。

对一个企业来说，进入长期要多长时间呢？答案取决于企业的性质。对一个大型制造企业，如汽车公司，这可能需要一年或更长。与此相比，一个人经营的柠檬水店可以在一小时甚至更短的时间内去买一个水罐，以扩大生产规模。

【案例评析】 经济学原理中所谓的短期是指厂商来不及调整生产规模以调整产量，生产只能在原有条件下进行。短期生产函数主要研究产出量与投入的可变要素之间的关系，以确定单一可变要素的最佳投入量。而长期则是指厂商来得及调整生产规模以调整产量。

例如，某年冬天的气温比历史同期低很多，因此市场上对暖手宝、电热毯等产品的需求忽然增加。在短期内，厂商为了提高产量可以采取让一线工人加班加点延长工作时间，提高现有机器设备的使用强度等方式，来满足市场需求。在长期内，厂商则可以增加投资，购置机器设备，扩大生产规模，来满足增长了的市场需求。也就是说，短期内，只有一部分生产要素如原材料、劳动等可变生产要素的数量是可变的，另一些生产要素如厂房、设备、高级管理人员等保持不变；长期内，则一切生产要素投入都可以变动。长期生产函数主要研究产出量与所有投入要素之间的数量关系，以确定多种要素之间的最优化组合及对生产规模的大小进行经济性分析。

短期与长期之间并没有特定的划分标准，要视具体情况而定。例如，对于早点摊来说，长期可能仅意味着一两天；而在汽车制造业中则意味着几年，甚至更长的时间。

4.9 企业收益与利润最大化原则

企业进行产品生产的目的在于最大限度地获得利润。因此，在分析成本的基础上，要分析企业收益。

4.9.1 总收益、平均收益和边际收益

收益是指企业卖出产品得到的全部收入，即价格与销售量的乘积。这样计算出来的收益不仅包括利润，还包括成本。收益可以分为总收益、平均收益和边际收益三种。

某汽车制造企业在某段时间内的收益情况如表 4-6 所示。

表 4-6 某汽车制造企业的收益情况

车辆价格（万元）	销售量（辆）	总收益（万元）	平均收益（万元）	边际收益（万元）
15	300	4 500	15	15
15	400	6 000	15	15
15	500	7 500	15	15
15	600	9 000	15	15

总收益（Total Revenue，*TR*），是企业销售一定量产品所得到的全部收入，其数值等于汽车价格与销售量的乘积。例如，当销售量为 300 辆时，总收益为价格 15 万元与销售量 300 辆的乘积，等于 4 500 万元；当销售量为 600 辆时，总收益为价格 15 万元与销售量 600 辆的乘积，等于 9 000 万元。

平均收益（Average Revenue，*AR*），是企业销售每一单位产品平均所得到的收入，计算方法为总收益除以销售量。例如，当销售量为 300 辆时，平均收益等于总收益 4 500 万元除以销售量 300 辆，等于 15 万元；当销售量为 500 辆时，平均收益等于总收益 7 500 万元除以销售量 500 辆，等于 15 万元。

边际收益（Marginal Revenue，*MR*），是指企业每增加销售一单位产品所增加的收入，其计算方法为总收益的增加量除以销售量的增加量。例如，当销售量为 400 辆时，相比销售量为 300 辆的总收益增加了 1 500 万元，销售量增加了 100 辆，二者相除即为销售量为 400 辆时的边际收益，15 万元；当销售量为 500 辆时，相比销售量为 400 辆的总收益增加了 1 500 万元，销售量增加了 100 辆，二者相除即为销售量为 500 辆时的边际收益，15 万元。

在理解收益的概念时要注意，收益是企业卖出产品得到的全部收入，不仅包括企业得到的利润，还包括用于购买各种生产要素而支出的成本费用。用于企业家才能的成本属于正常利润，是成本的一种。

4.9.2 利润最大化原则

在经济分析中，利润最大化的原则是边际收益等于边际成本。

为什么在边际收益等于边际成本时能实现利润最大化呢？

如果边际收益大于边际成本，表明企业每多生产一单位产品所增加的收益大于生产这一单位产品所增加的成本。这时，对该企业来说，还有潜在的利润没有得到，企业增加生产是有利的，也就是说没有达到利润最大化。

如果边际收益小于边际成本，表明企业每多生产一单位产品所增加的收益小于生产这一单位产品所增加的成本。这对企业来说就会造成亏损，更谈不上利润最大化了，因此企业必然要减少产量。

无论是边际收益大于边际成本还是小于边际成本，企业都要调整其产量，说明这两种情况下都没有实现利润最大化。只有在边际收益等于边际成本时，企业才不会调整产量，表明已把该赚的利润都赚到了，即实现了利润最大化。企业对于利润的追求要受到市场条件的限制，不可能实现无限大的利润。这样，利润最大化的条件就是边际收益等于边际成本。企业要根据这一原则来确定自己的产量。

案例分析

【案例 4-5】 **为什么银行晚上不营业**

在我国，商场和超市晚上仍开门营业，给白天工作繁忙的市民购物带来了极大的方便。但是，我们很少见到银行把工作时间延长到晚上。对此，有市民在报纸上刊文批评，但仍没有见到情况有所改善。为什么银行晚上不营业呢？

【案例分析】 我们知道，银行每延长 1 小时营业时间，就要支付 1 小时所耗费的成本，这些成本包括直接的物耗，比如水、电等，也包括由于延长工作时间而支付的银行员工的加班费，这些由于延长工作时间而增加的成本就是边际成本。假如某银行营业时间延长 1 小时增加的成本为 1 万元，在延长的 1 小时里银行由于办理各种业务而增加的收益小于 1 万元，表明该银行每多延长 1 小时营业时间所增加的收益小于所增加的成本。这时，对该银行来说，在不考虑其他因素的情况下，延长营业时间就是不明智的了，因为营业会造成亏损。相反，如果它延长 1 小时营业时间增加的成本是 1 万元，而增加的收益大于 1 万元，这时，对该银行来说，延长营业时间会使利润增加。作为一个精明的经营者，一定会将营业时间延长到晚上，把该赚的钱赚到手。

银行客户主要是企事业单位和居民。银行为每一位客户办理存贷款业务所付出的成本基本相同。但是，由于企事业单位每次所办理的存贷款数额较大，银行为它们办理存贷款业务所得到的收益显然要大于为居民办理小额存贷款业务的收益。企事业单位办理存贷款事项多在白天的上班时间。出于安全等因素的考虑，一些办理较大数额存贷款事项的居民也会选择白天的时间。这样，晚上去银行的客户通常是一些办理小额存贷款事项的居民，银行为他们办理各种业务所得到的收益不足以抵偿晚上营业所增加的成本，这就是为什么银行不愿晚上营业的经济学上的道理。

名家名言

在钱财的处理上，股份公司的董事是为他人尽力，而私人合伙公司的职员，则纯为自己打算。所以，要想股份公司的董事们监视钱财用途，像私人合伙公司职员那样用意周到，那是很难做到的。有如富家管事一样，他们往往拘泥于小节，而非主人的荣誉，因此他们非常容易使他们自己在保有荣誉这一点上置其他事于不顾。于是，疏忽和浪费，常为股份公司业务经营上多少难免的弊端。

——亚当•斯密

本章小结

1．生产是在一定组织下进行的，组织可以采取个人业主制、合伙制、公司制等形式。生产中所使用的生产要素包括劳动、资本、土地、企业家才能。产品生产是这四种生产要素相配合的结果。

2．生产函数表示在一定时期内，在一定技术水平条件下，生产中所使用的各种生产要素的数量与所能生产出的最大产量之间的关系。

3．边际收益递减规律是指，在技术水平不变的情况下，当把一种可变的生产要素投入到一种或几种不变的生产要素中时，最初这种生产要素的增加会使产量增加，但当它的增加超过一定限度时，增加的产量将要递减，最终还会使产量绝对减少。

4．在一种可变要素投入的生产函数当中，生产的合理投入区域在第二阶段。随着一种可变要素投入量的继续增加，不变要素被越来越充分地利用。这时平均产量开始下降，边际产量递减，但由于边际产量仍然大于零，总产量仍在增加，并且在边际产量等于零时，总产量达到最大。

5．在两种可变投入的生产函数当中，生产者可以用两种可变投入的不同数量组合来影响产量。对于生产者来说，追求利润最大化的行为表现为要素的最佳组合，即产量为一定时，成本最小；成本为一定时，产量最大。等产量曲线与等成本线的切点是生产要素的最佳组合点。

6．规模经济反映了生产要素的集中程度与经济效益之间的关系。

7．经营者、投资者和经济学家必须考虑使用企业资源的机会成本——即企业失去的将其资源用于其他最好的选择从而引起的成本。

8．成本分为会计成本与机会成本，会计成本与机会成本之和称为经济成本。总收益减会计成本是会计利润。总收益减经济成本是经济利润。利润最大化是指经济利润最大化。

9．短期中，企业的一种或更多的投入要素是固定的。总成本可以分为固定成本和可变成本。企业的边际成本是单位产出增加所引起的可变成本的增加。平均可变成本是总可变成本除以产出的数量。平均成本为平均固定成本与平均可变成本之和。

10．短期中平均成本与边际成本之间的关系是：当平均成本大于边际成本时，平均成本递减；当平均成本小于边际成本时，平均成本递增；当平均成本等于边际成本时，平均成本最低。

11．短期中企业的停止营业点是平均可变成本曲线与价格相等之点。在这一点之上，只要平均成本小于价格，企业就可以经营。在这一点之下，平均可变成本大于价格，企业停业。

12．长期中，生产的所有投入要素均是可变的。成本分为总成本、平均成本和边际成本。

13．长期平均成本曲线是企业短期平均成本曲线的包络线。平均成本线随产量增加而递减，当平均成本达到最低后又随产量增加而递增。平均成本最低时的产量是企业的适度规模。

14．收益包括总收益、平均收益与边际收益。当企业的产量实现了边际收益等于边际成本时，就实现了利润最大化。

本章习题

一、名词解释

生产要素；生产函数；长期和短期；边际收益递减规律；等产量曲线；等成本线；固定成本；可变成本；停止营业点；正常利润。

二、选择题

1．固定成本是指（　　）。

A．厂商在短期内必须支付的不能调整的生产要素的费用

B．厂商要增加产量所要增加的费用

C．厂商购进生产要素时所要支付的费用

D．厂商的可变投入

2．随着产量的增加，短期平均可变成本（　　）。

A．先减少后增加　　B．先增加后减少

C．按一定的固定比率在增加　　D．按一定的固定比率在减少

3．下列说法中错误的说法是（　　）。

A．只要总产量减少，边际产量一定是负数

B．只要边际产量减少，总产量也一定减少

C．随着某种生产要素投入的增加，边际产量和平均产量增加到一定程度后将趋于下降，其中边际产量的下降一定先于平均产量的下降

D．边际产量一定在平均产量曲线的最高点与之相交

4．下列说法中正确的是（　　）。

A．规模报酬递减是边际收益递减规律造成的

B．边际收益递减是规模报酬递减造成的

C．生产要素的边际技术替代率递减是规模报酬递减造成的

D．生产要素的边际技术替代率递减是边际收益递减规律造成的

5．下列项目中可称为可变成本的是（　　）。

A．管理人员的工资　　B．生产工人的工资

C．厂房的折旧　　D．机器设备的折旧

6．对于生产函数 $Q=f(L,K)$，成本方程 $C=P_L L+P_K K$ 来说，在最优生产组合点上，（　　）。

A．等产量线和等成本线相切　　B．$MRTS_{LK}=P_L/P_K$

C．$MP_L/P_L=MP_K/P_K$　　D．以上说法都对

7．边际产量曲线与平均产量曲线的相交点出现在（　　）时。

A．边际产量大于平均产量　　B．边际产量小于平均产量

C．边际产量等于平均产量　　D．边际产量等于总产量

8．经济学中短期和长期的划分取决于（　　）。

A．时间长短　　B．可否调整产量

C．可否调整产品价格　　D．可否调整生产规模

9．一条等成本线描述了（　　）。

A．不同产出价格下的产量

B．投入品价格变动时成本相同的两种投入品的数量

C．给定支出水平下企业能够采购的两种投入品的组合

D．对企业具有同等效用的投入组合

10．某企业每年从企业的总收入中取出一部分作为自己所提供的生产要素的报酬，这部分资金被视为（　　）。

A．显性成本　　B．隐性成本　　C．经济利润　　D．会计成本

11．短期边际成本曲线与短期平均成本曲线的相交点是（　　）。

A．平均成本曲线的最低点　　B．边际成本曲线的最低点

C．平均成本曲线下降阶段的任何一点　　D．边际成本曲线的最高点

12．生产函数衡量了（　　）。

A．投入品价格对厂商产出水平的影响

B．给定一定量的投入所得到的产出水平

C．在每一价格水平上厂商的最优产出水平

D．以上都是

13．边际报酬递减规律成立的前提条件是（　　）。

A．生产技术既定

B．按比例同时增加各种生产要素

C．连续增加某种生产要素的同时保持其他生产要素不变

D．A 和 C

14．等产量曲线上的各点代表了（　　）。

A．为生产相同产量，投入要素的组合比例是固定不变的

B．为生产相同产量，投入要素的价格是不变的

C．生产相同产量的投入要素的各种组合比例

D．为生产相同产量，成本支出是相同的

15．一个厂商在长期中可以完成下列哪些调整（　　）。

A．采用新的自动化生产技术，节约生产线上30%的劳动力

B．雇用三班倒的员工，增员扩容

C．中层管理者实行成本节约法

D．以上措施在长期内都可行

16．对应于边际报酬的递增阶段，*STC* 曲线（　　）。

A．以递增的速率上升　　B．以递增的速率下降

C．以递减的速率上升　　D．以递减的速率下降

17．利润最大化的原则是（　　）。

A．边际成本小于边际收益　　B．边际成本等于边际收益

C．边际成本大于边际收益　　D．边际成本等于平均成本

18．在规模报酬不变阶段，若劳动的使用量增加 10%，资本的使用量不变，则（　　）。

A．产出增加 10%　　B．产出减少 10%

C．产出的增加大于 10%　　D．产出的增加小于 10%

19．等成本线围绕着它与纵轴的交点逆时针移动表明（　　）。

A．生产要素 Y 的价格上升了　　B．生产要素 X 的价格上升了

C．生产要素 X 的价格下降了　　D．生产要素 Y 的价格下降了

20．当总产量达到最大值时，（　　）。

A．边际产量大于零　　B．边际产量等于零

C．边际产量小于零　　D．边际产量等于平均产量

三、综合分析题

1．等产量曲线具有哪些特点？

2．规模报酬递增、不变和递减的原因分别是什么？

3．试述短期平均成本、平均变动成本与短期边际成本之间的关系，如图 4-14 所示。

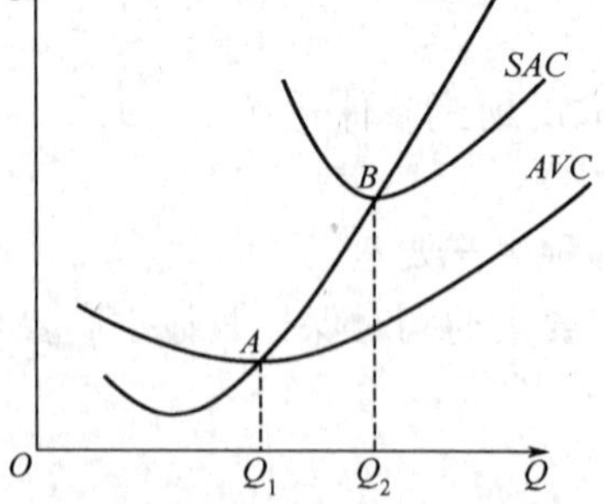

图 4-14　短期平均成本、平均变动成本与短期边际成本的关系

上图中，短期边际成本曲线和短期平均成本曲线都是“U”形的，造成这种形状的原因都是由于可变投入要素的边际报酬递增或递减，但两种成本的经济意义和几何意义不同，短期边际成本曲线反映的是短期成本曲线上每一点的斜率，而平均变动成本曲线则

是长期成本曲线上任一点与原点连线的斜率。*A* 点被称为停止营业点，即在这一点上，价格只能弥补平均变动成本，这时的损失是不生产也要支付平均固定成本。如果低于 *A* 点，不能弥补变动成本，则厂商无论如何也不能进行生产。*B* 点被称为收支相抵点，这时的价格为短期平均成本，短期平均成本等于短期边际成本，厂商的成本（包括正常利润）与收益相等。

4．总产量与边际产量，平均产量与边际产量之间存在什么关系？如何根据这种关系确定一种生产要素的合理投入区间？

第 5 章　完全竞争市场

本章导学

本章我们将通过分析消费者与生产者之间的相互作用，来考察市场的整体行为。具体分析厂商在完全竞争市场中市场均衡价格和产量是如何确定的？分析处于完全竞争市场中的厂商如何确定自己的产量与价格，以实现厂商利润的最大化？本章首先介绍不同的市场结构，然后重点分析完全竞争市场的行为，考察厂商的供给决策，掌握完全竞争的核心理论，为后续其他市场结构下厂商决策行为的学习打下坚实的基础。

5.1　市场结构

5.1.1　市场结构划分标准

1．市场结构的含义

市场（Market）是买卖双方相互作用并得以决定交易量和交易价格的一种组织形式或制度安排。构成市场的要素包括交易规则、交易媒介、交易主体、交易对象。需要注意的是，市场可以是一个有形物品的交易场所，也可以是利用现代化通信工具进行物品交易的接洽点。任何一种商品都有一个市场，有多少种商品就有多少个市场。

与市场这一概念联系紧密的另一个概念是行业。行业（Industry）是指为同一市场生产和提供商品的所有厂商的总和。市场和行业联系紧密是因为同一种商品的市场和行业的类型是一致的。比如，完全竞争的市场对应的是完全竞争的行业等。

市场结构（Market Structure），是指某一经济市场的组织特征，是市场的组织和构成，它会影响厂商的行为和活动。

2．划分市场结构的标准

（1）市场上厂商的数量。

厂商数目的多寡，是影响市场竞争特性最基本的因素。如果某类市场就一家厂商，那就可以划分为完全垄断市场；如果只有少数几家大厂商，那就属于寡头垄断市场；如果厂商数目很多，则可以划分为完全竞争市场或垄断竞争市场。某一类市场上厂商数目越多，其竞争程度就越激烈；反之，某一类市场上厂商数目越少，其垄断程度就越高。

（2）厂商所生产的产品的差别程度。

产品差别是同一种产品在质量、牌号、形式、包装等方面的差别。产品差异可以分为物质差异、售后服务差异、形象差异等。产品差别引起垄断，产品差别越大，垄断程度越高。产品差别越低的市场竞争程度越高。如果不同厂商所生产的产品在质量上是一样的，对消费者来说，无法辨别商品是由哪家厂商生产的，我们就认为产品无差别，即具有同质性；反之，只要消费者轻易便能够辨识出产品是由某一厂商生产的，我们就认为产品有差别，不具有同质性。

（3）单个厂商对市场价格的控制程度。

凡是产品交易价格是由市场供求关系来决定的市场，其竞争程度就比较高；反之，凡是厂商能够用自己的力量在不同程度上决定产品的市场交易价格，其市场竞争程度就比较弱，在这样的市场结构中就引起不同程度地垄断。市场中厂商的数量、厂商的规模以及产品的差别程度等都会影响厂商对价格的控制能力。

（4）厂商进入障碍的大小。

所谓进入障碍，是指一个新的厂商要进入某一行业的门槛和限制，也可以说是资源流动的难易程度。一个市场的进入障碍越小，其竞争程度越高。反之，一个市场的进入障碍越大，厂商进入越困难，那么这类市场的厂商数量就越少，厂商集中程度比较高，其垄断程度就越高。

进入障碍来自于自然和立法两个方面。

自然方面包括：

① 资源控制。例如，南非德比尔斯公司控制了全世界80%的钻石资源，其他厂商就很难进入钻石行业。

② 规模经济。例如，自来水行业只有一家厂商时，平均成本才能最低，如果其他厂商进入，平均成本将升高，不经济。

立法方面主要包括：

① 特许经营。例如，邮政由国家邮政局独家特许经营。

② 许可证制度。例如，出租车要有营业牌照才能经营。

③ 专利制。例如，美国微软公司的 Windows 操作系统受专利法保护。

通过上述分析，可以看出，市场上厂商的数量和厂商所生产的产品的差别程度这两个标准是最基础的，单个厂商对市场价格的控制程度是前两个标准的必然结果。厂商进入或退出一个行业的难易程度是市场上厂商的数量这一标准的延伸。

5.1.2 市场结构类型及比较

根据上述四个标准可以将市场划分为完全竞争市场、垄断竞争市场、寡头垄断市场和完全垄断市场四种市场类型。四种市场结构中，完全竞争市场竞争最为充分，完全垄断市场不存在竞争，垄断竞争和寡头垄断具有竞争但竞争又不充分。具体比较如表5-1所示。

表5-1 四种市场结构类型的比较

市场类型	厂商数目	产品差别	价格控制力	进入行业的难易程度	接近哪种商品市场
完全竞争市场	很多	无	无	易	一些农产品、期货市场、金融市场
垄断竞争市场	很多	有一些	有（很小）	较易	一些轻工产品、零售业
寡头垄断市场	较少	或有或无	相当程度	较难	钢、汽车、石油
完全垄断市场	唯一	产品唯一且无替代品	很大，但常受到管制	很难	水、电等公用事业

5.2 完全竞争市场的含义及特征

5.2.1 完全竞争市场的含义

完全竞争市场又称纯粹竞争市场，是一种不受任何阻碍和干扰的市场结构。完全竞争市场由无数的买者和卖者组成，任何外在力量或人为因素都无力干扰市场结构。在这种市场上，既没有政府的直接干预和控制，也没有厂商的相互勾结或集体行动。

资料链接

蓝海战略

现在市场上流行一种“蓝海战略”，说的是避开残酷血腥的竞争“红海”，开创一片没有竞争对手的“蓝海”。若真能开创没有竞争对手的事业，独占市场自然是再好不过。但世界上有几十亿人，就算侥幸开出了一片蓝海，只要这里有利可图，就会有人进入，有了第二个进入者，就产生了竞争，蓝海就会变成红海。所以，蓝海不可能长期存在，红海才是市场的常态。而如果一旦有竞争者进入就及时撤退去开创另一片蓝海，不仅太累，也是不现实的。所以，任何一个企业想要长久生存，就必须有与竞争对手生死相搏的勇气，不敢竞争的企业是可悲的，也是无法生存的！

（资料来源：康海波. 你其实不懂经济学. 广州：南方出版社，2011）

5.2.2 完全竞争市场特征

1．市场上有大量的买者和卖者

在完全竞争的市场中，在大量的买者和卖者中，每个买者的购买量和每个卖者的销售量只占市场交易量很少的一部分。买者和卖者的个体行为不可能影响市场的供求关系和价格。产品的价格是由市场供求关系决定的。买者和卖者都只是市场价格的接受者（Price taker）而不是制定者（Price maker），无力干预价格，只能接受既定的市场价格。

2．市场上的产品是同质的

对买者来说该市场上的产品是同质的，即彼此可以完全替代。

对于买者而言，购买任何一家厂商的产品都是一样的。在完全竞争的市场上，每个卖者提供的产品，从原材料、加工工艺到包装和服务都完全相同，没有任何差别，可以相互替代。如果买者购买不同卖者的产品，不会给买者产生效用上的差别。

3．资源可以自由流动

资源在不同行业间的转移无行业壁垒，厂商可以自由进出一个行业，生产要素完全不受任何限制地自由流动，不会遇到任何行业壁垒或人为因素的干扰。因此，竞争非常激烈，那些缺乏效率的厂商将被市场竞争所淘汰，而剩下的厂商都是具有效率的厂商。即厂商可以自由地进入或者退出完全竞争行业。

4．买卖双方都具有完全的信息

信息充分交流，不存在错误决策。在完全竞争市场上，所有的消费者和厂商都掌握了充分的市场信息，而且可以完整而迅速地获得市场信息，不存在供求关系以外的因素对价格的决定和市场竞争的影响。消费者完全知道所有厂商提供的产品的现在和未来的市场价格，厂商掌握了各种生产技术和有关要素、产品的价格信息，要素的所有者知道要素的各种用途及其相应的收益。任何买者都不可能以高于或低于市场的价格购买自己所需要的产品，任何卖者也不可能以高于市场的价格销售自己的产品。

显然，严格符合上述条件的完全竞争市场是一种理想的市场状态，是一种比较极端的市场情况，在现实经济中是不存在的。只有金融市场和农副产品市场接近于完全竞争市场，虽然在现实经济中并不存在完全竞争的市场，但是完全竞争的理论分析框架及其结论可以作为我们观察和分析现实经济问题的一个参照系，可以帮助我们简化所研究的问题。

案例 5-1

近乎完全竞争的小麦市场

对照完全竞争市场的四个特征，小麦市场是一个比较接近完全竞争的市场。这个市场有众多买者和卖者，且没有谁能够影响小麦的价格。相对于市场规模，每个小麦买者的购买量很小，以致无法影响到价格，也就是说，他不可能因为自己的购买量较大，而以比别人低的价格进行购买，因为对于他来说再大的购买量，对于市场规模来说仍然微乎其微；对于卖者来说，提供的是几乎同质的小麦产品，而且任何一个卖者所提供的小麦数量，对于市场规模来说，微不足道。因此，每个卖者可以在现行价格水平上卖出他想卖的所有产量，他没有什么理由收取较低价格，如果他收取高价格，买者则会到其他地方购买。因此，在小麦市场上，小麦的价格由众多的买者和卖者的需求和供给共同决定。买者和卖者都是价格的接收者，他们必须接受市场供求所决定的价格，按照市场价格买卖。与此同时，对于一个种植小麦的农民来说，是决定继续种植小麦呢，还是改种蔬菜、水果甚至挖塘养鱼，主要取决于种植小麦的成本收益比较，及种植小麦与其他种植业和养殖业的净收益比较。如果种小麦有利可图，那么总有农民愿意继续种植小麦，甚至有更多的农民加入到种植小麦的行列；如果种植小麦是亏损的，或者种植小麦的净收益比其他种植业的净收益要小，长期中，农民就会改种其他作物。在农民决定继续种植小麦还是改种其他作物时，他们的选择基本是自由的，也就是说，农民进入或退出小麦种植的障碍很小。

略微不足的是，小麦市场上无法满足信息完全的假定条件。这是大多数农产品市场化过程中存在的通病。当众多的小生产者与大市场对接时，由于单个的小生产者无法及时准确地把握决策所需要的所有信息，而只能在有限的信息条件下做出决策。如像蛛网模型假定的那样，以上一时期的价格作为本期产量的决策依据。这样决策的结果很可能导致其决策与整体市场的实际运行情况相反，从而遭遇价格波动所带来的市场风险。小麦等农产品市场经常性出现“去年买粮难，今年卖粮难”的现象，就是信息不完全所致。

（案例来源：http://wenku.baidu.com/view/e1aa6d40b307e87101f69694.html，百度文库）

5.3 完全竞争厂商的需求曲线和收益曲线

5.3.1 完全竞争厂商的需求曲线

1．完全竞争市场的需求曲线

在完全竞争市场的条件下，对于整个市场来说，产品价格是由整个行业的需求和供给来决定的。完全竞争市场的需求曲线表示产品的市场价格与整个市场上全部消费者的需求总量间的对应关系。通常它是一条向右下方倾斜的曲线，说明在完全竞争市场上，产品价格与需求总量间存在反向变化的关系，如图 5-1 所示。

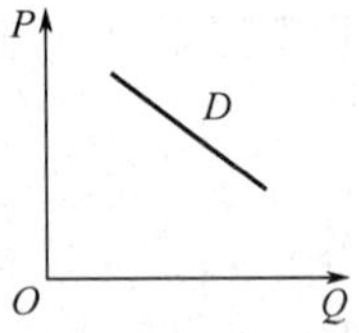

图 5-1　市场需求曲线

2．完全竞争厂商的需求曲线

完全竞争厂商所面临的需求曲线是一条由既定的市场均衡价格决定的水平线。该需求曲线是一条平行于横轴的直线，到横轴的距离等于整个产品市场的供求决定的价格水平。每个厂商只能按照市场决定的价格销售商品，无法影响和改变市场价格。

为什么完全竞争厂商的需求曲线是一条平行线呢？我们接下来从对图 5-2 和图 5-3 的分析得出结论。图 5-2 中 S 代表行业供给曲线，它由该行业所有厂商的供给加总而成。D 代表行业需求曲线，它由所有该产品的个人需求加总而成。P_0 是整个行业的供给与需求所决定的均衡价格，即能使供给量与需求量恰好相等的成交价格。但是，对个别厂商来说情况就不同了。当市场价格确定之后，对个别厂商来说，这一价格就是既定的，无论它如何增加产量都不能影响市场价格。也就是说，在既定的价格下，市场对个别厂商产品的需求是无限的。因此，市场对个别厂商产品的需求曲线是一条由既定市场价格出发的平行线，如图 5-3 所示。d 代表单个厂商的需求曲线。

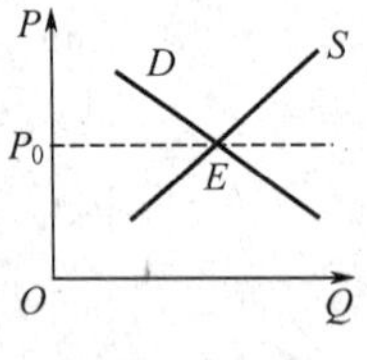

图 5-2　市场均衡价格决定

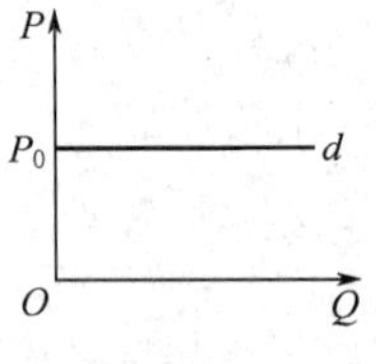

图 5-3　厂商需求曲线

如上所述，在完全竞争条件下，每个厂商按照市场决定的价格在厂商的能力范围内卖出他愿意卖出的任何数量，单个厂商面对的价格不变，生产量变动对总供给无重大影响。单个厂商被动接受价格，根据 $MR=MC$ 调整产量以达目标。单个厂商的产品卖价与其销售量之间的这种关系，从市场对该厂商的产品需求的角度来看，意味着市场对该厂商产品的需求弹性无穷大，即单个厂商的产品需求曲线是一条与横轴平行的直线，需求曲线与横轴的距离等于整个行业的供给与需求决定的价格 P_0。

总之，厂商的需求曲线总是等于市场均衡价格的一条水平线，市场均衡价格发生变化，厂商的需求曲线位置会相应改变（上下移动），但始终是一条水平线。

5.3.2 完全竞争厂商的收益曲线

厂商的收益是指厂商的销售收入。在经济学分析中，通常从总收益、平均收益和编辑收益这三个角度来分析厂商收益的变化。

1．总收益（Total Revenue,*TR*）

（1）定义：厂商按一定价格销售一定数量的产品或劳务所获得的全部收入，它等于产品的销售价格与销售数量的乘积。

（2）公式：$TR=PQ$（在完全售出的情况下）

2．平均收益（Average Revenue,*AR*）

（1）定义：厂商销售单位产品所获得的平均收入，即总收益与销售量之比，即单位产品的销售价格。

（2）公式：$AR=TR/Q=(P\times Q)/Q=P$

注意：在各种类型的市场上，平均收益与价格都是相等的，因为每单位产品的售价就是其平均收益。

3．边际收益（Marginal Revenue,*MR*）

（1）定义：厂商增加或减少一个单位的销售量所引起的总收益的变动量。边际收益是指每增加一单位的产品销售所带来的收益，即最后一单位产品的售出所取得的收益。每一销售量水平上的边际收益就是相应的总收益曲线的斜率。

（2）公式：

$$MR=\frac{\Delta TR}{\Delta Q}=\lim_{\Delta Q\to 0}\frac{\Delta TR}{\Delta Q}=\frac{\mathrm{d}TR}{\mathrm{d}Q}$$

在完全竞争市场条件下，由于对个别厂商来说价格是既定的，因此上述公式可以表示为：

$$MR=\frac{\mathrm{d}TR}{\mathrm{d}Q}=\frac{\mathrm{d}(PQ)}{\mathrm{d}Q}=\frac{P\mathrm{d}(Q)}{\mathrm{d}Q}=P$$

通过上面的分析可以看出，在完全竞争市场条件下，由于既定的市场价格对于每一个厂商来说是一个既定的常量，所以在完全竞争市场结构中，个别厂商的需求曲线、平均收益曲线、边际收益曲线三线合一，是同一条线，即 $AR=P=MR$，如图 5-4（a）所示。另外，由于产品价格不变，总收益递增的速率也是不变的，所以完全竞争市场的总收益曲线 *TR* 是一条由原点出发的呈上升趋势的直线，其斜率等于边际收益值，如图 5-4（b）所示。

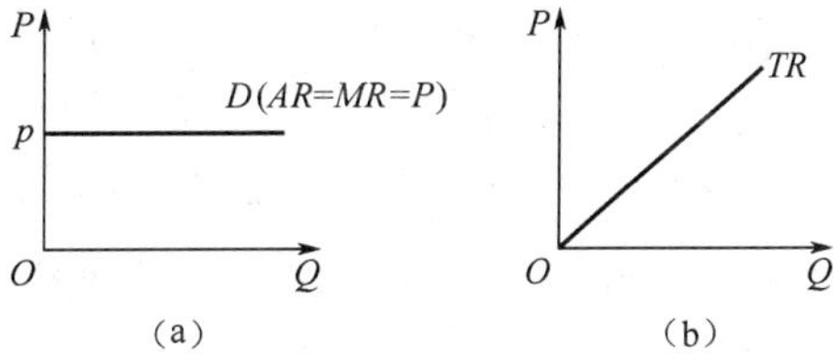

图 5-4 完全竞争厂商的收益曲线

为了便于理解，下面看一组鸡蛋市场的数据，具体如表 5-2 所示。

表 5-2 鸡蛋市场上价格、平均收益与边际收益的关系

销售量 Q（斤）	价格 P（元）	总收益 TR（元）	平均收益 AR（元）	边际收益 MR（元）
0	3	0	0	0
1	3	3	3	3
2	3	6	3	3
3	3	9	3	3
4	3	12	3	3
5	3	15	3	3

由表 5-2 可以看出总收益、平均收益和边际收益只是在把鸡蛋销售出去的情况下才存在。我们知道平均收益等于总收益除以销售量。边际收益是指每多销售一单位所引起的总收益的变动量。当销售量为 1 斤时，总收益为 3 元，平均收益为 3 元，因为总收益比不销售时增加 3 元，所以边际收益为 3 元。同理，当销售量为 2 斤时，总收益为 6 元，平均收益保持 3 元不变，销售 2 斤时的总收益比销售 1 斤时的总收益增加 3 元，此时边际收益为 3 元。其他数据以此类推。

所以，通过上述数据可以得出结论，对完全竞争厂商来说，边际收益等于物品的价格，等于平均收益。

5.4 利润最大化的条件

5.4.1 利润的含义

利润是指厂商在一定时期内获得总收益与耗费的总成本的差额。对厂商来说进行生产的目的就是为了追求利润的最大化。

假设 π 为利润，Q 为厂商产量，TR 为厂商总收益，TC 为厂商总成本，则：

利润(π)=总收益(TR)−总成本(TC)= $TR(Q)-TC(Q)=\pi(Q)$

5.4.2 利润最大化的必要条件和充分条件

根据公式 $\pi(Q)=TR(Q)-TC(Q)$ 可知，利润最大化的必要条件是 π 对 Q 的一阶导数为零，即：

$$\frac{\mathrm{d}\pi}{\mathrm{d}Q}=\frac{\mathrm{d}TR}{\mathrm{d}Q}-\frac{\mathrm{d}TC}{\mathrm{d}Q}=MR-MC=0$$

上式中，TR 对 Q 的一阶导数是边际收益 MR，同样，TC 对 Q 的一阶导数就是边际成本 MC。所以，当 $MR=MC$，即边际收益等于边际成本时，利润最大化。$MR=MC$ 适用于任何类型的厂商行为。这是因为通过此条件可以得到可能的利润增长的全部好处，避免可能的利润减少的全部损失。如果最后增加一单位产量的边际收益大于边际成本，就意味着增加产量可以增加总利润，于是厂商会继续增加产量，以实现最大的利润目标。如果最后增加一单位产量的边际收益小于边际成本，那就意味着增加产量不仅不能增加利润，反而会

产生亏损，这时厂商为了实现最大利润目标，就不会增加产量而会减少产量。只有在边际收益等于边际成本时，厂商的总利润才能达到极大值。但需注意的是这只是利润最大化的必要条件。如图 5-5 所示，$MR=MC$ 时存在 E、F 两点。这两点都是满足利润最大化的必要条件。

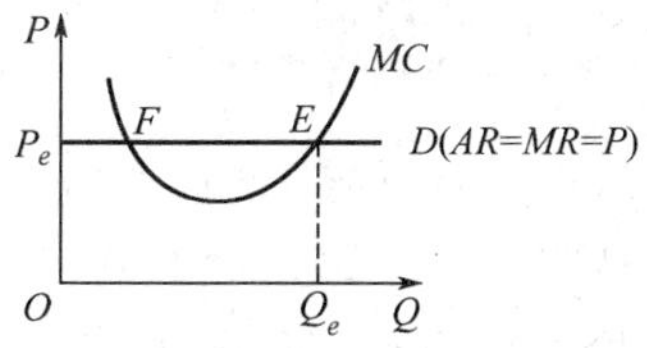

图 5-5　完全竞争厂商短期利润最大化

所以，利润最大化的充分条件还要求 π 的二阶导数为负数，即利润最大化要求边际成本函数的斜率要大于边际收益函数的斜率，即 $\frac{\mathrm{d}^2\pi}{\mathrm{d}Q^2}<0$ 。

一般来说，在不同的市场结构中，边际成本函数的斜率为正值，而边际收益函数的斜率在完全竞争市场中为零，在不完全竞争市场中为负值。所以

$$\frac{\mathrm{d}^2\pi}{\mathrm{d}Q^2}=\frac{d^2TR}{\mathrm{d}Q^2}-\frac{\mathrm{d}^2TC}{\mathrm{d}Q^2}=\frac{\mathrm{d}MR}{\mathrm{d}Q}-\frac{\mathrm{d}MC}{\mathrm{d}Q}<0$$

也就是说，在完全竞争市场中边际收益的增加率小于边际成本的增加率。利润最大化的必要条件和充分条件表明，厂商实现利润最大化的均衡数量处于 MC 曲线的斜率大于 MR 曲线斜率的区间。如图 5-5 所示，很显然，只有 E 才是利润最大化的均衡点。

下面看一组牛奶市场的数据，具体如表 5-3 所示。

表 5-3　牛奶市场上的利润最大化

销售量 Q（斤）	总收益 TR（元）	总成本 TC（元）	利润（TR-TC）	边际收益 MR（元）	边际成本 MC（元）	利润的变动（MR-MC）
0	0	5	−5			
1	10	9	1	10	4	6
2	20	15	5	10	6	4
3	30	23	7	10	8	2
4	40	33	7	10	10	0
5	50	45	5	10	12	-2

由表 5-3 可以看出，当牛奶厂商没有生产和销售，由于前期固定成本的投入，牛奶厂商面临 5 元亏损。如果销售 1 斤，就有 1 元的利润，总收益比不销售增加 10 元，所以边际收益为 10 元，总成本比不销售增加 4 元，所以边际成本为 4 元。如果销售 2 斤，就有 5 元的利润，总收益比销售 1 斤时增加 10 元，所以边际收益为 10 元，总成本比销售 1 斤时增加 6 元，所以边际成本为 6 元。其余销量情况以此类推。可以看出，当销量为 3 斤或 4 斤时利润为 7 元，实现了利润的最大化。对于牛奶厂商来说，只要边际收益大于边际成本，增加产量便增加利润。当销量为 5 斤时，边际收益小于边际成本，牛奶厂商利润变动由先前的正数变为负数，所以理性的牛奶厂商不会把生产扩大到 5 斤。这一数字例子验证了利润最大化的必要条件是边际成本等于边际收益。

资料链接

利润最大化假设

微观经济学经常用到利润最大化假说。这个原则可以圆满地用数学公式表达，甚至可以使用一阶、二阶导数进行推理。因为它合理而准确地预测商业行为并可避免不必要的分析上的混乱。但企业是否真正以利润最大化为目标，一直存在争议。

对于所有者自己管理的小企业，利润决定着企业大部分决策。但是，在大企业中，由于所有权与经营权分离，经营者在做决策时很少与所有者取得联系，可能会更多地考虑其他目标而较少考虑利润最大化目标，如追求收入最大化以实现增长或支付红利以满足股东的利益。经营者还可能为了短期利润而做出有损企业长期发展的决策。但是，如果经营者一味追求这些目标，企业所有者可以通过解聘和让经营者入股等方式进行激励。

企业要在竞争市场中生存下去，就得将长远利润最大化作为优先考虑的目标之一。因此，运用利润最大化假说是合理的。

（资料来源：鲁彬费尔德．微观经济学．北京：中国人民大学出版社，2000）

5.5 完全竞争市场上厂商的短期均衡分析

5.5.1 完全竞争厂商短期均衡的五种典型情况

在完全竞争市场上，短期内由于厂商只能被动接受市场价格，不能根据市场行情调整生产规模，也不能贸然进入某一市场，只能用既定的生产规模进行生产，所以在短期内厂商只能通过对产量的调整来实现 $MR=MC$ 的利润最大化的均衡条件。但从整个行业来看，个别厂商产量的合力会使市场上出现供大于求或供不应求的情况。厂商在这个条件下所做的决策是盈利还是亏损直接受市场价格的影响。值得注意的是厂商通过调整产量实现 $MR=MC$ 的利润最大化条件，但这并不意味着厂商的利润一定大于零。具体分析如图 5-6 所示。

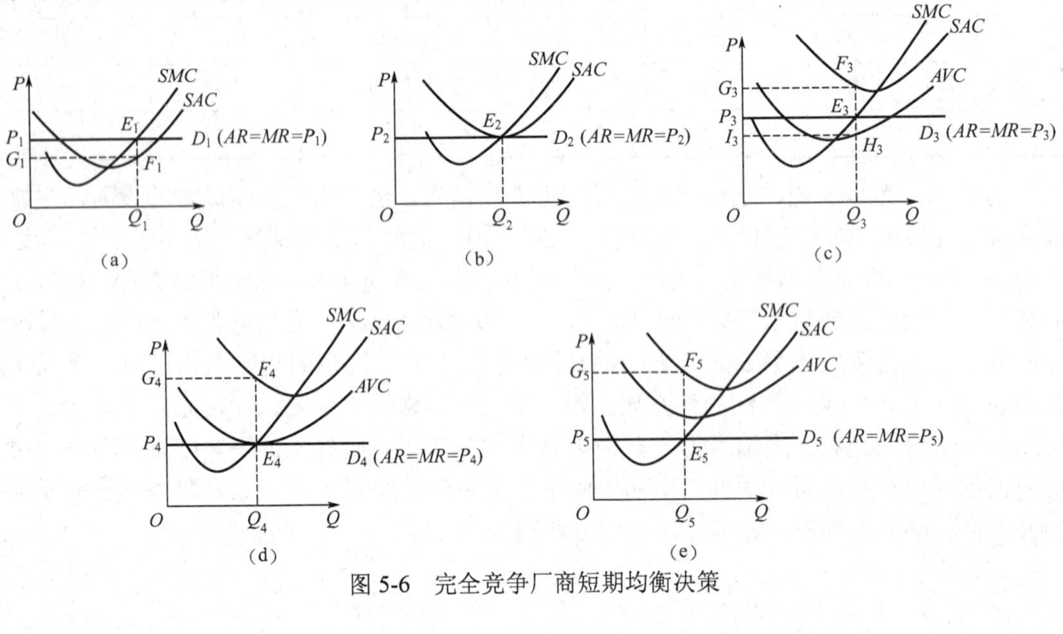

图 5-6　完全竞争厂商短期均衡决策

（1）当市场价格或平均收益大于平均总成本，即 $P=AR>SAC$ 时，厂商获得超额利润。

某一厂商或因为领先采用新技术，或因为拥有某种市场的权力，或因为其他原因而使其成本低于其他厂商或其产品价格高于其他厂商时，它便可能有获得高于正常水平的利润，即获得超额利润。超额利润在竞争性行业中只可能在短期内存在，而在垄断性行业中，它则无论在短期内还是长期都可能存在。

名词辨析

正常利润与超额利润

正常利润是企业家才能的价格，也是企业家才能这种生产要素所得到的收入。即总收益等于总成本时的利润水平。它包括在成本之中，其性质与工资相类似，也是由企业家才能的需求与供给所决定的。

超额利润（Super-normal Profit）是指其他条件保持社会平均水平而获得超过市场平均正常利润的那部分利润，又称为纯粹利润或经济利润。供不应求、成本领先、特许经营权等产生超额利润。

（资料来源：http://baike.baidu.com/view/315333.htm，百度百科）

如图 5-6（a）所示，对单个厂商来说，其需求曲线 D_1 是一条平行于横轴的直线，这条直线同时也是平均收益曲线 AR 和边际收益曲线 MR。SMC 为短期边际成本曲线，SAC 为短期平均成本曲线。前面已经分析过，厂商为了实现利润最大化，就必须满足边际收益=边际成本，即 $MR=MC$。图中显示边际收益曲线 MR 与边际成本曲线 SMC 相交于 E_1 点，由 E_1 点决定了均衡价格为 P_1，均衡产量为 Q_1，此时，该厂商的总收益 TR 为 $E_1P_1OQ_1$ 所围成的面积，厂商的平均收益 AR 为 E_1Q_1，厂商的总成本 TC 为 $F_1G_1OQ_1$ 所围成的面积，厂商的平均总成本为 F_1Q_1。我们可以看出该厂商的总收益大于总成本，厂商获得超额利润为 $E_1P_1G_1F_1$ 所围成的面积。

（2）当市场价格或平均收益等于平均总成本，即 $P=AR=SAC$ 时，厂商获得正常利润。

如图 5-6（b）所示，如果市场需求下降，市场均衡价格由 P_1 降到 P_2，图中显示边际收益曲线 MR 与边际成本曲线 SMC 相交于 E_2 点，此时恰好厂商需求曲线 D_2 与平均成本曲线 SAC 相切于 E_2 点，由 E_2 点决定了均衡价格为 P_2，均衡产量为 Q_2，此时，该厂商的总收益 TR 为 $E_2P_2OQ_2$ 所围成的面积，厂商的平均收益 AR 为 E_2Q_2，厂商的总成本 TC 也为 $E_2P_2OQ_2$ 所围成的面积，厂商的平均总成本也为 E_2Q_2。可以看出，此时该厂商的总收益等于总成本，平均收益也等于平均总成本。厂商获得超额利润为零，但厂商的正常利润得到实现，因为正常利润是总成本的一部分。

我们称厂商的需求曲线、短期平均成本曲线和短期边际成本曲线的交点 E_2 点为收支平衡点。

（3）当市场价格或平均收益小于平均总成本，但大于平均变动成本，即 $P=AR<AC$、$AR>AVC$，厂商亏损，但仍继续生产。

当市场价格低于平均成本时，厂商还应该生产吗？按说，一个厂商在从事生产经营时至少使收益能够弥补它耗费的成本，否则，厂商将停止营业。但事实是厂商在亏损的一定限度内还会继续进行生产，这就要联系平均成本构成来说明。平均成本按照成本性态可分为平均变动成本和平均固定成本。所以在图 5-6（c）中增加一条平均变动成本曲线进行具体分析。

如图 5-6（c）所示，如果市场需求继续下降，市场均衡价格由 P_2 降到 P_3，图中显示边际收益曲线 MR 与边际成本曲线 SMC 相交于 E_3 点，由 E_3 点决定了均衡价格为 P_3，均衡产量为 Q_3，此时，该厂商的总收益 TR 为 $E_3P_3OQ_3$ 所围成的面积，厂商的平均收益 AR 为 E_3Q_3，厂商的总成本 TC 也为 $F_3G_3OQ_3$ 所围成的面积，厂商的平均总成本为 F_3Q_3。可以看出，该厂商的总收益小于总成本，平均收益也小于平均总成本。所以此时出现亏损，亏损为 $E_3F_3G_3P_3$ 所围成的面积。但是，由于此时平均变动成本 H_3Q_3 仍然小于平均收益 E_3Q_3，厂商虽然存在亏损，却能够弥补全部变动成本（$H_3I_3OQ_3$ 所围成的面积）和部分固定成本（$H_3E_3P_3I_3$ 所围成的面积），所以厂商的选择通常是继续进行生产。

案例 5-2

机械设备有限公司的销售决策

某机械设备有限公司生产能力过剩，该公司出售的机械设备定价为每台 6 000 元。2014 年 5 月，由于该公司市场部员工努力开拓市场，接到了一些企业的初步合作意向。其中 A 公司提出订货 100 台，但接受销售价格为 5 000 元/台，机械设备有限公司的市场部经理通过与企业其他部门沟通了解到该机械设备每台平均成本为 5 100 元（其中平均变动成本 3 100 元），于是向公司老总汇报该情况。由于企业生产能力过剩，公司老总对这笔订单非常重视，于是专门召开了公司主要人员参加的碰头会。在会上，大家各抒己见，对接受订货与否争论很大。一种意见认为，售价低于平均成本，明显地不经济，如果接受订单，因为售价 5 000 元要小于平均成本 5 100 元，公司将会损失 10 000 元。如果你是公司老总，你会做出怎样的决策？

分析：根据经济学理论可知，当市场价格或平均收益小于平均总成本，但大于平均变动成本，即 $P=AR<AC$、$AR>AVC$ 时，厂商虽然亏损，但应接受该订单。因为售价 5 000 元高于平均变动成本 3 100 元，所以对公司来说，如果接受了该订单，可以收回全部的变动成本 310 000 元，同时还可以收回 190 000 元的固定成本。这对企业来说是划算的。

（资料来源：改编自上海金融学院精品课程网站）

（4）当市场价格或平均收益等于平均变动成本，即 $P=AR=AVC$ 时，厂商亏损，处于生产与停止营业的临界点。

如图 5-6（d）所示，如果市场需求还继续下降，市场均衡价格由 P_3 降到 P_4，图中显示边际收益曲线 MR 与边际成本曲线 SMC 相交于 E_4 点，此时恰好厂商需求曲线 D_4 与平均变动成本曲线 AVC 相切于 E_4 点，由 E_4 点决定了均衡价格为 P_4，均衡产量为 Q_4，此时，该厂商的总收益 TR 为 $E_4P_4OQ_4$ 所围成的面积，厂商的平均收益 AR 为 E_4Q_4，厂商的总成本 TC 为 $F_4G_4OQ_4$ 所围成的面积，厂商的平均总成本为 F_4Q_4。可以看出，该厂商的总收益小于总成本，平均收益也小于平均总成本。所以此时出现亏损，亏损为 $E_4F_4G_4P_4$ 所围成的面积。与此同时，平均变动成本等于平均收益，所以厂商是否进行生产处于两可之间，如果继续生产，厂商获得的收益恰好弥补全部变动成本而固定成本一点也不能弥补。如果停止生产，厂商可以不支付变动成本，但同时厂商也无任何收益，固定成本仍然存在。

我们称 E_4 点为停止营业点。因为此时无论厂商生产与否，其亏损额总是等于固定成本。

思考与练习

已知某完全竞争行业中单个厂商的短期成本函数为 $STC=0.1Q^3-2Q^2+15Q+10$。试求：

（1）当市场上产品的价格为 $P=55$ 时，厂商的短期均衡产量和利润。

（2）当市场价格下降为多少时，厂商必须停产？

解：

（1）因为 $STC=0.1Q^3-2Q^2+15Q+10$，所以 $SMC=0.3Q^2-4Q+15$

根据完全竞争厂商实现利润最大化原则 $P=MR=SMC$，且已知 $P=55$，于是有：$0.3Q^2-4Q+15=55$，解得利润最大化的产量 $Q^*=20$（负值舍去）。

则有：$\pi=TR-STC=PQ-STC=790$

（2）当 $P\leqslant AVC$ 时，厂商必须停产。此时 $P\leqslant AVC$ 最小可变平均成本，有 $AVC=0.1Q^2-2Q+15$

令 $\dfrac{\mathrm{d}AVC}{\mathrm{d}Q}=0$，即有 $\dfrac{\mathrm{d}AVC}{\mathrm{d}Q}=0.2Q-2=0$，解得 $Q=10$，且 $\dfrac{\mathrm{d}^2AVC}{\mathrm{d}Q^2}=0.2>0$，

故 $Q=10$ 时，$AVC(Q)$ 达最小值。此时有 $AVC(10)=0.1\times10^2-2\times10+15=5=P$

所以，当价格降到 5 以下时必须停产。

（5）当市场价格或平均收益小于平均变动成本，即 $P=AR<AVC$ 时，厂商亏损，停止生产。

如图 5-6（e）所示，如果市场需求仍然继续下降，市场均衡价格由 P_4 降到 P_5，图中显示边际收益曲线 MR 与边际成本曲线 SMC 相交于 E_5 点，由 E_5 点决定了均衡价格为 P_5，均衡产量为 Q_5，此时，该厂商的总收益 TR 为 $E_5P_5OQ_5$ 所围成的面积，厂商的平均收益 AR 为 E_5Q_5，厂商的总成本 TC 也为 $F_5G_5OQ_5$ 所围成的面积，厂商的平均总成本为 F_5Q_5。可以看出，该厂商的总收益小于总成本，平均收益也小于平均总成本，所以此时出现亏损，亏损为 $E_5F_5G_5P_5$ 所围成的面积。与此同时，厂商获得的收益不足以弥补变动成本，更不能弥补固定成本，理性的厂商在这种情况下会选择停止生产。

案例 5-3

泛美国际航空公司为何在亏损后仍能运行 12 年

1991 年 12 月 4 日，世界著名的泛美国际航空公司倒闭。这家公司自 1927 年投入飞行以来，曾经创造了辉煌的历史，其公司的白底蓝字标志是世界上广为人知的企业标志之一。然而，对于熟悉内情的人来说，这家公司的倒闭是意料之中的事情，奇怪的是什么支撑了这个航空业巨子这么多年?因为整个 20 世纪 80 年代中，除了一年以外，这家公司年年都在亏损，亏损总额将近 20 亿美元。1991 年 1 月，该公司正式宣布破产，然而这个日子距离公司关闭的日子又将近一年。究竟是什么力量支持垂死的巨人又多活了一段时间，而且，在 1980 年出现首次亏损后，为什么不马上停止该公司的业务?又是什么因素使得这家公司得以连续亏损经营 12 年之久?

分析： 只要企业能够提出一个高于平均可变成本的价格并被顾客接受，那么尽管该价格低于总平均成本而使企业亏损，企业的经营在弥补所有可变成本之余尚可弥补部分不变成本，企业的经营就还是有经济意义的，企业也会继续维持经营。然而，企业在亏损的状态下维持经营是要付出代价的。它必须通过出售其原有资产来弥补生产中的亏空。

泛美公司在其辉煌时代积累下了巨大的财富，足够它出售很长时间。自 20 世纪 80 年代开始亏损之后，泛美公司先后已经多次变卖家产，包括以 4 亿美元的价格将泛美大厦卖给美国大都会人寿保险公司，将国际饭店子公司以 5 亿美元的价格出售，向美国联合航空公司出售太平洋和伦敦航线等等。到 1991 年底，泛美航空公司已经准备将自己缩减成以迈阿密为基地的小型航空公司，主要经营拉美地区的航线，而将其余的全部航线出售。换句话说，尽管泛美公司整个 20 世纪 80 年代仍在坚持运行，但同时已经开始逐步退出国际航空市场。其实，在现实世界中，企业通常都是通过逐步缩减规模来退出某一行业的。

（资料来源：http://wenku.baidu.com/view/a129ddd276a20029bd642dac.html，百度文库）

5.5.2 完全竞争厂商的短期供给曲线

1. 单个厂商的短期供给曲线

厂商的供给曲线是指在某一价格水平下厂商愿意并且能够提供的商品数量。通过完全竞争厂商的短期均衡分析，可以推导出完全竞争厂商的短期供给曲线。对于某一市场价格 P 点，都有一个最优产量点 Q，在这一产量点上，$MR=SMC=P$，厂商或者获得最优利润或者实现最小亏损，如图 5-7 所示，当价格为 P_1 时，厂商最优生产量为 Q_1，当价格降为 P_2 时，厂商最优生产量为 Q_2，当价格降为 P_3 时，厂商最优生产量为 Q_3，可以看出，商品的价格和最优生产量的组合都出现在厂商的 SMC 曲线上。

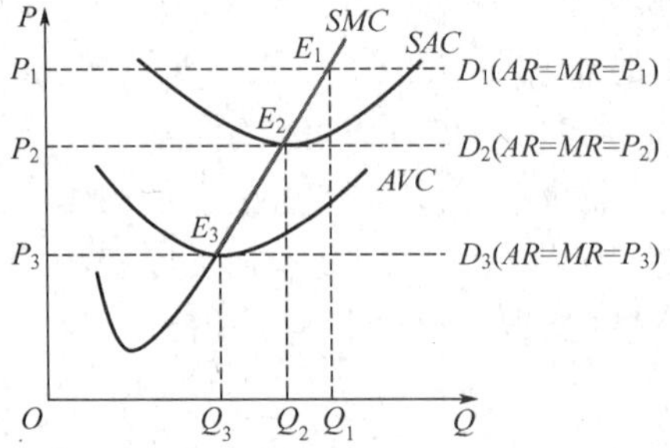

图 5-7 完全竞争厂商的短期供给曲线

需注意的是，商品的价格和厂商愿意提供的产量的组合都出现在 AVC 曲线最低点以上的 SMC 曲线上的部分，因为 AVC 曲线最低点是停止营业点。

所以，在短期中，厂商的供给曲线是停止营业点以上（$P \geqslant AVC$）的那部分边际成本所代表的曲线。因为厂商愿意提供的产量都出现在高于 AVC 曲线最低点以上的 SMC 曲线上。

2. 完全竞争市场的供给曲线

完全竞争市场的总的供给量是该市场中所有厂商供给量的总和。假定生产要素的价格是不变的，那么，把完全竞争市场内所有厂商的短期供给曲线水平相加，便构成完全竞争市场的短期供给曲线。或者说，把完全竞争市场内所有厂商的高于 AVC 曲线最低点以上的 SMC 曲线部分水平相加，便构成了该市场的短期供给曲线。

5.5.3 生产者剩余

生产者剩余（Producer surplus），生产者剩余等于厂商在提供一定数量的某种产品时实际接受的总支付和愿意接受的最小总支付之间的差额。从几何的角度看，它等于价格曲线之下、供给曲线之上的区域。简单来说，生产者剩余就是指卖者出售一种物品或服务得到的价格减去卖者的成本。如电影公司提供一部电影的成本是 15 元，可票价是 40 元，那么生产者剩余就是 25 元。

对厂商来说，只要价格大于边际成本进行生产总是有利的，这时厂商可以得到生产者剩余。如图 5-8 阴影部分所示，生产者剩余通常用市场价格线 P_0 以下、厂商供给曲线（即 *SMC* 曲线的相应部分）以上的面积来表示。

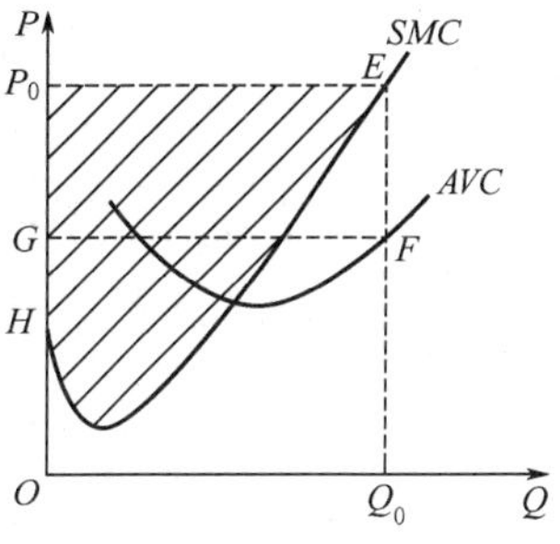

图 5-8 生产者剩余

5.6 完全竞争市场上厂商的长期均衡分析

从长期来看，完全竞争厂商是通过对全部生产要素的调整，来实现 $MR=LMC$ 的利润最大化的均衡条件的。在完全竞争市场价格给定的条件下，厂商在长期生产中对全部生产要素的调整可以表现为两个方面，一方面表现为进入或退出一个行业的决策，另一方面表现在对最优的生产规模的选择。

5.6.1 厂商进入和退出对长期均衡的影响

如图 5-9 中，当市场价格较高为 P_1 时，厂商会选择的产量为 Q_1，从而在均衡点 E_1 实现利润最大化的均衡条件 $MR=LMC$。在均衡产量 Q_1，有 $AR>LAC$，厂商获得最大的利润，即 $\pi>0$。由于每个厂商的 $\pi>0$，就有新的厂商因为超额利润的刺激进入该市场，这将导致整个市场供给增加，市场价格 P_1 下降，相应地需求曲线 D_1 下移，直至市场价格下降至使得单个厂商的利润消失，即 $\pi=0$ 为止，从而在长期平均成本 *LAC* 曲线的最低点 E_0 实现长期均衡。

相反，当市场价格较低为 P_2 时，厂商会选择的产量为 Q_2，从而在均衡点 E_2 实现利润最大化的均衡条件 $MR=LMC$。在均衡产量 Q_2，有 $AR<LAC$，厂商是亏损的，即，$\pi<0$。由于每个厂商的 $\pi<0$，于是，市场内原有厂商的一部分就会退出该市场，导致市场供给减少，市场价格 P_2 开始上升，相应地需求曲线 D_1 上移，直至市场价格上升到使得单个厂商的亏损消失，即为 $\pi=0$ 止，从而在长期平均成本 *LAC* 曲线的最低点 E_0 实现长期均衡。

如图 5-9 所示，完全竞争厂商的长期均衡点 E_0 发生在长期平均成本 *LAC* 曲线的最低点，市场的长期均衡价格 P_0 也等于 *LAC* 曲线最低点的高度。

图中长期均衡点 E_0 又是收支相抵点，此时厂商所获得的只是作为生产要素之一的企业家才能的报酬——正常利润。

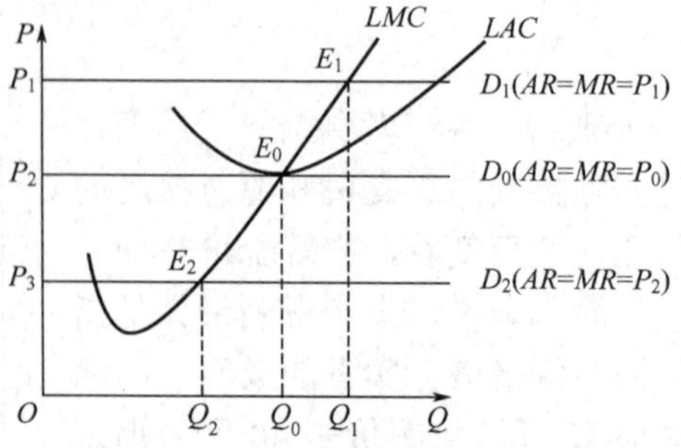

图 5-9　完全竞争厂商长期均衡

5.6.2　厂商调整生产规模对长期均衡的影响

厂商数量的变化会影响长期均衡，厂商对生产规模的调整也会对长期均衡产生影响。只要厂商规模的变动可以使之获得更高的利润，厂商就会这么做。由于市场价格是既定的，厂商可以针对不变的市场价格和既定的需求曲线来调整生产规模。也就是说，厂商可以通过扩大产量和降低成本来增加利润。

如图 5-10 所示，当厂商利润最大化的产量为 Q_1 时，他选择的最优生产规模用 SAC_1 曲线和 SMC_1 曲线表示；当厂商利润最大化的产量为 Q_2 时，他选择的最优生产规模用 SAC_2 曲线和 SMC_2 曲线表示；当厂商实现长期均衡且产量为 Q_0 时，他选择的最优生产规模用 SAC_0 曲线和 SMC_0 曲线表示。通过前面厂商进入和退出的分析，我们已经知道，根据 $MR=SMC$ 的均衡原则，当市场价格为 P_1 时，相应的在均衡点 E_1 对应的均衡产量为 Q_1，此时厂商获得超额利润，利润会吸引新的厂商进入市场，市场供给量增加会导致市场价格下降，假定新的市场价格现在变为 P_2，对应的需求曲线为 D_2，此时如果厂商仍然按 Q_1 生产必然产生亏损。于是厂商会将新的产量确定在新的均衡点 E_2 对应的均衡产量 Q_2 的位置上，此时存在新的亏损。亏损的存在会导致原有厂商的退出从而使得过多的供给趋于减少，价格便会上升。于是厂商面临新的调整。这种调整一直持续到市场内厂商的利润和亏损都会消失时才会停止，也就是调整到 E_0 点的位置。

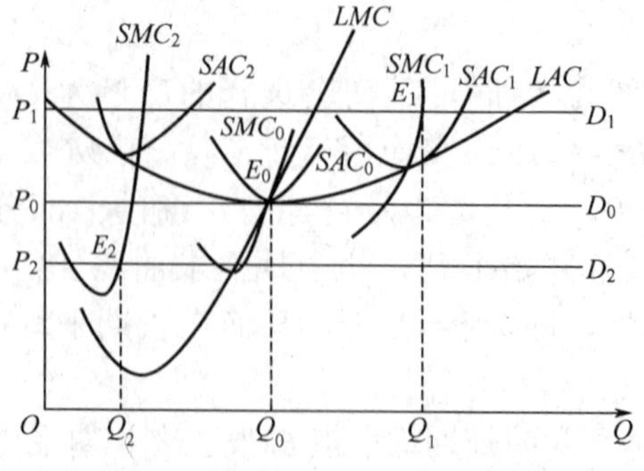

图 5-10　完全竞争厂商最优规模的选择

综上所述，完全竞争厂商的长期均衡发生在 LAC 曲线的最低点。此时，厂商的生产成本降到了长期平均成本的最低点，商品的价格也等于最低的长期平均成本。由此，完全竞争厂商长期均衡的条件是：$MR=LMC=SMC=LAC=SAC$，其中，$MR=AR=P$。此时，单个厂商的利润为零。

5.7 对完全竞争市场的评价

5.7.1 完全竞争市场的优势

（1）完全竞争市场排除任何垄断和限制，使微观经济运行保持高效率。

完全竞争市场完全依据市场的调节运行，对于那些生产效率低和无效率的厂商会在激烈的竞争中被迫退出市场。同时，市场又有生产效率更高的厂商随时进入市场参与市场竞争，生产效率更高的厂商在新一轮的市场竞争中取胜。因而，完全竞争市场可促使生产者充分发挥自己的积极性和主动性，促进生产效率的提高。

完全竞争市场同时可以促使厂商以最低的成本进行生产，从而提高生产效率。因为在完全竞争市场条件下，每个厂商都只是市场价格的接受者，要想实现利润最大化，就必须以最低的成本进行生产。必须按照其产品平均成本处于最低点时的产量进行生产以实现最佳规模的生产，这样的生产没有浪费任何资源和生产能力，其生产过程是一种促进生产效率和效益不断提高的过程。

完全竞争市场还可以使资源不断地自由流向最能满足消费者需要的商品生产部门，在资源的不断流动过程中实现资源在不同用途间、不同效益间和在生产过程中的不同组合间的有效选择，使资源发挥出更大的效用，从而也就会大大提高资源的配置效率和效益。

（2）完全竞争市场引导生产者在追求自己利益的同时有效地促进了社会的利益。

这是亚当·斯密的重大发现和著名论断。他认为，市场竞争引导每个厂商都不断地努力追求自己的利益，但每个厂商所考虑的并不是社会利益。由于厂商受着“一只看不见的手”的指导，去努力达到一个并非他本意想要达到的目的。

厂商追求自己的利益，往往更能有效地促进社会的利益。例如，假若每个厂商都努力使其生产的产品价值达到最高程度，其结果必然使社会的年收入额有很大的增长，从而也就促进了社会公共利益的增加。

（3）完全竞争市场可以使消费者及消费需求满足实现最大化。

在完全竞争市场条件下，价格趋向等于生产成本。因而，在许多情况下，它可以形成对消费者来说最低的价格，而且完全竞争市场条件下的利润比其他非完全竞争市场条件下的利润要小，所以在纯粹竞争的情况下，获利最大的是消费者。同时，完全竞争市场还可以使消费需求的满足趋向最大化。

5.7.2 完全竞争市场的缺陷

（1）完全竞争市场在现实经济实践中很难成立。

完全竞争市场的效率必须在具备了严格前提条件的情况下才会出现。但是在现实经济实践中，难以全面具备完全竞争市场的所有前提条件，完全竞争市场只是西方经济学家在研究市场经济理论过程中的一种理论假设，是进行经济分析的一种手段和方法。所以，完全竞争市场在现实中很难出现。这样，没有实践意义就成了完全竞争市场形式的最根本的缺陷。在这种根本缺陷的条件下，完全竞争市场还具有其他许多与前提条件相对应的具体缺陷。

（2）完全竞争市场所必须得有大量小厂商存在这个条件，既不可能也不适用。

在现实经济实践中，即使进入市场非常自由，由于多方面因素的限制和影响，进入市场中的厂商也不可能无限多。即使市场中已存在有大量的厂商，这些厂商也只能是小厂商。在有着大量小厂商的情况下，市场中的商品价格就可能相对较高。因为，一方面，小厂商的生产规模较小，不能实现规模化生产，存在规模不经济，生产成本高。因而小厂商生产的产品价格高；另一方面，小厂商的生产成本下降潜力小，这是因为小厂商无力引进先进的生产技术和设备，生产的效率难以有较大的提高，这样其产品的生产成本也就难降低。即使能够引进先进的生产技术和设备，也无法达到规模生产，这时其生产成本不仅不能下降反而还会上升。

（3）完全竞争市场也会造成资源的浪费。

在完全竞争市场条件下，自由进入使效率更高、产品更能适合消费者需要的厂商不断涌进市场，而那些效率低、产品已不能适应消费者需要的厂商则不断地被淘汰而退出市场。小厂商在技术进步和外来干扰的冲击下很容易在竞争中失败，成为完全竞争市场条件下正常的和经常的现象。那些因在竞争中失败而退出市场的厂商，其整个厂商的设备与劳动力在仍然可以发挥作用的情况下如果被迫停止使用，就会造成宝贵的物质资源和劳动力资源的浪费。

（4）完全竞争市场中完全信息假设不现实。

一般情况下，无论是生产者还是消费者，都只能具有不完整的信息。生产者对其在现实市场中的地位、将来发展的动向及影响市场的各种因素的信息等等，都不可能完整地掌握。只能经常在不确定的情况下进行活动。消费者不可能全面掌握特定市场上全部产品的价格、品质等方面的情况。同时，市场信息也不可能畅通无阻而且非常准确。所以，市场参与者都不可能具有完整、全面、准确的市场信息。

综上所述，尽管完全竞争市场在现实经济生活中几乎是不存在的，只有农业生产等极少数行业比较接近完全竞争市场，但是，研究完全竞争市场仍具有其积极的意义。分析研究完全竞争市场形式，有利于建立完全竞争市场类型的一般理论，当人们熟悉掌握了完全竞争市场类型的理论及其特征以后，就可以用其指导自己的市场决策。例如，生产者就可以在出现类似情况时做出正确的产量和价格决策。更重要的是分析研究完全竞争市场类型理论，可以为分析研究其他市场类型（如垄断市场、垄断竞争市场和寡头垄断市场）提供借鉴。

名家名言

弗兰克·H·奈特（1885—1972 年）：美国经济学家（见图 5-11），20 世纪的经济学巨擘之一。曾长期执教于芝加哥大学，任芝加哥大学经济学教授（1927—1955 年），后任荣誉教授直至逝世。主要著作有：《经济组织》（1933 年）；《自由与改革：经济学与社会哲学论文集》（1947 年）；《经济自由与社会责任：经济学与伦理学》（1952 年）等。1921 年，弗兰克·H·奈特以《风险、不确定性和利润》一书，通过对风险和不确定性的区分和描述，较为完整地把信息经济学的思想呈现于现代经济学的殿堂中，为后起的信息经济学家们点亮了第一支思想明灯。

成本记录的是竞争的吸引力。

——弗兰克·奈特（Frank Knight），《风险、不确定性和利润》（1921年）

图5-11 弗兰克·H·奈特

约翰·斯图亚特·穆勒（1806—1873年）：英国著名哲学家和经济学家（见图5-12），19世纪影响力很大的古典自由主义思想家。他支持边沁的功利主义。他在1848年出版的《政治经济学原理及其在社会哲学上的若干应用》是第一本影响西方经济学教育达半个世纪的教科书。

图5-12 约翰·斯图亚特·穆勒

生产成本若不影响供给，则不会影响竞争价格。

——约翰·斯图亚特·穆勒（John Stuart Mill）

案例分析

【案例5-4】 大型养鸡场与养鸡专业户之间的竞争

为了实现"市长保证菜篮子"的诺言，许多大城市都由政府投资修建了大型养鸡场，结果这些大型养鸡场反而竞争不过农民养鸡专业户或老太太，往往赔钱的多，赚钱的少。这是为什么呢？

从经济学的角度看，这首先在于鸡蛋市场的市场结构。鸡蛋市场有三个显著的特点。第一，市场上买者和卖者都很多。没有一个买者和卖者可以影响市场价格。即使是一个大型养鸡场，在市场上所占的份额也微不足道，难以通过产量来控制市场价格。用经济学术语说，每家厂商都是价格接受者，只能接受整个市场供求决定的价格。第二，鸡蛋是无差别产品，厂商也不能以产品差别形成垄断力量。大型养鸡场的鸡蛋与老太太的鸡蛋没有什么不同，消费者也不会为大型养鸡场的蛋多付钱。第三，自由进入与退出，任何一个农民都可以自由养鸡或不养鸡。第四，买者与卖者都了解相关信息。这些特点决定了鸡蛋市场是一个完全竞争市场，即没有任何垄断因素的市场。在鸡蛋这样的完全竞争市场上，短期中如果供大于求，整个市场价格低，养鸡可能亏本。如果供小于求，整个市场价格高，养鸡可以赚钱。但在长期中，养鸡厂商（包括农民和大型养鸡场）则要对供求作出反应：决定产量多少和进入还是退出。假设由于人们受胆固醇不利于健康这种宣传的影响而减少对鸡蛋的消费，那么价格下降，这时养鸡厂商就要做出减少产量或退出养鸡业的决策。假设由于发生鸡瘟，供给减少，价格上升，原有养鸡厂商就会扩大规模，其他人也会进入该行业。在长期中通过供求的调节，鸡蛋市场实现了均衡，市场需求得到满足，生产者也感到满意。这时，各养鸡厂商实现成本（包括机会成本在内的经济成本）与收益相等，没有经济利润。

在完全竞争市场上，厂商完全受市场支配。由于竞争激烈，成本被压得相当低。生产者要对市场供求变动做出及时的反应。换言之，在厂商一点也无法控制的市场上，成本压不下来或调节能力弱，都难以生存下去。大型养鸡场的不利正在于压低成本和适应市场的调节能力远远不如农民养鸡者。如在北京鸡蛋市场上，大型养鸡场就竞争不过北京郊区或河北的农民。

（资料来源：http://wenku.baidu.com/view/8cc289ff5fbfc77da269b160.html，百度文库）

本章小结

完全竞争市场具有如下特征：市场上有大量的买者和卖者；对买者来说该市场上的产品是同质的，即彼此可以完全替代；资源可以自由流动，资源在不同行业间的转移无行业壁垒；买卖双方都具有完全的信息。

完全竞争市场上单个厂商的需求曲线与收益曲线及价格曲线是重合在一起且平行于横轴的直线。

完全竞争市场短期均衡条件是 $MR=SMC$，长期均衡条件是 $MR=LMC=SMC=LAC=SAC=AR=P$。

本章习题

一、名词解释

市场结构；完全竞争；超额利润；正常利润；盈亏平衡点；停止营业点。

二、选择题

1．在完全竞争市场上，厂商短期均衡条件是（　　）。

A．$P=AR$　　B．$P=MC$　　C．$P=MR$　　D．$P=AC$

2．在完全竞争的条件下，如果厂商把产量调整到平均成本曲线最低点所对应的水平（　　）。

A．他将取得最大利润　　B．他没能获得最大利润

C．他是否获得最大利润仍无法确定　　D．他一定亏损

3．完全竞争市场的厂商短期供给曲线是指（　　）。

A．$AVC>MC$ 中的那部分 AVC 曲线

B．$AC>MC$ 中的那部分 AC 曲线

C．$MC\geqslant AVC$ 中的那部分 MC 曲线

D．$MC\geqslant AC$ 中的那部分 MC 曲线

4．在最优短期产出水平，厂商（　　）。

A．获得最大利润　　B．使总亏损最小

C．使总亏损最小，或使总盈利最大　　D．使单位产品中所获得利润最大

5．厂商在停止生产点（　　）。

A．$P=AVC$　　B．$TR=TVC$

C．厂商总亏损等于 TFC　　D．以上都对

6．当完全竞争厂商和市场都处于长期均衡时（　　）。

A．$P=MR=SMC=LMC$　　B．$P=MR=SAC=LAC$

C．$P=MR=LAC$ 的最低点　　D．以上都对

7．在一般情况下，厂商得到的价格若低于（　　）就停止营业。

A．平均成本　　B．平均可变成本

C．边际成本　　D．平均固定成本

8．假定某一产量水平上，某一厂商的平均成本达到了最小值，这意味着（　　）。

A．边际成本等于平均成本　　B．厂商获得了最大利润

C．厂商获得了最小利润　　D．厂商的经济利润为零

9．下列市场中最接近于完全竞争模式的是（　　）。

A．飞机　　B．卷烟　　C．汽车　　D．水稻

10．完全竞争市场是指（　　）。

A．市场参与者的购销量只占整个市场交易量的极小一部分

B．市场参与者只能接受价格，而不能影响价格

C．交易的商品是同质的

D．以上都对

11．如果商品在短期内供应量既定，则该商品的价格（　　）。

A．仅由市场需求曲线决定

B．仅由市场供给曲线决定

C．由市场需求曲线和供给曲线共同决定

D．以上任一条都不能决定

12．在完全竞争市场上，已知某厂商的产量是500单位，总收益是500元，总成本是800元，总固定成本是200元，边际成本是1元，按照利润最大化原则，他应该（　　）。

A．增加产量　　B．停止生产

C．减少产量　　D．以上任何一个措施都采取

三、简答题

1．完全竞争市场有何特征？举例说明在现实中哪些市场接近完全竞争市场。

2．在什么情况下完全竞争厂商将会停止营业？请画图并解释原因。

3．完全竞争厂商的价格在短期中、长期中，还是两个时期中都等于边际成本？

4．为什么说厂商利润最大化的必要条件是 $MR=MC$？

5．为什么完全竞争厂商的需求曲线是一条水平线，且有 $P=AR=MR$？

6．试述完全竞争市场长期均衡的实现过程。

7．简述完全竞争厂商的短期供给曲线。

四、计算分析题

1．假定某完全竞争的行业中有500家完全相同的厂商，每个厂商的成本函数为 $STC=0.5q^2+q+10$。求：

（1）市场的供给函数；

（2）假定市场需求函数为 $Q_D=4\,000-400P$，求该市场的均衡价格。

2．假设某完全竞争厂商生产的某产品的边际成本函数为 $MC=0.4Q-12$（元/件），总收

益函数为 $TR=20Q$，且已知生产 10 件产品时总成本为 100 元，试求生产多少件时利润极大，其利润为多少？

3．完全竞争行业中某厂商的成本函数为 $STC=Q^3-6Q^2+30Q+40$，成本用元计算，假设产品价格为 60 元。计算：

（1）利润最大化时的产量及利润总额；

（2）由于竞争市场供求发生变化，由此决定的新价格为 30 元，在新价格下，厂商是否会发生亏损？如果会，最小的亏损额为多少？

（3）该厂商在什么情况下会停止生产？

五、案例分析题

【案例 1】门庭冷落的保龄球场为何不停业

在生活中你一定会注意到有些保龄球场（或其他娱乐场所、饭店等厂商）尽管门庭冷落，但仍然惨淡经营、苦苦支撑。为什么它们不索性关门大吉呢？要解开这个谜就要从成本这个概念入手。经济学家在分析厂商活动时区分长期与短期。长期就是可以根据产量调整一切生产要素的时期；短期是只能调整部分生产要素的时期。具体来说，短期中生产设备、管理人员这些生产要素不能随产量变动而调整，称为固定要素；原料、工人这些再生产要素能随产量变动而调整，称为可变要素。用于固定要素的支出称为短期固定成本，用于可变要素的支出称为短期可变成本，两者之和称为短期总成本。如果把这些成本分摊到每一单位产品上则分别称为短期平均固定成本、短期平均可变成本和短期平均成本（或称短期平均总成本）。门庭冷落的保龄球场不停业的奥秘正在于这些短期固定成本上。

短期中保龄球的设备、日常维修折旧费用、管理人员工资的支出都属于固定成本，而维持保龄球场的支出、服务员的工资都属于可变成本。短期中无论是否营业固定成本都不可变，即使没有一个人光顾，这些钱仍要花。如果短期中停业，固定成本没法减少，所减少的只是可变成本。因此，只要继续营业的收入能弥补可变成本就不必停业。如果收入大于可变成本，经营尽管有亏损，但还能弥补部分固定成本，经营下去当然有利。只有在收入低于可变成本时，厂商才停业。经济学家把收入等于可变成本的一点称为停止营业点。在这一点时是否营业无所谓，高于这一点则一定要通过营业来补偿部分固定成本，只有低于这一点，收入甚至小于可变成本才必须停业。你看到门庭冷落的保龄球场仍在营业时就一定要想到，它们营业的收入一定大于可变成本，或至少等于可变成本。当然在长期中，无所谓固定成本与可变成本之分，厂商只要收入低于成本就只有破产了。

短期停止营业点，即收入等于可变成本，在现实中对做出正确决策是很重要的。首先，它说明了在做出短期决策时不用考虑固定成本，因为这种成本已经支出了，无法收回了。这个原则被经济学家称为“过去的就让它过去”，或者说“覆水难收”。其次，经济状况有衰退也有高涨，门庭冷落过去一定是车水马龙。因此，在短期中一定要坚持下来，只要收入能等于可变成本就不言退。最后，这种分析只适用于短期遇到一定困难的厂商，那些长期无希望的厂商，例如过多过滥的游乐场，还是早早关闭为好。闭门思过，想想当初投资失误的原因，再不犯类似错误，才是唯一出路。

【思考】

你能结合案例把其中各种可能的均衡情况用图形表示出来吗？

【案例 2】 **春联市场**

春联市场是一个特殊的市场，时间性很强，仅在年前存在 10 天左右，供应商只有一次批发购进货物的机会。供应商对于该年购入货物的数量主要基于上年销售量和对新进入者的预期分析。如果供应商总体预期正确，则该春联市场总体商品供应量与需求量大致相同，则价格相对稳定。一旦出现供应商总体预期偏差，价格机制就会发挥巨大的作用，将会出现暴利或者亏损。

【思考】

请分析春联市场是什么类型的市场？为什么？

【案例 3】 **向旺与宝源公司的产量与价格**

在完全竞争市场中，有一家以生产和销售梨汁为主营业务的公司——向旺集团公司，该公司下辖一家以种植和销售梨为主营业务的子公司——宝源公司。向旺集团必须决定向宝源公司购买梨的数量和价格（中间产品的转移价格），以及向旺集团生产梨汁的总数量。假设 Q 为生产梨和梨汁的数量（千克），而且生产过程中没有任何损耗。

已知条件如下：

（1）宝源公司边际成本函数为 $MC = 0.5Q$；

（2）向旺集团的边际收入函数为 $MR = 100 - 2Q$；

（3）梨在完全竞争市场上销售，每吨 10 万元。

请根据上述已知条件分析下列问题：

（1）从宝源公司卖给向旺集团的梨的转移价格应该是多少？

（2）宝源公司应该生产多少梨？

（3）向旺集团应该购买的梨的总数量是多少？

（4）如果你的（2）与（3）的结果不同，请解释为什么。

（5）如果目前梨的市场价格上升到每吨 30 万元，（1）到（4）问题的结果是否会发生变化？会发生什么变化？

第6章 完全垄断市场

本章导学

本章我们将重点分析完全垄断市场的特征、产生垄断的原因。在分析完全垄断市场的需求曲线和收益曲线的基础上探讨垄断者在短期中和长期中如何做出生产和定价决策。学习完本章我们将能够回答为什么垄断意味着消费者失去讨价还价的能力，无谓地增加社会成本，为什么垄断配置资源的效率最低。

6.1 完全垄断市场概述

6.1.1 完全垄断市场的含义

完全垄断市场（Perfect monopoly market）是指在市场上只存在一个供给者和众多需求者的市场结构。该市场完全由一家厂商所控制，或者说是指一家厂商所控制商品市场的市场结构。比如国家电网、公共交通、煤气、水、军工等市场在我国都是处于垄断的。

案例 6–1

铁路部门的垄断定价

中国季节性大迁徙——“春运”，已成为中国特色。“春运”市场提供了世界上罕见的爆发性最大的商机。据广东省及“珠江三角洲”的资料显示：仅春运40天时间，竟能够创造一些客运“专业户”本年度至少50%以上的营业总额；而70%以上的参加者，在这40天“工作”中所创造的价值可达本年度价值的120%以上，甚至可以在未来一年内什么都不用做也能够正常维持。这一切在很大程度上要归功于涨价。

国家铁道部春运办有关人士解释，涨价是为了“削峰平谷”，以达到“均衡运输”的目的，但就以关键的广州铁路为例，涨价后的事实证明：广东铁路客运高峰更为尖锐，超过历史日最高峰，“均衡运输”当然成了画饼充饥。对于中国大多数老百姓而言，火车是出门首选的交通工具，无论火车票涨不涨价，该回家的还得回家，涨价根本无法削峰平谷，只能是让铁路部门狠狠赚一笔。据北京一家报纸报道，节前15天，北京西站和北京站客票收入增长了50%，收入近3亿元。春节给了铁路部门一个极为丰厚的大礼包。有舆论指责，这是“垄断行业大发横财”。

不过，中国老百姓并不买账。河北律师乔占祥首先就铁路调价方案向铁道部提出行政复议。这无疑是破天荒的！中国消费者协会也致函铁道部，要求就涨价问题给个说法。

当然，现在还不能过于乐观，但相比以往习惯于沉默的中国老百姓，今天终于有了维权的意识，“铁老大”再要“唯我独尊”，恐怕不那么容易了。

（资料来源：http://yingyu.100xuexi.com，圣才学习网）

6.1.2 完全垄断市场的特征

1．厂商数量唯一

垄断市场中厂商数目唯一，一家厂商控制了某种产品的全部供给。

完全垄断市场上只有唯一的厂商生产和销售商品。垄断厂商排斥其他竞争对手，独自控制了一个行业的供给。由于整个行业仅存在唯一的供给者，厂商就是行业。

2．完全垄断厂商是市场价格的制定者

由于垄断厂商控制了整个行业的供给，也就控制了整个行业的价格，成为价格制定者。完全垄断厂商可以有两种经营决策，以较高价格出售较少产量，或以较低价格出售较多产量。

3．完全垄断厂商的产品不存在任何相近的替代品

该垄断厂商生产的商品没有任何接近的替代品。否则，其他厂商可以生产替代品来代替垄断厂商的产品，完全垄断厂商就不可能成为市场上唯一的供给者。因此，消费者没有其他选择。

4．其他任何厂商进入该行业都极为困难或不可能

完全垄断市场上存在进入障碍，其他厂商进入该行业都极为困难或不可能，难以参与生产。所以垄断厂商可以控制和操纵市场价格。

完全垄断市场和完全竞争市场一样，都只是一种理论假定，是对实际中某些产品的一种抽象，现实中绝大多数产品都具有不同程度的替代性。

6.1.3 完全垄断市场的成因

垄断市场形成的原因很多，最根本的一个原因就是为了建立和维护一个合法的或经济的壁垒，阻止其他厂商进入该市场，以便巩固垄断厂商的垄断地位。垄断厂商作为市场唯一的供给者，很容易控制市场某一种产品的数量及其市场价格，从而可连续获得垄断利润。

具体来说，垄断市场形成的主要原因有以下几个方面。

1．生产和资本集中

在生产的社会化发展过程中，自由竞争通过优胜劣汰自然而然会引起生产和资本的集中，而当生产和资本的集中发展到一定阶段以后，垄断便成为可能。独家厂商控制了生产某种商品的全部资源或基本资源的供给。由于对生产资源的独占，因而排除了市场中其他厂商生产同种商品的可能。

2．自然垄断

当某个生产者拥有并且控制了生产所必需的某种或某几种生产要素的供给来源时，就形成了自然垄断。这种类型的厂商适合进行大规模的生产。只需要一个厂商进行生产就能满足整个市场的供给和需求，也就是说只有规模生产才具有经济性。这种自然垄断形成以后，其他任何生产者都难以参与此类要素的市场供给，从而就自然地限制或阻止了其他生产者的进入。这样，就维护了这个生产者的垄断地位及其垄断利益。自然垄断的典型例子就是自来水业。一家厂商为整个市场服务，水的平均总成本最低。

3. 保护专利

专利是政府授予发明者的某些权利。这些权利一般是指在一定时期内对专利对象的制作、利用和处理的排他性独占权，从而使发明者获得应有的收益。专利创造了一种保护发明者的产权，在专利的有效保护期内任何其他厂商都不得针对这种产品、技术或劳务进行生产与使用，或模仿这些发明进行生产。保护发明专利是为了保证社会和生产的进步与发展。对于垄断厂商来说拥有某项产品、技术或劳务的专利权以后，在专利保护的有效期内便形成了对这种产品、技术和劳务的垄断。例如，制药厂研制成功一种新的特效药物，就可以获得专利，使得该药厂在一定时期内保持所研制药物的垄断权。

4. 法律限制

某类厂商通过政府允许的特许经营，拥有独家经营某种物品或劳务的权利，是国家运用行政和法律的手段赋予并进行保护的权利。这种独家经营权利具有排他性，不受潜在新进入者的竞争威胁，从而形成合法的垄断。例如，某些必须进行严格控制的药品的生产，必须由政府特许独家经营；各种武器、弹药的生产必须垄断。

案例 6-2

狐狸建筑师

这个寓言讲的是一头狮子特别喜欢养鸡，但鸡舍不好，总是丢鸡。狮子决定请最好的建筑师狐狸来建造一个坚固的鸡舍。鸡舍建得极为精美，看起来固若金汤，围墙又高又严密，但鸡仍然在一天天减少。原来狐狸就是偷鸡贼，它把鸡舍盖得非常严实，谁也进不去，但却把一个秘密通道留给了自己。

狮子的鸡舍不起作用，是因为错误地选择了偷鸡者狐狸为设计师和建筑师。狐狸建鸡舍的目的是要剥夺其他动物偷鸡的可能，而让自己有排他性偷鸡权。现实中的一些规则不起作用，也是因为规则的制定者是利益相关者，他们的目的是不让别人染指自己的利益，维持自己的垄断地位。这些利益相关者就是行政性垄断部门。

（资料来源：http://wenku.baidu.com/view/a90a0f7558fb770bf78a5590.html，百度文库）

6.2 完全垄断市场的需求曲线和收益曲线

6.2.1 完全垄断市场的需求曲线

完全垄断市场的需求曲线与完全垄断厂商的需求曲线是同一条曲线。垄断厂商的需求曲线是一条向右下方倾斜的曲线，意味着厂商可以通过销售数量的调整来影响价格。

在完全垄断市场上，一个行业只有一家厂商，垄断厂商是独家卖主，他面对的需求也就是整个市场的需求。完全垄断厂商是价格的制定者，他可以制定高价，也可以制定低价，但他也要受市场需求规律的限制。因为，如果他制定高价，销售量就必然下降，要扩大销售量，就必须降低价格，这意味着完全垄断市场上需求量与价格呈反方向变动，垄断厂商所面临的需求曲线是一条向右下方倾斜的曲线。

6.2.2 完全垄断市场的收益曲线

1. 平均收益曲线

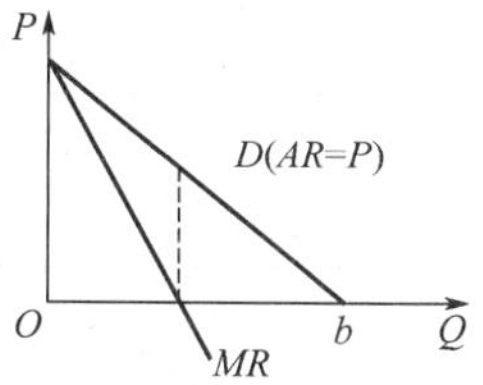

图 6-1 垄断厂商的需求曲线、平均收益曲线、边际收益曲线

在完全垄断市场上，厂商是价格的制定者，厂商每出售一单位商品所获得的收益等于商品的价格，即平均收益等于商品的价格。厂商的平均收益随着产品销售量的增加而减少。因此，平均收益曲线 *AR* 与需求曲线 *D* 重合即 *AR*=*P*，如图 6-1 所示。

平均收益的公式可以推导如下：

因为

$$P=a-bQ$$

所以有

$$TR=PQ=aQ-bQ^2$$

那么

$$AR=TR/Q=a-bQ$$

通过上述公式可进一步验证，平均收益曲线与需求曲线双线合一且向右下方倾斜。

2. 边际收益曲线

在完全垄断市场上，厂商的平均收益随商品的销售量的增加而减少，而且边际收益也是随着商品销售量的增加而递减。但由于在平均收益递减条件下，边际收益总小于平均收益，边际收益曲线 *MR* 就再也不与需求曲线 *D* 重合了，而是位于平均收益曲线的下方，如图 6-1 所示。

值得注意的是，如果完全垄断市场的需求函数是线性的，垄断厂商面临的需求曲线 *D* 是直线型的，那么，*D* 曲线和 *MR* 曲线在纵轴上的截距是相等的，*MR* 曲线在横轴上的截距是 *D* 曲线在横轴上截距的一半，即 *MR* 曲线平分由纵轴到需求曲线 *D* 之间的任何一条水平线。这是完全垄断厂商边际收益曲线的一个显著特征。

边际收益曲线公式：

$$MR=\mathrm{d}TR/dQ=a-2bQ$$

通过边际收益曲线公式与平均收益曲线公式比较可知，*MR* 与 *D* 在纵轴上的截距都是 *a*，*MR* 在横轴的截距为 *a*/2*b*（*MR*=0 时），*D* 在横轴的截距为 *a*/*b*，所以 *MR* 曲线在横轴上的截距是 *D* 曲线在横轴上的截距的一半。

3. 总收益曲线

厂商的总收益曲线 *TR* 先上升，在达到最高点后下降。由于在每一个销售量上的 *MR* 值都是相应的 *TR* 曲线的斜率，所以当 *MR* 为正值时，*TR* 曲线的斜率为正，即 *TR* 曲线是上升的；当 *MR* 值为零时，*TR* 曲线的斜率同样为零，即 *TR* 曲线达到最大值；当 *MR* 值为负值时，*TR* 曲线的斜率为负，即 *TR* 曲线是下降的，如图 6-2 所示。

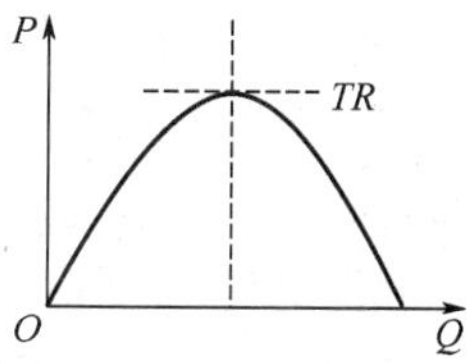

图 6-2 垄断厂商的总收益曲线

下面来看一组数据，具体如表 6-1 所示。

表 6-1　垄断市场中价格、总收益、平均收益与边际收益的关系　　单位：元

销 售 量	价　格	总 收 益	平 均 收 益	边 际 收 益
0	—	—	—	—
1	6	6	6	6
2	5	10	5	4
3	4	12	4	2
4	3	12	3	2
5	2	10	2	−2
6	1	6	1	−4

通过上述数据可以看出，垄断厂商的平均收益曲线与需求曲线重叠，表示垄断厂商的平均收益随产品销售量的增加而减少。同样，边际收益也随产品销售量的增加和价格下降而不断减少。表中平均收益由 6 元降到 5 元时，边际收益由 6 元降到 4 元。也就是说当垄断厂商的平均收益处于下降阶段时，边际收益小于平均收益，所以可以验证边际收益曲线在平均收益曲线下方。再看总收益由 6 元上升到 10 元再到最大值 12 元，然后下降直至 6 元，说明总收益曲线是一条倒 U 形的曲线。

小 提 示

为什么垄断厂商不存在供给曲线？

前面分析了，对于完全竞争市场可以根据需求的变化使整个市场沿着供给曲线来调整产量，然而，垄断厂商却不存在供给曲线。供给曲线是使厂商在任何一种既定价格时选择的供给量。因为垄断厂商是价格的制定者，而不是价格的接受者，所以问这种类型的厂商在任意一个既定价格时生产多少是没有意义的，因为企业在选择供给量的同时确定垄断价格。

对于垄断厂商来说关于供给多少的决策是依据需求曲线的。需求曲线的形状决定边际收益曲线的形状，进而决定了利润最大化产量。

（案例来源：曼昆.经济学原理(第五版). 北京：机械工业出版社，2009）

6.3　完全垄断市场上的短期均衡分析

在完全垄断市场上，厂商可以通过对产量和价格的控制来实现利润最大化，但也不能为所欲为，要受市场需求状况的限制。在完全垄断市场上，厂商仍依据 $MR=MC$ 的原则来决定产量，这种产量决定后，短期中难以完全适应市场需求进行产量调整。这就会出现供大于求、供小于求或供求相等的状况。供大于求时，会有亏损；供小于求时会有超额利润；供等于求时则只有正常利润。在短期均衡时，垄断厂商是盈利还是亏损，主要取决于市场价格与平均成本（或 TR、SAC、AVC）的比较。若市场价格高于平均成本，则有盈余；若市场价格低于平均成本，则会出现亏损。

在短期内，垄断厂商无法改变不变要素投入量，它是在既定的生产规模下通过对产量

和价格的同时调整，来实现 $MR=SMC$ 的利润最大化原则的。利润最大化的充分条件：$P>MR=MC$。

垄断厂商根据边际原则确定最佳产量及价格之后是否有盈利，取决于他的平均成本状况。短期中，垄断厂商可能出现盈利、获得正常利润或存在亏损三种情况，其中亏损又可具体分为三种情况。

在这里对垄断厂商短期均衡的分析，与完全竞争厂商的短期均衡分析道理基本是一样的。所不同的是垄断厂商不仅通过调整产量还可以通过调整价格来实现利润最大化。

6.3.1 获得超额利润的短期均衡

如图 6-3（a）所示，根据 $MR=SMC$ 的利润最大化原则，厂商的短期均衡应当位于 SMC 与 MR_1 的交点 E_1。均衡点 E_1 所对应的均衡价格为 P_1，均衡产量为 Q_1，厂商的平均收益为 G_1Q_1，平均总成本为 F_1Q_1，所以可以看出平均收益大于平均成本，此时的平均成本曲线位于平均收益曲线的下方，厂商的总收益如图中 $G_1P_1OQ_1$ 所围成的面积，厂商的总成本如图中 $F_1H_1OQ_1$ 所围成的面积。利润总量如图中 $G_1P_1H_1F_1$ 所围成的面积，厂商获得的单位产品利润为 G_1F_1。可以得出结论：若 $P=AR>SAC$，厂商获得超额利润。

6.3.2 实现正常利润的短期均衡

如图 6-3（b）所示，根据 $MR=SMC$ 的利润最大化原则，厂商的短期均衡应当位于 SMC 与 MR_2 的交点 E_2。均衡点 E_2 所对应的均衡价格为 P_2，均衡产量为 Q_2，厂商的平均收益为 G_2Q_2，平均总成本也为 G_2Q_2，可以看出平均收益等于平均成本，此时的平均成本曲线与平均收益曲线相切于 G_2 点，厂商的总收益如图中 $G_2P_2OQ_2$ 所围成的面积，厂商的总成本也是 $G_2P_2OQ_2$ 所围成的面积。超额利润为零。可以得出结论：若 $P=AR=SAC$，厂商获得正常利润。

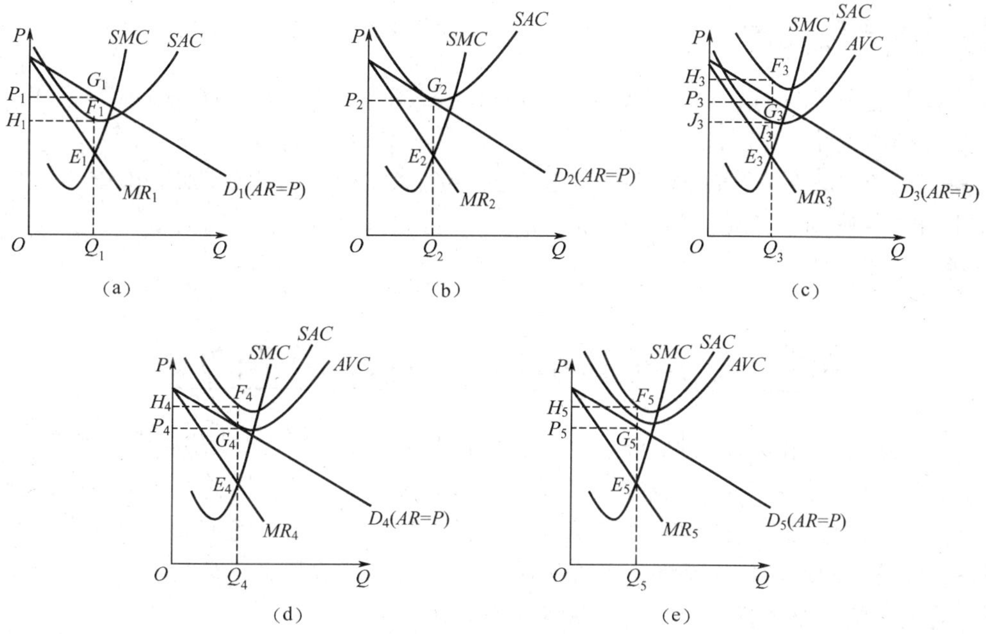

图 6-3 垄断厂商的短期均衡

6.3.3 出现亏损的短期均衡

出现亏损的短期均衡有三种情况，具体分析如下：

如图 6-3（c）所示，根据 $MR=SMC$ 的利润最大化原则，厂商的短期均衡应当位于 SMC 与 MR_3 的交点 E_3。均衡点 E_3 所对应的均衡价格为 P_3，均衡产量为 Q_3，厂商的平均收益为 G_3Q_3，平均总成本为 F_3Q_3，所以可以看出平均成本大于平均收益，但此时平均收益大于平均可变成本，对厂商来说继续生产，可以弥补全部可变成本如图中 $I_3G_3OQ_3$ 所围成的面积，还可以弥补部分固定成本如图 $G_3P_3J_3I_3$ 所围成的面积。此时厂商是亏损的，但是继续生产对厂商是有利的。可以得出结论：若 $P=AR<SAC$、$AR>AVC$，厂商亏损，但仍继续生产。

如图 6-3（d）所示，根据 $MR=SMC$ 的利润最大化原则，厂商的短期均衡应当位于 SMC 与 MR_4 的交点 E_4。均衡点 E_4 所对应的均衡价格为 P_4，均衡产量为 Q_4，厂商的平均收益为 G_4Q_4，平均总成本为 F_4Q_4，可以看出平均成本大于平均收益，与此同时平均收益等于平均可变成本，对厂商来说继续生产，可以弥补全部可变成本如图中 $G_4P_4OQ_4$ 所围成的面积，但一点固定成本都不能弥补。此时厂商生产与否，其损失都等于固定成本。所以称 E_4 点为停止营业点，如果价格低于该点，厂商应该停止生产。可以得出结论：若 $P=AR<SAC$、$AR=AVC$，厂商处于生产临界点。

如图 6-3（e）所示，根据 $MR=SMC$ 的利润最大化原则，厂商的短期均衡应当位于 SMC 与 MR_5 的交点 E_5。均衡点 E_5 所对应的均衡价格为 P_5，均衡产量为 Q_5，厂商的平均收益为 G_5Q_5，平均总成本为 F_5Q_5，可以看出平均成本大于平均收益，而且此时平均可变成本也大于平均收益，对厂商来说继续生产，不但固定成本不能得到弥补，连可变成本也不能弥补了。此时厂商必然会选择停止生产。可以得出结论：若 $P=AR<SAC$、$AR<AVC$，厂商应该停止生产。

思考与练习

已知某垄断厂商的反需求函数为 $P=20-Q$，短期总成本函数 $STC=20+6Q$。求短期均衡产量与均衡价格。

解： 因为 $TR=PQ=20Q-Q^2$，则 $MR=d(TR)/dQ=20-2Q$。又因为 $SMC=d(STC)/dQ=6$，由短期均衡条件 $MR=SMC$，得 $20-2Q=6$。

所以 $Q=7$、$P=13$。

6.4 完全垄断市场上的长期均衡分析

垄断厂商在长期内可以调整全部生产要素的投入量即生产规模，从而实现最大的利润。与完全竞争厂商不同，垄断行业排除了其他厂商加入的可能性。因此，如果垄断厂商在短期内获得利润，那么，它的利润在长期内不会因为新厂商的加入而消失，垄断厂商在长期内是可以保持利润的。如果垄断厂商在长期内只能获得正常利润或存在亏损，在长期内厂商可以通过调整规模来获得超额利润或者消除亏损。

如图 6-4 所示，SAC_1 为短期平均成本。根据利润最大化原则，SMC_1 与 MR 相交于 E_1

点，由此均衡点所确定的厂商的产量为 Q_1，价格为 P_1。此时边际收益 MR 大于长期边际成本 LMC，所以这样的产量不是最优产量。厂商将继续扩大生产规模，使短期成本曲线为 SAC_2，同样根据利润最大化原则，SMC_2 与 MR 相交于 E_2 点，由此均衡点所确定的厂商的产量为 Q_2，价格为 P_2。此时边际收益 MR 也等于长期边际成本 LMC，即此时有 $MR=LMC=SMC_2$，这时厂商将不再扩大规模也不再减小规模，产量达到了最优。

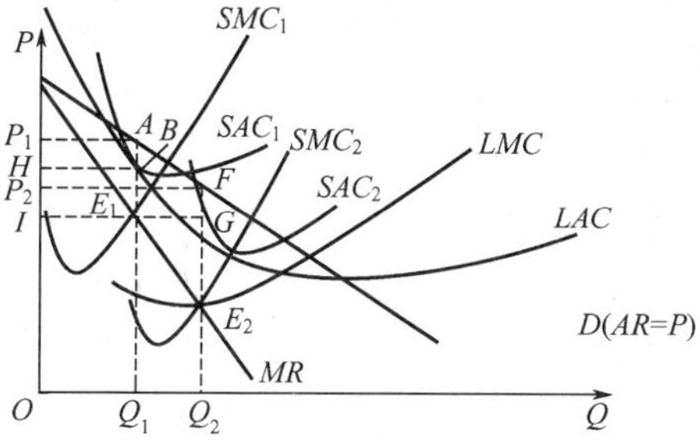

图 6-4 垄断厂商的长期均衡

由以上分析，我们推导出了完全垄断厂商的决策条件，即 $MR=LMC=SMC$。这说明，在短期中，垄断厂商无法调整全部生产要素，不一定能够获得超额利润；但是在长期中，厂商可以通过调整全部生产要素，通过规模调整可以获得超额利润。

案例 6-3

为何把牛奶倒入大海

汤姆是生活在美国某城城郊的一位奶牛场场主，不知何故，方圆数百里就这一家奶牛场，汤姆的奶牛场有 2 000 头奶牛，每月产奶 2 000 吨，这些牛奶供应这个城市的市民和周边农村的农民。牛奶售价是每吨 500 美元，每吨牛奶的生产成本是 300 美元。因此，汤姆一个月可以赚 40 万美元。

在大学读 MBA 的儿子杰瑞正在对当地牛奶市场进行调查，这是老师布置的寒假作业，意在巩固并实际应用课堂上学到的供求理论。

经过一个月的调查，杰瑞向父亲指出了他的一个惊人发现：“这些年你平均每个月损失 130 万美元！”

这话让老汤姆很不高兴：“危言耸听。”

“我反复核实过了，情况的确如此。让我给你解释一下吧。”

“说来听听。”

“咱们每月生产的牛奶卖给城市市民 1 000 吨，乡下的农民 1 000 吨。城市市民平均收入是乡下农民的两倍多，对这些市民来说，牛奶已经成为生活必需品，并且花在牛奶上的钱占其整个生活支出的比重很小。”

“这我知道。”

“我的市场调查表明，即使奶价翻两番，即每吨 2 000 美元，城市市民对牛奶的需求也基本不会下降。”

汤姆了解了居民的收入状况和生活水平，凭多年的经验和生活直觉他觉得儿子的这个调查结果很可能是真的。不过他立刻发现了另外一个问题！

“可乡下的农民很穷，根据我的经验，每吨 500 美元，也就是每千克 25 美分，是他们能够承受的上限，超过这个价格他们就不会买牛奶了。而我们每月的牛奶产量是 2 000 吨，城里只能销掉 1 000 吨，为了全部卖掉这些牛奶，我们只能卖 500 美元一吨。好在这样每月也能赚 40 万美元。”

“要是能够卖给城里人 2 000 美元一吨，乡下人 500 美元一吨就好了。”

“这不可能，乡下人会把我们的牛奶转手卖到城里，2 000 美元的价格不可能维持。”

“我知道，那为什么你不只卖给城里人呢？2 000 美元一吨！乡下人我们就不供应了。你想一想，每吨卖 500 美元，卖 2 000 吨，一个月才赚 40 万美元；而每吨卖 2 000 美元，虽然只能卖 1 000 吨，可是一个月要赚 170 万美元。”

“可这个月我们已经生产了 2 000 吨，要是卖 2 000 美元一吨，多余的 1 000 吨难道倒掉不成？”

“是啊，倒掉很可惜！可是倒掉它们，我们还可以赚 140 万美元，不倒掉它们，我们就只能赚 40 万美元。毕竟赚钱才是我们的目的。而且你也只能倒掉，否则没人相信你真的会卖 2 000 美元一吨。”

老汤姆知道杰瑞的分析是对的！犹豫再三，他终于痛下决心，倒掉 1 000 吨牛奶！

可能这一决定对他的冲击太大了，他的脑子有点转不过弯来，竟说出了后来自己也觉得颇为可笑的一段话：“那以后怎么办？难道要每个月生产 2 000 吨，倒掉 1 000 吨吗？”

杰瑞哈哈大笑：“怎么会这样！倒掉牛奶只能是这一次，以后我们就不需要生产这么多了，所以倒掉这个月多余的 1 000 吨后，我们接下来宰杀掉 1 000 头奶牛，辞掉部分工人，把多余的牧场和养牛场租出去，这样每月的生产成本可以降到 30 万美元，销售收入 200 万美元，每月纯利润就是 170 万美元了。”

第二天，汤姆的奶牛场做了一件让人目瞪口呆的事：把 1 000 吨香喷喷的牛奶倒入了海中，然后宰杀了 1 000 头奶牛，并且将牛奶的价格翻了两番。而城里人仍然购买汤姆的牛奶，尽管对这样的大幅涨价也很不满，可也没办法，方圆几百里只有汤姆一个奶牛场。

【案例分析】 “导致将牛奶倒入大海这种极端事件的根本原因是市场垄断。关于垄断，经济学的基本结论是：垄断的结果通常是产量从而消费量明显低于社会最优水平，而垄断价格却明显高于社会最优水平。倒掉牛奶这种行为从一般意义上讲就是宁可闲置生产能力也不愿增产降价，其目的是为了维持垄断高价带来的高利润。

（资料来源： http://blog.caijing.com.cn/expert_article-151484-39311.shtml，朱恒鹏，财经网博客）

6.5 完全垄断市场的价格歧视

6.5.1 价格歧视的含义

价格歧视（Price Discrimination）又称价格差别，是指垄断厂商在同一时间以同一产品向不同的购买者索取不同的价格。

我们在看电影时，许多电影院在售票时专门针对儿童和老年人实行低票价。这在竞争市场中很难解释这种现象。因为在竞争市场中，价格等于边际成本，为儿童和老年人提供一个座位的边际成本与向其他人提供一个座位的边际成本相同。在这里可以运用价格歧视来解释这一现象。如果电影院有区域性的垄断力量，而且如果儿童和老人对电影票的支付意愿低，就很容易解释这个事实了，在这种情况下，电影院通过价格歧视增加了利润。生活中这样的例子很多，如飞机票、折扣券、奖学金、数量折扣等。

6.5.2 价格歧视的条件

垄断厂商实行价格歧视的目的就是要获得垄断利润。一般情况下，实行价格歧视需具备以下条件。

1. 市场不完善

市场存在竞争信息不通畅，或者由于种种原因被分隔时，垄断厂商就可以利用这一点实行价格歧视。如国外图书出版商通常在本国出售图书的价格要高于在我国国内图书市场的价格。

2. 市场需求弹性不同

消费者具有不同的偏好，且能够被区分开。也就是消费者分别属于对某种产品的需求价格弹性差别较大的不同市场，而且垄断厂商能以较小的成本把这些市场区分开来，那么，垄断厂商就可以对需求弹性小的市场实行高价格，以获得垄断利润。例如，航空公司可以将顾客进行分类收取不同票价。

3. 市场之间能有效分割

对垄断厂商来说，它可以根据某些特征把不同市场或把同一市场的各部分有效地分开。比如根据语言和国籍的不同而实行差别工资。

6.5.3 价格歧视的种类

价格歧视可以分为一级、二级和三级价格歧视。

1. 一级价格歧视

一级价格歧视又称完全价格歧视，是指完全垄断厂商在销售其产品时，对每个产品以不同的价格出售，以获得最大可能的收入。也就是说垄断厂商按照每个消费者的需求价格逐个制定差别价格，从而将每个消费者剩余全部榨光。如图 6-5 所示，第一单位消费者愿意支付的最高价格为 P_1，厂商就按 P_1 价格出售，第二单位消费者愿意支付的最高价格为 P_2，厂商就按 P_2 价格出售，同理，直至厂商销售完全部的商品。

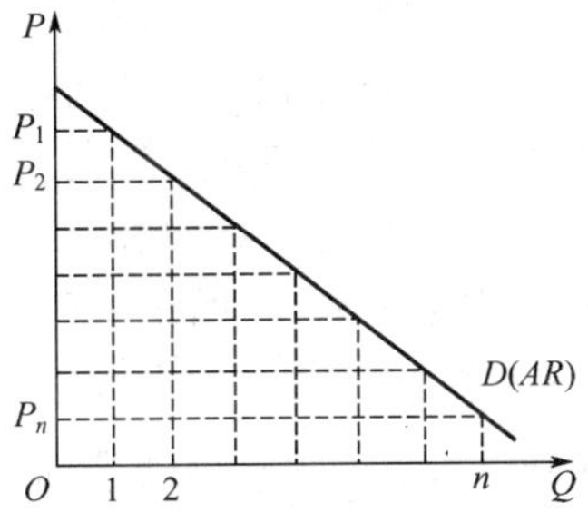

图 6-5 一级价格歧视

现实中很难出现一级歧视。一般只在两种情况下出现：一种情况是完全垄断厂商的产品销售对象的数量很少；另一种情况是完全垄断厂商能够精确地知道每个消费者所愿意接受的最高价格。例如，医生可以根据不同就诊者的能力和意愿而收取不同的费用。

2．二级价格歧视

二级价格歧视是指垄断者对某个特定的消费者，按其购买数量的不同制定不同的价格，以获得较大收益的一种方法。如图 6-6 所示，当消费者购买数量小于 Q_1 时，价格为 P_1；当购买数量达到 Q_2 时，增加消费的部分 Q_1 Q_2 按 P_2 价格收费；当购买数量达到 Q_3 时，按超部分 Q_2 Q_3 以更低的 P_3 价格收费。二级价格歧视是针对不同的数量段收取不同的价格。垄断厂商只是将部分的消费者剩余转归已有。二级价格歧视，并不是对不同消费者进行歧视，而是对不同购买数量和数量段进行歧视。一般来说，购买数量越多，价格就越低。但是，对于紧缺商品则正好相反。政府为了限制消费，通常对此类产品的消费越多，价格就越高，如飞机托运行李所收取的费用。二级价格歧视在实际生活中比较常见，在水、电、煤气、邮政、电信等公用事业中多采用这种定价方法，如规定买五送一、买十送三，市话费前三分钟两角，超过部分一分钟一角。

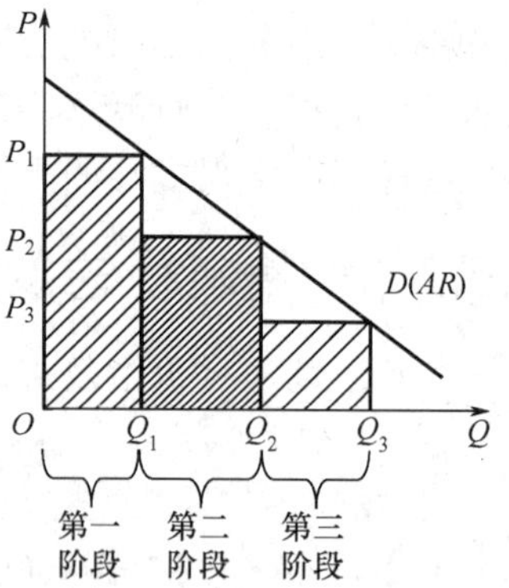

图 6-6 二级价格歧视

案例 6–4

塑料型材的定价策略

塑料门窗型材是建筑行业使用的塑钢门窗主体材料，自 20 世纪 90 年代后期以来在我国发展迅速。加拿大皇家集团于 1997 年在上海设立子公司，定位在塑窗型材的高端产品市场，经营业绩良好。然而进入 2001 年下半年后，市场环境发生剧变，受市场旺盛需求的刺激，各地纷纷上马塑窗型材生产项目，供给能力很快扩大，加上铝门窗技术也有重要改进，在全国掀起一股声势强劲的销售热浪，塑窗型材市场向供大于求的方向转变。

随着市场竞争压力日趋激烈，企业纷纷大幅度降价销售，未随之降价的皇家产品虽在沿海地区销量没有太大变化，但在内地市场销量明显下滑。公司营销人员经过调研分析，建议对定价方式进行调整。对购买不同数量的客户收取不同价格，最高打折幅度可以随着购买的数量递增到 18%。该企业决策层接受了这一价格调整建议，收到了较好效果。

（资料来源：http://wenku.baidu.com/view/0d5d3518a300a6c30c229f3c.html，百度文库）

3．三级价格歧视

如果垄断厂商能够将顾客分成不同的市场（或消费群）并收取不同的价格，就是三级价格歧视。这是指垄断者对同样的产品在不同的市场采取不同的销售价格。如图 6-7 所示，假定厂商的规模报酬不变，则边际成本 *MC* 曲线为一水平线。假定 A 市场的需求弹性较小，需求曲线比较陡峭，B 市场需求弹性较大，需求曲线相比较而言比较平坦。按照利润最大化原则，当 $MR=MC$ 时厂商利润最大，此时 A 市场的价格为 P_A，产量为 Q_A，B 市场的价格为 P_B，产量为 Q_B，由图中可以看出 $P_A>P_B$。这说明厂商可以根据不同市场需求状况制定不同的价格。各个市场产品的价格高低取决于需求弹性，需求弹性较大的市场定价较低，而需求弹性较小的市场定价较高。

三级价格歧视的例子很多，如：同一商品在豪华商场与在超级市场、在穷人区与富人区、在城市与在农村等价格差别很大；很多服务性行业往往会对学生、老人、军人等一些特殊人群提供低价位的服务；电力公司对工业用电收费低，对居民用电收费高；通信公司规定夜间通话费率低于白天通话费率。

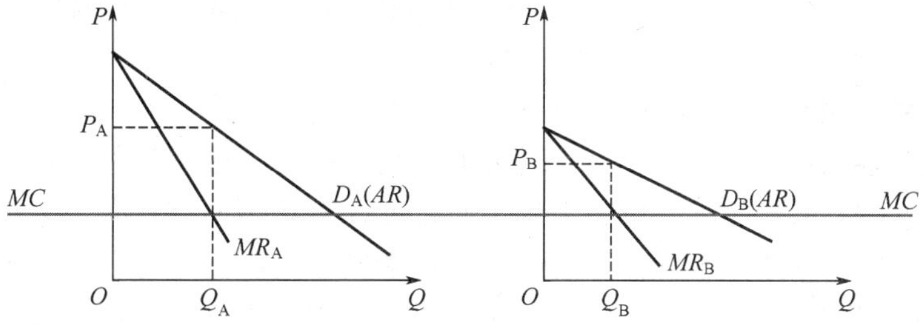

图 6-7 三级价格歧视

案例 6–5

打印机的差别定价

某国际知名公司发明了一款激光打印机，打印速度很快，每分钟打印 60 页，其生产成本是 1 000 美元。市场调研表明这种打印机的客户分为两类：第一类是企业、科研机构和政府机构，这些用户很需要这种速度快的打印机，它们甚至愿意支付 1 万美元的价格。第二类是个人用户，他们的最高支付意愿是 1 500 美元。因此，对于这家公司来说，如果能够向机构用户索取 1 万美元，而向个人用户索取 1 500 美元，将可以获取最大利润。问题是如何阻止机构用户用 1 500 美元的价格购买，如果做不到这一点，这家公司将不得不放弃个人用户，把价格定在 1 万美元的高价位上。最终，该公司想出了一种办法，它把这种打印机分为两种款型，A 型就是上述这种打印速度每分钟 60 页的打印机，而 B 型是在 A 型中加入一个芯片把打印速度降至每分钟 5 页！A 型价格是 1 万美元，B 型价格 1 500 美元，这样就有效地阻止了机构用户支付低价。这种差别定价模式在电子产品中非常普遍，许多软件就分为专业版和普通版。

（资料来源：http://ie.cass.cn/yjlw/01.asp?id=491，中国社科院经济研究所）

除了上述三种价格歧视，常见的还有其他价格歧视，如时间价格歧视和高峰定价。

时间价格歧视，是指垄断厂商在不同的时间里对具有不同需求函数的消费者收取不同价格，也叫“撇油定价法”。比如新款式服装刚上市定价往往很高，过一段时间便会降低价格。与之类似的还有电脑、手机等产品。

高峰定价，是指在消费者的高峰期，由于生产能力的限制，边际成本太高而收取比非消费高峰期更高价格的定价方法。如黄金周的旅游门票和旅馆住宿费等。

6.6 对完全垄断市场的评价

6.6.1 完全垄断市场的利处

1. 完全垄断市场有可能促进资源效率提高

要形成完全垄断市场，必须要拥有并投入大量的固定资产和资金，垄断厂商可以通过规模效益提高产品的产量、增加产品的品种，提供全部供给，同时减少资源的消耗，尽量降低产品的成本，从而促进资源效率的提高。所以完全从规模生产的经济性上来考虑，这种可能性是存在的，而且，垄断厂商形成的初期也是通过规模生产来提高资源效率和厂商的经济效率的。

2．完全垄断市场可以刺激创新

专利是形成垄断的原因之一，只要创造了专利，就会形成对这种产品、劳务或加工技术的垄断。完全垄断市场通过专利形式给予创新者以垄断排他性权利，使创新者在一定时期内享有专利权所带来的经济利益。这样就会刺激更多的厂商进行创新活动，同时，也刺激垄断者继续大量投资于科研开发，从而促进更大范围和更高层次创新活动的开展，进而推动社会的发展。

6.6.2 完全垄断市场的弊端

1．完全垄断市场会造成市场竞争和生产效率的损失

完全垄断市场的产品、劳务及资源完全由一个厂商垄断，在这种市场类型中，由于法律和自然限制，其他厂商无法自由进入该市场，这个市场没有竞争。市场竞争会激励厂商不断改进生产技术，提高劳动生产率，从而推动整个社会经济的迅速发展。而完全垄断市场排除了市场竞争之后，垄断厂商无市场竞争压力，不用改进生产技术和提高劳动生产率同样也可获得高额垄断利润，只有当改进生产技术和提高劳动生产率能促进利润最大化目标的实现时才能促使垄断厂商改进生产技术和提高劳动生产率。

接下来用图形来说明垄断厂商与完全竞争厂商在价格和产量的决定上有什么不同。

如图 6-8 所示，在完全竞争市场上，根据长期均衡条件 $LMC=MR$，长期均衡点 E_1 决定了产量为 Q_1，价格为 P_1，此时长期平均成本处于 LAC 曲线的最低点，此时完全竞争厂商获得超额利润为零，只能获得正常利润；在完全垄断市场上，同样根据长期均衡条件 $LMC=MR$，长期均衡点 E_2 决定了产量为 Q_2，价格为 P_2，此时长期平均成本不在 LAC 曲线的最低点，长期平均成本为 FQ_2，同时垄断厂商的长期平均收益为 GQ_2，大于长期平均成本 FQ_2。垄断厂商可以获得超额垄断利润。可以看出 $Q_1> Q_2$、$P_1< P_2$，这说明在完全竞争市场上资源得到了优化配置。

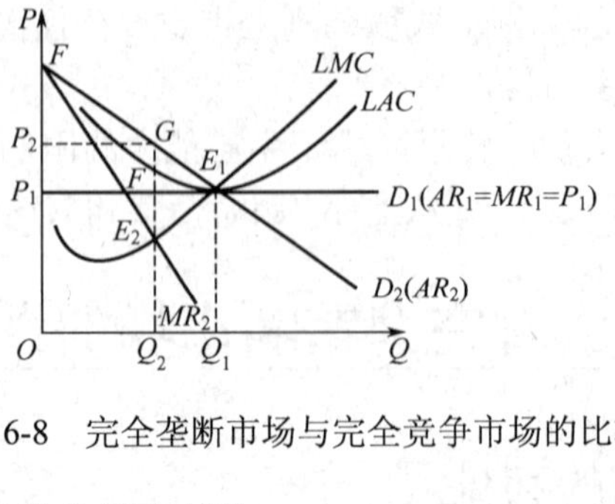

图 6-8　完全垄断市场与完全竞争市场的比较

2．完全垄断市场会造成社会福利损失

由于垄断厂商垄断了市场供给，并凭借着垄断权力控制了市场价格，实行了价格歧视，消费者只能被动接受垄断厂商制定的高价格。消费者出高价格购买产品和服务与其

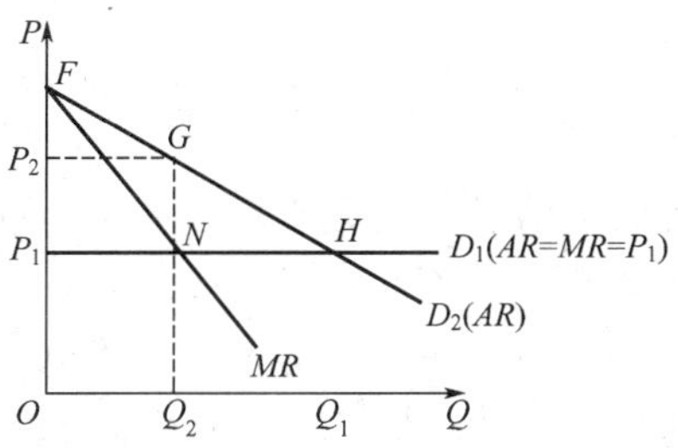

图 6-9 完全垄断导致社会福利损失

实际价值严重背离。从实质上来看，垄断厂商对消费者造成的各种损失，就是垄断厂商对消费者利益和权力的掠夺。垄断厂商对消费者造成损失的行为，既违背了市场经济条件下等价交换的基本原则，又阻碍了社会的进步与发展，导致社会福利的损失。

如图 6-9 所示，完全竞争市场的需求曲线为 D_1，价格是 P_1。消费者总剩余可以用图 6-8 中 D_2 需求曲线下方，价格线 P_1 上方和价格轴围成的三角形的面积表示。所以此时消费者剩余为 P_1HF 这个大三角形。在垄断市场上，价格为 P_2，产量为 Q_2，消费者剩余为 P_2GF 这个小三角形。$P_1NG\ P_2$ 这个四方形所代表的是消费者剩余的损失，此损失通过垄断厂商的价格歧视转变为超额利润。NHG 这个三角形所代表的是消费者没有得到、垄断厂商也没有得到的部分，它表示由于资源的浪费而形成的纯社会福利的损失。

3．完全垄断市场会导致社会收入分配不均，甚至导致“寻租”行为

垄断厂商获得的超额利润被视为收入分配的不平等。垄断利润的存在是导致垄断行业高工资和高福利的根源，所以只有消除垄断利润，才能消除由于垄断而导致的行业收入差距和社会收入分配不平等。

此外，垄断的存在更为不利的是有可能导致“寻租”行为，从而成为滋生腐败的土壤。寻租是一种创造垄断的活动，而垄断则会导致低效率和资源的浪费，垄断虽然给寻租者带来了额外收入。但在垄断条件下，因为价格升高、产量降低而导致消费者剩余减少。

知识链接

寻租

政府运用行政权力对企业和个人的经济活动进行干预和管制，妨碍了市场竞争的作用，从而创造了少数有特权者取得超额收入的机会。根据美国经济学家 J.布坎南和 A.克鲁格的论述，这种超额收入被称为“租金”（rent）；谋求这种权力以获得租金的活动，被称作“寻租活动”，俗称“寻租”。

（资料来源：http://baike.baidu.com/view/477.htm，百度百科）

所以，垄断市场被认为是经济效率最低的市场。但是，研究完全垄断市场还是具有积极的意义。研究完全垄断市场可以方便了解完全垄断市场条件下出现的各种经济关系，从而有利于运用这种理论来研究现实市场类型条件下市场主体行为如何最佳化；研究完全垄断市场理论还可以凸显政府对垄断行为进行干预、调节的必要性，以及政府干预、调节活动对市场正常运行及对市场主体利益的协调所起的重要作用等。政府决策者对垄断问题所做的反应主要有四种方式：努力使垄断行业更有竞争性；管制垄断厂商的行为；变私人垄断为公共厂商；无所作为。

知识链接

反托拉斯法

反托拉斯法是美国进入垄断资本主义阶段后，国会制定的以保护竞争、反对垄断和限制性贸易做法为目的的成文法的总称。19 世纪 80 年代末，在石油、采煤、榨油、烟草、制糖等部门都出现了托拉斯组织。托拉斯的形成，一方面给垄断资本家带来超额利润，另一方面却破坏了自由资本主义的经济结构，导致中小企业主、农场主的破产和广大劳动群众生活的恶化，从而激起群众性的反托拉斯运动。为了缓和社会矛盾，美国政府采取法律手段，进行国家干预。1890 年 7 月 2 日，美国国会通过了《保护贸易及商业以免非法限制及垄断法案》，简称《谢尔曼反托拉斯法》。该法主要为禁止限制性贸易做法及垄断贸易的行为。

（资料来源：http://baike.baidu.com/view/198603.htm?fr=aladdin，百度百科）

6.6.3 垄断与竞争的比较

本章主要讨论了完全垄断厂商的行为，接下来我们对垄断市场和完全竞争市场的相同和不同之处进行比较，具体如表 6-2 所示。

表 6-2 垄断与竞争异同点比较

		完全垄断市场	完全竞争市场
相同点	厂商目标最大化原则	利润最大化 $MR=MC$	
	短期是否能赚到经济利润	能	
不同点	厂商数量	一个	很多
	边际收益 MR	$MR<P$	$MR=P$
	价格 P	$P>MC$	$P>MC$
	长期中是否能进入	不能	能
	长期中是否能赚到经济利润	能	不能
	是否有价格歧视	有	没有

案例分析

【案例 6-6】 **垄断商品也需要广告**

据说，世界上最璀璨的夜景在纽约曼哈顿第 47 大街的第五大道和第六大道之间，因为这里是全球钻石交易量最大的地方，集中了 2 600 多家钻石店。

过去的百余年里，英国的戴比尔斯公司一直统治着钻石市场。它可以视做防止个别供应商的倾销导致钻石价格下跌而结成的供给联合垄断机制。尽管戴比尔斯只垄断了非洲的钻矿，但因其与俄罗斯的钻石巨头阿尔罗萨建立了合作关系，事实上占据了垄断地位。

但在 21 世纪初，这个状况被打破了，出现了八仙过海竞风流的局面。戴比尔斯占据的市场份额由 20 年前的 80%降到 65%，但仍维持了垄断地位。

“A Diamond is Forever.（钻石恒久远，一颗永流传。）”这是戴比尔斯公司数十年来沿用的广告词。既然永远都会有想拥有钻石的人，为什么还要在垄断市场打广告呢？

在一般的供给曲线中，需求增加时，价格会上升，并引起供给增加，继而使价格下跌，最终达到平衡。但在垄断市场里，垄断者可以用对自己最有利的方式来调节价格和供给，价格下跌时减少供给，价格上涨时增加供给。

不过，垄断者最愿意看到的是增加供给后，需求仍然增加而使价格维持高位的情况，这样就可以高价卖出更多的商品。因此，垄断市场也需要广告。但广告的目的与其说是增加对自家商品的需求，不如说是防止需求分流到红宝石或蓝宝石等替代品市场。

（案例来源：[韩]李荣植著．桂华春译.每天学点街头经济学．南昌：江西科学技术出版社，2010）

名家名言

斯拉法（1898—1983年）：出生于意大利都灵（见图6-10），父亲是意大利商法教授。斯拉法在都灵读大学预科，并在法学院注册，但被征兵服役，参加大学考试而没有随班上课。他是意大利共产党创建者A.葛兰西（1891—1937年）的亲密朋友，又是J.M.凯恩斯的得力助手。斯拉法1924年开始他的学术生涯，在佩鲁贾大学法学院任政治经济学教授，1926年转到撒丁岛的卡利亚里大学任教授。由于法西斯统治的日益强化，他于1927年夏移居英国，接受凯恩斯为他提供的剑桥大学讲师的职位。

斯拉法

图6-10 英籍意大利经济学家斯拉法

如果纯粹垄断能使一家厂商自由地扩大产量而无需降低销售价格，如果大规模生产的经济效益使得该厂商的成本愈来愈低，什么力量能够阻止这样一个厂商一旦站稳脚跟以后，不吞没整个市场，从而破坏竞争呢？

——斯拉法

本章小结

垄断市场是指整个行业中只有一个厂商的市场组织。市场没有任何相近的替代品，厂商是价格的制定者，进入壁垒高。垄断厂商的需求曲线向下倾斜，垄断厂商可以通过限制产量和索取比完全竞争市场更高的价格获得经济利润。

本章习题

一、名词解释

完全垄断；价格歧视；自然垄断。

二、选择题

1．完全垄断市场的含义是（　　）。

A．所有厂商的需求曲线都具有负斜率的市场

B．在市场中许多厂商都生产同质的产品

C．在市场中，只有一个厂商生产几乎无相近替代商品的产品

D．众多厂商生产有差异的某种产品

2．在完全垄断市场中厂商在长期内仍可赚取经济利润是因为（　　）。

A．广告的作用

B．存在进入障碍

C．随着销售量的增加，边际收益是不变的

D．平均固定成本递增

3．在完全垄断市场上，厂商（　　）。

A．可以任意定价　　B．价格一旦确定就不能变动

C．根据利润最大化原则定价　　D．价格等于成本

4．下述因素中哪一个不是“进入障碍”（　　）。

A．资源配置低效率限制　　B．专利权限制

C．规模经济限制　　D．许可证限制

5．在哪一种情况下会出现自然垄断（　　）。

A．由一个厂商生产足以满足市场需求，且长期内平均成本随产出增加而递减

B．由一个厂商生产足以满足市场需求，且长期内平均成本随产出增加而递增

C．某一个厂商拥有或控制着生产所必需的某类资源

D．规模经济不再存在

6．价格非歧视性的垄断厂商的需求曲线（　　）。

A．具有完全弹性

B．完全缺乏弹性

C．比完全竞争厂商的需求曲线缺乏弹性

D．就是其边际收益曲线

7．非价格歧视性的垄断厂商（　　）。

A．其边际收益曲线位于需求曲线之上

B．其边际收益曲线和需求曲线相同

C．其需求曲线在其总收益达到最大时与横轴相交

D．其边际收益在总收益达到最大时为零

8．对于非价格歧视性完全垄断厂商的边际收益低于价格是因为（　　）。

A．需求曲线位于边际收益曲线之下

B．平均收益曲线和边际收益曲线是同一条曲线

C．需求曲线具有负斜率

D．垄断厂商的产出量低于完全竞争厂商

9．假定影响需求的因素不变，完全垄断厂商（　　）。

A．可以提高价格且使销售量增加，因为它控制着市场

B．在销售量增加时其总收益的增加量等于其新增销售产品的价格
C．应该在边际收益为负的区域内生产
D．必须通过降价才能增加销售

10．假定某完全垄断厂商将价格定为 12 元，与此相对应的边际收益是 9 元，由此可知（　　）。

A．在此价格水平上，需求缺乏弹性　　B．总收益仍处于递增阶段
C．该厂商此时实现利润最大化　　D．此时总收益达到最大

11．某完全垄断厂商生产某一产量时，*ATC*=4 元、*P*=5 元、*MC*=2 元、*MR*=3 元，由此可知此时该厂商（　　）。

A．正遭受损失，但可通过提高产量减少损失
B．正遭受损失，但可通过降低产量减少损失
C．获取了经济利润，但可以通过提高产量增加经济利润
D．获取了经济利润，但可以通过降低产量增加经济利润

12．如果某垄断厂商的边际收益为 3 元，边际成本为 4.5 元，在这种情况下，该厂商可通过哪种方式来增加利润或减少损失？（　　）。

A．降低产量并提高价格　　B．产量和价格都降低
C．产量和价格都提高　　D．提高价格，产量不变

13．完全垄断厂商处于短期均衡状态时，其价格（　　）。

A．等于边际收益
B．可能高于也可能低于平均总成本
C．等于平均总成本
D．高于平均总成本

14．在短期内，完全垄断厂商的利润（　　）。

A．当价格等于 ATC 时达到最大　　B．可能为正、为负，可能为零
C．总是为正的　　D．将为零

15．如果某垄断厂商实行价格歧视，可以预知其（　　）。

A．利润会增加，而产出会减少　　B．利润和产出都会增加
C．利润和产出都会减少　　D．需求曲线会位于边际收益曲线之下

16．下述因素中哪一项不是实行价格歧视的前提条件（　　）。

A．相关产品或劳务不可以由最初的购买者再转卖
B．销售者必须能够区分市场，即按需求弹性的不同对购买者分类
C．销售者必须拥有一定程度的垄断能力
D．相关的商品必须是耐用品

17．如果完全垄断厂商能够实行一级价格歧视，则（　　）。

A．边际收益曲线和总收益曲线将合而为一
B．边际收益曲线将移到需求曲线之上
C．边际收益曲线和需求曲线将合而为一
D．在各个产出水平上，边际收益将比没有价格歧视时低

18．如果政府强制要求自然垄断的厂商将价格设定在与其平均总成本相等的水平上，则相对于没有政府管理的情况来说（　　）。

A．产出会增加　　B．垄断厂商会获得正常利润

C．资源配置会更优化　　D．上述各项都可能发生

三、简答题

1．简述完全垄断市场的形成原因。

2．简述完全垄断市场的特征。

3．什么是价格歧视？实行价格歧视需具备什么条件？将带来什么结果？

4．为什么完全垄断厂商的需求曲线是向右下方倾斜的?

5．用图说明完全垄断厂商短期均衡和长期均衡的形成和条件。

6．完全垄断条件下的厂商为什么不存在供给曲线?

四、计算分析题

1．已知某一垄断厂商的成本函数为 $TC=5Q^2+20Q+10$，需求函数为 $Q=140-P$，试求：该厂商利润最大化的产量、价格、利润。

2．某垄断厂商的产品在两个市场上实行差别定价，其总成本函数 $TC=8Q+100$，产品的需求函数为 $Q_1=10-(1/2)P_1$、$Q_2=10-P_2$，试求：厂商均衡时的两个市场的价格和销量。

五、案例分析题

【案例 1】　民航定价的另一种思路

近来，围绕民航票价的打折问题争论颇为热闹。代表航空公司的一方要求打折，反对限价；代表主管部门的一方怕引起恶性价格竞争，反对打折。其实，主管部门对厂商定价行为管得太多不符合市场经济的要求，而厂商一味降价打折也并非良策。我们可以换一个角度来考虑民航定价问题。经济学家认为，价格是由供求关系决定的，任何非经济因素对价格的制约都违背了市场经济规律。但厂商以市场供求关系定价并非一味涨价或降价，而是可以根据市场状况采用不同价格策略，价格歧视即是一例。

歧视价格的一种就是厂商对同一种产品在同一时间向不同的消费者收取不同的价格。美国的航空公司往往对同一个航班上的不同乘客收取不同的价格，这就是歧视价格。要让不同的乘客接受不同的价格有两个重要条件。第一是物品或劳务的不可换让性，因为如果价格不同的物品与劳务可以自由转让，就没有人接受高价格了。民航机票上写有乘客的名字，不能转让，就满足了这一条件。第二是要把乘客分为愿意接受不同价格的群体。比如美国民航公司的一种做法是把乘客分为公务乘客和私人乘客。前者是公费支出，以工作需要为第一原则，不考虑价格因素。后者是私人探亲或旅游，个人掏腰包，价格相当重要。当然乘客在买票时并不说自己属于哪一类，这就要民航公司用一种客观的手段把他们分开。有的民航公司的做法是，对周六在目的地停留一个晚上的两个城市间的往返机票收取低价格，而对其他机票收取高价格。这就区分了公务乘客和私人乘客，因为，周六、周日不上班，公务乘客一般不在目的地渡过周六，至于多花点钱对他们是无所谓的。而私人乘客在目的地度周末，本身就是休息，又省了机票钱，何乐而不为呢？这样，对公务乘客收取高价格，乘客和机票收入并没有减少，而对私人乘客收取低价格又吸引了乘客，增加了收入，歧视价格就达到了增加总收益的目的。当然，在不同国家、不同行业、不同时期，为实行价格而区分消费者的方法是不同的。但美国民航公司成功运用歧视价格说明这是一种有效

的定价方式。这种定价方式还在许多行业得到广泛运用。

【思考】

为什么存在价格歧视？举例说明生活中的价格歧视现象？

【案例2】 瑞士高档手表的销售价格

众所周知，瑞士手表是世界知名的手表系列，在大多数的人心目中，拥有一块瑞士手表是一种可以炫耀的资本。许多人都认为，瑞士作为高档手表的制造地，高档手表的价位肯定要比在世界其他的地方低得多。可是实际上并不是这样。就拿中国香港来比吧，同样款式的瑞士手表，在中国香港的价位要远比在瑞士的价位低得多。也许有的人认为，这是因为中国香港是自由港，世界各国的货物都可以在中国香港自由进出买卖，因此价位肯定要比在瑞士本国便宜。事实是这样的吗？

【思考】

请用本章所学内容分析此案例。

【案例3】 天下是否有“免费午餐”

在湖南长沙城南有一口井，名曰“白沙井”，其水质甘美、清莹如镜，并含有多种微量元素，当属于天然矿泉水。据说常饮此井水可保健身心、延年益寿。据井边的碑文记载，该井有几百年历史，老百姓到此取水，从不收费，实乃“免费午餐”。据说新中国成立前因长沙城区狭小，此井位于当时的城区之外，故有贩夫在此取水运至城区销售。但新中国成立后长沙城扩大至白沙井所在区域，交通十分便利，此井现在位于一条繁华街道旁，居民们可以自己骑车到此取水，贩夫们发现做此生意无钱可赚了，于是井水就逐渐变成了无价之物的“免费午餐”。即使此井水为稀缺之物，交通便利使其供给成本接近于零，但若某商家购下其产权，然后垄断销售之，或者直接由政府垄断销售，按理说也不会是无价之物。同为长沙一景的岳麓山，也属天赐之物，游人上山游览的边际成本也接近于零，但为何进山要买票呢？

【思考】

为什么政府作为一个垄断者，将岳麓山的美景圈起来进行有价经营，而没有将白沙井圈起来进行有价经营呢？

第7章　垄断竞争市场和寡头垄断市场

本章导学

本章我们将学习垄断竞争市场的含义和特征、垄断竞争厂商的需求曲线、垄断竞争厂商的短期均衡分析、垄断竞争厂商的长期均衡分析、非价格竞争手段对均衡的影响。以及寡头垄断市场的含义和特征、古诺模型、斯威齐模型、卡特尔、博弈论的运用。

通过此部分的学习我们应该能够理解垄断竞争市场上的产品差别竞争、理解为什么一些寡头更希望成为垄断者。

7.1　垄断竞争市场

7.1.1　垄断竞争市场的含义和特征

1．垄断竞争市场的含义

垄断竞争市场（Monopolistic competition market）是指一种既有垄断又有竞争，既不是完全竞争又不是完全垄断的市场，是处于完全竞争和完全垄断之间的一种市场。服装业、食品加工业、纺织业、日用品行业都是垄断竞争行业。

2．垄断竞争市场的特征

垄断竞争市场竞争程度较大，垄断程度较小，比较接近完全竞争，而且要现实得多，在大城市的零售业中普遍存在。从总体上说，这种市场具有以下特征：

（1）市场上有很多的生产者和购买者，每一个厂商生产规模都比较小，单个厂商的产量和价格的变动，不会引起竞争对手的注意和反应。市场上数目众多的厂商都要在一定程度上接受市场价格，但每个厂商又都可对市场施加一定程度的影响，不完全接受市场价格。此外，厂商之间无法相互勾结来控制市场。众多厂商争夺相同的客户群体，如我们的生活中生产洗发水的厂商很多，购买洗发水的消费者也很多。

（2）市场中厂商生产的产品是有差别的，而这些产品之间又存在着相互替代性，也就是说产品不是同质的！在市场中不同厂商的产品存在差别，或者是质量上的差别，或者是功能上的差别，或者是包装、商标、广告等引起的非实质性差别，或者是地理位置、服务理念与方式等带来的销售条件差别。产品差别是造成厂商垄断的根源，但由于市场内产品之间的差别并不代表某种产品完全不能被替代，一定程度的相互替代性又让厂商之间充满着竞争，因而相互替代是厂商竞争的根源。还以洗发水为例，每个厂商生产的洗发水都不相同，如味道、包装、功能等。

小 提 示

完全竞争市场与垄断竞争市场的主要不同

完全竞争厂商的产品是同质的，而垄断竞争市场中各不同厂商的产品是有差别的。产品的同质性是一个相当严格的要求，而所谓的产品之间的差别，往往可以是细微的。事实上，只要消费者能够对不同厂商所生产的产品进行辨别，就可以说产品是有差别的。产品是否具有同质性是区分完全竞争市场与垄断竞争市场的主要特点。

（3）厂商进入市场的障碍较小，可以自由进入或退出市场。生产要素比较容易流动。这一点与完全竞争类似，厂商的规模不算很大，所需资本不是太多，进入和退出一个行业障碍不大，比较容易。例如，对于想进军洗发水市场的厂商来说，所需资本不高、技术上也没有太多限制和障碍。进入、退出洗发水市场比较容易。

案例 7–1

宇龙酷派——手机市场的黑马

在现实生活中，手机市场便是垄断竞争市场。手机生产商除了在通话质量方面开展竞争，以争取更多的消费者外，还在功能、外形等方面展开了激烈的差异化竞争。如在竞争中，手机的功能日趋多样化，随心下载应用安装程序，资源也很丰富。可玩游戏、拍照、记事、计算等，基本上具备了掌上电脑的特点。手机市场是一个容量非常庞大，同时也是高度细分的市场，所以需求量非常大。当价格不能作为竞争手段时，厂商必须将眼光放到其他位置，形成垄断竞争，从而获得垄断利润。

在国际知名企业手机品牌竞争下，来自深圳的宇龙酷派并不逊色。这出乎很多人的意料，因为这家公司名气并不是那么响亮，进入手机市场领域的时间也不算太长。宇龙酷派之所以能快速成长，关键是抓住了差异化的产品和营销模式。从进入手机领域之初，宇龙酷派就致力于高端智能手机产品的研发与营销，成为第一个推出 CDMA/GSM 可同时在线的手机企业。宇龙酷派曾经凭借双待机产品酷派 728 击败三星、LG 等巨头，获得中国联通最大的世界风双模手机采购订单。消费者需求的多元化，为实施个性化营销奠定了基础。牢牢抓住技术、产品的差异化，实施差异化营销和差异化服务，从而实现宇龙酷派的差异化突围。明白目标消费群的偏好是什么。在服务上，坚持差异化、人性化服务；在服务政策上，针对 VIP 高端客户，第一个推出了上门服务的举措，受到高端消费者的欢迎。

（资料来源：http://wenku.baidu.com/view/6756803c580216fc700afddb.html，百度文库）

7.1.2 垄断竞争厂商的需求曲线

垄断竞争厂商生产的是有差别的产品，所以产品具有一定的垄断能力，和完全竞争厂商被动接受市场价格不同，垄断竞争厂商对价格有一定的影响力。对于习惯于消费垄断竞争厂商产品的消费者而言，可能并不会因为垄断竞争厂商小幅度提高价格而拒绝购买该产品，该产品的需求不会大幅度下降。但是，如果垄断竞争厂商大幅度提高价格，由于市场上存在大量的替代品，此时，消费者很有可能放弃对这种产品的偏好，转而购买该产品的替代品。正因为如此，垄断竞争厂商所面临的需求曲线比完全竞争厂商所面临的需求曲线要更陡峭一些，即更缺乏弹性。

在垄断竞争市场中，厂商生产的产品是有差别的替代品，市场对某一厂商产品的需求不仅取决于该厂商的价格和产量的决策，还取决其他厂商对该厂商的价格和产量决策是否采取一定的应对措施。一个厂商的降价，其他厂商如果也降价，则该厂商的需求量不会增加多少，但是如果其他厂商不降价，则该厂商的需求量会增加很多。所以在研究垄断竞争厂商的需求曲线时，我们会发现垄断竞争厂商面临两条需求曲线。

1．*d* 曲线（主观需求曲线）

d 曲线表示在垄断竞争市场，单个厂商改变自己的价格，市场上其他厂商并不随之改变价格时，该厂商价格与销量的关系。因为在垄断竞争市场中有大量的厂商存在，单个厂商认为自己的行动不会引起其他厂商的反应，这个厂商便主观地认为自己可以像垄断厂商那样，独自决定价格。所以我们称 *d* 曲线为主观需求曲线。这条需求曲线比较平坦，斜率较小，具有很大的需求价格弹性。市场价格稍有变动，商品需求量即会发生很大的变动。

2．*D* 曲线（客观需求曲线）

D 曲线表示在垄断竞争市场，单个厂商改变自己产品的价格，市场上其他厂商也相应改变自己的价格时，该厂商价格与销量的关系。在实际中，只要一个垄断竞争厂商降低价格时，其他厂商为了保证自身的市场份额，一般也会选择跟着降价。因而，对于率先降价的厂商来说，产品的需求量上升得并不如预想的那么多。此时的需求曲线称为客观需求曲线。

如图 7-1 所示，垄断竞争厂商的主观需求曲线为 d_1，厂商起始的产量为 Q_1，对应的价格为 P_1，即位于主观需求曲线上的 *A* 点。当厂商做出降价决策价格由 P_1 降为 P_2 后，依据主观需求曲线 d_1，厂商主观预计的销售量为 Q_2。但是，由于该厂商做出降价决策后，其他厂商为了保住已有的市场份额，也纷纷采取降价措施。所以实际上，该厂商的销售量只有 Q_3，介于 Q_1 和 Q_2 之间。厂商只能移动到 *B* 点。当厂商意识到此点之后，厂商的主观需求曲线就会做出相应的调整，调整为通过 *B* 点的 d_2。反之，如果厂商将价格上调由 P_1 提高至 P_3，依据主观需求曲线 d_1，厂商主观预计的销售量为 Q_4。但此时其他厂商也采取提价措施。所以实际上，该厂商需求量的下降并不像预期的那样，实际的需求量为 Q_5，即厂商实际移动到 *C* 点，厂商的主观需求曲线调整为通过 *C* 点的 d_3。那么，把 *A*、*B*、*C* 三点连起来，这个曲线就是客观需求曲线。

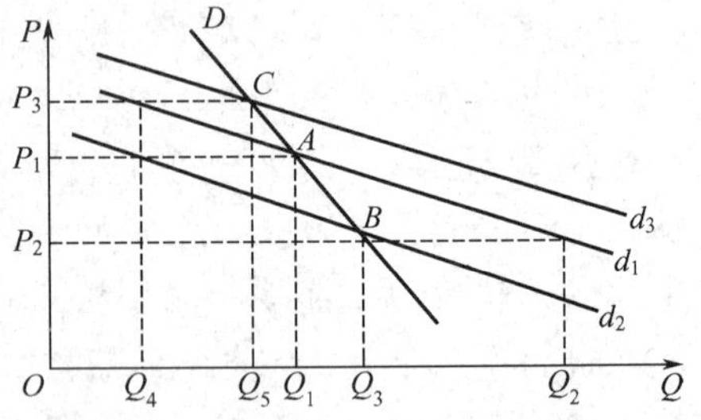

图 7-1　垄断竞争厂商的需求曲线

3．*d* 曲线与 *D* 曲线关系

当所有厂商均进行价格调整，那么整个市场的市场价格的变化会使单个垄断竞争厂商的 *d* 曲线沿着 *D* 曲线上下进行移动。

d 曲线表示单个厂商进行价格调整时主观预期的产量，而 *D* 曲线表示单个厂商在每一价格水平所客观面临的市场需求量或销售量，所以 *d* 曲线与 *D* 曲线相交，意味着垄断竞争

市场的供求平衡状态。

同时根据图 7-1 可以看到，客观需求曲线 D 曲线更陡峭一些，即更缺乏弹性；而主观需求曲线 d 曲线则更平坦一些，即更富有弹性。

7.1.3 垄断竞争厂商的短期均衡分析

垄断竞争市场的短期均衡条件是：$MR=MC$。垄断竞争厂商在短期内是通过调整产量和价格来实现利润最大化目标。如图 7-2 所示，SMC 是代表性厂商的边际成本曲线，d_1 是厂商的主观需求曲线，D 是厂商的客观需求曲线，假设厂商一开始处于 A 点，对应的产量为 Q_0，价格为 P_0。厂商按照 $MR_1=MC$ 的利润最大化原则来调整价格和产量，厂商降价，即沿着主观需求曲线调整至 B 点，对应的价格是 P_1，产量是 Q_1。对于市场中的其他厂商来说同样按照利润最大化的原则降低了价格。所以代表性厂商的实际需求量不能够按主观臆想的那样增加到 Q_1，而只能是 Q_0 和 Q_1 之间的一点 C，需求量只有 Q_2。厂商的主观需求曲线也要修正到通过 C 点的 d_2，边际收益曲线也相应地调整为 MR_2。所以该代表性厂商在的价格 P_1 下无法实现最大利润，必须进一步做出调整。厂商按照 $MR_2=MC$ 的利润最大化原则将价格降低至 P_2，厂商预期需求量增至 Q_3。但由于其他厂商采用同样的价格策略，该代表性厂商的需求量实际只能沿客观需求曲线增加到 Q_4，厂商在 P_2 价格下仍无法实现最大利润。所以该厂商仍然需要调整，其主管需求曲线也将沿着客观需求曲线不断移动。上述调整过程可以说是“试错”的过程，这一过程不断进行，直到达到均衡状态为止。

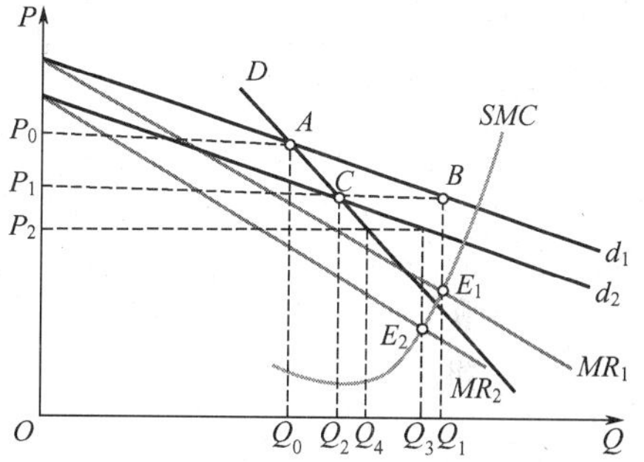

图 7-2 垄断竞争厂商在短期内的生产调整过程

垄断竞争市场同垄断市场一样，也分五种情形：①超额利润；②零利润（正常利润）；③收益能弥补全部平均可变成本和部分固定成本；④收益只能弥补平均可变成本；⑤收益不能弥补全部平均可变成本。与垄断市场不同之处在于垄断竞争厂商面对的市场需求曲线斜率较小。

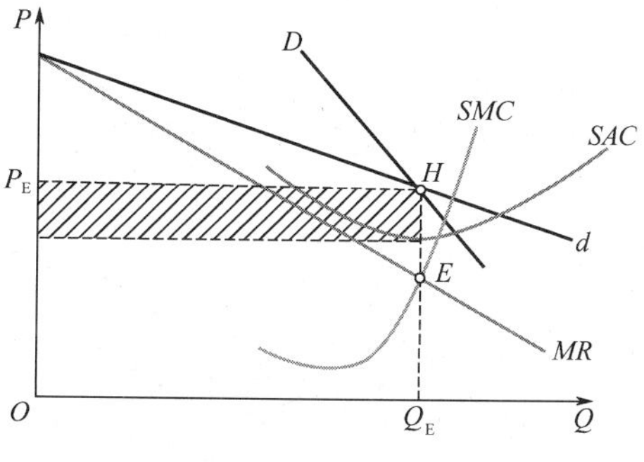

图 7-3 垄断竞争厂商的短期决策

如图 7-3 所示，这是垄断竞争厂商获得超额利润的情况。此时实现的利润如图中阴影部分所示的面积。从图中可以看出这种均衡状态必须满足如下条件：第一，厂商的产量 Q_E 由利润最大化原则的均衡条件 $MR=MC$ 而确定；第二，厂商的产量 Q_E 和价格 P_E 正好与位于主观需求曲线和客观需求曲线的交点 H 所对应的产量和价格重合。

垄断竞争市场获得经济利润，经济利润为零，经济利润为负主要取决于垄断竞争厂商所面临的需求曲线与其平均成本曲线的位置，如果厂商的平均成本曲线位于需求曲线以上，即平均成本太高或需求太低，厂商在短期内无论如何调整价格和产量都无法摆脱亏损的命运。

7.1.4 垄断竞争厂商的长期均衡分析

长期情况下，因为在垄断竞争市场里，每家厂商的规模都不大，而且厂商数目很多，厂商进出市场都非常自由。厂商可以任意变动一切生产投入要素。所以，如果厂商在短期内有利润就会吸引新的厂商加入，在市场总的需求没有大的改变的情况下，代表性厂商的市场份额将减少，虽然主观需求曲线不变，但是客观需求曲线将向左下方移动。从而厂商的产品的实际需求量低于利润最大化的产量。厂商为了实现长期均衡必须降低价格和提高产量来适应这种变化，从而主观需求曲线和客观需求曲线都会向左下方移动。这个过程一直持续到行业内没有新的厂商进入，也没有厂商愿意扩大生产规模为止。此时厂商的利润为零。同理，当厂商有亏损时，就会有厂商退出，与上述过程类似，只不过两条需求曲线向右上方移动，最终均衡的结果都是主观需求曲线与 *LAC* 曲线相切，利润为零。最终使超额利润或亏损消失，从而在达到长期均衡时整个行业的超额利润为零。

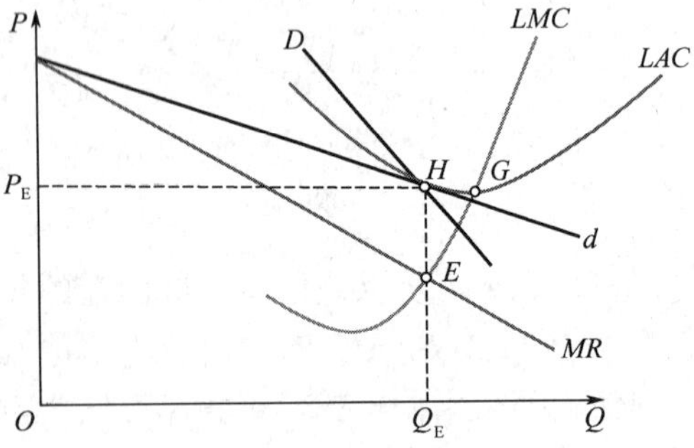

图 7-4 垄断竞争厂商的长期决策

如图 7-4 所示，垄断竞争厂商在长期均衡时，厂商的主观需求曲线 *d* 与长期平均成本曲线 *LAC* 相切于 *H* 点。同时，客观需求曲线 *D* 与主观需求曲线 *d* 和长期平均成本曲线 *LAC* 相交于 *H* 点。此时，厂商的均衡产量为 Q_E，满足厂商利润最大化的要求 $MR=LMC=SMC$。同时 $P=AR=LAC$，所以厂商的利润为零。

因此，垄断竞争市场上的长期均衡的条件：$MR=LMC=SMC$、$AR=LAC=SAC$。垄断竞争市场与垄断市场在长期可以获得超额利润不同，而是与完全竞争市场一样，在长期由于总收益等于总成本，只能获得正常利润。

7.1.5 非价格竞争手段对均衡的影响

垄断竞争厂商的产品间有一定替代性，使厂商更着重于非价格竞争。通过非价格手段进行竞争，虽然也会引起竞争对手的反应，但是这种反应比起价格竞争引起的反应要慢得多。实际生活中，垄断竞争厂商可以通过改变产品品质、广告等非价格手段开展竞争。开展非价格竞争对厂商来说都要有额外的费用花销。厂商需要把这些费用支出与预期带来的总收益增加来进行比较，进而做出是否开展非价格竞争的决策。

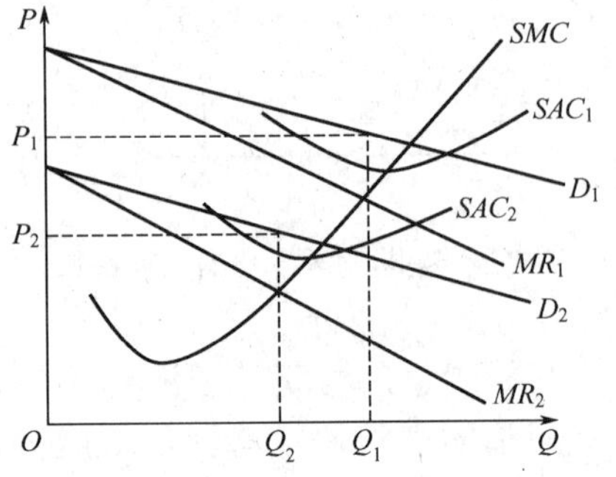

图 7-5 非价格竞争手段对厂商均衡的影响

接下来，用图形说明非价格竞争可能带来的优势。如图 7-5 所示，当厂商未在非价格竞争方面付出成本时，厂商的需求曲线是 D_2，边际收益曲线 MR_2 和边际成本曲线 *SMC* 的交点所决定的均衡产量是 Q_2，均衡价格是 P_2，如果厂商在提高产品质量或广告等方面支出了一笔费用，这时，平均

成本曲线由 SAC_2 上升到 SAC_1，由于这笔费用相当于一笔固定成本，所以这笔费用的支出并未改变边际成本曲线。当该厂商的这笔费用在实际中起到了效果，使市场上对这个厂商的产品需求增加时，需求曲线从 D_2 位置向右移动到 D_1 位置，边际收益曲线也相应地变为 MR_1，MR_1 与 SMC 的交点决定的均衡产量为 Q_1，均衡价格为 P_1。可以看出厂商价格提高了但是需求也增多了，厂商的付出有了丰厚的回报。但是，厂商在提高产品质量和广告等方面所花费的支付并不一定成功，所以厂商应该采用恰当的方法预测投资效果。

案例 7-2

房地产市场的非价格竞争策略

从 2011 年的“限购令”开始，可以说中国的房地产市场就进入一个新的竞争时代，当然，由于购房者的非理性置业情绪，这种“竞争”并没有被展现得太明显，房地产市场仍旧保持高产高销的态势。但是从 2013 年底到 2014 年，伴随着各方“救市论”、“崩盘潮”的出现，楼市“竞争”的逐渐激烈已然成为不争事实。2012 年的楼市可以用“以价换量”来定位，开发商为了缓解商品房积压，回收资金，大肆降价，打价格战；到了 2013 年，各方专家表示“以价换量”将成为“历史”，再看如今的房地产市场，大家不再提“以价换量”，但是“优惠”的常态化已成为一种市场中所默认的“存在”。

在如此炎热的天气中，楼市的“冬天”却似乎仍将继续。据了解，5 月份 70 个大中城市中，价格下降的城市有 35 个，占比达到了 50%，下跌城市大幅增加。如今的楼市下行已然落定，而面临着年中答卷即将上交的压力，开发商忙着推出各种花样的优惠促销，或直接推特价房，眼下楼市进入了年中冲量阶段。面对开发商的“急迫”，购房者却并不买账，“观望情绪”再现。

在市场竞争激烈的情况下，开发商如何寻求自保之路？龙华东方战略机构总经理王建红曾表示：“以前房地产市场很好的时候，开发商因暴利，所做出的楼盘可以说是千篇一律，但是现在行情不一样了，在这样一个房地产环境下，后调控时代的我们应该强调产品，因为产品才是老大，产品才是第一位，不再做暴利时代下粗制滥造的‘商品房’，要强调产品的‘差异化’，只有区别于其他楼盘，才能有更好的发展。”

在市场竞争激烈的现状下，开发商在做产品时应该更注重“差异化”的表现，其实“差异化”也恰恰是比拼实力的一个呈现，对于大品牌房企来说，“差异化”就是各自的优势。

（资料来源：http://house.chinadaily.com.cn/xa/2014-06/27/content_17619170.htm，中国日报网）

7.1.6 对垄断竞争市场的评价

对于垄断竞争厂商来说，垄断程度高竞争程度低，那么厂商在市场上就处于优势地位，就能取得较理想的经营效益。垄断程度高源于产品的差异性大，即产品具有目前市场上同类产品所不具备的特色，客户如果对这种特色产品有偏好，只能向该厂商购买，这就形成了局部的卖方市场，对厂商非常有利。但是，如果厂商生产的产品差异性小，替代性强，竞争程度高，那么垄断性必然低，厂商在市场上就处于劣势，经营比较困难。对于垄断竞争厂商来说，要在垄断竞争市场中寻求优势地位，就要走产品差异化经营之路。品牌与产品差异有密切的关系。优秀品牌是厂商获得竞争优势的利器。优秀品牌的知晓度和忠诚度，为厂商赢得市场份额并降低营销成本，有利于开拓市场，进行品牌扩张。垄断厂商必须认真制订和实施品牌战略，在竞争中赢得市场。

比较完全竞争长期均衡条件 $P=MR=AR=MC=AC$，两者都是 $P(AR)=AC$。差别是完全竞争下 $AC=MC$、$P(AR)=MR$，而垄断竞争市场 $AC>MC$，$P(AR)>MR$。这说明：

（1）垄断竞争下成本较高，未能达到最低点，存在资源浪费。

（2）垄断竞争下价格比较高，相应产量较低，对消费者不利。

但也并不能由此得出完全竞争市场就优于垄断竞争市场的结论。因为尽管垄断竞争市场上平均成本与价格高，资源有浪费，但消费者可以得到有差别的产品，从而满足不同的需求。而且垄断竞争市场上的产量要高于完全垄断市场，价格却低。特别是垄断竞争有利于鼓励进行创新。

因此，许多经济学家认为，垄断竞争从总体上看还是利大于弊的。

案例 7–3

施乐败在了哪里？

施乐发明了复印机，为了保护自己，施乐申请了 500 多项专利，假如一个企业要花钱买他的 500 多项专利，制造出来的复印机成本会贵几倍，根本没有市场。所以施乐用专利技术的办法保护自己。美国这类产品的专利有效期为十年，到了第九年，佳能开始对施乐进行研究：从施乐产品有哪些不能满足人们需要的地方入手，需要没有得到满足，就意味着机会。走访施乐的用户，了解他们对现有产品不满意的地方；同时走访没有买过施乐复印机的企业，寻找没有购买的原因。走访结果有几条主要原因：A. 施乐复印机是大型的，一个有钱的大企业也最多能买得起一台，不是每个企业或企业的部门都能消费得起的。B. 一台复印机放在任何一个地方，所有人哪怕复印一张纸也要跑到那里去，不方便。C. 需要专人复印，保密性不好。根据这几个问题，就有了解决问题的方案：1.设计一个小型复印机，把造价降低十倍、二十倍；2. 将复印机做成像傻瓜相机一样，简单易用，不用专人操作。3. 简单、便宜，每个办公室都可以拥有一台，老板房间可以自己用一台，解决了保密问题。

这三个问题都解决了是不是就可以生产了？不是！还有很多问题没有解决。假如佳能将复印机生产出来，施乐就会反击。如果你这个产品一面市，施乐一看这个市场不错，他用不了几天就可以将新产品做出来，一脚就可以把佳能踩死。怎么办？ 找其他的日本厂商——东芝、美能达、理光。所有这些复印机厂家当初都是从佳能拿的许可证。佳能设计出这个产品后，把这个产品的概念、好处跟这些厂家沟通：如果我们联合起来做这个产品，这个产品的市场前景是怎样的，有一套非常好的可行性报告。如果你从我这买，第一，投产时间要快一年多。第二，只花自行开发费用的十分之一。如果对方是一个理性的厂家，你说对方会拒绝吗？一定不会！一个一个地谈，最后形成了一个联盟，十几个日本厂家同时推广一个分散复印的概念。结果，一下就把市场做起来了。为什么？因为施乐是一家公司对十几家日本公司，这时的力量对比就不一样了。而且施乐过去的用户都是一些大企业，有很多人从来就没有听说过施乐，特别是没有用过复印机的人。倒把佳能看成了复印机行业的老大。佳能这么做的好处还有：打消了几家日本公司自主开发复印机的念头。佳能再开发出来还是十分之一的价位给你。要不要？没有理由不要。自己开发又费时间又费钱。最后，这些企业都变成了佳能开发一代他们就从佳能那儿拿一代许可证，不用自己开发了，也就意味着他们默认了佳能在复印机市场上的领导地位。

（资料来源：http://wenku.baidu.com/view/b88ca1d428ea81c758f5780c.html，百度文库）

7.2 寡头垄断市场

7.2.1 寡头垄断市场概述

1. 寡头垄断市场的含义

寡头垄断市场是介于垄断竞争与完全垄断之间的一种比较现实的混合市场，是指少数几个厂商控制整个市场的生产和销售的市场结构，这几个厂商被称为寡头。也就是指少数几家厂商垄断了某一行业的市场，控制了这一行业的供给。几个寡头之间存在相互依存性。厂商做出产量与价格决策时，不仅要考虑自己的成本收益，还要考虑其他厂商的反应。寡头垄断厂商的产品可以是同质的，也可以是有差别的。

案例 7-4

菜市场与通信市场的不同

菜市场上的商贩非常多，但相同蔬菜的价格几乎是没有差异的，任何擅自抬高菜价的商贩都将无人问津，而作为消费者的我们，对于要购买哪一种蔬菜，要买多少，有着绝对的自主权。

再看手机移动通信市场。随着现代通信越来越发达，手机几乎成为了人们必备的一项日常工具，但在相当长的时间里，我们却只能在移动、电信、联通少数几家公司中做出选择。如果我们要使用手机就必须接受它们所提供的仅有的几项业务服务，并为此支付它们所要求的报酬。在这个市场上，作为消费者的我们失去了在菜市场上所拥有的大部分权利。

2. 寡头垄断市场的特征

（1）厂商数量极少。

市场上的厂商只有一个以上的少数几个，每个厂商在市场中都具有举足轻重的地位，对其产品价格具有相当的影响力。当厂商仅为两个时，叫双头垄断。

（2）既相互依存，又竞争激烈。

任何一个厂商进行决策时，必须把竞争者的反应考虑在内，因而既不是价格的制定者，更不是价格的接受者，而是价格的寻求者。价格的决定通过有形或无形的协定、默契等来共同决定。

（3）产品可以是同质的，也可以是异质的。

产品没有差别，彼此依存的程度很高，叫纯粹寡头，存在于石油、钢铁、尼龙、水泥等产业；产品有差别，彼此依存关系较低，叫差别寡头，存在于汽车、飞机制造、重型机械、石油产品、电气用具、香烟等产业。

（4）市场壁垒较高，进出不易。

其他厂商进入相当困难，甚至极其困难。这是少数厂商能够占据绝大部分市场份额的必要条件，也可以说是寡头垄断市场结构存在的原因。不仅在规模、资金、信誉、市场、原料、专利等方面，其他厂商难以与原有厂商匹敌，而且由于原有厂商相互依存，休戚相关，从利益出发，寡头厂商会联合起来构筑较高的市场壁垒。

案例 7–5

雷克航空公司的终结

1977 年，英国人弗雷迪•雷克开办了一家名为“雷克”的航空公司，经营从伦敦飞往纽约的航班，票价是 135 美元，远远低于当时的最低票价 382 美元。毫无疑问，其票价非常具有竞争力。事实证明，雷克公司成立后，发展非常迅速，到 1981 年，其年营业额达到 5 亿美元，连其竞争对手，一些老牌的世界知名航空公司也感受到了威胁。但是好景不长，到了 1982 年雷克公司破产，从此销声匿迹。究竟发生了什么事？原来包括泛美、环球、英航和其他航空公司在内的竞争对手采取联合行动，一致大幅降低票价，甚至低于雷克，而且还达成协议，运用各自的影响力阻止各大金融机构向雷克公司贷款，使其难以筹措资金，导致了雷克公司的破产。一旦把雷克挤出市场，他们的票价马上回升到了原来的水平。但弗雷迪并不甘心，他依照美国反垄断法提出诉讼，指责上述公司联手实施价格垄断，为了驱逐一个不愿接受其“游戏规则”的公司，不惜采用毁灭性价格来达到目的。1985 年 8 月，被告各公司以 800 万美元的代价同雷克公司达成庭外和解，雷克随即撤诉。赔款达成和解不等于认罪。从技术上讲，没有官方的说法来认定雷克公司是被垄断价格驱逐出市场的，但是这个案例已经明显地透露出一个威胁信号，即如果谁企图加入跨越大西洋的航空市场，他必须首先考虑其中可能面临的破产威胁。

（资料来源：http://wenku.baidu.com/view/480ee93067ec102de2bd895d.html，百度文库）

寡头垄断市场结构有一点与垄断竞争相类似，即它既包含垄断因素，也包含竞争因素。但相对而言，它更接近于垄断的市场结构，因为少数几个厂商在市场中占有很大的份额，使这些厂商具有相当强的垄断势力。

3．寡头垄断市场形成原因

（1）市场自然原因。

厂商由于追求规模经济，不断扩大生产规模，而市场又是相对狭小的。如果某行业市场总规模是 90，而对于该行业的生产厂商来说，规模经济为 30，那么该市场仅能满足 3 个厂商在规模经济条件下生产。这就形成了寡头垄断市场。进一步，如果市场总规模仅能满足 1 家厂商在规模经济条件下生产，则市场可能进一步形成垄断市场。

（2）人为或制度原因。

厂商或国家对资源、专利、市场等的控制，也是一些寡头垄断市场形成的原因。

4. 产量和价格的决定

（1）产量决定。

如果寡头间存在勾结，产量由寡头间协商，取决于各寡头实力的大小。如果寡头间不存在勾结，各寡头根据其他寡头的产量来调整自己的产量，以达到利润最大化。

（2）价格决定。

① 价格领先制。这是指一个行业的价格通常由某一实力雄厚的寡头率先制订，其余寡头追随其后确定各自价格。决定价格的大厂商通常被称为价格领袖者，或支配性厂商，而小厂商则如同完全竞争厂商一样，是价格接受者。

行业价格的制订者可能是本行业规模最大厂商，即支配型价格领袖；也可能是本行业成本最低、效率最高的厂商，即效率型价格领袖；还有可能是能优先掌握市场变化的厂商，即晴雨表型价格领袖。

② 成本加成。成本加成定价是寡头垄断市场上最常用的定价方法。就是在核定企业平均成本的基础上，加上一个百分比或预期利润额来确定价格。这是按利润最大化原则事先确定利润目标的定价。例如，某产品的平均成本为200元，利润率为10%，则价格定为220元。

价格领先制和成本加成这两种价格决定方法，寡头之间不存在勾结。

③ 卡特尔厂商之间通过签订正式的协定来控制产量，分享市场和维持价格。这种价格决定方法，寡头之间存在勾结。后面我们专门针对卡特尔进行具体介绍。

7.2.2 古诺模型

古诺模型又称古诺双寡头模型（Cournot duopoly model），或双寡头模型（Duopoly model），古诺模型是早期的寡头模型。它是由法国经济学家古诺于1838年提出的。古诺模型是纳什均衡应用的最早版本，古诺模型通常被作为寡头理论分析的出发点。古诺模型是一个只有两个寡头厂商的简单模型，该模型也被称为“双寡头模型”。该模型阐述了相互竞争而没有相互协调的厂商的产量决策是如何相互作用从而产生一个位于竞争均衡和垄断均衡之间的结果。古诺模型的结论可以很容易地推广到三个或三个以上的寡头厂商的情况中去。

1. 古诺模型假设条件

古诺模型假定一种产品市场只有两个卖者，并且相互间没有任何勾结行为，但相互间都知道对方将怎样行动，从而各自怎样确定最优的产量来实现利润最大化，因此，古诺模型又称为双头垄断理论。

2. 古诺模型的分析思路

假定开始时只有一个寡头垄断了市场，然后有一个竞争者进入该市场，这两个竞争者通过不断调整自己的产量，最后达到厂商均衡和市场均衡，双方的产量和价格得到确定。

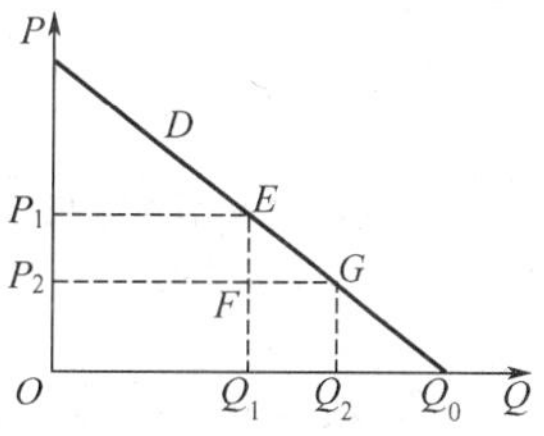

图7-6 古诺模型

在图7-6中，D 曲线为两个厂商共同面临的线性市场需求曲线，由于厂商的生产成本为零。所以，利润与总收益一致。A 厂商首先进入该市场，为了实现利润最大化，它的最优产量确定为市场总容量的二分之一，如图7-6所示，OQ_1 是 OQ_0 的一半，此时价格为 P_1，A厂商的利润如图中 OP_1EQ_1 所围成的面积。此后，B 厂商进入市场，B 厂商同样为了实现利润最大化，它的最优产量确定为剩余市场的二分之一，如

图 7-6 所示，Q_1Q_2 为 OQ_0 的四分之一。此时价格为 P_2，B 厂商的利润如图中 Q_1FGQ_2 所围成的面积。B 厂商的进入会导致市场价格下降，从而使 A 厂商的利润下降为如图中 OP_2FQ_1 所围成的面积。A 厂商将重新做出价格和产量决策。由于 B 厂商已占有市场份额的四分之一，因此，A 厂商将会把产量确定为剩余份额（3/4OQ_0）的一半，即 3/8OQ_0。与第一次决策相比较，A 厂商的产量减少了 1/8OQ_0。由于 A 厂商产量的减少，市场价格将会回升，B 厂商将重新做出价格和产量决策。B 厂商再次将产量确定为剩余市场份额（5/8OQ_0）的一半，即 5/16OQ_0。与第一次决策相比，B 厂商的产量增加了 1/16OQ_0。A、B 厂商的调整仍然会继续，结果是 A 厂商的产量会逐渐减少，B 厂商的产量会逐渐增加，最后，达到 A、B 两个厂商的产量都相等的均衡状态。在均衡状态中，每个厂商的产量为市场总额的三分之一。

3. 古诺模型的结论及推广

通过上述分析我们得出结论：当两个寡头垄断厂商在上述假设条件下根据利润最大化原则不断调整产量，直到各自的产量正好等于市场份额的三分之一时，两家厂商均获得最大利润。

以上双头古诺模型的结论可以推广。令寡头厂商的数量为 m，则可以得到一般的结论如下：

每个寡头厂商的均衡产量=市场总容量/（m+1）

行业的均衡总产量=市场总容量×m/（m+1）

7.2.3 斯威齐模型

美国垄断资本学派斯威齐（Paul M. Sweezy）提出的，用以解释寡头垄断市场上所存在的价格刚性现象的经济模型。价格刚性现象就是当成本在一定范围内变化时，产品的价格不变的现象。

1. 假定条件

由于寡头厂商会意识到相互依赖的关系，因此，当一个寡头厂商提价时，其竞争对手并不提价，以保持市场份额；但是当一个寡头厂商降价时，其竞争对手也降价，以避免市场份额减少，由此形成有特点的需求曲线——折弯的需求曲线，如图 7-7 所示。

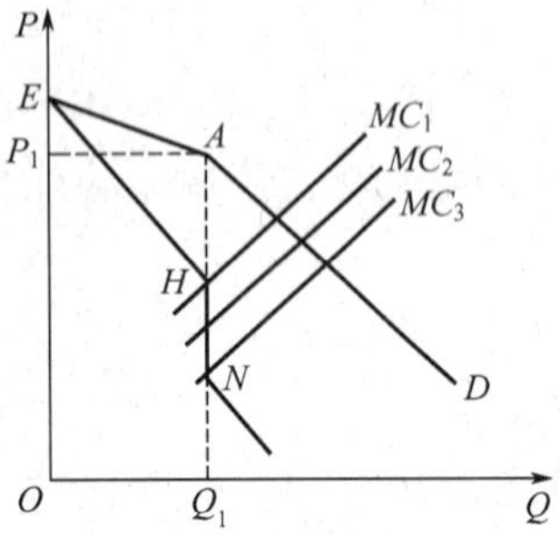

图 7-7 斯威齐模型

2. 原理

斯威齐模型中，因为厂商的需求曲线是弯折的，所以其边际收益曲线是间断的，故只要边际成本曲线的位置变动不超过边际收益曲线的垂直间断范围，就仍然可以在同样的产量水平与边际收益相等，即均衡数量和均衡价格不变，所以可以保持价格不变。

斯威齐认为，寡头垄断厂商推测其他厂商对自己的价格变动的态度是跟跌不跟涨。如图 7-7 所示，假定厂商原来处于 A 点，产量为 Q_1，价格为 P_1。按照假设，厂商提价时，其他厂商价格保持不变，那么厂商的需求量将会下降很多，即产品富有弹性，相当于图中 AE 段的需求曲线；当厂商降价时，其他厂商也会降价，所以厂商的需求量不会增加很多，从而产品是缺乏弹性的，相当于图中 AD 段，是一条折弯的需求曲线。图 7-7 中，在 H 点与 N 点之间，边际收益曲线有较大的落差。如果厂商的边际成本为 MC_2，此时产量和价格分别为 Q_1 和 P_1；如果厂商的边际成本提高至 MC_1，此时产量和价格仍为 Q_1 和 P_1；如果厂商的边际成本下降至 MC_3，此时产量和价格也仍为 Q_1 和 P_1。由此可见，厂商的成本即使在很大的范围内发生变动，只要是在 H 和 N 之间，厂商的产量和价格仍将保持稳定。

西方经济学家认为，斯威齐模型虽然对价格刚性现象提供了一种解释，但是该模型并没有说明价格刚性本身是如何形成的，所以不能真正解释寡头垄断的定价问题。

7.2.4 卡特尔

卡特尔（Cartel）由一系列生产类似产品的独立厂商所构成的组织，集体行动的生产者，目的是提高该类产品价格和控制其产量。垄断利益集团、垄断联盟、厂商联合、同业联盟也称卡特尔，是垄断组织形式之一。卡特尔是生产或销售某一同类商品的厂商，为了垄断市场获取高额利润，通过在商品价格、产量和销售等方面订立协定而形成同盟。参加这一同盟的成员在生产、商业和法律上仍然保持独立性。

卡特尔是一种正式的串谋行为，它能使一个竞争性市场变成一个垄断市场，属于寡头市场的一个特例。卡特尔以扩大整体利益作为它的主要目标，为了达到这一目的，在卡特尔内部将订立一系列的协议，来确定整个卡特尔的产量、产品价格，指定各厂商的销售额及销售区域等。它谋取利益的通常做法是限制其成员的产量以抬高价格。迄今为止世界上最著名的卡特尔当数欧佩克（石油输出国组织）卡特尔。根据美国反托拉斯法，卡特尔属于非法。

1. 存在条件

（1）卡特尔必须具有提高行业价格的能力。只有在预计卡特尔会提高价格并将其维持在高水平的情况下，厂商才会有加入的积极性。这种能力的大小，与卡特尔面临的需求价格弹性有关，弹性越小，卡特尔提价的能力越强。

（2）卡特尔成员被政府惩罚的预期较低。只有当成员预期不会被政府抓住并遭到严厉惩罚时，卡特尔才会形成，因为巨额预期罚金将使得卡特尔的预期价值下降。

（3）设定和执行卡特尔协定的组织成本必须较低。使组织成本保持在低水平的因素有：①涉及的厂商数目较少；②行业高度集中；③所有的厂商生产几乎完全相同的产品；④行业协会的存在。

2. 类型

（1）价格卡特尔。

这是最常见和最基本的卡特尔形式。卡特尔维持某一特定价格，垄断高价、在不景气时的稳定价格或者降价以排挤非卡特尔厂商。比如超市里的差价双倍赔偿制度。

（2）数量卡特尔。

卡特尔对生产量和销售量进行控制，以降低市场供给，最终使价格上升。

（3）销售条件卡特尔。

对销售条件如回扣、支付条件、售后服务等在协定中进行规定的卡特尔。

（4）技术卡特尔。

典型形式是专利联营，即成员相互提供专利、相互自由使用专利，但不允许非成员使用这些专利的卡特尔。

（5）辛迪加。

一种特殊的统一销售卡特尔，指成员共同出资设立销售公司，实行统一销售，或者卡特尔将所有成员的产品都买下，然后统一销售。比如德贝尔钻石卡特尔。

案例 7-6

世界石油输出国组织（OPEC）

世界石油的大部分生产国家形成了一个卡特尔，称为世界石油输出国组织（OPEC）。在 1960 年最初成立时，欧佩克包括伊朗、伊拉克、科威特、沙特阿拉伯和委内瑞拉。到 1973 年，又有其他八个国家加入：卡塔尔、印度尼西亚、利比亚、阿联酋、阿尔及利亚、尼日利亚、厄瓜多尔和加蓬。这些国家控制了世界石油储藏量的四分之三。正如任何一个卡特尔一样，欧佩克力图通过协调减少产量来提高其产品的价格。欧佩克努力确定每个成员国的生产水平。

欧佩克想维持石油的高价格。但是，卡特尔的每个成员都受到增加生产以得到更大总利润份额的诱惑。欧佩克成员常常就减少产量达成协议，然后又私下违背协议。

从 1973 年到 1985 年，欧佩克最成功地维持了合作和高价格。原油价格从 1972 年的每桶 2.64 美元上升到 1974 年的 11.17 美元，然后在 1981 年又上升到 35.10 美元。但在 1980 年代初，各成员国开始扩大生产水平，欧佩克在维持合作方面变得无效率了。到了 1986 年，原油价格回落到每桶 12.52 美元。

现在，欧佩克成员继续每两年召开一次会议，但卡特尔在达成或实施协议上不再成功了，欧佩克成员主要是相互独立地做出生产决策，世界石油市场是相当有竞争性的。

（资料来源：http://wenku.baidu.com/view/480ee93067ec102de2bd895d.html，百度文库）

7.2.5 博弈论的运用

博弈论（Game Theory）也称对策论或竞赛论，是描述和研究行为者之间策略相互依存和相互作用的一种决策理论。它是运筹学的重要学科。博弈论广泛应用于政治、外交、军事、经济等研究领域。在经济学中博弈论是非常重要的理论概念。在垄断竞争中，对厂商来说，无论是进行价格决策还是产量决策，都必须考虑竞争对手的反应，这实际上就进入了博弈论分析的领域。

1. 基本构成要素

（1）局中人（Players）。

在博弈中，每一个有权决策的参与者都是一个局中人。有两个局中人的博弈称为“两人博弈”，多于两个局中人的博弈称为 “多人博弈”。在具体的经济模型中，局中人可以是厂商、消费者或任何契约关系中的人。按照经济学的理性假设，局中人也以利益最大化为目标。

（2）策略（Strategies）。

策略是在一局博弈中，每个局中人为了实现目标而采取的切实可行的完整的行动方案。方案不是阶段性的行动方案，而是指导整个行动的一个完整方案。一个局中人的一个可行的自始至终全局筹划的一个行动方案，称为这个局中人的一个策略。如果在一个博弈中局中人都总共有有限个策略，则称为“有限博弈”，否则称为“无限博弈”。

（3）支付（Payoff Structure）。

一局博弈结束时的结果称为支付。每个局中人在一局博弈结束时的得失，不仅与该局中人自身所选择的策略有关，而且与全体局中人所取定的一组策略有关。所以，一局博弈结束时每个局中人的“得失”是全体局中人所取定的一组策略的函数，通常称为支付（payoff）函数。

（4）次序（Orders）。

各博弈方的决策有先后之分，且一个博弈方要做不止一次的决策选择，就出现了次序问题。其他要素相同但如果次序不同，博弈就不同。

（5）策略均衡（Strategy Equilibrium）。

均衡是平衡的意思，在经济学中，均衡意即相关量处于稳定状态。它是指各个局中人所使用的策略构成的策略组合处于一种稳定的状态，在这一状态下，各局中人都没有动机来改变自己所选择的策略。

名词辨析

占优策略均衡与纳什均衡

占优策略均衡指无论其他参与者采取什么策略，其参与者唯一的最优策略就是他的占优策略。也就是说，如果一个局中人具有占优策略，那么不管其他局中人的策略如何，该局中人确信自己选择的这个唯一的策略都是最优的。如果所有的局中人都有自己的占优策略，该博弈均衡，我们称为占优策略均衡。

在博弈均衡中，某一个局中人并不存在既定的占优策略，他的占优策略随着其他参与者策略的变化而变化。在一个均衡中，如果其他局中人不改变策略，任何一个参与者都不会改变自己的策略，则为纳什均衡。

纳什均衡是这样一组策略组合：第一，在该策略组合中，每个局中人的策略都是给定的其他局中人的策略情况下的最佳反应。有一个局中人的策略发生变化，原来的策略组合就不再是纳什均衡。第二，该策略具有自我实施的功能。在纳什均衡下，没有一个局中人可以通过单方面改变自己的策略而提高自己的支付。也就是说，没有人愿意偏离均衡。这一概念是由美国数学家约翰·纳什提出的，故称为纳什均衡。

占优均衡要求任何一个参与者对于其他参与者的任何策略选择来说，其最优策略都是唯一的。而纳什均衡只要求任何一个参与者在其他参与者的策略选择给定的情况下，其选择的策略是最优的。

所以，占优策略均衡一定是纳什均衡，但纳什均衡不一定是占优策略均衡。

（资料来源：杨柏，许劲.微观经济学（双语版）.北京：人民邮电出版社，2013）

2．博弈的分类

（1）合作博弈和非合作博弈。

合作博弈和非合作博弈的区别在于相互发生作用的当事人之间有没有一个具有约束力的协议，如果有，就是合作博弈；如果没有，就是非合作博弈。

（2）静态博弈和动态博弈。

两者根据行为的时间序列性来划分。静态博弈是指在博弈中，参与人同时选择或虽非同时选择但后行动者并不知道先行动者采取了什么具体行动；动态博弈是指在博弈中，参与人的行动有先后顺序，且后行动者能够观察到先行动者所选择的行动。通俗的理解："囚徒困境"就是同时决策的，属于静态博弈。而棋牌类游戏等决策或行动有先后次序的，属于动态博弈。

（3）完全信息博弈和不完全信息博弈。

两者根据参与人对其他参与人的了解程度划分。完全博弈是指在博弈过程中，每一位参与人对其他参与人的特征、策略空间及收益函数有准确的信息。不完全信息博弈是指如果参与人对其他参与人的特征、策略空间及收益函数信息了解得不够准确，或者不是对所有参与人的特征、策略空间及收益函数都有准确的信息，在这种情况下进行的博弈就是不完全信息博弈。

博弈论还有很多分类，如以博弈进行的次数或者持续长短可以分为有限博弈和无限博弈；以表现形式也可以分为一般型（战略型）或者展开型等等。

案例 7–7

价格战博弈

现在我们经常会遇到各种各样的家电价格大战，彩电大战、冰箱大战、空调大战、微波炉大战……这些大战的受益者首先是消费者。每当看到一种家电产品的价格大战，百姓都会"没事儿偷着乐"。在这里，我们可以解释厂家价格大战的结局也是一个"纳什均衡"，而且价格战的结果是谁都没钱赚。因为博弈双方的利润正好是零。竞争的结果是稳定的，即是一个"纳什均衡"。这个结果可能对消费者是有利的，但对厂商而言是灾难性的。所以，价格战对厂商而言意味着自杀。从这个案例中我们可以引申出两个问题，一是竞争削价的结果或"纳什均衡"可能导致一个有效率的零利润结局。二是如果不采取价格战，作为一种敌对博弈论，其结果会如何呢？每一个企业，都会考虑采取正常价格策略，还是采取高价格策略形成垄断价格，并尽力获取垄断利润。如果垄断可以形成，则博弈双方的共同利润最大。这种情况就是垄断经营所做的，通常会抬高价格。另一个极端的情况是厂商用正常的价格，双方都可以获得利润。从这一点，我们又引出一条基本准则："把你自己的战略建立在假定对手会按其最佳利益行动的基础上"。事实上，完全竞争的均衡就是"纳什均衡"或"非合作博弈均衡"。在这种状态下，每一个厂商或消费者都是按照所有的"别人"已定的价格来进行决策。在这种均衡中，每一企业要使利润最大化，消费者要使效用最大化，结果导致了零利润，也就是说价格等于边际成本。在完全竞争的情况下，非合作行为导致了社会所期望的经济效率状态。如果厂商采取合作行动并决定转向垄断价格，那么社会的经济效率就会遭到破坏。这就是为什么 WTO 和各国政府要加强反垄断的意义所在。

（资料来源：http://wiki.mbalib.com/wiki/价格战博弈，MBA 智库）

3. 囚徒困境博弈

在博弈论中，含有占优策略均衡的一个著名例子是由塔克给出的"囚徒困境"（prisoners'

dilemma）博弈模型。该模型用一种特别的方式为我们讲述了一个警察与小偷的故事。假设有两个小偷 A 和 B 联合犯事、私入民宅被警察抓住。警方将两人分别置于不同的两个房间内进行审讯，对每一个犯罪嫌疑人，警方给出的政策是：如果两个犯罪嫌疑人都作了坦白，则两人各被判刑 8 年；如果另一个犯罪嫌疑人没有坦白而是抵赖，则以妨碍公务罪（因已有证据表明其有罪）再加刑 2 年，而坦白者有功被减刑 8 年，立即释放。如果两人都抵赖，则警方因证据不足不能判两人的偷窃罪，但可以私入民宅的罪名将两人各判入狱 1 年。表 7-1 给出了这个博弈的支付矩阵。

我们来看看这个博弈可预测的均衡是什么。对 A 来说，尽管他不知道 B 作何选择，但他知道无论 B 选择什么，他选择“坦白”总是最优的。显然，根据对称性，B 也会选择“坦白”，结果是两人都被判刑 8 年。但是，倘若他们都选择“抵赖”，每人只被判刑 1 年。在表 7-1 中的四种行动选择组合中，（抵赖、抵赖）是帕累托最优的，因为偏离这个行动选择组合的任何其他行动选择组合都至少会使一个人的境况变差。不难看出，“坦白”是任一犯罪嫌疑人的占优战略，而（坦白，坦白）是一个占优战略均衡。囚徒困境说明了这样一个结果：利己行为的结果并不一定就优于利他的行为。如果两个囚徒都能义气为重攻守同盟，他们的牢狱之灾将会达到最低限度。

表 7-1 囚徒困境博弈（Prisoner's dilemma）

	B 坦白	B 抵赖
A 坦白	–8, –8	0, –10
A 抵赖	–10, 0	–1, –1

7.2.6 对寡头垄断市场的评价

寡头垄断是现代社会大规模生产的客观需要，寡头垄断组织具有综合优势。在资金筹集方面，由于有强大的经济实力，破产风险相对较小，因而它能得到利息较低、数额较大的贷款，使资金成本节约，资金有保证；在生产方面，由于生产规模巨大，在大多数情况下，都能获得规模效益，使单位产品成本大大降低；在收集市场信息、进行广告宣传和运用销售渠道等方面，比其他厂商有更多的优势；在厂商内部管理方面，可通过实行统一指挥，分工负责的内部管理体制，节约管理成本，提高管理效率，还可以节约交易费用。由于一般实行多样化经营，所以厂商总体风险较小，可在各种业务、各个方面平衡盈亏，因而具有较强的应变能力和生存能力；在技术进步和创新方面，由于有强大的财力支持，可以投入大量研究和开发费用，因而更有可能不断推出新产品。

当今产品技术含量日益提高，新产品的研制往往需要相当规模的研究人员长时间运用大量现代化仪器设备，寡头垄断厂商的雄厚财力更可以起到重要作用。而且，寡头垄断厂商有能力综合利用科研力量和科研成果，进行系列开发和废物利用，产生出许多附带成果。

如果说寡头垄断厂商在缺乏竞争的环境中，一般不会自觉地追求高效率，从而导致实际效率往往与最大可能效率之间存在巨大偏差，高效率只是寡头垄断厂商自身天然优势带来的一种可能性的话，那么寡头垄断厂商并非真正独占市场，这一点就使寡头垄断厂商不得不追求高效率，从而使其高效率具有现实性。寡头垄断的形成可以避免无序竞争，减少资源浪费。

7.3 四种市场结构的比较

至此，我们把四种市场结构的主要理论和内容都进行了较为详细的分析。下面，将这四种市场结构进行比较，如表 7-2 所示。

表 7-2 市场结构比较表

	完全竞争市场	垄断竞争市场	寡头垄断市场	垄断市场
产量	最大	中	较小	最小
长期平均成本	最低	中	较高	最高
市场价格	最低	中	较高	最高
超额利润	零	零	有	有
经济效率	最高	中	较低	最低
厂商数目	非常多	许多	几个	一个
产品性质	同质	有差别	标准或有差别	唯一
价格与产出决策	$MR=MC$	$MR=MC$	考虑到战略依存	$MR=MC$
进出市场情况	进出市场容易	进出市场容易	进入市场困难	几乎无法进入
举例	农副产品、证券	日用、服饰	汽车、重型机械	公用事业、水电

案例分析

【案例 7-8】 欧盟重罚宝洁和联合利华操控洗衣粉价格

新华网布鲁塞尔 4 月 13 日电（记者 尚军）欧盟委员会 13 日宣布，对宝洁和联合利华处以总额近 3.2 亿欧元（约合 4.6 亿美元）的反垄断罚款，以惩处这两家日用消费品巨头操控家用洗衣粉价格。

在近 3.2 亿欧元罚款中，宝洁公司所受处罚最重，超过 2.1 亿欧元（约合 3.04 亿美元），联合利华则被处以 1.04 亿欧元（约合 1.51 亿美元）罚款。由于两家公司事发后积极配合调查并主动交代问题，寻求和解，相关罚款已被削减 10%。德国汉高公司也参与了这一操控市场价格的非法卡特尔组织，但因为主动向欧盟委员会揭发而被免于处罚。

调查发现，这一非法卡特尔组织存在了约三年，涉及比利时、法国、德国和希腊等 8 个欧盟成员国市场。2002 年年初，宝洁、联合利华和汉高三家日用消费品巨头共同展开研发，以提高洗涤产品环保性能，但它们却以此为名，协调操控价格，并从事了其他有违公平竞争的行为，直至 2004 年 3 月。

欧盟委员会副主席兼负责竞争事务的委员华金•阿尔穆尼亚说，任何有非法行为的企业都不要幻想自己能逃过欧盟委员会的惩罚。

【案例评析】

宝洁、联合利华屡次操纵市场，它们通过结成卡特尔的手段来操控市场价格。而它们确实具有垄断市场的能力。

卡特尔是由生产同类商品的企业，通过协议建立起来的。参加者在生产和销售方面，还保留着经营的独立性，它们只是根据协议瓜分市场，确定产量和标准价格等。

外资日化三强中，宝洁在中国的年销售额超过200亿元，联合利华在100亿元左右，两家巨头的市场份额估计在50%~60%之间。

有分析认为，在国内日化市场，上述四大巨头的市场份额占据70%~80%，尤其是宝洁和联合利华，在国内洗发水市场占绝对份额。根据以往经验，每次宝洁、联合利华涨价之后，都会引发同行其他日化品牌跟进。

资料已经充分说明日化产业已成为一个处于垄断阴霾下的产业，现代资本主义的发展，以使得现代企业制度广泛的普及和为人们所接受的制度。其中包括现代企业产权法人制度、现代企业有限责任制度、现代企业组织制度、现代企业管理制度。以上制度及其组织方式使得企业迅猛发展，成为垄断资本主义的微观经济主体的基础制度。并且被广泛深入多个行业，日化市场即是一例。

在垄断资本主义发展过程中，科技进步曾是其基础，但垄断资本主义的发展对社会生产力的发展起着二重作用。首先即是破坏作用，其次是对社会生产力发展的促进作用。此次欧盟对日化巨头的处罚，使我们明显看到了，巨头通过以研发环保洗涤剂为名义，合谋操控市场，控制市场价格。从以下事实即可明显看到。

早前（欧盟处罚前），在国内宝洁、联合利华等日化巨头也曾"不约而同"对旗下日化产品进行涨价，平均涨价幅度为10%。尽管宝洁、联合利华解释为"原材料成本上涨"所致，然而此举不禁让消费者认为其有结盟提价、操纵市场之嫌。

但同样不可忽视的是在垄断资本主义的市场下，竞争会更加激烈和残酷，显然，此处提到的是正当的市场竞争，宝洁与联合利华的恩怨素来已久，两家集团（乃至汉高等巨头）对市场的竞争已经到了惊人的地步，正是因为如此，才会出现汉高向欧盟的"投诚"之举，其目的无外乎是减少自身损失，以增强其竞争力。它们通过卡特尔组织短暂的结成同盟，无外乎是追求更多的垄断利益，以提高利润而已。这种组织只会短期的维持稳定，长期看仍会破裂。尽管垄断价格的随意性是有限的，但卡特尔仍可以使其尽可能的最大化。

总结：对于这样的市场垄断企业之间相互勾结形成的卡特尔，政府需要大力加强其监管措施，完善立法机制，加快法律体系的成熟，尽管此类巨头间的勾结具有难以检查的问题，但欧盟的多次成功经历依旧值得我国借鉴，在处罚力度和监管力度上，我国还有很长的路要走。我们也要向欧盟一样"不手软"，坚决打击垄断企业间的相互勾结和不正当的操控市场举动。

（资料来源：http://news.xinhuanet.com/fortune/2011-04/13/c_13827405.htm，新华网）

名家名言

图7-8　经济学鼻祖亚当•斯密

亚当•斯密（1723—1790年）：经济学的主要创立者（见图7-8）。《国富论》一书是斯密最具影响力的著作，这本书对于经济学领域的创立有极大贡献，使经济学成为一门独立的学科。在西方世界，这本书甚至可以说是经济学所发行过最具影响力的著作。

"垄断者，通过经常保持市场存货的不足……以远远高于正常的价格出售他们的产品，从而无论在工资还是在利润方面都提高他们的报酬。”

——亚当·斯密

约翰·希克斯（Hicks，John Richard）（1904—1989 年）：1972 年诺贝尔经济学奖获奖者，是微观经济学中一般均衡理论的创建者（见图 7-9）。一般均衡理论原本具有规范分析的特性，但在其最著名的著作，1939 年出版的专著《价值与资本》一书中，希克斯抛弃这一传统而赋予这一理论一种强大的经济实质性。他就商品、生产要素、信任和货币的整体性提出了一个完整的均衡模型。

“所有垄断利润最大的好处是能有一个平静的生活。”

——J.R.希克斯

哈罗德·德姆塞茨（Harold Demsetz，1930— ）：美国伊利诺伊州芝加哥人（见图 7-10），主要著作《产权理论探讨》、《经济活动的组织》、《生产、信息费用和经济组织》、《竞争的经济、法律和政治维度》等，从 1955 年起成为蒙特·佩尔兰学会最活跃的成员之一。

“高效率的厂商可以占有较大的市场份额，并伴随着产业集中度的提高，优秀厂商的良好绩效是因为效率而不是因为市场垄断造成的；也就是说，寡头垄断的市场结构其实是非常有效率的。”

——哈罗德·德姆塞茨

J.R. 希克斯

图 7-9　英经济学家约翰•希克斯

图 7-10　美经济学家哈罗德•德姆塞茨

本章小结

寡头垄断市场有少数几个厂商垄断了某一行业的市场，控制这一行业的供给，包括纯粹寡头和差别寡头两大类。业内厂商相互依赖，任何一家厂商的行为都会直接影响其对手的行动。产品可以是同质或异质的。包括规模经济在内的进入壁垒是寡头垄断存在和延续的基础。

传统的寡头垄断模型有古诺模型、斯威齐模型、卡特尔；现代寡头理论主要是博弈论的运用。

本章习题

一、名词解释

垄断竞争市场；主观需求曲线；客观需求曲线；价格竞争与非价格竞争；寡头垄断；古诺模型；折弯的需求曲线；卡特尔；纳什均衡。

二、选择题

1．垄断竞争厂商短期均衡时（　　）。

A．厂商一定能获得超额利润

B．厂商一定不能获得超额利润

C．只能得到正常利润

D．取得超额利润，发生亏损及获得正常利润三种情况都可能发生

2．垄断竞争厂商（　　）。

A．在短期内获得正常利润，但在长期内遭受损失

B．在短期内可能获得利润也可能遭受损失，但在长期内获得正常利润

C．在短期内和长期内都一直会遭受损失

D．在短期内和长期内都一直会获得经济利润

3．在垄断竞争市场中，厂商将产量确定在哪一点上以实现利润最大化？（　　）

A．总收益达到最大时　　B．边际收益等于边际成本时

C．价格等于边际收益时　　D．平均成本达到最小时

4．垄断竞争市场与完全竞争市场相比，在经济上效率较低，但仍具有哪一项优点？（　　）

A．广告支出使平均成本曲线向上移　　B．可用的生产能力被充分利用

C．资源被最优化地配置于产品的生产　　D．消费者有更多的选择余地

5．垄断竞争市场上厂商的短期均衡发生于（　　）。

A．边际成本等于客观需求曲线中产生的边际收益时

B．平均成本下降时

C．主观需求曲线与客观需求曲线相交，并有边际成本等于主观需求曲线中产生的边际收益时

D．主观需求曲线与平均成本曲线相切时

6．垄断竞争厂商长期均衡点上，长期平均成本曲线处于（　　）。

A．上升阶段　　B．下降阶段

C．水平阶段　　D．以上三种情况都可能

7．垄断竞争市场的主要特征是（　　）。

A．很少几个占统治地位的厂商，进入障碍较少

B．数量众多的厂商，严格的进入限制

C．数量众多的厂商，进入障碍较少

D．很少几个占统治地位的厂商，严格的进入限制

8．非价格竞争是指（　　）。

A．不同行业产品之间的竞争
B．竞争对手之间对相互之间的价格变动视而不见
C．以广告、促销及改变产品的特性等手段进行竞争
D．降低生产成本，但并不由此降低价格

9．下列哪一项不是垄断竞争市场的特征？（　　）
A．非价格竞争　　B．产品存在差异
C．进入市场较容易　　D．在长期内在 ATC 的最低点上进行生产

10．垄断竞争行业既有竞争因素也有垄断因素，其垄断因素主要源于（　　）。
A．串通共谋的可能性　　B．较严格的进入障碍
C．产品的差异性　　D．决策时的相互依赖性

11．垄断竞争厂商的边际收益曲线（　　）。
A．具有负斜率且与需求曲线合而为一
B．与需求曲线合而为一且与横轴平行
C．具有负斜率且位于需求曲线下方
D．由于厂商是“价格制定者”，所以其边际收益曲线不存在

12．寡头垄断厂商的产品是（　　）。
A．同质的
B．有差异的
C．既可以是同质的，也可以是有差异的
D．以上都不对

13．在折弯需求曲线模型中，拐点左右两边的需求弹性是（　　）。
A．左边弹性大，右边弹性小　　B．左边弹性小，右边弹性大
C．左右两边弹性一样大　　D．以上都不对

14．卡特尔制定统一价格的原则是（　　）。
A．使整个卡特尔的产量最大　　B．使整个卡特尔的利润最大
C．使整个卡特尔的成本最小　　D．使整个卡特尔中各厂商的利润最大

15．寡头垄断行业的进入障碍可能包括（　　）。
A．规模经济　　B．专利权
C．生产所需资源的所有权　　D．以上都是

16．在下列哪类市场类型中厂商的需求曲线和边际收益曲线不同（　　）。
A．完全垄断、垄断性竞争、寡头垄断　　B．完全垄断、垄断性竞争、完全竞争
C．只有纯粹垄断　　D．只有寡头垄断

17．经济学家们发现分析寡头垄断厂商的行为比较困难，主要是因为（　　）。
A．厂商数量多得无法了解其勾结情况
B．任何厂商的价格和产出决策都依赖于其竞争对手的反应
C．产品可能同质也可能有差异
D．配置有效率和生产有效率不能实现

18．下述现象中哪一个是寡头垄断市场的典型特征？（　　）。
A．广告支出　　B．产品差异性

C．非价格竞争 D．决策的相互依赖性

19．博弈论用以说明（ ）。

A．寡头垄断厂商之间是互相依存的

B．互不依存的定价策略将导致低价政策

C．寡头厂商可以通过相互串通勾结来增加利润

D．以上都是

20．如果某寡头厂商假定其竞争对手不会跟随其调高价格，但会随其调低价格，在这种情况下，该厂商可知（ ）。

A．其整条需求曲线都只具有单一弹性

B．其供给曲线为折弯曲线，在现行价格以上的部分比以下的部分更陡

C．其需求曲线为折弯曲线，在现行价格以上的部分比以下的部分更陡

D．其需求曲线为折弯曲线，在现行价格以下的部分比以上的部分更陡

21．折弯需求曲线说明在此种情况下，寡头垄断厂商（ ）。

A．除非其成本有相当大的变化，否则不会改变现行价格

B．急于改变现行价格

C．只想提高价格而不是降低价格

D．只想降低价格而不是提高价格

22．折弯需求曲线模型有助于解释寡头垄断行业的价格刚性，因为（ ）。

A．在边际收益曲线上存在一个间断，边际成本在此间断区间内变化并不能引起价格和产量的变动

B．在高于现行价格时需求缺乏弹性，低于现行价格时需求富有弹性

C．该模型假定厂商之间存在某种形式的勾结

D．行业总的边际收益曲线在现行价格时完全具有弹性

三、简答题

1．试述垄断竞争厂商的两条需求曲线及其相互关系。

2．某垄断竞争厂商的 D 需求曲线与 d 需求曲线在价格为 10 美元处相交。这时该厂商的产品价格能否在 12 美元的水平上达到均衡，为什么？

3．试述垄断竞争厂商的两条需求曲线的含义及其相互关系，并进一步用图说明垄断竞争厂商的短期均衡和长期均衡的形成及其条件。

4．非价格竞争有哪些方法？为什么非价格竞争如此重要？

5．折弯需求曲线的寡头垄断模型是否意味着没有一个厂商在行业中占支配地位？

6．为什么参加卡特尔的各厂商会按相同的价格出售产品，而不会要求生产相等的产量？

7．比较不同市场结构的经济效率，并依此说明政府为何要限制垄断，促进竞争？

8．为什么城市中心道路禁止汽车鸣笛？请用博弈论方法进行分析。

四、计算分析题

1．假设某垄断竞争厂商的产品需求函数为 $P=9\,400-4Q$，成本函数为 $TC=4\,000+3\,000Q$，求该厂商均衡时的产量、价格和利润。

2．在垄断竞争市场结构中的长期（集团）均衡价格 P_1，是代表性厂商的需求曲线与其长期平均成本（LAC）曲线相切之点。已知代表性厂商的长期成本函数和需求曲线

分别为：

$$LTC=0.0025Q^3-0.5Q^2+384Q$$

$$P=A-0.1Q$$

上式中，A 是集团内厂商人数的函数，求解：

（1）长期均衡条件下代表厂商的均衡价格和产量；

（2）A 的数值。

3．某公司面对以下两段需求曲线：

$$P=25-0.25Q\text{（当产量为 0～20 时）}$$

$$P=35-0.75Q\text{（当产量超过 20 时）}$$

公司成本函数为：

$$TC_1=200+5Q+0.25Q^2$$

试求：

（1）说明该公司属何种市场结构的行业？

（2）公司最优价格和产量是多少?这时利润（亏损）有多少?

（3）如果成本函数改为 $TC_2=200+8Q+0.25Q^2$，这时最优价格和产量是多少?

五、案例分析题

【案例 1】　经济学教科书的特色化经营

在国外，大学用的经济学教科书多如牛毛，但每一种教科书都有自己的市场，这就在于每一种教科书都突出了自己的特色，即有自己的产品差别。经济学教科书市场是一个垄断竞争市场。不同的教科书内容基本相同，但在作者、写作风格、内容侧重、表述方式，甚至包装印刷等方面又有自己的特色。产品特色使它们可以在一部分消费者中形成垄断地位，内容大同小异又使它们相互具有替代性，形成竞争。这正是一个典型的垄断竞争市场。

在这个市场上，每一种有特色的教科书都可以获得成功。例如，萨缪尔森的《经济学》以作者知名度高和历史悠久而占有一部分市场。萨缪尔森被称为 20 世纪经济学的“掌门人”，获得过诺贝尔经济学奖。作者的这种名声与学术地位本身就成为这本书的特色。而且，这本《经济学》是现代经济体系的第一本教科书，这又是其他同类教科书无法比拟的产品差别，斯蒂格里茨的《经济学》教科书历史要短得多，但作者不仅理论造诣深，曾获得 2001 年诺贝尔经济学奖，而且曾担任克林顿总统经济顾问委员会主席和世界银行副行长，对现实经济相当了解。他的这本书理论与实际的结合，就成为重要特色。曼昆是经济学界的后起之秀，名气还不如前两位，但他的《经济学原理》以通俗、生动、活泼的风格赢得了市场。迈克尔•帕金并不是知名经济学家，但他的《经济学》理论有一定深度，又通俗易懂，最适于作为入门教科书，同样有自己的市场。每一本经济学教科书都以自己的特色分享一部分市场，它们之间的竞争又使这种教科书越写越好。没有特色的教科书就没有市场。

尽管现在的经济学教科书已经很多了，但仍然有新的教科书在出现，每出一本新的必然有与其他教科书的不同之处。在这个市场上，创造产品差别的活动是无限的。这正是教科书越写越好，市场越有活力的原因。

【思考】　结合案例分析垄断竞争市场的特点。

【案例 2】　保暖内衣市场的尴尬

1996 年，酷爱发明的俞兆林先生发明了导湿保暖复合绒，并将这一发明利用在内衣上，从此服饰领域多了“保暖内衣”这一新概念。“保暖内衣”这个服装领域的新宠，一时间成为了人们谈论冬季保暖话题的流行词。1999 年更是成为市场追捧的对象，各种保暖内衣市场可谓是炙手可热、尽占春色。于是乎，这一新生行业由 1999 年只有几十家的基础上，在 2000 年猛增至 500 家，总销量由 1999 年的不足 700 万套，上升至 2000 年的 3 000 多万套！甚至是鱼龙混杂、泥沙俱下。同时，伴随激烈竞争而推出的各种行销手段更是层出不穷。有报道说：“南极人”送袜，“南极棉”送被，“白熊”保暖内衣卖最低价，“俞兆林”买两套送一套、买一套送单件、买单件送手套等等。各种广告宣传更是充斥大街小巷、报端电视。而当行业内厂商激战正酣，市场上消费者、行业管理人士的反应又怎样呢？根据市场调查发现，保暖内衣的价格尽管较 1999 已有明显下降，但 2000 年度市场反应仍然十分冷淡。1999 年那种排长队提货的情景没有了，而产品专卖区更是十分萧条，有营业员说，与 1999 年的火暴场面相比，这里常常是数十分钟无人光顾。而市场上种类繁多的保暖品牌更是引起市场管理者的重视，据质量检查结果表明，市场上打出的所谓的新材料、新技术、新工艺、多功能的内衣，其实大多存在技术含量低、重概念轻质量、盲目仿造等问题。

【思考】

（1）本案例中，作为保暖内衣的生产厂商有哪些行为具有垄断竞争厂商的行为特征？

（2）在保暖内衣市场上，一方面厂商想薄利多销，一方面却表现为市场萎缩，为什么？

（3）应怎样来评价产品差别？行业管理对于垄断竞争市场重不重要？

【案例 3】　污染博弈

假如市场经济中存在着污染，但政府并没有管制环境，厂商为了追求利润的最大化，宁愿以牺牲环境为代价，也绝不会主动增加环保设备投资。按照“看不见的手”的原理，所有厂商都会从利己的目的出发，采取不顾环境的策略，从而进入“纳什均衡”状态。如果一个厂商从利他的目的出发，投资治理污染，而其他厂商仍然不顾环境污染，那么这个厂商的生产成本就会增加，价格就要提高，它的产品就没有竞争力，甚至厂商还可能破产。这是一个“看不见的手的有效的完全竞争机制”失败的例证。

【思考】　该案例给我们什么样的启示？你还能举出其他类似的例子吗？

第 8 章　生产要素市场

本章导学

厂商的生产活动离不开生产要素的投入，与消费者获得消费品类似，厂商也要通过市场获得其生产所需的生产要素。生产要素主要包括哪些？它们的价格受哪些因素的影响？由谁来决定？作为劳动者的人们其收入是如何决定的？学完本章，这些问题就能得到解决了。

8.1　生产要素市场概述

生产要素是指厂商为从事产品生产和提供劳务而投入的各种经济资源，通常也称为生产资源。生产要素包括劳动、资本、土地和企业家才能四种形式。

厂商作为生产要素的需求者，就要通过生产要素市场与生产要素的供给者进行交换。生产要素市场是指生产要素作为商品所进行的一切交换和买卖活动，以及用商品交易方式把生产要素的需求和供给联系起来的一种经济关系。

生产要素市场由劳动、资本、土地和企业家才能这四大要素构成。

在产品市场上，厂商是商品的供给者，居民是商品的消费者；但在生产要素市场上，厂商是生产要素的需求者，居民是生产要素的供给者。与产品市场类似，生产要素市场上生产要素的价格由生产要素市场的需求和供给的相互作用来共同决定。

8.1.1　生产要素的需求

生产要素的需求是指厂商在一定时期内，在一定的价格水平条件下，愿意并且能够购买的生产要素数量。与商品的需求相比，生产要素的需求具有以下特点。

1．生产要素的需求是一种派生需求

在产品市场上，交换产品的双方是厂商和消费者，厂商是产品的供给者，消费者是产品的需求者。消费者为了直接满足自己的吃、穿、住、行等需要而购买产品。因此，对产品的需求是所谓的“直接”需求。然而，在生产要素市场上的需求和产品市场上的需求具有不同的性质。在生产要素市场上，需求不是来自消费者，而是来自厂商。厂商购买生产要素不是为了满足自己的直接需求，而是为了生产和出售产品以获得收益。厂商通过购买生产要素进行生产并从中获得收益，主要取决于消费者对其所生产的产品的需求。如果不存在消费者对产品的需求，厂商就无法从生产和销售产品中获得收益，从而也不会去购买生产资料来生产产品。由此可见，厂商对生产要素的需求不是直接需求，而是“间接”需求，是从消费者对产品的直接需求中派生出来的。派生需求是指对生产要素的需求，意味着它是由对该要素参与生产的产品的需求派生出来的，又称“引致需求”。

例如，消费者的直接需求是汽车，这种直接需求会使汽车制造企业生产汽车，而汽车制造企业生产汽车的目的不是为了满足自己的直接需求，而是为了通过生产和出售汽车获得收益。为了生产汽车，制造企业要购买钢铁、轮胎、玻璃等生产要素，而这些生产要素的供给者为了通过获得收益，也要向其生产要素市场购买生产要素来生产。这些都是由于消费者对汽车的需求而引起的，厂商购买生产要素的目的只有一个，就是通过购买生产要素生产出满足消费者需求的产品，从而实现自己利润最大化的目标。

2．生产要素的需求是一种联合需求

厂商对生产要素的需求是共同的、相互依赖的，因此也可以叫做联合需求或共同需求。厂商生产产品的过程，实际上是生产要素转化的过程，厂商通过购买得到全部生产要素，经过生产过程将其转化为能够满足消费者需求的产品。因此，厂商生产的前提是拥有所有的生产要素。生产要素往往是联合起来在生产中发挥作用的，生产要素之间要形成一定的比例结构才能变成生产力，转化出产品。这个特点是由于技术上的原因，即生产要素往往不是单独发生作用的。一个人赤手空拳不能生产任何产品；同样，光有机器本身也无法创造产品。只有人与机器（及其他原材料等）相互结合起来才能达到生产的目的。任何厂商其生产行为所需要的都不是一种生产要素，而是多种生产要素，这样各种生产要素之间就是互补的。如果只增加一种生产要素而不增加另一种，就会出现边际收益递减的现象。同时，在一定的范围内，各种生产要素之间也可以互相代替。这一特点带来的一个后果就是厂商对某一生产要素的需求不仅取决于该生产要素的价格，而且取决于其他生产要素的价格。

只要是涉及消费者，则必须是遵循效用最大化，同样的，只要是讲到厂商，必然是利润最大化。厂商使用要素的利润最大化原则是让生产要素获取的“边际收益”和所支付的“边际成本”相等。在要素市场上，生产要素的边际收益称为边际收益产品；而生产要素的边际成本实际是要素的价格。

在一定的价格水平条件下，厂商对生产要素的需求是由生产要素的边际生产力决定的。边际生产力是指在其他条件不变的前提下，增加单位生产要素投入所增加的产量，又称为边际产品（*MP*）。而增加单位生产要素投入带来的产量所引起的增加收益叫做边际收益产品（*MRP*）。边际收益产品等于生产要素的边际产品和边际收益的乘积，即 $MRP = MP \times MR$。

在其他生产要素不变，而一种生产要素投入量不断增加的情况下，可变生产要素的边际产量在一个时期内可以增加或不变，但最终还是递减的，这个规律也称为边际生产力递减规律。

除了生产要素的边际生产力，影响生产要素需求的因素还有：

（1）市场对产品的需求及产品本身的价格。

一般情况下，如果市场对某种产品的需求越大，往往该产品的价格越高，厂商获得的利润就越多，由于生产要素的需求具有派生性，厂商对生产这种产品所使用的各种生产要素的需求也就越大。市场对产品的需求小，产品的价格就低，厂商获得的利润就少，厂商就会缩小生产规模，减少对生产要素的需求。

（2）生产技术状况。

生产技术决定了对某种生产要素需求量的多少。在劳动密集型的技术下，必然对劳动的需求大；在资本密集型的技术下，则对资本的需求大。

（3）生产要素的需求弹性。

生产要素需求的弹性，取决于使用该生产要素生产的商品的需求弹性。商品需求越富有弹性，该生产要素的需求弹性就越大。因为当商品需求富有弹性时，商品的需求量变动比率大于商品价格变动的比率。只要商品价格降低，商品需求量就有较大比例的增加，生产这种商品的生产要素的需求量，也随着商品的增加而同比例增加。

（4）生产要素的替代性。

某种生产要素替代品的价格越低，质量越好，则替代品的需求弹性就越大，该生产要素的需求量就会大量减少。例如，厂商在生产某种产品时既可使用机器设备，也可以更多地使用劳动。对于机械设备来说，如果劳动工资水平较低，而且劳动者的技术水平又高的话，生产中就会以劳动替代机械设备进行生产，从而增加对劳动的需求。

8.1.2 生产要素的供给

生产要素的供给是指居民户在一定的时间内，每一价格水平条件下愿意并且能够供应的生产要素数量。生产要素的供给与产品的供给不同，供给者不是厂商，而是个人或家庭。生产要素包括劳动、资本、土地和企业家才能，这四种生产要素的所有者分别是劳动者、资本所有者、土地所有者和企业家，他们在向厂商提供生产要素的同时，要相应地获得工资、利息、地租和利润。工资、利息、地租和利润就是这些生产要素的价格。

影响生产要素供给的主要因素包括：

（1）生产要素的价格。

生产要素的供给与其价格呈同方向的变动，生产要素的价格上升，生产要素的供给就会增加；生产要素的价格下降，生产要素的供给就会减少。

（2）生产要素的稀缺性。

生产要素的稀缺程度越高，供给就越少；生产要素的稀缺程度越低，供给就越多。

（3）生产要素的替代程度。

生产要素的替代程度越高，其供给就越多；生产要素的替代程度越低，其供给就越少。

（4）居民的收入水平。

居民的收入水平越高，其所拥有的资本和资源就越多，生产要素的供给就越多；居民的收入水平越低，其所拥有的资本和资源就越少，生产要素的供给就越少。

（5）人口规模与结构。

人口规模越大，劳动力的数量就越多，劳动力的质量越高，则劳动的供给就越充分；人口规模越小，劳动力的数量就越少，劳动力的质量越低，则劳动的供给就越短缺。

8.2 劳动市场及工资的决定

8.2.1 劳动的需求

1．劳动的需求及特点

劳动的需求是指在某一特定时期内，在某种工资率下愿意并能够雇用的劳动量，是企业雇用意愿和支付能力的统一，两者缺一不可。劳动的需求具有以下特点：

（1）劳动需求是派生性需求。

劳动市场与产品市场的性质不同，在产品市场上，需求来自于消费者，消费者对产品的需求是“直接”需求，即通过消费产品得到“效用”。在劳动市场上，需求是来自厂商的，厂商对劳动的需求是源于对产品生产并销售后的“利润”的需求。

厂商对劳动的需求是从消费者对产品的直接需求中派生出来的，属于派生需求或引致需求。

（2）劳动需求是共同性需求。

厂商对劳动的需求具有“共同性”，即厂商对各种生产要素的需求具有相互依赖性。

（3）劳动需求与工资率反向联系。

例如，某手机制造企业的工资率与劳动需求之间的关系如表 8-1 所示。

表 8-1　某企业工资率与劳动需求关系表

工资率（元/时，*W*）	劳动需求（人·时，*L*）
10	5 000
20	3 500
30	2 000
40	1 800
50	1 500
60	1 200

根据表中的数据，可以将工资率与劳动需求之间的关系表示为坐标系中的劳动的需求曲线，如图 8-1，纵轴表示劳动的价格，即工资率，用 W 表示，横轴表示劳动的需求，用 L 表示，劳动的需求曲线用 D 表示。

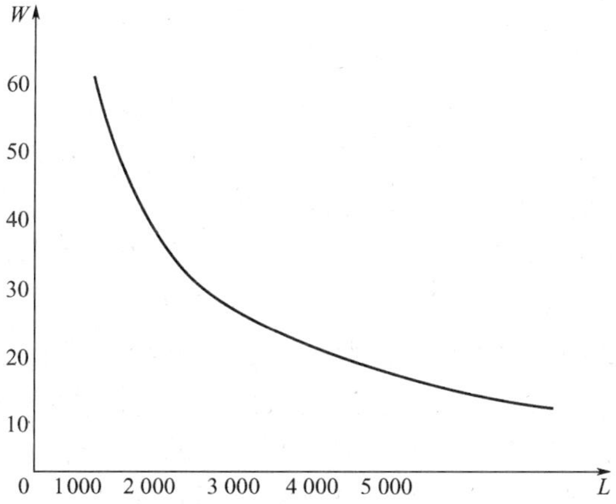

图 8-1　劳动的需求曲线

2. 影响劳动需求的因素

厂商对劳动的需求取决于多种因素，其中最主要的是劳动的边际生产力。根据利润最大化原则，厂商在购买劳动时，要使劳动的边际成本即工资与劳动的边际生产力相等。如果工资小于边际生产力，劳动的需求会增加；如果工资大于边际生产力，劳动的需求就会减少。这就解释了劳动力的需求曲线向右下方倾斜的原因。

（1）生产技术。

根据企业的生产函数 $Q=f(L, K)$，生产中的投入量和产出量之间存在着相互依存的关系，同时，不同的生产函数也反映了各种投入要素之间的配合比例关系。在生产中，可变要素与不变要素在数量上存在一个最佳配合比例，即最佳技术系数。当开始投入可变要素时，小于最佳配合比例，随着投入量的逐渐增加，越来越接近最佳配合比例，边际产量呈递增趋势。当达到最佳配合比例后，再增加可变要素投入，边际产量就呈现出递减的趋势。

（2）厂商的经济目标。

厂商的目标是追求利润最大化，但是在信息不完全的情况下，厂商所面临的市场需求是不确定的，因此厂商长期生存的经验做法就是实现管理效用最大化、销售收入最大化或者市场销售份额最大化。

（3）时间的长短。

时间长短对劳动需求的影响是通过其对生产函数的影响体现出来的。生产函数在短期和长期可能是不同的，不同的生产函数就会导致对劳动需求的不同。例如，在短期内，劳动是可变的生产要素，资本和技术是固定要素，而在长期内，资本也成为了可变要素，甚至在更长的时期内，技术也可以成为可变要素。

（4）社会制度环境。

约束劳动需求的社会制度包括企业的就业制度、用人制度、工资制度、福利制度等，以及社会意识形态、伦理道德都会影响到企业对劳动力的需求。在我国的劳动力市场上，政府通过法律形式确立了一系列的制度结构，如最低劳动标准、最低生活保障等。

此外，同其他生产要素市场相同，厂商对劳动的需求还取决于劳动的价格、其他生产要素的价格等因素。

8.2.2 劳动的供给

劳动的供给取决于劳动的成本。劳动作为一种特殊的生产要素，其成本包括两种：一种是劳动的实际成本，是指维持劳动者及其家庭生活必需的生活资料费用，以及劳动者受教育、培训的费用。另一种是心理成本。劳动者所拥有的时间是既定的，每天只能拥有 24 小时。这 24 小时可分为两部分：一部分为劳动时间，另一部分为闲暇时间。劳动的供给问题实际上是劳动者将其既定的时间资源在劳动供给和闲暇两种用途上的分配问题。劳动是以牺牲闲暇时间为代价的，补偿劳动给劳动者心理带来负效用的费用就是劳动的心理成本。

劳动者在劳动供给和闲暇之间进行选择时，劳动供给所带来的工资收入就构成了闲暇的机会成本，劳动者究竟如何选择，取决于收入效应和替代效应的作用。

当劳动的价格即工资率提高时，劳动者的收入也随之提高，劳动者会用更多的收入购买更多的闲暇，从而出现减少工作时间、增加休闲娱乐等情形，即随着工资率的上升，闲暇时间反而增加，这就是收入效应作用的结果。

从另外一个角度分析，当劳动的价格即工资率提高以后，劳动者闲暇的机会成本加大了，劳动者如果选择增加休闲娱乐等闲暇的时间，就要减少劳动时间，此时劳动者的机会成本由于工资水平的提高而增加了，作为理性的劳动者，会选择用劳动带来的高额收入替代闲暇时光，因此闲暇就会减少，这是替代效用作用的结果。

在图 8-2 中，纵轴代表劳动的数量，横轴代表工资率，曲线 S 是劳动的供给曲线。

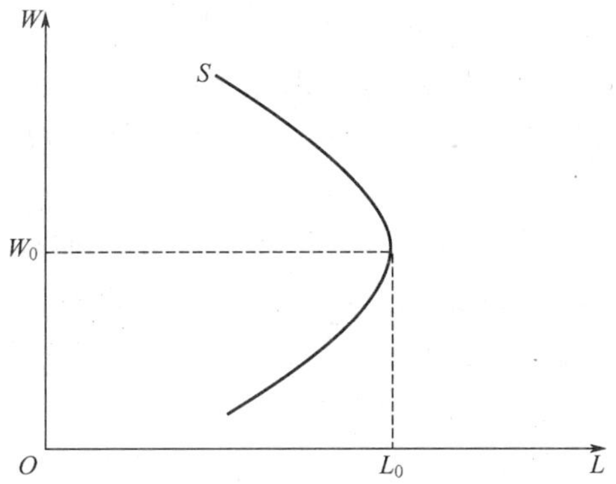

图 8-2　劳动的需求曲线

如图 8-2 所示，劳动市场不同于其他生产要素市场的特点在于劳动供给曲线出现了向后弯曲的现象。产生这种现象的原因是：当工资低于 W_0 时，收入效应的作用小于替代效应，劳动供给量与工资率同方向变动。因为当工资上升时，一些原来因工资太低而不愿意就业的人愿意参加工作，而且工资提高时，劳动者的生活水平和受教育水平会提高，也会造成更多的劳动力就业，此时，劳动的供给曲线向右上方倾斜。当工资率等于 W_0 时，收入效应的作用于替代效应相当，此时工资在达到一定水平后，劳动者对货币工资的需求没有那么迫切了，所以当工资持续提高时，劳动的供给量却不再增加。当工资率大于 W_0 时，收入效应的作用大于替代效应。工资率的提高反而减少了劳动的供给量。工资水平不断提高的过程中，货币的边际效用递减，同时闲暇的边际效用递增，于是，在工资水平达到一定高度后，劳动的供给反而减少，这时劳动者宁愿少劳动少获得工资，用更多的时间进行各种娱乐消遣活动。

8.2.3　工资的决定

劳动的工资受到劳动市场上供求双方的共同影响，是由劳动需求曲线和劳动供给曲线的均衡点决定的。由于劳动的供给曲线向后弯曲，使得劳动的供给以及均衡工资的决定分成了三种不同的情况。

第一种情况：当劳动的供给数量随着工资率的上升而增加时，均衡工资的决定如图 8-3 所示。

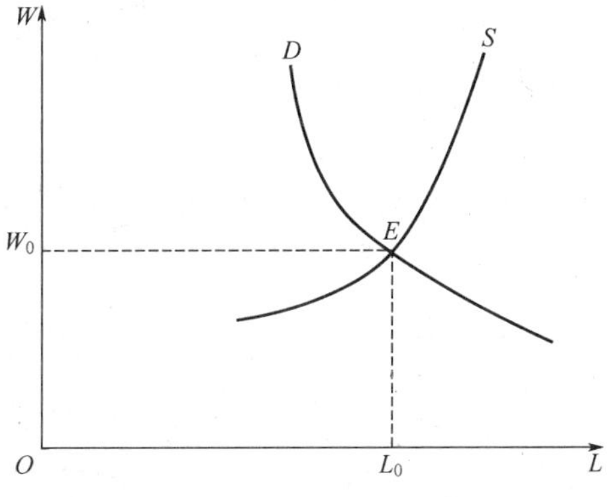

图 8-3　第一阶段均衡点

在图 8-3 中，横轴代表劳动数量，纵轴代表工资水平，D 为劳动需求曲线，S 为劳动供给曲线，S 与 D 相交于点 E。点 E 为劳动需求曲线与劳动供给曲线的均衡点，表示厂商愿意以 W_0 的价格支付工资，而劳动者愿意以 W_0 的价格提供 L_0 数量的劳动。于是劳动的供需处于均衡状态，供需双方决定了工资水平为 W_0。

第二种情况：在第一种情况的基础上，工资水平上升到一定阶段以后，劳动者对货币工资的需求没有那么迫切了，不再因为工资率的提高而增加劳动的供给，此时，劳动的供给曲线在一段时间内逐渐变为一条垂直的直线，均衡工资的决定如图 8-4 所示。

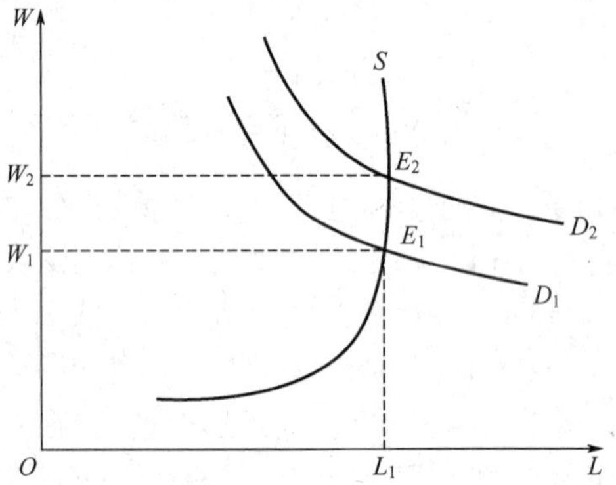

图 8-4　第二阶段均衡点

在图 8-4 中，横轴代表劳动数量，纵轴代表工资水平。D_1、D_2 为劳动需求曲线，S 为劳动供给曲线。劳动供给曲线 S 与劳动需求曲线 D_1 相交于均衡点 E_1，均衡点决定了工资水平为 W_1，劳动量为 L_1。劳动需求增加，劳动需求曲线由 D_1 移动到 D_2，与劳动者供给曲线 S 相交于均衡点 E_2，新的工资水平提高至 W_2，但均衡的劳动供给量仍然为 L_1。

第三种情况：当工资率继续上升时，劳动者不仅不会为工资率的提高而增加劳动的供给，反而会因为货币的边际效用递减，以及闲暇的边际效用递增，在工资水平达到一定高度后，出现劳动的供给反而减少的现象，这时的劳动者宁愿少劳动少获得工资，而用更多的时间进行各种娱乐消遣活动，如图 8-5 所示。

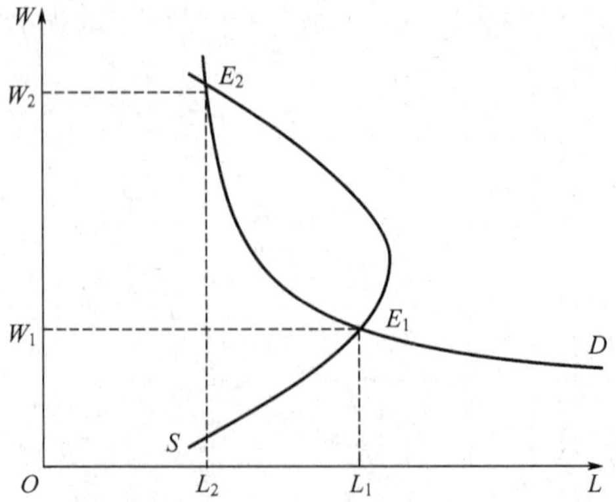

图 8-5　第三阶段均衡点

在图 8-5 中，横轴代表劳动数量，纵轴代表工资水平。D 为劳动需求曲线，S 为劳动供给曲线。劳动供给曲线 S 与劳动需求曲线 D 相交于点 E_1 时，均衡劳动量为 L_1，工资水平为 W_1，当 S 与 D 相交于 E_2 时，工资水平提高为 W_2，但均衡劳动量却下降为 L_2。

需要说明的是，从一个较长的时期来看，尽管许多单个劳动者的劳动供给曲线可能是向后弯曲的，但劳动的市场供给曲线却不一定如此。在较高的工资率水平上，现有的工人也许提供较少的劳动，追求较多的闲暇，但高工资会吸引新的工人加入进来，这些工人对高工资率的反应大于那些随着工资率提高而减少工作时间的工人的反应。因此，总的市场供给一般还是随着工资的上升而增加，从而市场劳动供给曲线仍然是向右上方倾斜的。

案例 8-1

我国劳动力价格优势逐渐下降

“我刚开始工作的时候每月只有 50 块钱，家里又有两个孩子，每个月花销很大，一个月下来基本上就‘月光’了。”作为一名地方公务员，50 岁的李先生对自己工作 20 多年工资的上涨情况记得很清楚。“1995 年左右工资涨到了每月 500 元。三四年前，我的工资涨到了每月 1 000 元，这才有点缓和，前年工资又上涨了 600 元，再加上各种补贴，大概是每月 2 000 元。去年全国公务员涨工资，我涨了 1 000 元，目前的工资为 2 600 元，再加上各种补贴，基本上每月能达到 3 000 元，在我们这个地方，这也算是高工资了。”粗略计算一下，李先生在这 20 年里，工资上涨了 20 多倍。

近些年来，中国劳动力成本在不断增加，有专家分析，这是由于中国的 GDP 增幅一直保持在 7%～8%之间，工资相应增长是正常的。

中国劳动力成本的上升在大城市显得尤为明显，摩托罗拉公司一位管理人员对记者说，目前中层管理人员的月薪是 6 000～8 000 元，而五六年前的月薪为 5 000 元左右。造成薪酬上升的主要原因是由于同行业竞争的日趋激烈，对人员的高素质要求进一步提高。同时社会普遍生活水平的提高使薪酬同样水涨船高，还由于业务的增长，在同行业中始终能保持龙头的地位，效益的提高，使人员的薪酬也随之提升。此外，该公司一线工人的月薪，近几年保持在 2 000 元左右，但是也确实有了一定的涨幅。

【案例评析】 加入世贸组织，对国内企业来说，面临着与国外企业之间的产品竞争和劳动力资源的竞争。加入世贸组织之前，我们的劳动力价格便宜，劳动密集型产品有价格优势。加入世贸组织以后，竞争不仅表现在产品上，更表现在要素市场特别是人才的竞争上。众多的跨国公司进入中国，与国内企业争夺高素质劳动力，原来相对封闭的人力资源体系一下被迫放开，我们的廉价劳动力优势将会在与跨国公司的“零距离竞争”中消失。

尽管中国的劳动力成本在快速上涨，但从亚洲的整体水平上来看依然处于较低的位置，大大低于日本、韩国、新加坡等亚洲国家。

表面上看，劳动力价格超低对出口贸易具有无可比拟的优势，但实际上这样的吸引只能产生恶性循环的后果：劳动者得不到平均水平的工资，必然失去许多技术培训和再教育的机会，技术人力缺乏，进而导致产品的技术落后，国际竞争力滑坡。在发达国家通过高工资集中优势产业，成为高附加值和资本密集型产品制造中心的时候，中国的低工资策略只能不断把很多低附加值的工业吸引进来。

8.3 资本市场及利息的决定

8.3.1 资本和利息

在经济学中，资本是指用于生产的基本生产要素，即资金、厂房、设备、材料等物质资源。从本质上看，资本就是财富，通常的形式是金钱或者实物财产。

资本市场上存在着两类主体：资本的需求者和资本的供给者，因此资本本身具有其市场价格，称为资本价值。企业可以通过向金融机构等组织申请贷款而得到资金，同时，资金的所有者因为提供了资金而从借款者手中获得了报酬，这就是利息。厂房、设备、材料等物质资源在资本市场上都可以按照一定的价格出售或租借，这个价格也可以称为利息。利息是资本这种生产要素的价格，也是提供资本这种生产要素所得到的报酬和收入。

8.3.2 利息的作用

1. 影响企业行为

利息作为企业的资金占用成本直接影响着企业经济效益水平的高低。企业为了降低成本、提高效益，需要通过各种途径和手段尽可能地减少资金占压量，同时，需要在筹集资金的过程中对各种资金筹集方式的成本进行比较。如果全社会的企业都能将利息支出的节约作为一种普遍的行为模式，那么，经济成长的效率也肯定会提高。

2. 影响居民资产选择行为

在居民实际收入水平不断提高、储蓄比率日益加大的条件下，出现了资产选择行为，金融工具的增多为居民的资产选择行为提供了客观基础，而利息收入则是居民资产选择行为的主要诱因。居民重视利息收入并自发地做出资产选择行为，无论对宏观经济调控还是对微观基础的重新构造都产生了不容忽视的影响。

3. 影响政府行为

由于利息收入与全社会的赤字部门和盈余部门的经济利益息息相关，因此，政府也能将其作为重要的经济杠杆对经济运行实施调节。例如，中央银行若采取降低利率的措施，货币就会更多地流向资本市场，当提高利率时，货币就会从资本市场流出。如果政府采用信用手段筹集资金，可以用高于银行同期限存款利率来发行国债，将民间的货币资金吸收到政府手中，用于各项财政支出。

8.3.3 利息率的决定

1. 利息率的含义及分类

利息率简称利率，是利息对本金的比率，用公式表示为

利率=利息/本金

按照不同的分类标准，利率可以有如下几种不同的分类结果：

（1）依据利率是否按市场规律自由变动的标准来划分，分为市场利率、官定利率与公定利率。

市场利率是在借贷资金市场上，由资金供求变化形成的竞争性利率。

官定利率又称为法定利率，是由一国中央银行或金融管理机构按照货币政策要求制定的要求强制实施的利率。

公定利率是由金融行业自律组织如银行业公会等规定的要求会员金融机构实行的利率。

（2）以信用行为的期限长短为标准，分为短期利率和长期利率。

短期利率是指融资期限在一年以内的各种金融资产的利率。

长期利率是指融资期限在一年以上的各种金融资产的利率。

（3）根据在借贷期内是否调整，可分为固定利率和浮动利率。

固定利率是指借贷期限内不作调整的利率。固定利率具有简便易行、计算成本收益比较方便的特点。但在高通货膨胀情况下，由于其不能规避通货膨胀的风险，对中长期的债权人会带来较大损失。因此固定利率通常适用于短期借贷。

浮动利率是一种在借贷期内随资金供求状况和物价变化而定期调整的利率。由借贷双方在规定的时间依照某种市场利率进行调整，一般调整期为半年。浮动利率能降低债权人的风险，但因其手续繁杂、计算依据多样而增加了费用开支，故多适用于中长期借贷及国际金融市场。

（4）根据是否考虑通货膨胀因素，分为名义利率和实际利率。

名义利率是指不考虑物价上涨对利息收入影响时的利率。

实际利率是指剔除通货膨胀因素下的利率，即货币购买力不变条件下的利息率。

（5）根据利率是否带有优惠性质，可分为一般利率与优惠利率。

优惠利率是指银行等金融机构发放贷款时对某些客户所收取的比一般贷款利率低的利率。

发达国家的商业银行对往来密切、资信等级高的优质客户发放短期贷款时一般采用优惠利率，而对其他一般客户的贷款利率则以优惠利率为基准逐步上升。一国出于经济政策需要，往往对需要重点扶持的特定贷款项目实行优惠利率。

（6）按计算利息的期限单位，利率可划分为年利率、月利率和日利率。

年利率是以年为计算单位，通常以百分之几（%）来表示。

月利率以月为计息单位，月利率=年利率÷12，通常以千分之几（‰）来表示。

日利率以日为计算单位，日利率=年利率÷360，通常按本金的万分之几表示。

2．利息率的经济功能

（1）利率对货币流通的影响。

一般情况下，货币供给与利率成正比，货币需求与利率成反比。利率从两个方面影响货币流通：一是影响储蓄者对货币的供给，二是影响筹资者对货币的需求。

对投资者来说，存款利率提高，会刺激他们供给货币的动机，使部分流通性货币转化为储蓄性货币；反之则相反。

对筹资者来说，贷款利率增加，会抑制他们货币需求动机，促使现实购买力缩减；反之则相反。

（2）利率对消费和储蓄的影响。

利率直接影响个人收入在消费和储蓄之间的分配。

在收入一定的情况下，利率提高促使人们减少当前消费，增加储蓄；利率降低，则促使人们增加当前消费，降低储蓄。

储蓄是利率的递增函数，消费是利率的递减函数。

（3）利率对物价的影响。

利率是借贷资金的价格，利息作为借贷资金的成本，也是商品价格的组成部分。利率提高，商品价格也会相应提高；反之就会下降。

（4）利率对投资的影响。

就实物投资而言，利率提高，意味着筹资成本增加，投资后的相对获利减少，这会抑制投资；反之，利率降低会减少投资的利息负担，会刺激投资的增加。

利率对证券投资的影响主要是调节银行储蓄与有价证券的结构，以及对不同有价证券的选择。利率降低，使证券投资变得有利可图，证券投资需求增加，证券价格上涨；利率提高，证券投资吸引力减弱，证券投资需求减少，证券价格下跌。因此，一般来说，银行利率与有价证券价格成反比。

（5）利率对国际收支的影响。

对资本可自由流动的国家来说，一国提高利率，产生国际间利差（本国利率高于外国利率），会促使外国资本流入，可改善该国国际收支逆差或加大国际收支顺差；降低利率，产生国际间利差（本国利率低于外国利率），会促使本国资本外流，改善国际收支顺差或加剧国际收支逆差。

3．利息率的决定

同其他生产要素一样，利息也是由资本的需求和供给的均衡关系所决定的。

资本的需求源于企业的投资行为，而资本的供给来源于居民的储蓄行为，因此用投资和储蓄来说明利息率的决定。

企业购买资本进行投资与购买其他生产要素有着明显的区别。购买资本所获得的收益是跨期的，而别的生产要素的收益是当期的。对资本的购买需求取决于企业投资的成本与收益的比较，即投资取决于利息率与利润率的差额。利润率比利息率越高，纯利润就越大，企业也就越愿意投资；利润率比利息率越低，纯利润就越小，企业的投资意愿就越小。如果利润率既定，那么投资与利息率就呈反方向变动。这样，资本的需求曲线就是一条从左上方向右下方倾斜的曲线。

居民进行储蓄是为了获得利息，因此利息率提高，储蓄增加；利息率降低，储蓄减少。储蓄与利息率呈同方向变动，资本的供给曲线就是一条从左下方向右上方倾斜的曲线。

通过资本的供给曲线与需求曲线之间的交点，我们可以找出均衡的利息率，如图 8-6 所示。

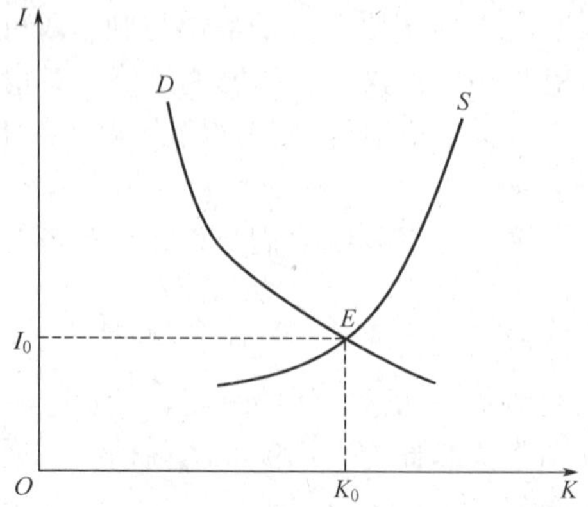

图 8-6 均衡利息的决定

在图 8-6 中，横轴表示资本的数量，纵轴表示利息率。资本的需求曲线 D 和资本的供给曲线 S 相交于点 E，点 E 决定了资本的价格为此时的利息率 I_0，对应的均衡资本量为 K_0，资本的供求达到均衡状态。

8.3.4 利率管制

利率管制是指国家将资金利率调整到高于或低于市场均衡水平的一种政策措施。各国在特定时期进行一定程度的利率管制是必要的，但是长期和力度很大的利率管制可能会带来一些负面影响。

1. 导致利息负担与收益的扭曲

政府对利率管制的显著特征是将管制利率控制在市场利率以下。由于存款者所获得的利息收入与借款者所支付的利息成本相对偏低，造成利息负担与收益的不均。利益的最大损失者是存款者。

2. 导致信贷配给制

所谓信贷配给，是指在固定利率条件下，面对超额的资金需求，银行因无法或不愿提高利率，而采取一些非利率的贷款条件，使部分资金需求者退出银行借款市场，以消除超额需求而达到平衡。非利率的贷款条件主要有三类：一是借款者的特性，如经营规模、财务结构、过去的信用记录等；二是银行对借款者就借款活动所做的特别要求，如回存要求、担保或抵押条件、贷款期限长短等；三是其他因素，如企业与银行和银行个别职员的关系、借款者的身份、借贷员的个人好恶、佣金的有无和多少等。这些非利率贷款条件是利率管制环境下银行解决超额资金需求的常用手段。在信用分配的标准中，一些标准有助于银行减少信贷风险，如企业的资产负债结构、规模、贷款期限等；但也有许多因素不但有悖于资源配置的原则，而且还会助长银行这一垄断行业的不正之风，如补偿余额，索要回扣，以借款者身份为标准，裙带之风等等。这些标准的存在，一方面变相提高了银行的有效贷款利率，另一方面则为银行及其他部门的相关人员寻租、腐败创造了条件。换言之，利率管制所导致的信贷配给的存在，除了会降低整个社会的资源配置效率外，还会产生败坏银行甚至整个社会风气的不良影响。

3. 扭曲资源配置，降低资本产出比率

根据经济学原理，市场利率与边际生产率相等，低于均衡边际生产率的企业会因其支付不起利息负担而退出借贷市场。换言之，由资本使用人之间自由竞争所决定的利率将自动的限制资本于那些报酬高的用途上，而将报酬低的投资予以淘汰，发挥推动产业优化升级的作用。利率的这种功能对于资金供给是经济发展瓶颈的国家尤为重要。为了将资本分配于每一单位投资净报酬率最高的用途上，应让利率执行其自然的功能，使资本分配到最具生产力的各种相互竞争的用途上。当廉价的资金掌握在金融机构的手中，而金融机构又为地方政府所控制时，银行贷款就脱离了支持实业企业优胜劣汰的本质，蜕变为一种政府实现政策意志的工具。

但如果政府武断地规定一个低的利率并任意对资本加以分配，完全限制竞争性利率的选择机能，将不可避免地造成资源配置的低效率，使一些资本分配到生产率较低的投资项目上，使每一单位投资的净生产率降低，更加重了资本供给缺乏的严重性。

4．降低金融部门对经济发展的推动作用

如果金融当局对金融部门的存贷款利率进行管制，必然影响资金供给来源。因为存款利率太低，效率低下而又有资金盈余的单位将会进行自我融资而不存入金融机构，结果会导致金融部门萎缩而阻碍金融发展，进而影响资本积累和经济发展速度。

5．降低商业银行的经营效率

如果政府人为地将存款利率压得很低，表面上看降低了银行的成本，但实际上银行吸收同样的存款量可能付出的成本更高，或在付出同样成本的情况下吸收的存款量减少。为了多吸收存款，银行就可能采取各种隐蔽的方式提高存款利率，如赠送各种礼物、奖品、提前支付利息等。这种行为一旦被监管者发现，银行就要为此付出代价。若要通过合法行为增加存款的吸收，银行只能通过非价格竞争手段，如改善服务的方式进行，如增加服务时间，增设分支机构、网点，改进技术设备等等。这些措施，可能在原利率水平下增加存款流入量，银行的利息成本曲线有可能降低；但由于服务时间的延长和服务质量的改善，必然增加营业费用。

政府对银行贷款利率的管制，通常会导致两种情况发生：

（1）如果规定的贷款利率低于证券投资的收益率，则银行就会减少贷款数量，增加对证券的投资；或通过非价格竞争手段，使隐含贷款利率提高。

（2）如果由于种种原因，使银行既不能投资于证券，也不能违反规定变相提高贷款利率，则唯一的结果是银行的收益减少，甚至发生亏损。

如果政府对存贷款利率同时进行管制，银行既可能采取前述几种行为方式来对应管制，也可能因为利差基本固定而安于现状，不思进取，不花费精力去改善经营管理，增加收益。

6．黑市盛行

由于利率管制的存在，银行的存贷款利率低于均衡利率水平，资金需求量超过资金的供给量，促使银行根据各种非利率因素进行主观的信贷分配，这种主观的信贷配给方法不但会降低资源使用的效率，而且必然使一些企业得不到低利率银行贷款，只能求助于黑色借贷市场，以满足其资金需求。这也是在几乎所有的发展中国家都存在黑色借贷市场的主要原因。官定利率水平离均衡利率水平越远，资金黑市就越猖狂。

7．导致整体经济的不稳定

上述的利率管制的弊端必然影响一国整体经济的发展和稳定。

8.4 土地市场及地租的决定

在经济学中，土地泛指一切自然资源。这些自然资源包括两大类：一类是可再生的，如森林、河流等；另一类是不可再生的，如天然气、煤、石油等。在土地这种生产要素的市场上，土地的使用者要向土地的所有者支付报酬，这就是地租。地租是土地所有者出让土地使用权要求得到的回报。地租由土地的供给和需求双方共同决定。

8.4.1 地租的决定

土地的需求取决于土地的边际生产力。土地的边际生产力是递减的，所以，土地的需求曲线是一条向右下方倾斜的曲线。土地的供给从长期来看，人类可以通过改造沙漠、移山填海、围海造田等增加土地的自然供给，人类也可能由于洪涝、风沙等自然灾害和污染、毁林、对土地的破坏性使用等人为因素导致土地的有效供给减少。但从整体来看，在一个较短的时期内，土地自然供给的增减在总的土地自然供给中所占的比例毕竟非常的小，为了简化问题，我们把土地的自然供给看做是一个固定不变的量。

在图 8-7 中，横轴 N 表示土地的数量，纵轴 R 表示地租水平。曲线 S 表示土地的供给曲线，曲线 D 表示土地的需求曲线，两条曲线相交于点 E，此时使用固定不变的土地量 N_0 时，地租为 R_0。

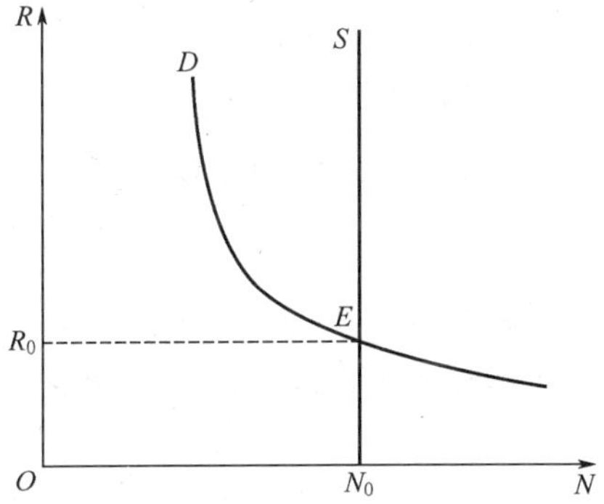

图 8-7 地租的决定

8.4.2 租金、准租金和经济租金

1. 租金

租金指供给固定不变的一般资源的服务价格。如前所述，土地的供给是固定不变的，土地所有者可以得到的收入叫做地租。从图 8-8 中可以看到，地租提高，土地的供给量也不会提高；地租降低，土地的供给量也不会减少。在经济中还存在着其他的一些要素，比如某些人的天赋才能，它们的供给数量也是不变的，不受价格涨落的影响，这些要素所得到的价格，统称为租金。可以看出，土地是一种特有的资源，所以地租只是租金的一个特例，是租金的一种，而租金是一般化的地租。

2. 准租金

准租金指对任何供给量暂时固定的（短期内相对固定）生产要素的支付。除土地外，任何一种在短期内供给量相对固定的生产要素的使用都须支付一定的价格。在现实中，有些要素在短期内是不变的，在长期中可变，这类要素所获得的收入，就叫做准租金。比如厂商投资建设的厂房、机器设备等，在短期内即使厂商不能盈利，也无法把它们从现有的用途中转移到收益较高的领域，反过来，即使厂商盈利很多，也无法迅速增加这些物品的供给。因此，这些资本品在短期内供给是不变的，但在长期内却是可变的。

图 8-8 是准租金的示意图。纵轴为价格和租金，横轴表示厂方设备的数量，S 为供给曲线，D_1 为一般水平的厂方设备的需求曲线。S 和 D_1 相交于点 E_1，报酬为 P_1。D_2 为使用高水平的厂方及其设备的需求曲线，D_2 和 S 相交于点 E_2，报酬为 P_2。P_2 大于 P_1，超额部分就是水平高的厂房机器设备所得到的超额利润，由于它是由需求决定的，与供给无关，所以称为准租金。准租金仅存在于短期内，在长期中，高水平的厂房机器设备的供给量会增

加，供给价格也相应提高，这时，厂房设备的报酬由供给和需求共同决定。

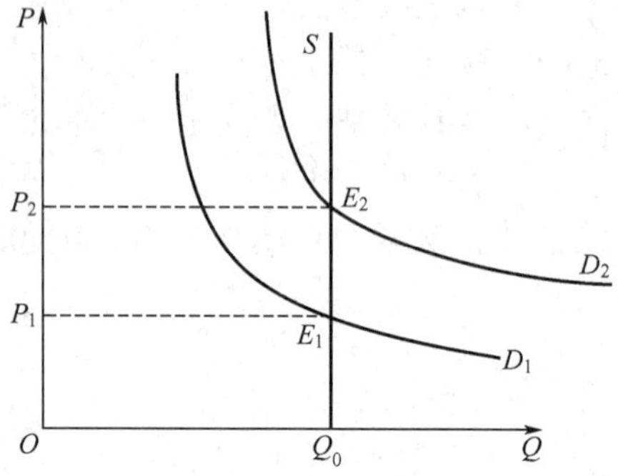

图 8-8　准租金的决定

3．经济租金

经济租金可以定义为生产要素所得到的收入超过其在其他场所可能得到的收入部分。可以理解为要素的当前收入超过其机会成本的部分，简言之，经济租金等于要素收入减去机会成本。

从租金的分析可以看出，租金的特点在于要素价格的变化不会影响到租金的供给。有一部分要素收入类似于租金，即从要素收入中减去该部分并不会影响要素的供给。我们把要素的这一部分收入称为经济租金。也就是说，经济租金并不是吸引该要素用于当前使用所必需的。

在图 8-9 中，横轴表示要素数量，纵轴表示租金水平，D 表示要素的需求曲线，S 表示要素的供给曲线。D 和 S 相交于点 E，均衡的要素数量为 Q_0，对应的租金水平为 R_0。此时要素的全部收入为 R_0OQ_0E。但按照供给曲线 S，要素所有者为提供 Q_0 量要素所愿意接受的最低要素收入为 A_0Q_0E。因此即使把要素的超额收益 R_0AE 去掉，也不会影响要素的供给量，R_0AE 就是经济租金。

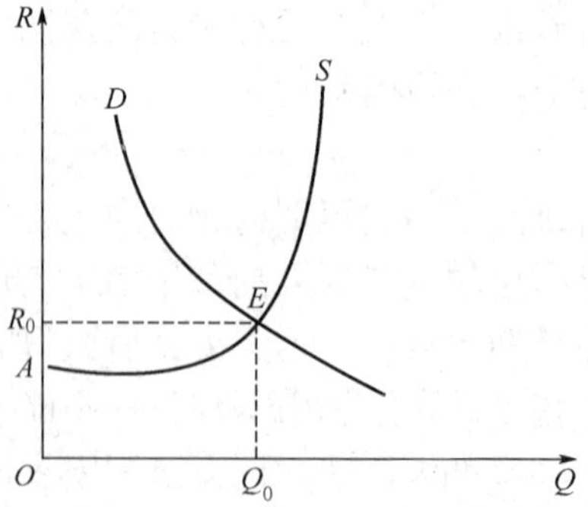

图 8-9　经济租金

经济租金又称为生产者剩余，它类似于消费者剩余。消费者剩余是指消费者在购买时，对某一种商品所愿意支付的价格和该商品市场价格之间的差额。生产者剩余与消费者剩余的相同点是：两者都是由实际发生的数额与自己所想象的数额之差形成的，是自己得到的一种剩余。区别在于：消费者剩余是产品的消费者购买时得到的一种额外福利，只是一种心理感受，并非实际收入的增加；但生产者剩余是由生产要素提供者得到的一种实实在在的额外收入。

8.5 企业家才能及正常利润的决定

企业要进行生产活动，就必须把各种生产要素组织、协调起来，这个组织者就是企业家。作为企业家有两个主要的任务：一是生产的组织、协调，二是对企业的经营行为承担风险，并且尽可能把风险降到最低。

作为对企业家才能这种特殊的生产要素的报酬，利润有着与工资、地租等要素收入不同的特点，其一是利润可大可小、可正可负，不像劳动、土地那样其收入可以事先通过合同确定并只能是正值；其二是利润是与市场的不确定性联系在一起的，所以可以出现剧烈的波动，不像其他生产要素那样有一个社会平均的价格水平做保证。

8.5.1 利润的分类

企业的利润通常分为两种：正常利润和经济利润。

正常利润指厂商对自己所提供的企业家才能的报酬的支付。而企业家才能是生产过程中不可缺少的投入要素，因而正常利润属于生产成本的范畴，是隐成本的一部分，由企业家才能的需求和供给决定。

经济利润也称为企业利润或超额利润，是指企业的总收益和总成本的差额，是超过正常利润的那一部分利润。企业追求利润最大化，就是要最大限度地获得经济利润。企业获得经济利润的途径主要有三个：创新、垄断和承担风险。

创新是著名经济学家熊比特提出的理论，他认为创新是企业家独特的任务，包括这样一些活动：引进一些新产品、开辟一个新市场、引进一种新技术、获得一种新原料的新来源、生产组织方法上的新发明及其应用。有了创新，即使市场价格不变，企业也照样可以得到经济利润。在不断有其他企业模仿之后，企业的创新利润就会逐渐消失。但创新的过程是动态的，当旧有的创新利润尚未消失之前，新的创新就会出现，所以经济利润总是存在的。

在企业对产品市场具有垄断能力的时候，企业通过降低产量、提高价格而获得超额垄断利润。垄断利润是通过企业的专卖专买的垄断而产生的超过正常利润的那部分利润。在非完全竞争市场上，企业通过自己在市场上的特殊地位抬高销售产品价格或压低生产要素价格来获得垄断利润。

未来具有不确定性，人们对于未来的预测有可能出现错误，风险普遍存在。在生产经营活动中，由于供求关系的变动难以预测、自然灾害时有发生、政治形势变幻莫测等不确定因素的存在，使得风险是不可避免的，这就要求具有风险的生产应该以超额利润的形式得到补偿。

社会中充满了不确定性，风险需要有人承担；创新是社会进步的动力，因此承担风险和创新带来的超额利润都是合理的。而垄断利润是垄断者对生产者、消费者和生产要素供给的一种剥削，是不合理的。

8.5.2 企业家追求利润的意义

企业家对利润的追求，推动了社会的进步，在客观上具有如下重要的意义：

（1）正常利润中包含了企业家承担风险的报酬，因此鼓励了企业家更好地管理企业，结合市场需求进行生产，在生产中努力降低成本，有效利用资源，想方设法提高企业经济效益，承担企业经营的不确定性风险，这对于企业的发展壮大和促进社会的经济繁荣是非常有利的。如果没有追求利润的动力驱使，任何企业家都不会去从事有风险的产品的生产经营活动。

（2）经济利润向企业指明了哪些行业应该发展，哪些企业应该压缩，这就是利润导向机制。当某些企业获得经济利润时，就会促使其他企业调整自己的生产方向和规模，或者促使其他企业作出退出某个行业进入另一个行业的决策。所以经济利润使整个社会以利润来引导投资，使得投资于资源配置符合社会的需要。

（3）超额利润是企业进行创新的动力和物质基础。企业为了追求超额利润，就必须不断地进行创新，创新产品的不断推广也会有利于社会的发展和进步。同时要进行新技术的改进和发明等创新活动，就必须要有充分的财力做保障。经济利润的存在为创新活动提供了重要的财力支持。

（4）超额利润也为企业进一步扩大生产规模创造了条件，为企业的发展提供了资金。

8.6 效率与公平

8.6.1 效率

经济上所说的效率一般是指人、财、物等资源的有效使用和有效配置，其含义是以最小的代价获得最大的利益。微观经济学在提到效率时主要有三层含义，即资源配置效率、激励效率和信息效率。

1. 资源配置效率

经济学家通常用帕累托效率标准衡量资源配置效率，其含义是，如果没有一个人可以在不使其他情况变坏的条件下使自己的情况变得更好，那么资源配置是最优的。

2. 激励效率

激励是调动人的积极性、创造性和责任感。市场的激励建立在市场经济三个基本要素之上，即私有制、契约自由和自我负责。

3. 信息效率

信息效率是指以较小代价完成经济运行中的信息传递功能。

8.6.2 公平

经济上的公平即平等，主要指收入均等和机会均等。但是经济平等绝不是一条绝对的原则，它的部分内容不作为最高的或最优先考虑的原则，如收入均等；有些内容又在现实生活中不可能完全做到，如机会均等。

平等的理论基础是基数效用论中的边际效用递减法则。与商品一样，货币也存在边际效用递减现象。富人的货币多，其最后 1 元钱的边际效用较低；穷人的货币少，其最后 1 元钱的边际效用较高。如果政府将平等作为追求的目标，通过累进所得税和社会福利制度，将富人的一部分收入转移给穷人，则穷人在福利上的所得将大于富人福利上的所失，整个社会的福利水平将有所提高。

8.6.3 效率与公平的关系

效率与公平是矛盾的统一，二者既有相互矛盾、相互排斥的一面，又有相互统一、相互依存的一面。效率与公平的统一性主要表现如下。

1. 效率是公平的基础

从历史上看，只有效率提高到一定的程度产生了剩余物品之后，才出现公平问题。在效率低下、还没有产生剩余物品时，空谈公平就失去了意义。而从各国经济发展的历史趋势来看，只有物质财富更加丰富时，公平才会增长，越是在不发达的阶段，收入分配就越不公平。当物质财富极大丰富时，全社会才能达到最大的公平。也就是说，效率使公平建立在更雄厚的物质基础上，公平的最终实现要以效率的极大提高为基础。没有生产力的极大发展和效率的极大提高，是不可能实现全体人民的共同富裕的。

2. 公平促进效率

收入分配是否公平，对经济效率有重大影响，分配公平合理能够使各个阶层的劳动者充分发挥主动性、创造性和积极性，能够促使社会稳定发展，从而全面促进劳动效率的提高。相反，严重的分配不公，无论是平均主义的分配方式，还是收入差距过大乃至产生两极分化，都会降低劳动者的积极性，增加社会的不稳定因素甚至发生社会动荡，影响效率。

效率与公平的矛盾性主要表现在：二者之间也存在此长彼消的一面。一方面，公平对效率具有一定的滞后性，效率开始提高了，旧的公平观仍居于主导地位，阻碍生产力的发展。另一方面，在一定时期内为了达到公平，要以牺牲一定的效率为代价；而为了促进效率，又要以牺牲一定的公平为代价。

8.7 收入分配理论

8.7.1 洛伦兹曲线

为了研究国民收入在国民之间的分配问题，美国统计学家 M.O.洛伦兹提出了著名的洛伦兹曲线。洛伦兹曲线研究的是国民收入在国民之间的分配问题。

首先画一个矩形，用矩形的高表示社会财富的百分比，将其分成五等份，每一等份为20%的社会总财富。在矩形的长上，他将家庭从收入最低到收入最高从左向右排列，也分为五等份，第一个等份代表收入最低的 20%的家庭。在这个矩形中，将每一等份的家庭所有拥有的财富的百分比累计起来，并将相应的点画在图中，便得到了一条曲线，即洛伦兹曲线，如图 8-10 所示。

洛伦兹曲线的弯曲程度具有很重要的意义。一般来说，它反映了收入分配的不平等程度。曲线的弯曲程度越大，收入分配程度越不平等；反之亦然。如果所有收入都集中在一个人手中，而其余人口均一无所获时，收入分配达到完全不平等，此时，洛伦兹曲线成为

折线 *OHL*。如果任一人口百分比均等于其收入百分比，从而人口累计百分比等于收入累计百分比，则收入分配就是完全平等的，洛伦兹曲线成为通过原点的 45° 线 *OL*。

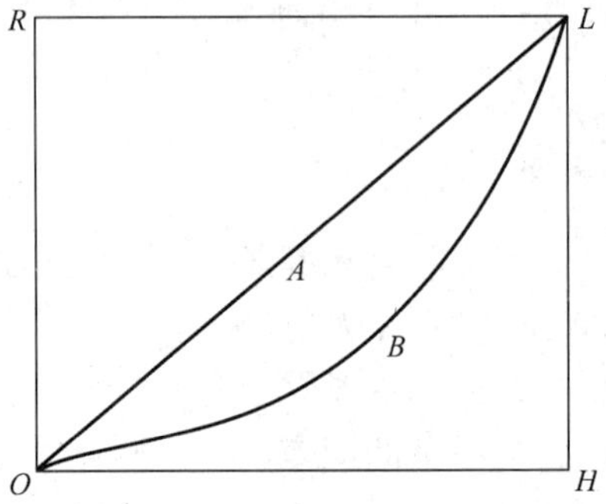

图 8-10　洛伦兹曲线

8.7.2　基尼系数

基尼系数是意大利经济学家基尼根据洛伦兹曲线所定义的判断收入分配公平程度的指标。

如图 8-10 所示，设洛伦兹曲线与 45° 线 *OL* 之间的面积为 *A*，洛伦兹曲线右下方的面积为 *B*。并以 *A* 除以（*A*+*B*）的商表示不平等程度，这个数值被称为基尼系数。如果 *A* 为零，基尼系数为零，表示收入分配完全平等；如果 *B* 为零则系数为 1，收入分配绝对不平等。收入分配越是趋向平等，洛伦兹曲线的弧度越小，基尼系数也越小，反之，收入分配越是趋向不平等，洛伦兹曲线的弧度越大，那么基尼系数也越大。

8.7.3　洛伦兹曲线与基尼系数的关系

从前面的介绍可知，洛伦兹曲线越弯曲，基尼系数越大，分配越不平均；洛伦兹曲线越直，基尼系数越小，分配越平均。

【案例 8-2】　　中国的基尼系数已超警戒线

基尼系数是国际上用来综合考察居民内部收入分配差异状况的一个重要分析指标，由意大利经济学家于 1922 年提出。其经济含义是：在全部居民收入中，用于进行不平均分配的那部分收入占总收入的百分比。基尼系数最大为 1，最小等于 0。前者表示居民之间的收入分配绝对不平均，即 100%的收入被一个单位的人全部占有了；而后者则表示居民之间的收入分配绝对平均，即人与人之间收入完全平等，没有任何差异。但这两种情况只是在理论上的绝对化形式，在实际生活中一般不会出现。因此，基尼系数的实际数值只能介于 0～1 之间。

按照国际惯例，基尼系数在 0.2 以下，表示居民之间收入分配“高度平均”，在 0.2～0.3 之间表示“相对平均”，在 0.3～0.4 之间为“比较合理”；同时，国际上通常把 0.4 作为收入分配贫富差距的“警戒线”，认为在0.4～0.6之间为“差距偏大”，0.6以上为“高度不平均”。

2005年6月，国家统计局城市社会经济调查总队对全国5.4万户城镇居民家庭抽样调查显示，今年一季度收入和消费支出均呈现增长趋缓的态势。一季度人均可支配收入为2 938元，同比增长11.3%，扣除价格因素，实际增长8.6%，增幅较上年同期回落1.2个百分点。人均消费性支出2 020元，同比增长9.9%，实际增长7.2%，增幅回落0.7个百分点。同时，数据显示，高低收入组的收入差距有所扩大。最高10%收入组人均可支配收入为8 880元，同比增长15.7%；最低10%收入组人均可支配收入为755元，同比增长7.6%。高低收入组之比为11.8 : 1，比2004年同季（10.9 : 1）有所扩大。

中国社科院研究收入分配的专家指出，中国的基尼系数2005年迅速逼近0.47，已经超过了警戒线0.4，收入差距已经处于高水平，形势严峻。

【案例评析】 基尼系数逼近警戒线说明我国收入不公平程度越来越严重。我国著名经济学家魏杰（2007年，中国经济改革若干问题）论述目前造成收入分配不公的原因主要有：

一是垄断行为形成的非法性收入差别。在我国目前经济体制转轨过程中，某些行业的行政垄断因素仍然起着严重干扰甚至限制市场的作用，造成许多不平等竞争现象。一些部门、行业通过垄断经营获得垄断利益或者高额利润，其中的成员就从中获得了相对高额的收入，甚至有的成员将集团的消费转化为个人消费，而其他群体或个人则不能，最终形成了非常不合理的收入差别。

二是寻租行为形成的非法性收入差别。由于中国市场资源配置的功能还不完备，政府在资源配置中仍起着举足轻重的作用，于是一些国家与社会管理者利用自己手中的权力进行权钱交易，为自己牟私利。这种由于政府行为而产生的各种寻租行为和腐败现象，同样形成了非常不合理的收入差别。

三是其他非法行为形成的非法性收入差别。在经济转型中，由于各种法律制度不健全，一部分群体通过偷税漏税、制假售假、走私贩私等非法手段攫取财富，拉开了与那些合法经营者之间的收入差距，这种收入差别也是不合理的。

总之，这三大方面的原因造成了非法性的收入差别日趋扩大。相当一部分人通过垄断收益、腐败行为或各种非法手段变成了社会中的富裕阶层，他们掌握了整个社会的很大一部分财富。而为数众多的工薪阶层却逐步地落到社会财富分配的底层，使得中国的收入分配格局有形成金字塔形结构的趋势，使得中国的基尼系数越来越高。

通过上面的分析可以看出，收入分配不公是中国处于经济转型过程中制度缺失的产物。现存的非法性收入差别所导致的收入分配不公，不仅严重扭曲了国内的有效需求和消费结构，而且还造成了社会的不稳定。因此，当务之急是要解决非法收入差别和收入分配严重不公的问题。主要措施一是要坚持公平公正原则，做到消除腐败、消除垄断、消除歧视、机会均等；二是要进一步完善我国的市场化收入分配体制；三是要加强法制会建设，抑制和消除非法性收入差别产生的根源。

名家名言

阿弗里德·马歇尔：（1842—1924年）19世纪末20世纪初世界著名的经济学家（见图8-11），

英国“剑桥学派”的创始人。主要著作有：《经济学原理》、《工业与贸易》、《货币，信用与商业》、《工业经济学》。其中，《经济学原理》对20世纪初期各国资产阶级经济学界有较广泛的影响。

派生需求是由阿弗里德·马歇尔在其《经济学原理》一书中首次提出的经济概念。

“派生需求是指对生产要素的需求，意味着它是由对该要素参与生产的产品的需求派生出来的，又称‘引致需求’。”

——阿弗里德·马歇尔

斯塔西·亚当斯：美国管理心理学家、行为科学家（见图8-12），美国北卡罗来纳大学著名的行为学教授，他通过社会比较来探讨个人所作的贡献与所得奖酬之间的平衡关系，着重研究工资报酬分配的合理性、公正性及其对员工士气的影响。

“每一个人会对自己及他人的投入与彼此所得到报酬相比较，并维持一个平衡—公平性，即分配中的公平与否取决于自己的投入和收获与周围人的投入和收获的比较。”

——斯塔西·亚当斯

图8-11 阿弗里德·马歇尔

图8-12 斯塔西·亚当斯

刘国光：1923年11月生，江苏南京人（见图8-13）。莫斯科经济学院研究生毕业，中国社会科学院特邀顾问、研究员。中国社会科学院原副院长，中国社会科学院学部主席团成员。兼任孙冶方经济科学奖评委会主任，中国城市发展研究会名誉理事长，中国中共文献研究会顾问等。

长期从事经济学研究，著有《中国宏观经济问题》、《中国经济运行与发展》等，发表文章多篇。

“应该把实行多年的‘效率优先、兼顾公平’这一口号改成‘效率与公平并重’，或干脆让其淡出。”

“‘效率优先、兼顾公平’意味着把经济效益放在第一位，把社会公平放在第二位，这个提法适用于社会主义初级阶段的一段时期，但不适用于社会主义初级阶段的整个时期。”

——刘国光

阿瑟·奥肯（Arthur M. Okun，1928—1980年）：美国经济学家（见图8-14），美国新泽西州泽西城人。1956年获哥伦比亚大学经济学博士学位，后任教于耶鲁大学，讲授经济学。1961年，担任总统经济顾问委员会成员。1964年，被聘为约翰逊总统经济顾问委员会成员，而且于1968年被任命为该委员会主席。

“平等和经济效率之间的冲突是不可避免的。多一分平等就少一分效率，多一分效率就少一分平等，没有例外。”

——阿瑟·奥肯

图 8-13 刘国光

图 8-14 阿瑟·奥肯

本章小结

1．生产要素市场与产品市场是相互联系、相互依存的。但生产要素市场有其与产品市场不同的特征。劳动供给曲线是向后弯曲的。这与其他要素和产品的供给曲线是有区别的。

2．资本的供给与一般商品的供给相同，与价格同方向变动，土地的供给是固定的，而劳动的供给则有其特殊性。

3．地租由土地的供给与需求决定，由于经济发展，地租有不断上升的趋势。

4．利润分为正常利润和超额利润，这两种利润的性质与来源都不同。

5．超额利润分为创新的、风险的和垄断的三类。

6．洛伦兹曲线和基尼系数是衡量收入分配平等程度的有用工具。

本章习题

一、名词解释

生产要素；资本；利息率；地租；准租金；经济租金；正常利润；经济利润；效率；公平；洛伦兹曲线；基尼系数。

二、选择题

1．随着工资水平的提高（　　）。

A．劳动的供给量会一直增加

B．劳动的供给量变化无定数

C．劳动的供给量先增加，但工资提高到一定水平后，劳动的供给不仅不会增加反而会减少

D．劳动的供给量增加到一定程度后就不会增加也不会减少了

2．劳动的供给增加将（　　）。
A．增加劳动的边际产量值，并提高工资
B．减少劳动的边际产量值，并减少工资
C．增加劳动的边际产量值，并减少工资
D．减少劳动的边际产量值，并增加工资

3．厂商对生产要素的需求是一种（　　）。
A．派生需求　B．联合需求　C．最终需求　D．直接需求

4．工资率上升引起的替代效应是指（　　）。
A．工作同样长的时间可以得到更多的收入
B．工作较短的时间也可以得到相同的收入
C．工人宁愿工作更长的时间，用收入带来的效用代替闲暇的效用
D．以上都对

5．土地的供给曲线是一条（　　）。
A．向右上方倾斜的线　B．与数量轴平行的线
C．与数量轴垂直的线　D．向右下方倾斜的线

6．渔民供给的减少对捕鱼行业所用的资本市场有什么影响？（　　）。
A．渔船的需求增加，渔船的租金率提高
B．渔船的需求减少，渔船的租金率下降
C．渔船的需求增加，渔船的租金率下降
D．渔船的需求减少，渔船的租金率提高

7．鱼的需求减少，（　　）。
A．减少了渔民的边际产量值，减少了他们的工资，并减少了捕鱼行业的就业
B．增加了渔民的边际产量值，增加了他们的工资，并增加了捕鱼行业的就业
C．减少了渔民的边际产量值，减少了他们的工资，并增加了捕鱼行业的就业
D．增加了渔民的边际产量值，增加了他们的工资，并减少了捕鱼行业的就业

8．根据教育的人力资本论，教育（　　）。
A．增加了人力资本和工人的工资
B．只有助于企业把工人分为高能力工人与低能力工人
C．对工人的人力资本没有影响
D．可以使任何一个工人成为超级明星

三、综合分析题

1．为什么说对生产要素的需求是一种派生的需求？

2．劳动供给曲线为什么向后弯曲？

3．地租是如何决定的？它的发展趋势是什么？

4．假设某一特定劳动服务的市场是完全竞争的，劳动的供求函数为：$L_s=800W$，这里 L_s 为劳动供给的小时数，劳动的需求函数为 $L_d=24\,000-1\,600W$。

试计算：当劳动的供求达到均衡时，均衡的工资（W）和均衡劳动小时各是多少？

5．经济利润是怎样形成的？

第 9 章　宏观经济分析中的变量与模型

本章导学

有人说：中国将在 2014 年经济总量赶上世界第一大强国——美国。也有人认为，这一时间还要推后，是这样的吗？是用什么指标来衡量的呢？当然，是用一国的 GDP 来衡量，它是反映一国经济总量最主要的指标。

“中国经济规模将在 2014 年超过美国成为世界第一”。4 月 29 日，世界银行发布“国际比较项目”报告，通过购买力平价法（PPP）计算做出这个预测，今年中国可超越美国，一跃成为全球头号经济体。由于此前业内人士普遍认为，中国经济总量要在 2020 年前后才能超越美国，所以世行当时的这一新论点引起全球各大媒体热议。

报告得出结论的大体思路是：作为对真实生活成本的估计，购买力平价被认为是比较经济体规模的最佳方式，数据显示，世界经济在 2011 年生产的货物和服务总值超过 90.647 万亿美元。

购买力平价法将国家的经济衡量指标（如 GDP）换算成统一的货币单位，比汇率换算法更能直接衡量货币购买力。根据这种统计方法，人民币的理论汇率是 3.506，中国的经济规模在 2011 年已达 13.495 9 万亿美元，是美国 15.533 8 万亿美元的 86.9%，加上 2012 年至 2014 年中国经济增长将达到 24%，美国仅增长 7.6%，中国 GDP 超美 2014 年有望实现。

当然，也有人说，对于一个人均 GDP 只相当于美国人均十五分之一还不到的中国，人均收入仍徘徊在全球第 90 名左右。经济总量超过美国，中国没有理由为之庆幸，实际的经济意义不大。也许人均 GDP 才是一个反映经济水平更好的经济指标。还有人认为，中国的经济增长率，现在以及未来可以预见，会远远高于美国，即使是人均 GDP，要超过美国也只是的时间问题。

为了揭示 GDP 的增长率，我们必须剔除通货膨胀的影响，以考察实际的 GDP 变化。那么，如何剔除 GDP 中的通货膨胀因素以揭示实际的 GDP 呢？

一些国家富得流油，而另一些国家贫如乞丐。不同国家的经济水平如何相互比较？如何进行 GDP 的国际比较呢？

通过本章学习，你将能够：

（1）了解 GDP 的定义；

（2）掌握国民收入及相关指标的计算；

（3）掌握国内生产总值的核算方法；

（4）掌握简单国民收入的决定模型；

（5）掌握总需求—总供给模型；

（6）了解产品和货币市场的均衡模型。

9.1 国民收入核算

9.1.1 国民收入核算中的变量

宏观经济学的研究对象是总体经济或者国民经济，但国民经济是一个庞大繁杂的体系，因此，有必要首先将它分解和量化。只有在此基础上，才能展开对宏观经济学的进一步研究。所以说，国民收入的核算问题构成了建立宏观经济模型、分析宏观经济运行机制的基本前提。

国民收入核算体系经历了一个不断发展、完善的过程。1968 年联合国经济与社会事务部统计处编撰出版了《国民账户体系》，这就是通常所称的 SNA（the System of National Accounts）。这一体系已被世界上大多数国家所采用。我国在改革开放以前采用的是物质产品平衡体系（the System of Material Product Balance，MPS）。改革开放以后，我国开始采用 SNA，在国民收入的统计方面逐步与国际接轨。

1. 国内生产总值

在国民收入核算体系中，国内生产总值（Gross Domestic Product，GDP）被认为是衡量宏观经济运行情况的一个最重要的指标，也是影响最大的一个指标。

（1）国内生产总值（GDP）的定义。

国内生产总值（GDP）是指一定时期内（如一年、一季度等），一个国家（或经济体）在其国境内所生产的全部最终产品和劳务的市场价值的总和。

一国的 GDP 是指在其国境内生产的最终产品和劳务，只有在一国境内生产的产品和服务才构成该国家 GDP 的组成部分。耐克是一家美国企业，在中国工厂生产的运动鞋的市场价值计入中国 GDP，而非美国 GDP。丰田是一家日本企业，在乔治敦、肯塔基生产的汽车计入美国 GDP，而非日本 GDP。

通常情况下 GDP 是按季度（季度 GDP）或年（年度 GDP）来统计的。GDP 是通过每种产品或劳务的市场价值（即一种产品或劳务在市场中交易的价格）分别与每种产品或劳务在该年的产量乘积之和来计算的。为了便于理解，我们假设其中任何一种产品和劳务的价格是不变的。

GDP 是一定时期内生产而不是销售的最终产品。因此，计算时必须是当期生产的产品，不包括以前所生产产品的价值，但应包括当期生产当期未销售的最终产品的价值，它被看做是生产者自己买下来的存货投资。

（2）名义 GDP 与实际 GDP 的换算。

由于价格的变化，GDP 有名义 GDP 与实际 GDP 之分。

名义 GDP（nominal GDP）是指按照当年的市场价格计算出来的 GDP，实际 GDP（real GDP）是指以先前某一年的价格作为不变价格计算出来的 GDP。

为了便于理解这两个概念，假设某国只生产大米、衬衫两种产品，2005 年它们的单位价格分别为 8 美元和 3 美元，产量分别为 100 单位和 70 单位，则该年的名义 GDP 为：8×100+3×70=1 010（美元）。再假设 2010 年它们的价格分别涨至 15 美元和 9 美元，产量均不变，则 2010 年的 GDP 为：15×100+9×70=2 130（美元）。但如果以 2005 年的价格作为不变价格来计算，则 2010 年的实际 GDP 仍为 1 010（美元）。

统计学上，一般将价格的基准年称为基期年或基年，如上例中的 2005 年便属于基年。

由于实际 GDP 剔除了价格变动的影响，从而比名义 GDP 更能真实地反映经济增长和社会财富增长。上例中，2010 年的名义 GDP 比 2005 年增长了 110.89%，但实际 GDP 却没有变化。

（3）价格指数。

如何计算实际 GDP 呢？或者说如何将某国某年统计出来的名义 GDP 换算为实际 GDP 呢？这要借助于价格指数。价格指数是表示全社会物价水平的数量指标。常用的价格指数有消费者价格指数[①]（Consumer Price Index，CPI）、商品零售价格指数（Retail Price Index，RPI）和 GDP 缩减指数（GDP deflator）[②]等。

消费者价格指数是综合反映各种消费品和生活服务价格的变动程度的一种经济指数。先假设一个国家只有一种商品，该商品 2005 年的价格为每单位 5 元，2010 年为每单位 10 元。如果以 2005 年作为基期年（习惯上一般将基期年的 CPI 定为 100），则 2010 年的 CPI 为：

$$CPI=10/5\times100=200$$

这说明与 2005 年的价格水平相比，2010 年的价格水平上升了一倍。式中之所以要乘以 100，是因为要以基期年的价格指数（100）为基准，来反映其他各年份的价格水平的变动状况。如果 2010 年的商品价格仍为 5 元，则计算出来的 2010 年的 CPI 为 100，说明与 2005 年相比，价格水平未发生变化。

以上是假定商品只有一种，但经济社会中的商品有许多种。当然，不可能计算一个经济社会中的所有商品的价格变动，一般仅计算反映总体价格状况的 n 种代表性商品的价格变动。计算某年的消费者价格指数 CPI，选择 n 种商品分别在基期年的价格，n 种商品自各的权值，各权值之和等于 1。

各商品的权值通过某一年或基年的调查得出，等于在 n 种商品的消费组合中所占的消费份额。如假设社会民众消费的商品为大米、衣服、电三种，基年的消费总支出额中，大米占 30%、衣服占 50%、用电费占 20%，则它们的权值分别为 0.3、0.5、0.2。

美国是通过对 21 000 多种商品中挑选出来的 364 种代表性商品和服务的价格变动来计算 CPI 的。为了反映居民消费结构的变化，美国大约每隔 10 年就更换 CPI 计算的基期和各代表性商品的权重。

GDP 缩减指数的计算与计算 CPI 的基本原理类似，不同的是 GDP 缩减指数涵盖的样本商品范围更广，不仅包括了消费品，还包括投资品、政府购买品等。因此可以说，GDP 缩减指数是一种反映经济社会各类型商品总体价格水平的价格指数，如图 9-1 所示。

计算出 GDP 缩减指数后，就可以进行名义 GDP 与实际 GDP 之间的换算。换算公式如下：

---

① 也译为消费品价格指数，或简称消费价格指数。

② 国内教材也常译为 GDP 平减指数，作者认为缩减一词更形象、直观，更符合英文原意。

$$实际\ GDP=名义\ GDP/GDP\ 缩减指数\times100$$

式中之所以要乘以100，是因为基期年的GDP缩减指数一般定为100，而基期年的名义GDP应该也就是实际GDP，乘以100后，才使两者相符。

例如，假设某国2005年的名义GDP为1 560亿美元，统计出的2010年的名义GDP为6 860亿美元，如果以2005年作为基期，则该年的GDP缩减指数为100。再假设根据上述原理计算出的2010年的GDP缩减指数为235，则2010年的实际GDP便为2 919亿美元，如表9-1所示。

表9-1 名义GDP与实际GDP的换算例表

年　份	名义GDP（亿美元）	GDP缩减指数	实际GDP（亿美元）
2005	1 560	100	1 560/100×100＝1 560
2010	6 860	235	6 860/235×100＝2 919

根据《中国统计年鉴—2008》，以1978年作为基期（CPI为100），2007年的CPI为493.6；以1978年作为基期，2007年的RPI为376.7；以1978年作为基期（1978年的GDP为100），则2003的GDP为940.1。

经济增长率一般采用剔除了价格变动影响后的可比价格计算，其计算公式为：

某年的经济增长率=（该年的实际GDP−上年的实际GDP）/上年的实际GDP×100%

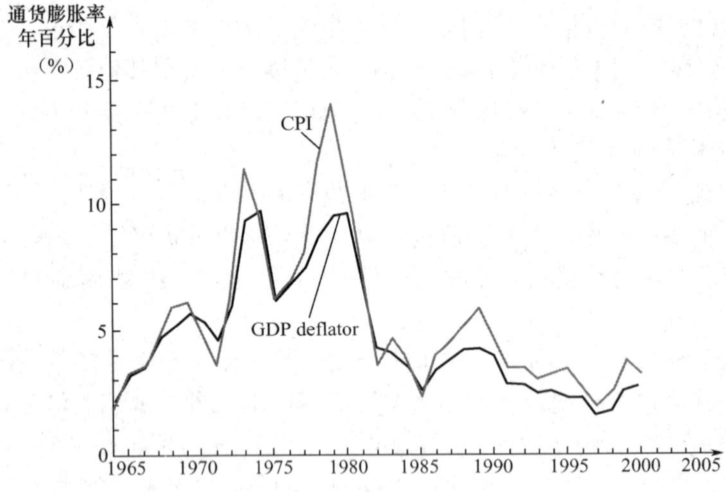

图9-1 美国的CPI和GDP缩减指数的比较

（4）与GDP有关的概念。

为了全面，准确地理解和掌握GDP的含义，有必要弄清以下几个概念。

① 最终产品与中间产品。根据产品的用途不同，产品可分为中间产品与最终产品。为了计算GDP，需要衡量最终产品与服务的价值。最终产品（final good）或服务是特定时期内最终使用者所购买的产品或服务。与之相比较的中间产品（intermediate good）或服务是由一家企业生产，被另一企业购买，并且被用做最终产品或服务组成部分的产品或服务。

例如，一辆丰田汽车是最终产品，而汽车上的普利司通轮胎则属于中间产品；一台戴尔电脑是最终产品，而它的 Intel 奔腾处理器芯片则属于中间产品；医生为病人看病收取的诊查费则属于中间服务。

中间产品是指用来参加其他产品生产的过程产品，如原材料、燃动力等。最终产品是指已经退出生产过程，进入消费领域的产品等。很多产品既可用做中间产品，又可用做最终产品。例如，煤炭用于发电，属于中间产品，而用于家庭做饭，则为最终产品；布料用于直接出售，属于最终产品，而用于服装厂制作服装，则属于中间产品。因此，某产品属于中间产品还是最终产品取决于它的用途，而非产品本身。由于中间产品的产值已经包含在最终产品的产值之中，所以为了避免重复计算，GDP 只计算统计期内的最终产品。

还有些产品既不是最终产品也不是中间产品。如金融资产中的股票和债券，以及二手商品如旧车或已购住宅等都属于这种产品。这些产品不构成 GDP 的组成部分，因为旧车和已购住宅在其产生之初就是包含在 GDP 当中的。但是，二手商品买卖中支付的中介服务费用应计入 GDP。

② 总产值与增加值。某产品的总产值是指统计期内生产的全部产值，即销售总收入。增加值（或称附加值）是指统计期内生产中的新增产值，即销售总收入与消耗的中间产品的产值之间的差额。

例如，一个棉农将一年中生产的籽棉出售给轧棉厂加工成棉花，轧棉厂又将这些棉花出售给纺纱厂加工成棉纱……一直到最后服装厂加工成服装出售给顾客。

2. 国民生产总值

在国民收入核算中，除了国内生产总值之外还有国民生产总值。国民生产总值（Gross National Product，GNP）是指一国国民所拥有的全部生产要素，在一定时期内（通常为一年），所生产的全部最终产品（包括劳务）的市场价值总和。

国民生产总值衡量一国居民的收入，包括居民从国外取得的收入，而不包括外国居民在本国取得的收入。它以人口为统计标准。国民生产总值（GNP）与国内生产总值（GDP）之间的关系为：

$GNP=GDP+$本国公民在国外生产的最终产品的价值总和−外国公民在本国生产的最终产品价值总和

也可用下式表示

$$GNP = GDP + \text{国外要素净收入}$$

例如，2010 年的国内生产总值为 401 202 亿元，国外要素净收入为 2 058 亿元，那么，国民生产总值=401 202+2 058=403 260 亿元。

在经济全球化的今天，GDP 比 GNP 更能反映一国的经济实力。1991 年之前，美国一直用 GNP 作为主要的测量值，从 1991 年起改用 GDP。现在，大部分国家都采用 GDP，其主要原因首先是一个国家对外开放程度越大，用 GDP 作为测量指标的科学性也越大，由于国际贸易在各国经济中变得越来越重要，因此大多数国家采用 GDP；第二是由于来自国外的要素收入数据较难获得，而 GDP 的数据较易获得，因而采用 GDP。

3. GDP 与 GNP 的比较

从上述 GDP 和 GNP 的定义中可以看出，GDP 的统计依据是国土原则，GNP 的统计依据是国民原则。

假如，某中国公民在法国本土的企业工作所获得的收入，或者持有法国企业股票所获得的红利收入和差价收入，或者法国开办企业所获得的利润是中国 GNP 的构成部分，但却属于法国 GDP 的一部分；美国杜邦公司与中国某公司合资在中国本土成立了一家企业，杜邦公司持有 10%的股份，则这家合资企业某年的利润的 10%属于美国该年 GNP 的一部分，但却计入中国该年的 GDP。

由此可见，GNP 衡量的是一国国民或公民的收入，而不管其收入是从国内还是从国外获取的；GDP 衡量的是一国领土范围内或境内所有产出的总产值。

4．国民收入核算中的其他指标

在国民收入核算体系中，除了 GDP 和 GNP 这两个应用广泛的综合经济指标外，还存在其他几个总量指标用于对宏观经济运行的衡量和刻画。

（1）国内生产净值（NDP）。

国内生产净值（Net Domestic Product）指的是 GDP 减去固定资产折旧后的余额。在最终产品的总产值即 GDP 中，并未扣去生产经营过程中消耗的固定资产的产值（这种消耗值一般以折旧来表示）。如果将这一消耗值扣去，就得到了净增产值，即：

$$GDP\text{-折旧}=NDP$$

从一定意义上说，NDP 比 GDP 更能准确地反映国民生产的新增产值。但由于 GDP 的数据较易统计，而且折旧费的计算方法不一，折旧的提取与设备等的磨损并不一致，政府的折旧政策也会变动，所以 GDP 的运用远比 NDP 要广泛。

（2）国民收入（NI）。

国民收入（National Income）是指一个国家在一定时期内除政府以外的各种生产要素得到的名义报酬总和。由于 NDP 中包含了间接税，而间接税不为任何生产要素所有者得到，所以 NI 等于 NDP 扣去其中的间接税。

$$NDP\text{-间接税}=NI$$

这里的国民收入（NI）是狭义上的，宏观经济学中所讲到的国民收入一般都是广义上的。广义上的国民收入也就是 GDP 或宏观经济总量，所谓的国民收入核算也就是宏观经济总量的核算。

（3）个人收入（PI）。

个人收入（Personal Income）是指一个国家在一定时期内个人所得到的全部收入。从国民收入（NI）中减去那些不会成为个人收入的项目（如公司利润税、公司未分配利润），再加上那些不是来自个人生产要素的收入（即 NI、NDP 及 GDP 中未包含的收入）却又构成个人收入的项目（如政府转移支付），就是个人收入。

$$PI= NI\text{-公司利润税-公司未分配利润+政府转移支付}$$

（4）个人可支配收入（DPI）。

个人可支配收入（Disposable Personal Income）是指从个人收入中扣去个人所得税的余额。

$$DPI=PI\text{-个人所得税}$$

9.1.2 国民收入核算指标的局限性

首先，可以肯定国民收入核算指标能在相当程度上衡量一个国家的宏观经济活动水平，显示一国国民的福利享受状况。但也应清醒地看到，这些指标并非完美无瑕，而是存在一定局限性的。GDP 这一指标的局限性主要表现在以下几方面。

1. 没有充分反映所有的经济活动

由于 GDP 的统计是基于合法、公开的市场交易，那些对国民收入有重大影响的非法、非公开市场交易就无法得到反映，如走私、贩毒等。南美洲的一些国家，贩毒交易额非常之高，因此，官方公布的 GDP 或人均 GDP 并不能真实地反映货币收入状况。当然，这绝不是说贩毒等非法交易有存在的理由。

几乎所有国家都不同程度地存在地下经济，除此之外，还有旨在逃税、漏税的生产经营活动等。这些生产经营活动无法进入政府的统计范围，无法被计入 GDP。

一些自给性的生产与服务、物物交换等经济活动也无法得到反映，而这些又确实影响着社会福利状况。如家庭主妇的家务劳动是无法计入 GDP 的。假如家庭主妇不从事家务劳动，就要雇用保姆，即购买保姆的劳务，支付给保姆的劳务费是要计入 GDP 的。这也就是说，家庭主妇原来每个月的家务劳动创造的 GDP 相当于现在每个月支付给保姆的劳务费。

2. 不能真实反映国民的福利享受状况

国民的福利享受水平不仅取决于经济总量，还取决于收入分配结构。同样的 GDP，但由于分配结构不同，国民的福利享受状况会产生很大的差异，而这一点在抽象的 GDP 数据中是难以反映出来的。

国民的福利状况不仅有物质享受，还有精神享受，如工作中的愉快程度、人际关系、闲暇时间等。这些也难以在 GDP 数据中反映出来。假设两个国家的 GDP 甚至人均 GDP 都相同，但其中一国国民的闲暇、休假时间非常充裕，另一国则很少，国民的福利状况显然是有差异的。

还有，破坏和浪费资源的重复建设等虽会在一定时期内推动 GDP 的增长，但人们的福利享受水平却往往没有相应地提高，甚至会带来负效用。如有的围墙建了又推，推了又建；或者有的马路挖了又填，填了又挖。

3. 没有充分反映产品结构与质量

根据 GDP 的统计原理，厂商生产出来的一些质量低下的产品，甚至难以售卖出去的产品（存货）也会计入 GDP。这些产品不仅不能带来消费效用，还是对经济资源的一种浪费。

4. 没有充分反映社会成本

GDP 的增长往往会损害生态环境，生态环境的被损害当然是一种社会代价、社会成本。譬如自然资源被大量破坏、生活环境被严重污染等等。这些社会成本在 GDP 的核算中还无法得到有效的反映。

9.1.3 国内生产总值的核算方法

在国民经济核算体系中有不同的计算国内生产总值的方法，其中主要有支出法、收入法以及部门法。

人们支出货币来购买最终产品，他们每年花费的货币总流量就是一种对国内生产总值的衡量。而衡量的产出成本的年流量，企业以工资、利息、租金、股息和企业留利形式支付，构成人们的收入流。用这两种思路所衡量出的 GDP 必定是相等的。支出法、收入法就是建立在该思路上的衡量方法。

1. 支出法

支出法又称最终产品法。该方法从产品的使用出发，把一年内购买各项最终产品的支出加总，计算出该年内生产出的最终产品的市场价值。即把购买各种最终产品所支出的货币加在一起，得出社会最终产品的流动量的货币价值的总和。

如果用 Q_1、Q_2、…、Q_n。代表各种最终产品的数量，用 P_1、P_2、…、P_n。代表各种最终产品的价格，则支出法的公式是：

$$Q_1P_1+Q_2P_2+\cdots+Q_nP_n=GDP$$

在现实生活中，产品和劳务的最终使用，主要是居民消费、企业投资、政府购买和净出口。因此，用支出法核算 GDP，就是核算一个国家或地区在一定时期内居民消费、企业投资（包括存货增加）、政府购买和净出口这几方面支出的总和。在中国，按支出法计算包括表 9-2 中的一些项目。

表 9-2　支出法计算的我国国内生产总值

指　标	总量指标（亿元）				
	1978	1990	2000	2011	2012
支出法国内生产总值	3 605.6	19 347.8	98 749	472 619.2	529 238
最终消费支出	2 239.1	12 090.5	61 516	232 111.5	261 833
居民消费	1 759.1	9 450.9	45 854.6	168 956.6	190 424
政府消费	480	2 639.6	15 661.4	63 154.9	71 409
资本形成总额	1 377.9	6 747	34 842.8	228 344.3	252 773
固定资本形成总额	1 073.9	4 827.8	33 844.4	215 682	241 757
存货增加	304	1 919.2	998.4	12 662.3	11 016
货物和服务净出口	−11.4	510.3	2 390.2	12 163.3	14 632

注：1．1980 年以后国民总收入（原称国民生产总值）与国内生产总值的差额为国外净要素收入。

2．2004 年及以前年份第一产业不包括农林牧渔服务业，交通运输仓储和邮政业包括电信业，但不包括城市公共交通业，批发与零售业包括餐饮业。

（资料来源：中国统计年鉴 2013 年）

所以，用支出法核算 GDP，公式为：

$$Y=C+I+G+(X-M)$$（总需求）

例如，已知我国 2012 年居民消费支出 190 424 亿元，投资支出 252 773 亿元，政府用于商品的支出 71 409 亿元，净出口额 14 632 亿元。则：

GDP=消费+投资+政府支出+（出口−进口）=190 424+252 773+71 409+14 632=529 238（亿元）

2．收入法

收入法又称要素支付法，或称要素收入法。这种方法是从收入的角度出发，把生产要素在生产中所得到的各种收入相加，即把劳动所得的工资、土地所得的地租、资本所得的利息以及所有者所得的利润相加，计算国内生产总值。

各国在按收入法计算国内生产总值时，具体项目分类也不尽相同。在美国的国民收入统计中，按收入法计算包括这样一些项目：雇员报酬是支付给劳动服务的报酬，它包括工人所获得的净工资加上税收加上社会保险、养老金等额外福利，净利息是家庭贷款的利息所得减去借款利息，租金收入是租用土地和其他资源的报酬。

企业利润是公司的利润。其中一部分以红利形式发放给家庭，另一部分以未分配利润的形式由公司保留下来。所有者收入是某企业所有者的收入所得，包括对所有者劳动及资本使用的补偿，再加上利润。这些收入的总和被称为以要素成本衡量的国内净收入。它是生产最终产品所使用的生产要素的成本。而当我们将用于购买最终产品的支出进行加总时，是以市场价格衡量的国内产出。市场价格与要素成本不同，是因为间接税收和补贴的存在。

间接税是消费者购买产品和服务时支付的税收（与之相对的是直接税，即对收入征收的税收）。销售税和对酒类、汽油和烟草制品征的税都属于间接税。由于间接税的存在，消费者在某些产品和服务上的支出要多于生产者所得。市场价格大于要素成本。例如，7%的销售税意味着当你购买价值 1 元的巧克力棒时需要支付 1.07 元。巧克力棒的要素成本包括利润 1 元，而其市场价格是 1.07 元。

补贴是政府对生产者的支付。对谷物种植者和奶牛饲养者的支付都属于补贴。由于补贴的存在，消费者在某些产品和服务上的支出要少于生产者所得，要素成本大于市场价格。

要素成本大于市场价格。从要素成本得到市场价格，需要加上间接税并减去补贴，再加上折旧。因此，若从总收入得到 GDP，必须在总收入上加上折旧。

所有收入之和等于以要素成本衡量的国内净收入。GDP 等于以要素成本衡量的国内净收入加上间接税收减去补贴再加上折旧。2006 年用收入法计算的美国 GDP 数额为 130 080 亿美元，如表 9-3 所示。雇员报酬即劳动收入是目前为止占总收入比重最大的部分。采用收入法核算 GDP，公式为：

$$Y=\text{工资}+\text{利息}+\text{利润}+\text{租金}+\text{间接税和企业转移支付}+\text{折旧}+\text{统计误差}$$

表 9-3 收入法计算的美国 GDP

项 目	2006 年（10 亿美元）	占 GDP 的%
雇员报酬	7 322	56.3
净利息	706	5.4
租金收入	77	0.6
企业利润	1 343	10.3
所有者收入	1 008	7.8
间接税减补贴	1 004	7.7
折旧	1 548	11.9
国内生产总值	13 008	100

（资料来源：U.S.Department of Commerce.Bureau of Economic Analysis）

3．部门法

部门法按提供物质产品与劳务的各个部门的产值来计算国内生产总值。这种计算方法反映了国内生产总值的来源，所以又称生产法。

在利用这种方法计算国内生产总值时，各物质生产部门要把所使用的中间产品的产值扣除，仅计算本部门的增值。商业、服务等部门也按照增值法计算。卫生、教育、行政等无法计算增值的部门则按照该部门职工的工资收入来计算，以工资代表他们所提供的劳务和价值。我国统计年鉴中国民收入核算就是以部门法计算的，如表 9-4 所示。

表 9-4　部门法计算的中国国内生产总值

指　　标	总量指标（亿元）				
	1978	1990	2000	2011	2012
国民经济核算（亿元）					
国民总收入	3 645.2	18 718.3	98 000.5	468 562.4	516 282.1
国内生产总值	3 645.2	18 667.8	99 214.6	473 104.0	518 942.1
第一产业	1 027.5	5 062.0	14 944.7	47 486.2	52 373.6
第二产业	1 745.2	7 717.4	45 555.9	220 412.8	235 162.0
第三产业	872.5	5 888.4	38 714.0	205 205.0	231 406.5

（资料来源：中国统计年鉴 2013 年）

按照以上三种方法计算出的结果，从理论上说应该是一致的，因为它们是从不同的角度来计算同一国内生产总值。但在实际中，这三种方法计算出的结果往往并不一致。国民经济核算体系以支出法为基本方法，即以支出法所计算出的结果为标准。如果另外两种方法所计算出的结果与此不一致，就要通过误差调整项来进行调整，使之达到一致。

9.2　国民经济运行总流程

一国经济中最宏观部分，当然是一个国家经济的整体运转情况。那么，它究竟是怎么运行起来的呢？用宏观经济学的术语来说，一个国家的经济，是如何实现各部分平衡的呢？

宏观经济研究的是经济总量和总量之间的相互关系。如果从总量来观察，我们就会发现，问题的根源在于这个社会劳动力供给太多了，而劳动力的需求不足，所以劳动力总量过剩了。

20 世纪伟大的经济学家凯恩斯说：“宏观经济太复杂了，涉及的内容太多了，让我来设计一个模型把一国复杂的宏观经济部门抽象出来，用一个模型来表示，加以简化。”这就是简单的凯恩斯模型。

9.2.1　两部门国民经济流程模型

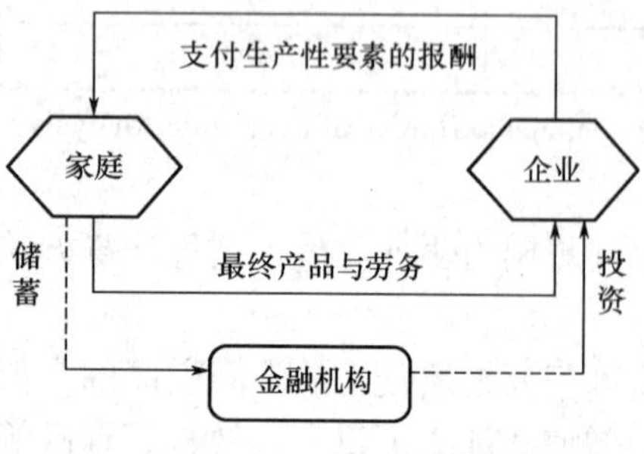

图 9-2　两部门国民经济流程模型

凯恩斯假设，一国的宏观经济中有两个部门，一个部门是家庭，另一个部门是企业，如图 9-2 所示。家庭出卖劳动，到企业去做工，挣来钱去购买企业生产的产品；企业生产出产品，把产品卖出去，收回钱来继续生产。一国的宏观经济要实现平衡，其条件是：家庭挣的钱全花掉，企业生产的产品全卖出，即“市场出清”，供求关系平衡。但是宏观经济的现实问题是：家庭挣的钱没全花出去，企业生产出的产品也没都卖出去。那么，宏观经济还能正常运转吗？

现实经济中每一个家庭会把挣来的钱，一部分钱花出去，另一部分钱存起来。家庭不花的钱存进银行，形成居民的储蓄。作为企业来讲，它不可能一直都是简单再生产，若扩大再生产，就需要投资。企业扩大再生产时找银行借钱，就有了投资。宏观经济中只要企业的投资等于家庭的储蓄，宏观经济也能正常运转。所以，宏观经济平衡的最重要条件是：储蓄等于投资。

在两部门经济模型中，总需求分为居民的消费需求和企业的投资需求。消费需求与投资需求可以分别用消费支出与投资支出来代表，消费支出即为消费，投资支出即为投资。所以

总需求=消费+投资

如果以 AD 代表总需求，以 C 代表消费，以 I 代表投资，则可以把上式写为：

$$AD=C+I$$

总供给是全部产品与劳务供给的总和，产品与劳务是由各种生产要素生产出来的，所以，总供给是各种生产要素供给的总和，即劳动、资本、土地和企业家才能供给的总和。生产要素供给的总和可以用各种生产要素得到相应的收入的总和来表示，即用工资、利息、地租和利润的总和来表示。工资、利息、地租和利润是消费者所得到的收入，这些收入分为消费与储蓄两部分。

总供给=消费+储蓄

如果以 AS 代表总供给，以 C 代表消费，以 S 代表储蓄，则可以把上式写为：

$$AS=C+S$$

总需求与总供给的恒等式就是：

$$AD=AS$$

即：

$$C+I=C+S$$

如果两边同时消去 C，则可以写为：

$$I=S$$

在凯恩斯的宏观经济模型中，两个部门经济要想正常运行，平衡的条件是储蓄一定要等于投资，即收支平衡。

让我们来看现实，我国现在的储蓄等于投资吗？实际上是不相等的。如果我国的储蓄率居高不下，那么工厂积压在仓库里的东西就卖不出去。这样一来，经济就不可能正常循环。

按照凯恩斯的理论，如果要让两个部门的经济运转起来，储蓄一定要等于投资，而目前我国的储蓄大于投资，经济就可能出问题。所以，政府一直希望人们把储蓄的钱拿出来消费，只有大家花钱，经济才有希望增长。

当储蓄大于投资的时候，通货就在紧缩，因为东西卖不出去，企业只能降价卖、便宜卖、保本卖，甚至最后赔本也得卖。当投资大于储蓄的时候，大家都想赚钱，这时需求多，东西少，物以稀为贵，企业的商品就会涨价，这就会出现通货膨胀。因此，前者表现为通货紧缩，就是钱越来越值钱；后者表现为通货膨胀，就是商品越来越值钱。

9.2.2 三部门国民经济流程模型

三部门经济是由居民、企业与政府这三种经济单位组成的经济社会，如图 9-3 所示。

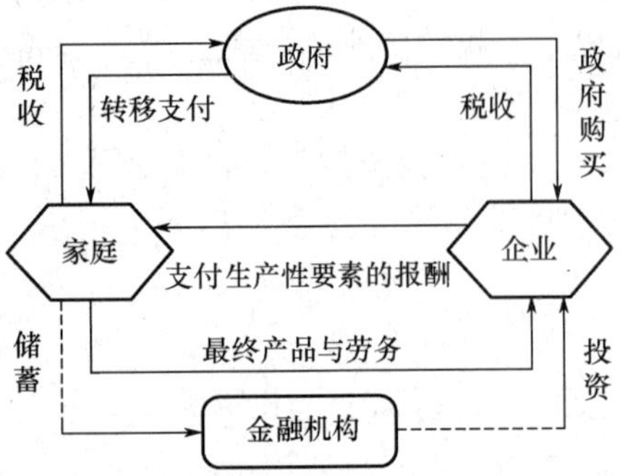

图 9-3　三部门国民经济流程模型

政府在经济中的作用，主要通过政府支出与税收表现出来。政府支出分为对产品的购买与转移支付两部分，政府购买是指政府为了满足政府活动的需要而进行的对产品的购买，政府转移支付是不以换取产品为目的的支出，如各种补助金、救济金等。政府转移支付一方面是政府收入的一部分，当支付给接受者时，变成接受者的收入，因此，在计算 GDP 时应将其扣除，否则，将出现重复计算。当每个人有了收入时，要缴纳个人所得税，企业有了收入要缴纳企业所得税，还要交增值税等。当把这些税交给政府，政府有了收入后，就要支付出去。这样，整个宏观经济才可能正常运转。如果政府的财政收入不等于财政支出的话，就会出现财政赤字，或者出现财政盈余。

三部门经济流程模型中，从总需求方面看，一国的国民收入是居民的消费需求、企业的投资需求与政府需求的总和。政府的需求是指政府对产品与劳务的购买以满足政府活动的需要，是对经济循环流程模型的一种注入量，是总需求的构成部分。政府的需求可以用政府支出来代表。所以：总需求=消费+投资+政府支出。以 G 代表政府支出，则上式可以写为

$$AD=C+I+G$$

从总供给方面看，除了居民供给的各种生产要素之外，还有政府的供给。政府的供给是指政府为整个社会提供了国防、立法及基础设施等“公共物品”。政府要提供这些“公共物品”，必须得到相应的收入——税收，所以，在价值上可以用政府税收来代表政府的供给。政府税收是经济循环流程模型的一种漏出量。这样，总供给=消费+储蓄+税收。

如果以 T 代表政府税收，则可以把上式写为：

$$AS=C+S+T$$

三部门经济中总需求与总供给的恒等式就是：

$$AD=AS$$

即：

$$I+G=S+T$$

9.2.3　开放经济的国民经济流程模型

经济要素配置和供求关系不仅仅在一个封闭的国家内部进行，还涉及与国外的生产要素和产品的交换。开放经济的四部门国民经济是指由企业、居民、政府和国外这四种经济单位所组成的经济社会。在这种经济系统中，一方面，国外部门作为供给者向国内三部门提供产品，就是进口；另一方面，国外部门作为需求者购买国内产品，就是出口。当国外部门加入进来时，宏观经济平衡的条件是：出口=进口。

如果出口大于进口，就会出现贸易顺差。出口多，进口少，赚到的钱就多，外汇就会流进来，这表现为贸易顺差。就像现在的中国，在很长时间里都是贸易顺差。如果一国的进口大于出口，出口少，进口多，就会表现为贸易逆差，就像现在的美国一样。无论是贸易顺差，还是贸易逆差，都是宏观经济不平衡的表现。这时，经济循环流程模型，反映了

居民、企业、政府与国外之间的经济联系，总需求不仅包括居民的消费需求、企业的投资需求与政府的购买需求，而且还包括国外的需求。国外的需求对国内来说就是出口，所以可以用出口来代表国外需求。这样：

总需求=消费+投资+政府支出+出口

如果以 X 代表出口，则可以把上式写为：

$$AD=C+I+G+X$$

四部门经济中的总供给中，除了居民供给的各种生产要素和政府的供给外，还有国外的供给。国外的供给对国内来说就是进口，所以可以用进口来代表国外的供给。这样：

总供给=消费+储蓄+政府税收+进口

如果以 M 代表进口，则可以把上式写为：

$$AS=C+S+T+M$$

四部门经济中总需求与总供给的恒等式就是：

$$AD=AS$$

即：

$$I+G+X=S+T+M$$

在国民收入核算中，这种恒等式是一种事后的恒等关系，即在一年的生产与消费之后，从国民收入核算表中所反映出来的恒等关系。这种恒等关系，也是国民收入决定理论的出发点。但在一年的生产活动过程中，总需求与总供给并不总是相等的。有时总需求大于总供给，也有时总供给大于总需求。在国民收入决定理论中，将详细分析总需求与总供给的这种关系。图 9-4 是支出—收入循环流向图。

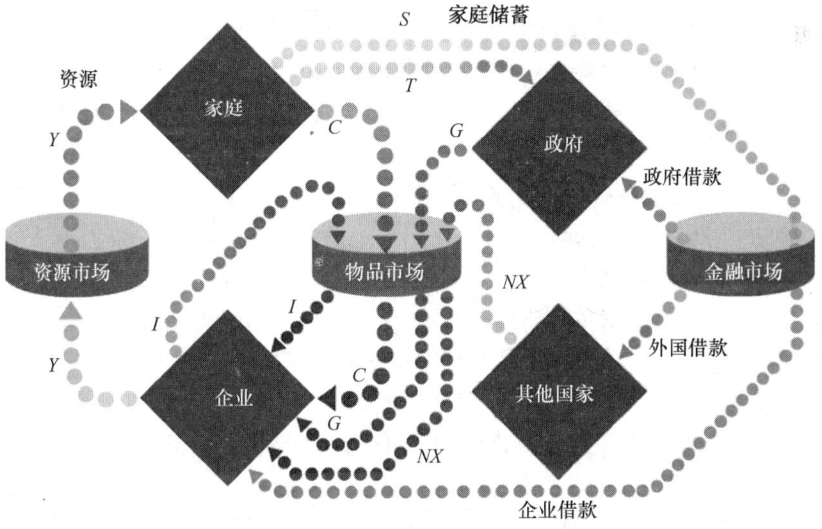

图 9-4 支出—收入循环流向图

在支出—收入循环流向图中，家庭进行消费支出（C）；企业进行投资支出（I）；政府购买产品和服务（G）；世界其他国家购买净出口（$X-M$）——（深色流向）；家庭从企业得到收入（y）——（粗灰色流向）。

总收入（粗灰色流向）等于总支出（深色流向）。家庭将收入用于消费（C）、储蓄（S）、支付净税收（*T*）。企业为其投资融资而借款，政府与世界其他国家为其赤字融资而借款或将其盈余贷出（浅灰色流向）。

表 9-5　2006 年美国支出—收入额平衡

单位：10 亿美元

C=9 079	
I=2 215	*C*=9 079
G=2 479	*S*=1 799
X-*M*=-765	*T*=2 130
y=13 008	*y*=13 008

（资料来源：U.S.Department of Commerce，Bureau of Economic Analysis）

9.2.4　国内生产总值（GDP）与支出—收入循环流向

经济由家庭、企业、政府和世界其他国家组成，它们在要素市场、产品（或服务）市场和金融市场中交易。下面，首先探讨家庭和企业。

家庭和企业在要素市场中，家庭出售服务、资本与土地，企业则是购买者。对于这些要素服务，企业向家庭支付报酬：为服务支付工资、为使用资本支付利息、为土地的使用支付租金。而第四个生产要素——企业家才能——的报酬是利润。

企业的未分配利润——家庭分配不到的利润——是家庭部门收入的一部分，可以将未分配利润视为家庭储蓄并入国家贷给企业的一部分收入。在图 9-4 中，标注 *Y* 的粗灰色点线表示家庭部门获得的总收入，其中包含未分配利润。

在产品市场，企业出售消费品和服务（如冰鞋和理发）的购买者是家庭。对于这些产品和服务的总支出称为消费支出（consumption expenditure），用标注 *C* 的深色点线表示。

企业在产品市场购买并销售资本设备，如计算机系统、飞机、卡车和生产线设备。企业生产的部分未被销售的产品被计为存货。举例来说，通用汽车公司生产 1 000 辆汽车并销售掉 950 辆，剩余的 50 辆被计入其存货。当企业将未被销售掉的产品计入存货时，可以将其理解为企业自身购买产品。购买新厂房、设备、建筑物及增加存货都属于投资（investment），用标注 *I* 的深色点线表示。

政府从企业购买产品和服务。政府用于购买产品和服务的支出称为政府支出（government expenditure），图 9-4 中用标注 *G* 的深色点线流向表示政府支出。政府利用税收为其支出埋单，标注 *T* 的浅灰色点线表示净税收。净税收（net taxes）等于政府税收减去转移支付再减去政府债务利息。转移支付是政府对家庭和企业的现金转让，如社会保障基金、失业补偿和补助金。

一个国家的企业向世界其他国家出售产品和服务——即出口（exports），并从世界其他国家购买产品和服务——进口（imports）。出口额（*X*）减去进口额（*M*）等于净出口（net exports），即图 9-4 中标注（*NX*）的深色点线流向。如果净出口为正，表示美国企业向世界其他国家输出产品和服务；如果净出口为负，则表示世界其他国家向美国输入产品和服务。

GDP=支出=收入。国内生产总值可以通过两种方式来测量：为购买产品和服务而支付出的总支出，或者销售产品和服务的总收入。

图 9-4 中的所有深色流向之和代表总支出。总支出等于消费支出加上投资支出加上政府支出加上净出口，销售产品和服务获得的总收入等于购买生产要素——工资、利息、租金和利润的全部支付。总收入如图 9-4 中的粗灰色流向所示。由于企业销售产品的收入（包括未分配利润）又全部用于购买，因此收入（粗灰色流向）等于支出（深色流向之和），即：

$$Y=C+I+G+M-X$$

表 9-4 中计算了 2006 年的数据，可以看到总支出的数值是 130 080 亿美元，即总收入的数值。由于总支出与总收入相等，这两种测量 GDP 的方法得到相同的答案。因此，GDP 等于总支出等于总收入。循环流向图是建立国民经济账户的基础。

借助循环流向图可以了解支出、收入流向与赤字和投资融资的资金流向之间的联系。这些流向如图 9-4 中浅灰色所示。家庭储蓄（saving）是家庭支付税收、购买消费品和服务之后剩余的部分。政府借款可以为政府预算赤字筹措资金，而当政府预算盈余时政府贷款上升。

一国从世界其他国家借款用以支付负的净出口（当一国成为净出口国时，便借款给世界其他国家），这些资金流是企业用于投资融资的来源。接下来让我们进一步了解企业是如何为投资而筹措资金的，即如何进行融资？

投资增加了股本，并且是生产增长率的决定因素之一。投资通过三条途径进行融资：私人储蓄、政府预算盈余、从世界其他国家借款。

图 9-4 中标注 S 的浅灰色流向表示私人储蓄。家庭收入用于消费支出、储蓄或支付税收。因此，收入与消费支出、储蓄和税收的总和相等，即：

$$Y=C+S+T$$

但是如前所述，还与总支出的各部分之和相等，即：

$$Y=C+I+G+X-M$$

结合上述两个方程可以得到：

$$I+G+X-M=S+T$$

方程两边均减去 G 和 X 并加上 M 便得到：

$$I=S+(T-G)+(M-X)$$

其中，($T-G$）是政府预算盈余，($M-X$）是从世界其他国家的借款。如果净税收（T）超过政府支出（G），则政府预算盈余就可以用来为投资提供资金。但是，如果净税收少于政府支出，本来可以用来为投资融资的资金就必须首先用来填补政府预算赤字。

如果美国进口（M）大于出口（X），相当于从世界其他国家借款（$M-X$），而世界其他国家的部分储蓄就被用于为美国的投资提供资金。如果出口大于进口，则相当于美国向世界其他国家提供了数额为（$X-M$）的资金。因此，美国的部分储蓄就为其他国家的投资提供了资金。

私人储蓄 S 与政府储蓄（$T-G$）之和称为国民储蓄（national saving），国民储蓄与国外借款共同为投资提供资金。

2006 年，美国 17 990 亿美元的私人储蓄与 7 840 亿美元的国外借款，为 22 700 亿美元投资和 3 130 亿美元政府赤字（包含联邦、州和地方）提供了资金。

9.3 简单国民收入决定模型

在本节，我们假设在利率和投资不变的情况下，重点研究消费对总需求进而对国民收入的影响。在下一节 *IS—LM* 模型中，我们把利率和投资变动的因素考虑进去，分析在利率与投资变动的情况下，总需求对国民收入的影响。在此基础上，在总需求一总供给模型中，我们把总供给及价格变动等因素加以考虑，综合分析总需求和总供给如何决定国民收入和价格水平。

简单的国民收入决定模型也称凯恩斯模型。是在短期内商品价格不变的情况下，分析需求的变化对国民收入水平的影响。它以这些重要的假设为前提。即假设：第一，潜在的国民收入水平，即充分就业的国民收入水平是不变的。第二，各种资源没有得到充分利用，因此，总供给可以适应总需求的增加而增加，也就是不考虑总供给对国民收入决定的影响。第三，价格水平是既定的。第四，利息率水平既定，这也就是说，不考虑利息率变动对国民收入水平的影响。第五，投资水平既定。凯恩斯认为短期内生产技术和经济资源等都不会变化，因而短期内决定国民收入水平的就是有效需求，即个人消费支出、投资支出、政府支出以及净出口构成的有支付能力的需求。当总需求等于总供给时的国民收入称为均衡的国民收入。短期的经济不均衡主要是由有效需求不足造成的，因此宏观经济分析要从总需求分析开始。

9.3.1 总需求与国民收入水平

1．总需求的构成

总需求表示在一定的收入水平、价格水平等条件下，消费者、企业、政府和国外购买本国生产的产品和劳务的总和。所以，它由消费需求、投资需求、政府部门需求和出口四部分构成。

消费是指居民对产品与劳务的需求或支出，包括：耐用消费品支出、非耐用消费品支出、住房租金以及对其他劳务的支出。根据西方经济学家对长期消费统计资料的分析，在总需求中消费的需求是相当稳定的。

投资是指厂商对投资品的需求或支出，包括：企业固定投资（用于厂房、设备等固定资产的投资）、存货投资（用于原材料、半成品及未销售的成品的投资）以及居民住房投资。投资在经济中波动相当大。

政府支出是指政府对各种产品与劳务的需求，或者说是政府购买产品与劳务的支出。随着国家对经济生活干预的加强，总需求中政府支出的比例也一直在提高。

出口在分析国民收入的决定时是指净出口，即出口与进口之差。

2．总需求决定的均衡的国民收入水平

当不考虑总供给这一因素时，均衡的国民收入水平就是由总需求水平所决定的。我们可用图 9-5 来说明这一原理。

在图 9-5 中，横轴 *OY* 代表国民收入，纵轴 *AD* 代表总需求，45° 线表示总需求等于总供给。AD_0 代表总需求水平，当 AD_0 与 45° 线相交于 *E* 点时，决定了均衡的国民收入水平为 *Y*，这就说明了均衡的国民收入水平是由总需求水平所决定的。

3．总需求与国民收入水平的变动

均衡的国民收入水平是由总需求决定的，因此，总需求的变动必然引起均衡的国民收入水平的变动。总需求水平的高低，决定了均衡的国民收入的大小。所以，总需求的变动会引起均衡的国民收入同方向变动，即总需求增加，均衡的国民收入增加，总需求减少，均衡的国民收入减少。我们可以用图 9-6 来说明这一点。

在图 9-6 中，总需求曲线向上方移动，即从 AD_0 移动到 AD_1，表示总需求增加；总需求曲线向下方移动，即从 AD_0 移动到 AD_2，表示总需求减少。当总需求为 AD_0 时，决定了国民收入为 Y_0。当总需求为 AD_1 时，决定了国民收入为 Y_1。$Y_1>Y_0$，这就说明由于总需求水平由 AD_0 增加到 AD_1，而使均衡的国民收入水平由 Y_0 增加到 Y_1。当总需求为 AD_2 时，决定了国民收入为 Y_2。$Y_2<Y_0$，这就说明由于总需求水平由 AD_0 减少到 AD_2，而使均衡的国民收入水平由 Y_0 减少到 Y_2。

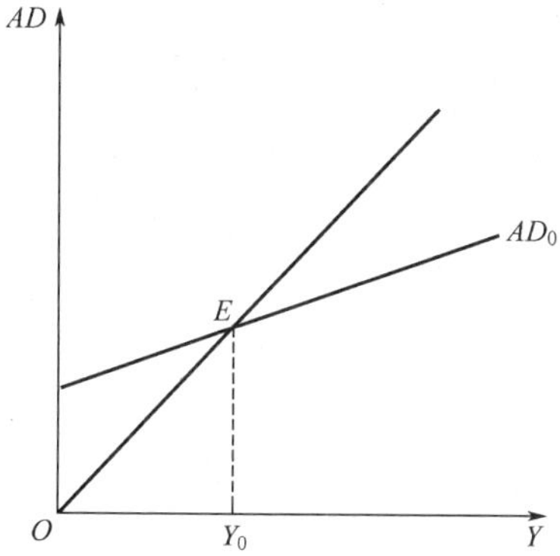

图 9-5　总需求与国民收入水平

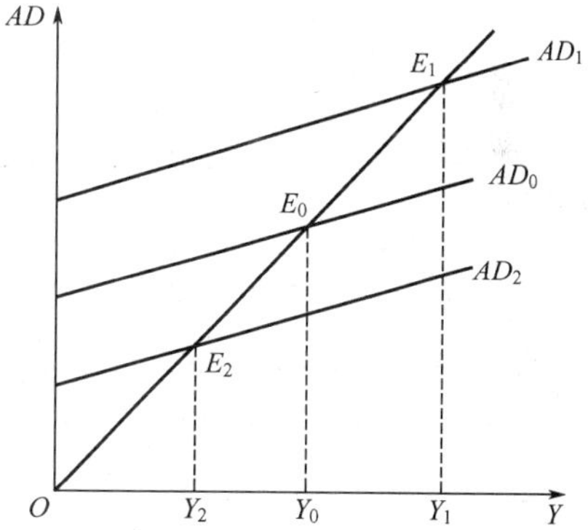

图 9-6　总需求与国民收入水平的变动

由此可以看出，总需求中各个组成部分中，任何一部分增加都会使国民收入增加。

根据上述总需求与国民收入变动的关系，还可以进一步研究储蓄与国民收入变动的关系。在既定的收入中，消费与储蓄是呈反方向变动的，即消费增加，储蓄减少；消费减少，储蓄增加。消费是总需求的一个重要组成部分，储蓄增加使消费减少，总需求减少，从而国民收入减少；反之，储蓄减少使消费增加，总需求增加，从而国民收入增加。因此，储蓄的变动会引起国民收入反方向变动。

根据消费与储蓄对国民收入的不同影响，西方经济学家得出这样一个与传统的道德观相矛盾的推论：按照传统的道德观，增加储蓄是好的，减少储蓄是坏的。但按上述储蓄变动引起国民收入反方向变动的理论，增加储蓄会减少国民收入，使经济衰退，是坏的；而减少储蓄会增加国民收入，使经济繁荣，是好的。

应该指出的是，增加储蓄会使国民收入减少，减少储蓄会使国民收入增加的结论仅仅适用于各种资源没有得到充分利用，从而总供给可以无限增加的情况。如果各种资源得到了充分利用，从而要考虑到总供给的限制时，这一结论就不再适用了。

9.3.2　消费函数与储蓄函数

1．消费函数（Consumption Function）

一个家庭的消费量由什么决定？在现实生活中，任何两个家庭都不可能以完全相同的方式来使用他们的可支配收入。这是因为影响各个家庭消费的因素很多。例如：收入水平、商品价格水平、收入分配状况、消费者偏好、家庭财产状况、消费者年龄构成以及制度、风俗习惯等等。凯恩斯认为，这些因素中有决定意义的是家庭收入。为此，可以从诸多因素中抽出这一因素单独分析。

经济学家认为，人们的全部消费分为两个部分：自发消费和引致消费。自发消费是人的基本需求决定的最必需的消费，它不取决于收入，无论收入多少，自发消费都是必不可少的，它是一个固定的量。引致消费是收入所引起的消费，它随着收入的变动而变动。

关于收入和消费的关系，凯恩斯认为，存在一条基本心理规律：随着收入的增加，消费也会增加，但是消费的增加不及收入增加得多，反映消费和收入的这种关系我们称作消费函数或消费倾向，用公式表示为：$C=C(Y)$。

如果两者是线性的，公式为：

$$C = a + pY$$

式中，C 为消费；Y 为可支配收入；a 为自发消费；p 为边际消费倾向；pY 为收入引致的消费。

因为即使一个家庭在某一时期内收入为零，但人要生存，吃住行的必要开支是必不可少的，这时这个家庭通过使用以前的积累（减少资产）或借贷进行消费（负储蓄），消费支出大于可支配收入。收支平衡即收支相抵点。这就是说，收入增加时，消费随之增加，但增加得越来越少。由收入增加所导致的消费增加称之为收入引致的消费。

边际消费倾向（Marginal Propensity to Consume，MPC）是指增加的消费（ΔC）与增加的收入（ΔY）的比率，也就是增加的 1 单位收入中用于增加的消费部分的比率，即为边际消费倾向（MPC）。用公式表示是：

$$MPC = \Delta C/\Delta Y$$

平均消费倾向（Average Propensity to Consume，APC）是指任一收入水平上消费支出占可支配收入的比例。平均消费倾向，用公式表示是

$$APC = C(Y)$$

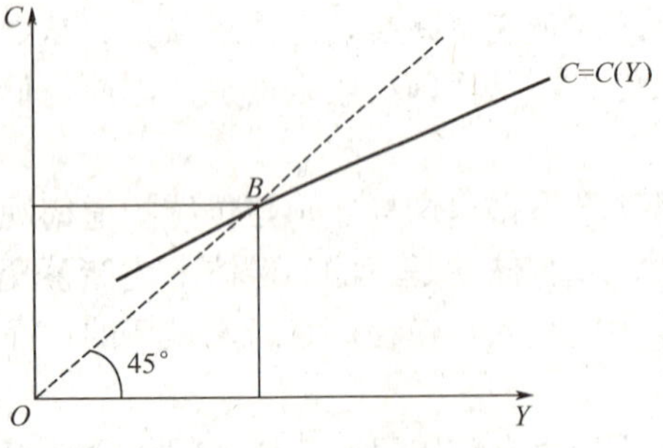

图 9-7　消费曲线

在图 9-7 中，横轴表示收入 Y，纵轴表示消费 C，45° 线上任一点到坐标轴的垂直距离都相等，表示收入全部用于消费。$C=C(Y)$曲线表示消费曲线，表示消费与收入之间的函数关系。B 点是消费曲线和 45° 线的交点，表示这时消费和收入相等，是收支相抵点。B 点左方，表示消费大于收入；B 点右方，表示消费小于收入。随着消费曲线向右方延伸，这条曲线与 45° 线的距离越来越大，表示消费随收入增加而增加，但增加的幅度越来越小于收入增加的幅度，即边际消费倾向是递减的。

2．储蓄函数（Saving Function）

储蓄是收入中未被消费的部分。既然消费随收入增加而增加的比率是递减的，则可知储蓄随收入增加而增加的比率是递增的。储蓄（S）与收入（Y）的这种关系就是储蓄函数，其公式是：$S=S$（Y）

因为 $S=Y-C$、$C=a+pY$，所以 $S= Y-$（$a+pY$），即储蓄函数为

$$S=-a+(1-p)Y$$

式中，$-a$ 是负储蓄；$(1-p)$ 是边际储蓄倾向 *MPS*。

根据大量的统计数据，可看出储蓄函数的相关情况，收入增加时，储蓄随之增加，且增加得越来越快。边际储蓄倾向（Marginal Propensity to Save，MPS）是指增加的储蓄（ΔS）与增加的收入（ΔY）的比率，用公式表示为：

$$MPS = \Delta S/\Delta Y$$

平均储蓄倾向（Average Propensity to Save，APS）是指在任一收入水平上储蓄（S）在收入（Y）中所占的比率，其公式是：

$$APS=S/Y$$

如果两者是线性的，则储蓄函数公式为：

$$S = Y-C = Y-(a+pY) = -a + (1-p)Y$$

在图 9-8 中，$S = S(Y)$曲线表示储蓄和收入之间的函数关系。B 点是储蓄曲线和横轴的交点，表示这时消费和收入相等即收支平衡，B 点右边是正储蓄，B 点左边是负储蓄，随着储蓄曲线向右延伸，它和横轴之间的距离随收入增加而增加，且增加的幅度越来越大。

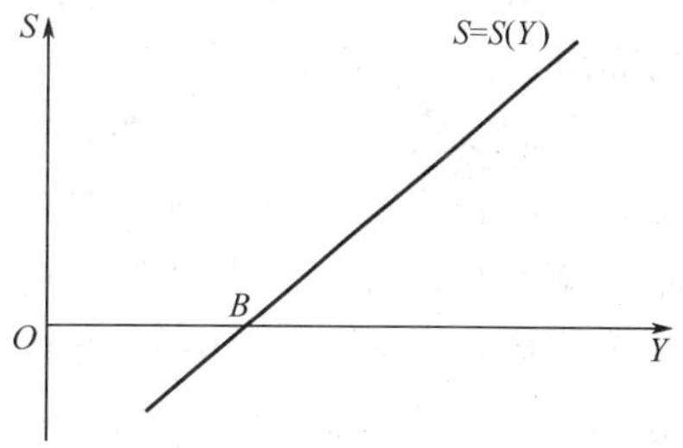

图 9-8　储蓄曲线

3．消费函数与储蓄函数的关系

由于储蓄被定义为收入和消费之差，因此：

第一，消费函数与储蓄函数互为补数，二者之和总等于收入，从公式看：

因为

$$C = a + pY \quad S = -a + (1-p)Y$$

所以

$$C+S= a+pY-a+Y-pY = Y$$

第二，若 *APC* 和 *MPC* 都随收入增加而递减，但 $APC>MPC$，则 *APS* 和 *MPS* 都随收入增加而递增，但 $APS < MPS$。

第三，*APC* 和 *APS* 之和恒等于 1，*MPC* 和 *MPS* 之和也恒等于 1。

$$APC+APS=1 \qquad MPC+MPS=1$$

根据以上性质，消费函数和储蓄函数中只要有一个确定，另一个就可随之确立。当消费函数已知时，就可求得储蓄函数；当储蓄函数已知时，就可求得消费函数。

9.3.3　乘数理论

1．乘数含义及计算

总需求的增加会引起国民收入增加。但是，一定量的总需求的增加会使国民收入增加多少，即总需求增加与国民收入增加之间量的关系如何呢？乘数理论正是要回答这一问题的。

乘数（Multiplier）是指总需求的增加所引起的国民收入增加的倍数，或者说是国民收入增加量与引起这种增加量的总需求增加量之间的比率。如果以 K 代表乘数，以ΔY 代表国民收入增加量，以ΔI 代表投资的增加量，则乘数的公式是：$K=\Delta Y/\Delta I$

由于$\Delta Y=\Delta I+\Delta C$，则：

$$\Delta I=\Delta Y-\Delta C$$

$K=\Delta Y/\Delta I=\Delta Y/(\Delta Y-\Delta C)=\Delta Y/(1-\Delta C/\Delta Y)$（$\Delta C/\Delta Y$是边际消费倾向）$=1/(1-MPC)$

所以，乘数是 1 减去边际消费倾向的倒数，也就是边际储蓄倾向的倒数。假定总需求增加 100 万元，国民收入增加 300 万元，则乘数就是 3，这表明国民收入的增加三倍于总需求的增加。一般来说，乘数总是大于 1 的。这是因为国民经济各部门之间存在着密切的联系。某一部门总需求的增加，不仅会使本部门收入增加，而且会在其他部门引起连锁反应，从而使这些部门的需求与收入也增加，最终使国民收入的增加数倍于最初总需求的增加。

2．决定乘数的因素

乘数的大小取决于边际消费倾向。边际消费倾向越高，乘数就越大；边际消费倾向越低，乘数就越小。这是因为边际消费倾向越大，收入中就有更多的部分用于消费，从而使总需求和国民收入增加得更多。

我们以经济学中的“消费乘数理论”为例。假设有一位李先生，他的车窗玻璃不知被谁砸碎。无奈之下，花 1 000 块钱换了新的。修车行经理得到 1 000 元收入，并没全存起来，而是花 800 块钱买了衣服。服装店老板也和修车行经理一样，拿收入的 80%买了食品。食品店从得到的 800 块钱中，再拿出 80%去买面粉……这种收支不停进行下去，我们可以算出，李先生买玻璃支出的 1 000 块钱，竟给其他人带来了 5 000 元的收入。通过消费乘数的作用，产品供给更加丰富，经济总量成倍增长。修车行经理、服装店老板等人的边际消费倾向都是 0.8（80%），支出乘数则为 1/（1−0.8）＝5。也就是说，国民收入的增加量，是消费支出的 5 倍。若用数学方法计算，其过程如下：

$$\Delta GDP=\Delta AD\times 1/(1-MPC)=1\,000\times 1/(1-0.8)=5\,000$$

3．几种常见的乘数

总需求的不同部分的增加都具有乘数作用。如果指的是总需求中投资的增加，则是投资乘数；如果指的是总需求中政府支出的增加，则是政府支出乘数；如果指的是总需求中净出口的增加，则是对外贸易乘数。

投资乘数（Expenditure Multiplier）：如果以ΔY代表增加的收入量，以ΔI代表增加的投资量，以K代表乘数，则有$K_I=\Delta Y/\Delta I=1/(1-MPC)$

政府购买支出乘数（Government Spending Multiplier）：$K_G=\Delta Y/\Delta G=1/(1-MPC)$

税收乘数（Tax Multiplier）：$K_T=\Delta Y/\Delta T=-MPC/(1-MPC)$

对外贸易乘数（Foreign Trade Multiplier）：$K_{NX}=1/(1-MPC+MPI)$，MPI为边际进口倾向

应该承认，国民经济各部门之间确实存在着乘数理论所反映的这种连锁反应，国民收入的增加也大于最初总需求的增加。但乘数发生作用是需要有一定条件的，也就是说，只有在社会上各种资源没有得到充分利用时，总需求的增加才会使各种资源得到利用，产生乘数作用。如果社会上各种资源已经得到了充分利用，或者某些关键部门（如能源，原料或交通）存在着制约其他资源利用的“瓶颈状态”，乘数也无法发挥作用。此外，乘数的作用是双重的，即当总需求增加时，所引起的国民收入的增加要大于最初总需求的增加；当总需求减少时，所引起的国民收入的减少也要大于最初总需求的减少。所以，西方经济学家形象地把乘数称为一把“双刃剑”。

9.3.4 其他关于消费函数的理论

上面我们介绍了凯恩斯消费理论，在本节中我们选择西方经济学中较为典型的其他三种不同的消费理论仅做简要介绍。

1. 相对收入消费理论

相对收入消费理论由美国经济学家杜森贝利（J.S.Duesenberry）所提出。他认为消费者会受自己过去的消费习惯以及周围人群消费水准的影响，人们的消费不决定于其绝对收入水平，而决定于同别人相比的相对收入水平。按照他的观点，消费与所得在长时期维持一个固定比率。因为人的消费行为具有强烈的“模仿”和追求更高生活水平的倾向。一个家庭的收入用于消费的部分取决于他的收入与其邻居或相同社会阶层的收入的相对水平。如果一个家庭的收入与其邻居同比例提高，这个家庭的消费支出也会与他们的收入同比例提高，以保持其与邻居的相对地位。同样的论据推论，假如一个家庭的收入不变，而其邻居的家庭收入提高，这个家庭的收入相对其邻居下降了，相对收入理论认为，这个家庭的消费支出在其收入中所占比例将提高，尽管收入的绝对水平没有变化。也就是说，他宁肯减少储蓄，以便在消费方面保持与邻居的相对地位。通俗地讲，依照人们的习惯，增加消费易，减少消费则难。因为一向过着相当高的生活水准的人，即使收入降低，多半不会马上因此降低消费水准，而会继续维持相当高的消费水准，消费固然会随收入的增加而增加，但不易随收入的减少而减少。

2. 生命周期消费理论

此理论由美国经济学家弗朗科·莫迪利尼（Franco Modigliani）提出。生命周期消费理论与凯恩斯消费理论的区别在于，后者假设人们在特定时期内的消费是与他们在该时期内的可支配收入相联系的，而前者强调人们会在更长的时期内计划他们的生活消费开支，以达到他们在整个生命周期内消费的最佳配置。一般来说，年轻人家庭收入偏低，这时消费可能超过收入，随着他们进入壮年和中年收入会日益增加，这时收入会大于消费，不但能偿还青年时期欠下的债务，更重要的是可以积蓄一些钱以备老年时期使用，一旦年老退休，收入下降，消费又会超过收入，形成所谓负储蓄状态。

根据生命周期消费理论，我们可得出，如果社会上年轻人和老年人比例增大，则消费倾向会提高；如果社会上中年人比例增大，则消费倾向就会下降。因此，总储蓄和总消费会部分地依赖于人口年龄分布，当更多人处于储蓄年龄时净储蓄就会上升。

除了使自己一生平稳消费这一点外，还有一系列因素会影响消费和储蓄。例如，当更多的人想及时行乐时，储蓄就会减少；当社会建立起健全的社会保障制度从而有更多的人享受养老金待遇时，储蓄也会减少；当社会上有更多人想留一点遗产给后代时，社会总储蓄率就会提高，但很高的遗产税率会影响这种储蓄积极性。

3. 永久收入消费理论

美国经济学家米尔顿·弗里德曼（Milton Friedman）提出此理论。永久收入消费理论认为，消费者的消费支出主要不是由他的现期收入决定的，而是由他的永久收入决定。所谓永久收入是指消费者可以预计到的长期收入。永久收入大致可以根据所观察到的若干年收入的数值的加权平均数计算得到。距现在的时间越远，权数越小；反之，则权数越大。因此，如果永久收入是一个常数，长期平均消费倾向就会很稳定。例如，一个有前途的大学生可能在其暂时收入以外多花了不少钱，这会使他欠下不少债，但他相信自己将来收入会非常高，因而其消费没有超越永久收入的预算约束。再如，当经济衰退时，虽然人们收入减少了，但消费者仍然会按永久收入消费，故衰退时期的平均消费倾向高于长期平均消费倾向，因为衰退时期的收入较低，但由永久收入决定的消费不低。相反，在经济繁荣时期尽管收入水平提高了，但消费者按永久收入消费，故这时的平均消费倾向低于长期平均消费倾向。根据这种理论，政府想通过增减税收来影响总需求的政策是不能奏效的。因为人们因减税而增加的一时收入，并不立即用来增加消费。同理，即使人们因增税而一时减少了收入，也不会立即减少消费支出。

9.3.5 三部门和四部门的国民收入决定

1. 三部门的国民收入决定模型

如果把政府作为第三个部门引入经济分析，则：

总支出　$AE = C + I + G$

总收入　$Y = C + S + T$

其中，G 为政府支出，T 为政府税收。在存在三个部门的情况下，均衡国民收入仍然是总支出和总收入相等时的总收入。均衡条件为：

$$C+I+G=C+S+T \text{ 或 } I+G=S+T$$

三部门经济的均衡条件的经济含义是投资和政府支出的总和等于储蓄和税收的总和。三部门的国民收入决定可以用消费—投资加政府支出曲线和45°曲线的交点来说明，也就是用三部门的总支出曲线和45°曲线的交点来说明，如图9-9所示。

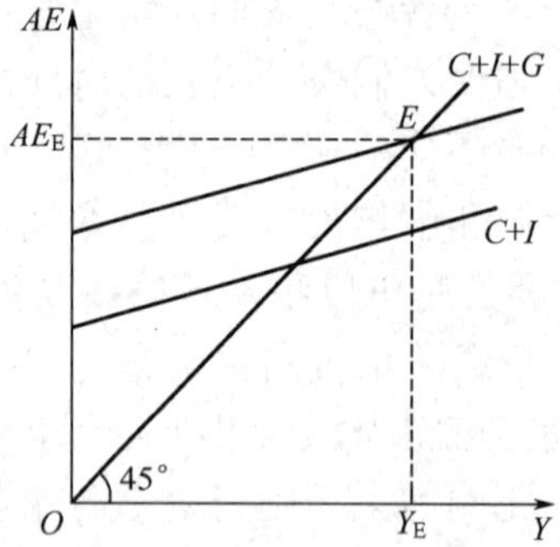

图9-9　三部门的国民收入决定

图9-9中的横轴表示收入或产量，纵轴表示包括消费、投资和政府支出在内的总支出。在消费—投资曲线上，再加上政府支出，便得到 $C+I+G$ 曲线。这是三部门的总支出曲线。它和45°线的交点决定了均衡的国民收入水平。

2. 四部门的国民收入决定

以上两部门或三部门的国民收入决定都是封闭经济中的国民收入决定，都没有考虑开放经济，如果把国际贸易作为第四个部门引进来，则在家庭、企业、政府和国际贸易四部门经济中，

总支出　$AE=C+I+G+X$

总收入　$Y=C+S+T+M$

式中，X 是出口，M 是进口。在四部门经济中，总支出分成：消费、投资、政府支出和出口，总收入分成：消费、储蓄、税收和进口。

四部门的均衡条件是：

$$C+I+G+X=C+S+T+M \text{ 或 } I+G+X=S+T+M$$

四部门的国民收入决定，可以用消费减投资加政府支出减净出口差额曲线同 45° 线的交点来说明，也就是用四个部门的总支出曲线和 45° 线的交点来说明，如图 9-10 所示。

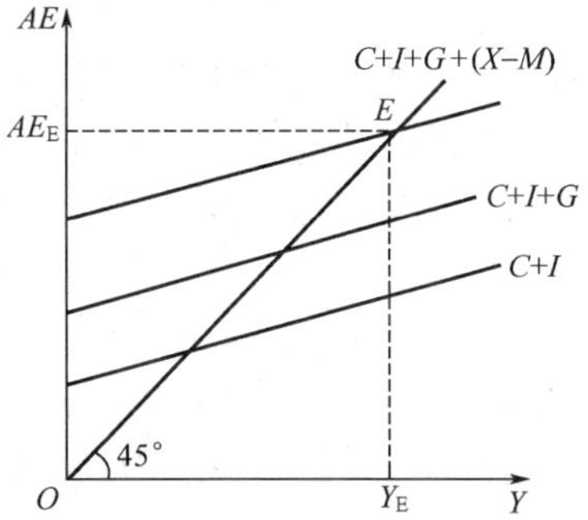

图 9-10　四部门的国民收入决定

图 9-10 中的（$X-M$）是出口和进口的差额，即净出口。在消费减投资加政府支出曲线上再加上净出口，便得到 $C+I+G+(X-M)$曲线。这是四部门的总支出曲线，它和 45° 线的交点决定了均衡收入水平。

应注意的是，宏观经济处于均衡状态，并不意味着宏观经济处于理想状态。因为宏观经济均衡并不都是充分就业的均衡，可以是大于或小于充分就业的均衡。只有充分就业的均衡才是理想的均衡。充分就业不仅指劳动者的充分就业，而且指资本设备和资源的充分利用。

9.4　产品和货币市场的一般均衡模型

9.4.1　产品市场均衡与 *IS* 曲线

上一节介绍的简单的国民收入决定理论模型研究了在利率和投资不变的情况下，产品市场上的供需均衡如何决定国内生产总值。但现实的经济社会中，利率和投资是变动的，而且，其对总需求和国内生产总值的影响较大。*IS—LM* 模型由英国经济学家约翰·希克斯和美国凯恩斯学派的创始人汉森在 1937 年提出，是说明产品市场和货币市场同时均衡时国民收入与利率决定的模型，是对简单凯恩斯模型的扩充。*IS—LM* 模型由两部分构成，一部分是 *IS* 曲线，即“投资（Investment）”和“储蓄（Saving）”；另一部分是 *LM* 曲线，即“流动性（Liquidity）”和“货币（Money）”。前者代表了产品和劳务市场的情况，后者代表了货币市场的变动。由于利率既影响产品市场上的投资，又影响货币市场上的货币需求，因而成为联系两个市场的关键变量。在 *IS—LM* 模型中，可以显示储蓄（S）、投资（I）、货币需求（L）与货币供给（M）如何影响国民收入和利息率（Y 和 r），利用 *IS—LM* 模型还可以分析财政政策和货币政策。所以，*IS*—*LM* 模型是宏观经济分析的核心。

1．*IS* 曲线的导出

前面，一直假设投资是由外生条件决定的，是一个不变的常数。但是，投资并不是这么简单。在经济运行中，一个重要的宏观经济关系就是计划投资往往取决于利率 r。

凯恩斯认为，企业的投资取决于投资的预期利润率同购买这些资产而必需的借款所要求的利率的比较。前者大于后者时，投资就是值得的；前者小于后者时，投资就不划算。

因此，在决定投资的因素中，利率是首要因素。利率上升时，企业投资的成本就增加，投资需求量就会减少。利率下降时，投资成本降低，投资需求就会增加。

由于投资与利率负相关，利率降低将使得计划投资增加，计划支出的增加最终导致均衡收入的增加。利率高则国民收入低，利率低则国民收入高。这是因为利率与投资呈反方向变动。

IS 曲线正是产品市场达到均衡（I=S）的条件下，利率与收入之间存在反方向变动的曲线，如图 9-11 所示。需要说明的是，*IS* 曲线本身并不决定利率与收入，它只是说明在产品和劳务市场实现均衡时利率与收入的关系。其中，坐标横轴表示需求决定的收入或产出（Y），坐标纵轴表示利率。*IS* 曲线上的任何一点都是 $I = S$，即产品市场实现了均衡。

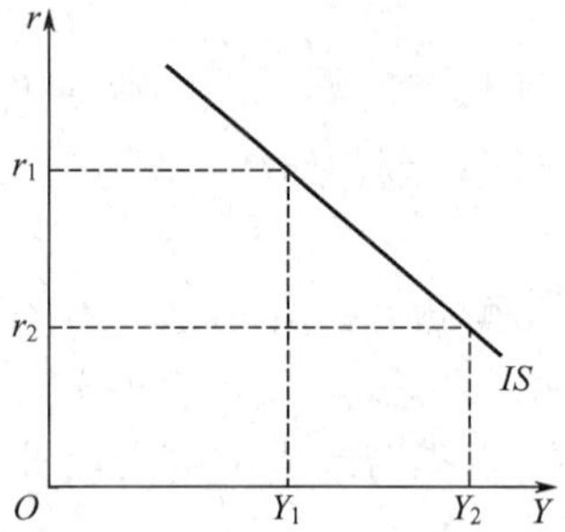

图 9-11　*IS* 曲线图

2．影响 *IS* 曲线移动的因素

（1）投资需求变动。

如果其他条件不变，而投资者对投资前景乐观，自发性投资水平上升，则在每一利率水平上，投资需求就会增加，*IS* 曲线相应右移，在每一利率水平上国民收入相应增加，增加的幅度为投资需求增加额乘以投资乘数。

（2）政府支出及税收的变动。

如果其他条件不变，而政府实行扩张性财政政策，增加政府支出或减免税额，其作用都类似于增加投资或刺激消费，因此 *IS* 曲线右移，从而导致均衡收入由 Y_0 增加到 Y_2；反之，如果政府实行紧缩性财政政策，减少政府支出或增加税额，其作用都类似于减少投资或是消费水平下降，因此 *IS* 曲线左移，从而导致均衡收入由 Y_0 减少到 Y_1，其移动的水平距离分别为政府支出和税额的变动量乘以支出乘数。

（3）净出口额变动。

在其他条件不变时，如果净出口增加，其作用相当于增加了自发性支出，因此 *IS* 曲线右移，从而导致均衡收入由 Y_0 增加到 Y_2；反之，如果净出口减少，则 *IS* 曲线左移，从而导致均衡收入由Y_0减少到Y_1。其移动的距离为净出口额的变动量乘以相应的对外贸易乘数。*IS* 曲线的移动情况如图 9-12 所示。

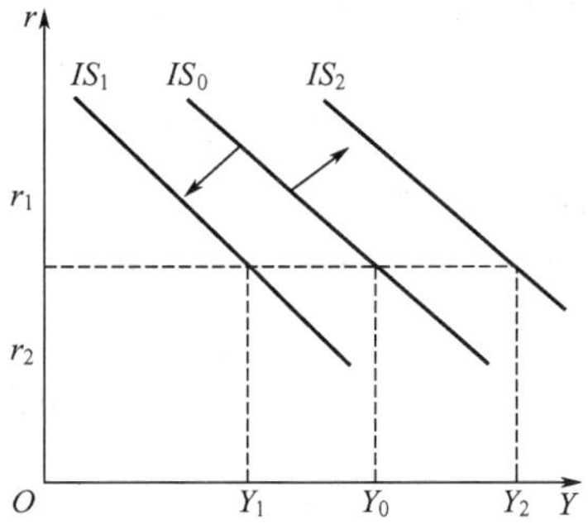

图 9-12　*IS* 曲线移动示意图

9.4.2　货币市场均衡与 *LM* 曲线

在资本边际效率不变的条件下，投资取决于利率。利率是由货币需求与供给共同决定的。*LM* 曲线表示货币市场均衡时的利率与收入的关系，为了理解这个关系，我们从流动性偏好的利率理论说起。

1. 流动性偏好与货币需求动机

所谓“流动性偏好”是指，由于货币具有使用上的灵活性，人们宁肯以牺牲利息而储存不升息的货币来保持财富的心理倾向。货币需求，是指人们愿意以货币形式保存财富的数量。那么，为什么人们愿意持有不升息的货币呢？按照凯恩斯的理论，人们需要货币出于三个动机。

（1）交易动机。

交易动机是指企业和个人需要货币是为了进行正常的交易活动。就个人或家庭而言，一般是定期取得收入，经常需要支出，为购买日常所需的生活资料，他们经常要在手中保持一定数量的货币。就厂商而言，他们取得货款后，为了应付日常开支，如购买原材料来生产或发放工资奖金等，也需要持有一定数量的货币。可见，交易需求的产生是由人们收入和支出的非同步性造成。在进行短期均衡分析时，一般把作为交易动机的货币需求视为收入的线性函数，两者具有固定的比率。

（2）预防动机。

预防动机是指人们为了应付不可预见的事件所要进行的支付的动机。无论是厂商还是个人，尽管对未来收入和支出总有一个大致的估计，但这种预测不一定与实际完全吻合，遇到不测之需也是常事。为此，人们总需要持有一定数量的货币以防万一。

凯恩斯认为，出于交易动机和预防动机的货币需求具有以下特征：第一，相对稳定，可以预计；第二，货币主要充当交换媒介；第三，对利率不太敏感，因为这两种用途所保留的货币主体在生活和生产中是不可缺少的，机会成本再大也保持；第四，交易性货币需求是收入的递增函数，即随人们的可支配收入的增加而增加。为了简化分析，我们假定预防动机与交易动机一样，唯一地取决于收入大小。

（3）投机动机。

投机动机是指由于市场利率的不确定，人们为了避免资产损失或增加资本收益，需要及时调整资产结构，因而形成的货币需求。凯恩斯认为，用于投机目的的货币需求具有下列特征：

第一，对利率极为敏感。现实生活中债券未来的市场价格是随利率的变化呈反方向变动的，所以凡是预期未来利率下降、债券价格上涨的人就会抛出货币购进债券，以备日后债券价格真的上涨时用高价抛出，此时，货币的投机需求减少；反之，货币的投机需求增加。

第二，投机需求是现行利率的减函数。如果现行利率高，则预期未来利率下降，债券价格上升，人们就用货币买入债券，货币需求减少；反之，货币需求增加。这种货币的投机性需求，还存在两种极端形式：一种是利率高到一定程度时，投机性货币需求为零；另一种是当利率降低到某一不可能再低的低点时，投机性需求会变得无限大，即人们不管手边有多少货币，都不肯去购买债券，这种情况，凯恩斯称之为“流动性陷阱”。

2．利率与货币需求

流动性偏好理论假设，利率是人们选择持有多少货币形式的财富的一个关键因素。很明显，人们选择持有货币，就丧失了持有其他财富（例如债券或银行存款）的收益，这些利息或利润就是持有货币的一种“机会成本”。持有货币的机会成本的大小取决于“利率”。利率是货币资金的“价格”，是金融和经济中十分重要的概念。利率通常是指银行吸纳储户的存款或向客户提供贷款时，支付给储户或向客户收取的，并同时获得或出让货币一定时期内支配权的“价格”或“费用”。因此，利率升高，人们将不愿意持有货币而情愿将货币转换为其他形式的财产。在这里让我们回顾微观经济学中所说的需求定律，在其他条件不变的情况下，价格的上升将导致需求量降低。对货币的需求来说同样如此，只不过在这里，利率 r 成为货币的价格。价格（利率）上升，货币的需求量同样降低。

利率是一个很丰富的概念，经济学理论中使用的利率概念通常是指一种“平均利率”或说是“基准利率”，即一般为一年期资金借贷的平均利率。

3．货币需求函数

货币需求函数是指货币需求与其影响因素之间的关系。上面的分析使我们对货币需求动机及影响货币需求的因素有了初步的了解，这里我们用货币需求函数对此做进一步分析。货币需求函数为：

$$L=L_1+L_2+L_3$$

其中，L 表示总的货币需求，L_1 表示交易动机的货币需求，L_2 表示预防动机的货币需求，L_3 表示投机动机的货币需求。L_1 与 L_2 的大小取决于国民收入 Y，与利率无关。我们用图 9-13（a）表示 L_1、L_2 与 Y 之间的关系；用图 9-13（b）表示 L_1、L_2 与利率 r 之间的不相关；用图 9-14 表示 L_3 与利率 r 之间的关系。

将图 9-13（b）与图 9-14 分别反映三种不同动机的货币需求结合起来，就得到总的货币需求 L 的函数，如图 9-15 所示。图 9-15 中的曲线 L 实际上相当于将图 9-13（b）中的 L_1+L_2 线和图 9-14 中的 L_3 线水平相加，该曲线反映了 L_3 所具有的特点和性质，当利率大于 r_0 时虽然 L 并不下降到 0，但却固定在交易动机和预防动机需求的基本水平；当利率下降到 r_1 时，流动性陷阱仍然存在，不过此时的货币需求变大了。

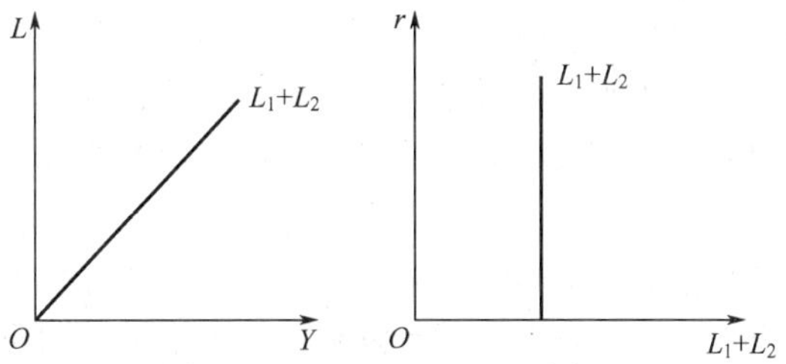

（a）　（b）

图 9-13　交易和预防性的货币需求

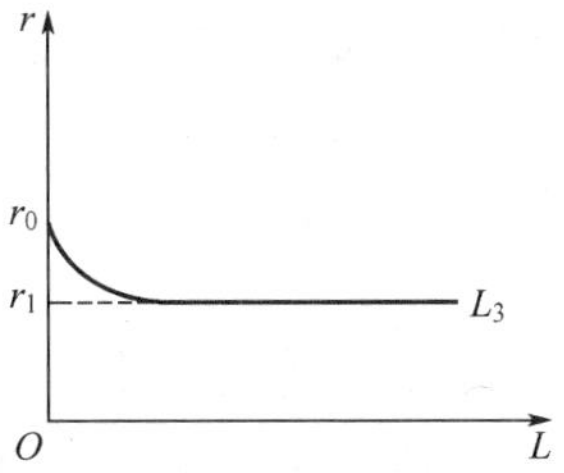

图 9-14　投机性的货币需求曲线图

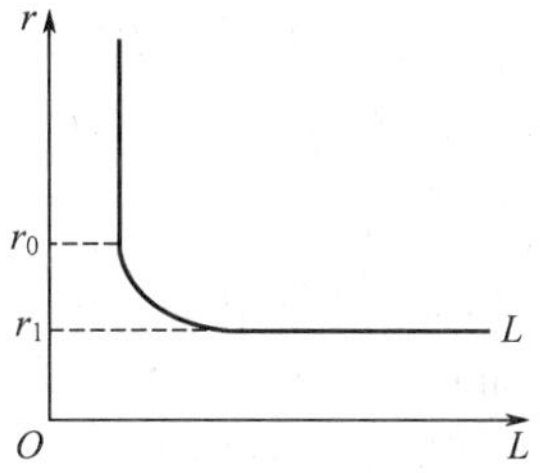

图 9-15　货币需求曲线图

4．货币的供给

前面我们已经分析论证了由于存在对货币的投机需求，因此货币需求与利率的关系非常大，当价格和收入等比较稳定时，货币的需求主要就是利率的函数，并且给出了代表货币需求与利率函数关系的曲线 L（图 9-15）。我们在分析商品的供求关系时知道，商品的供给和需求都是取决于价格的。在货币的供给与需求问题中，利率是货币这种特殊商品的“价格”，那么货币的供给是否也取决于利率呢？

货币的供给与一般商品的供给有很大的差异，因为货币不是一种可以自由“生产”的普通商品，只能由国家货币管理当局“生产”，供给的数量取决于国家货币管理当局的货币政策，供给的目的不是为了盈利，因此货币的供给并不受利率的影响。决定货币供给量的是中央银行的货币发行量和存款准备金率等。如果用横轴表示货币的供给量，用纵轴表示利率，货币的供给曲线 M_s 是一条垂直线，如图 9-16 所示。将图 9-15 和图 9-16 结合起来，我们就可以得到货币市场的均衡曲线图，如图 9-17 所示。

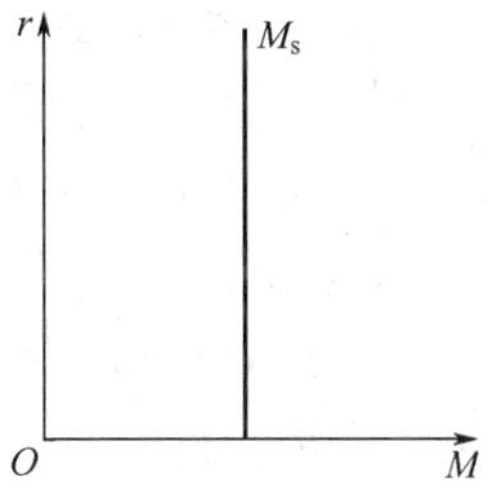

图 9-16　货币供给曲线图

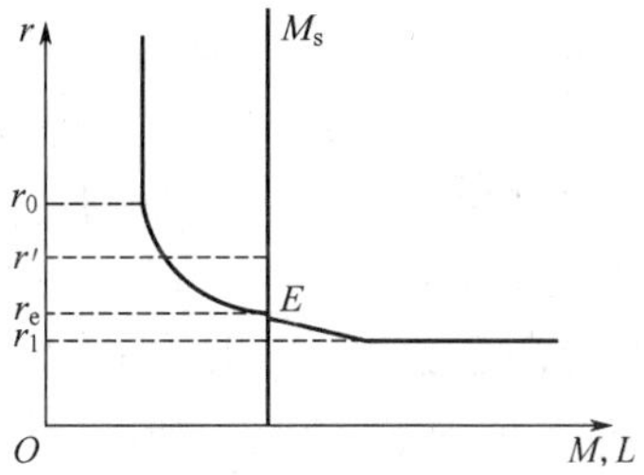

图 9-17　货币市场均衡曲线图

当货币市场的供给与需求相等时，货币市场就达到了均衡。图 9-17 中的 E 点就是货币市场的均衡点，该点对应的利率水平 r_e 就是货币市场的均衡利率水平，即货币市场决定的市场利率。如果初始的利率大于 r_e，如图 9-17 中的 r' 水平，那么需求就会小于供给，出现需求缺口，市场资金找不到出路就会压低利率，使利率向 r_e 水平靠拢。反过来，如果初始利率低于 r_e，如图 9-17 中的 r_0 水平，就会出现货币的供给缺口，供不应求会推动利率上升，也向 r_e 水平靠近。

货币的供给是由国家的货币当局或者政府控制的。当政府增加货币供给时，供给曲线 M_s 向右边移动，如果需求不变，那么利率就会降低；反过来，如果政府减少货币供给而需求不变，那么利率就会上升。

由于人们生活水平的提高，经济活动水平的提高，或者经济活动风险性的增强，也包括利率水平的下降，人们的货币需求可能会增大。在政府的货币供给不变的情况下，货币需求的上升会使需求曲线 L 向右移动，从而导致利率的上升；需求的下降则会使需求曲线向左移动并导致利率下降。当供给与需求同时变动时，利率的变化则取决于供给与需求变化的方向以及幅度的对比。

5．利率的决定与货币市场的均衡

为解释经济中的利率是多少的问题，我们把对实际货币的供求结合起来，根据流动性偏好理论，利率的调节能使得货币市场实现均衡，在均衡利率下，实际货币供给等于实际货币需求。

利率是如何实现货币市场的供求的均衡的呢？答案是只要货币市场不均衡，人们就会努力地调整他们的资产组合，在调整过程中，利率会发生变动。举例来说，如果利率高于均衡水平，导致实际货币供给超过货币需求，那些持有超额货币的人会努力把一些货币转换为能带来利息的存款或债券。那么对银行和债券的发行者来说，他们对此的反应是降低他们所提供的利率。如果利率低于均衡水平，货币需求量超过货币供给量，人们会卖出债券或到银行提出存款得到货币，此时为了吸引资金，银行和债券的发行者只能提高他们所支付的利率，最终使得利率达到均衡。

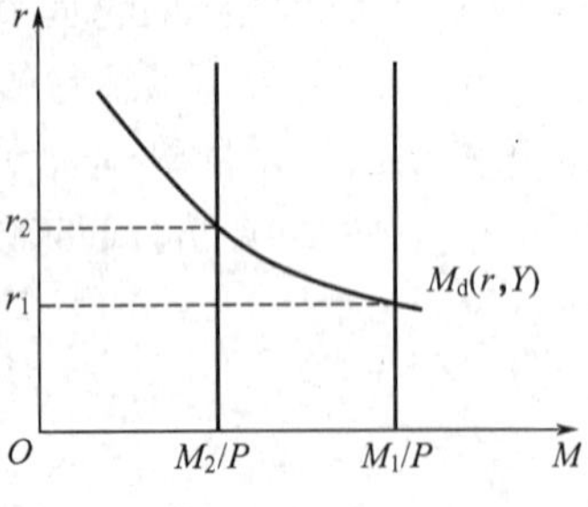

图 9-18　货币市场的均衡

很明显，货币市场的均衡有可能因为货币供给的变动被打破，例如在图 9-18 中，货币供给的减少使得货币供给曲线左移到 M_2/P（此 M_2 并非货币层次中所讲到的 M_2）水平，在这种情形下，均衡利率将上升。

6．货币市场均衡与 LM 曲线的推导

在了解了什么决定利率的流动性偏好理论之后，我们可以用这个理论来推导出 LM 曲线。如前所述，LM 曲线说明的是货币市场均衡时，利率与收入之间的关系。我们要问，当收入变动时，均衡利率会发生什么样的变动呢？

考虑图 9-19 中的收入变动，正如我们前面所讲的一样，收入增加将导致货币需求曲线向右上方移动，即现在的货币需求曲线由 $M_d(r,Y_2)$表示，由于货币供给没有发生变动，所以，均衡利率必然从 r_1 上升到 r_2。也就是说，更高的收入导致了更高的利率。

LM 曲线刻画了均衡利率与收入之间的关系。在货币供给不变的条件下，更高的收入导致了更高的货币需求，要维持货币市场的均衡，必须提高利率降低货币的需求量。

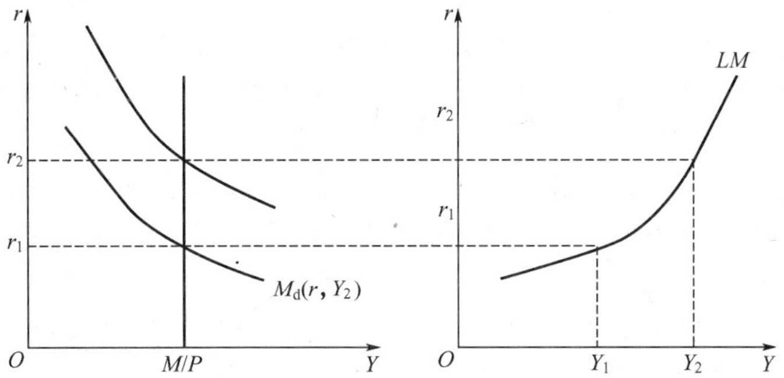

图 9-19 LM 曲线的推导

7. *LM* 曲线的移动

在我们推导 *LM* 曲线时，一直假设货币供给没有变动。如果货币的实际供给发生变动，*IS—LM* 曲线在原来的位置就不会再稳定。

究竟货币供给的变动会导致 *LM* 曲线怎样的变动呢？如图 9-20 所示，起初货币供给量由 M_1/P 表示，面对不同的收入，均衡的利率分别是 r_1 和 r_2，决定的 *LM* 曲线可以由图 9-20 右图中的 LM_1 表示。在物价稳定的情况下，假设现在中央银行减少货币供给量，实际货币供给曲线将直接向左方移动，均衡利率将上升到 r_3。很明显，现在的（*Y*，*r*）不是原先的 LM_1 线上的一个点，而是一条新的 *LM* 曲线上的一个点。即 *LM* 曲线发生了移动。

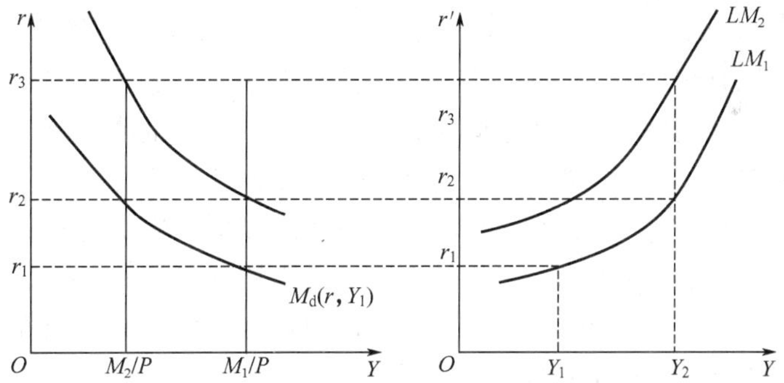

图 9-20 *LM* 曲线的移动

另外，实际货币供给的变动还可能是因为物价水平的变动引起的。当物价水平降低时，实际货币供给也会增加，从而导致 *LM* 曲线向右下方移动。反之，当物价水平上升时，实际货币供给量减少，从而导致 *LM* 曲线向左上方移动。

总而言之，导致 *LM* 曲线移动的两个因素是名义货币供给的变动和物价水平的变动。这两个因素的变动导致了实际货币供给的变动，最终导致了 *LM* 曲线的移动。

8. 产品市场和货币市场的一般均衡

（1）两个市场同时均衡时的利率与收入。

把 *IS* 曲线与 *LM* 曲线结合在一起，就可以得出说明产品市场和货币市场同时实现均衡时利率与国民收入之间关系的 *IS—LM* 模型。

在凯恩斯的《通论》中，最终的均衡收入取决于与总产出相等的总有效需求，而有效需求即计划支出取决于消费支出和投资支出，由于消费倾向在短期比较稳定，因而有效需求主要取决于计划投资支出。而计划投资支出的关键因素是利率。利率又取决于货币数量和流动性偏好及货币需求。可见在产品市场上，要决定收入，必须先决定利率。否则投资水平无法确定；而利率在货币市场上是确定的，在货币市场上，如果不先确定一个特定的收入水平以稳定货币需求，利率就无法确定，而收入水平又是在产品市场上确定的，因此利率的确定又依赖于产品市场。这样，凯恩斯的理论就陷入了循环推论：利率通过投资影响收入，收入又通过货币需求影响利率。或者反过来说，收入依赖于利率，而利率又依赖于收入。凯恩斯的后继者发现了这一循环推论的矛盾，并把产品市场和货币市场结合起来，建立了一个产品和货币市场的一般均衡模型，即 *IS*—*LM* 模型，以解决循环推论问题。

从前面的分析得知，在 *IS* 曲线上，有一系列利率与相应的收入组合可以使得产品市场达到均衡；在 *LM* 曲线上，又有一系列利率与相应的收入组合可以使得货币市场达到均衡。但能够使得产品市场和货币市场同时达到均衡的利率与收入却只有一个。这一均衡的利率和收入可以在 *IS* 曲线和 *LM* 曲线的交点上求得，其数值可以通过求解 *IS* 和 *LM* 的联立方程得到。

如图 9-21 所示，*IS* 和 *LM* 曲线的交点的横坐标和纵坐标形成了均衡收入和利率。在交点处，实际支出等于计划支出，实际货币供给等于实际货币需求。在交点之外的任何一个区域，都是不均衡的。

（2）均衡收入和利率的变动。

IS 曲线和 *LM* 曲线的交点上同时实现了产品和货币市场的均衡，然而，这个均衡不一定是充分就业的均衡。如图 9-22 所示，IS_1 曲线和 LM_1 曲线决定的均衡收入为 Y_1，但充分就业的收入却为 Y_f，在这种情况下，短期之内靠市场的自发调节，无法实现充分就业的均衡，这就需要依靠国家的财政政策或者是货币政策来进行调节。财政政策是通过政府的支出或者是税收的变动来调节国民收入，如果政府增加支出或者减少税收，或者双管齐下，IS_1 曲线将移动到 IS_2 曲线，达到充分就业的产出水平。货币政策是货币管理当局（中央银行）通过改变货币供应量来改变利率与收入，当中央银行增加货币供给时，*LM* 曲线将向右下方移动，同样也可以达到充分就业的产出水平。当然，政府还可以同时采取改变税收、改变政府支出、改变货币供应量来同时实现 *IS* 和 *LM* 曲线的移动。

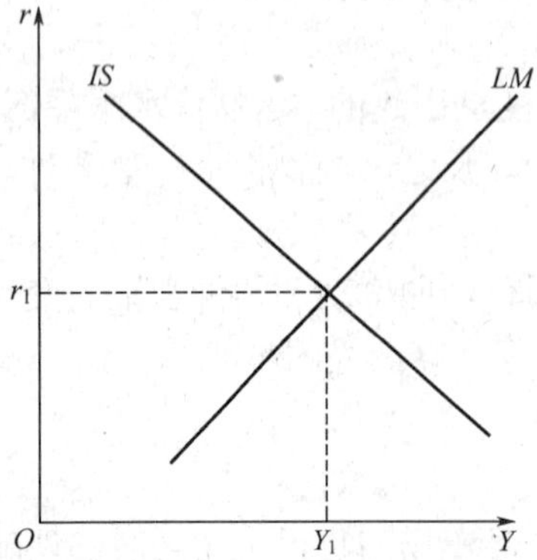

图 9-21　产品和货币市场的一般均衡

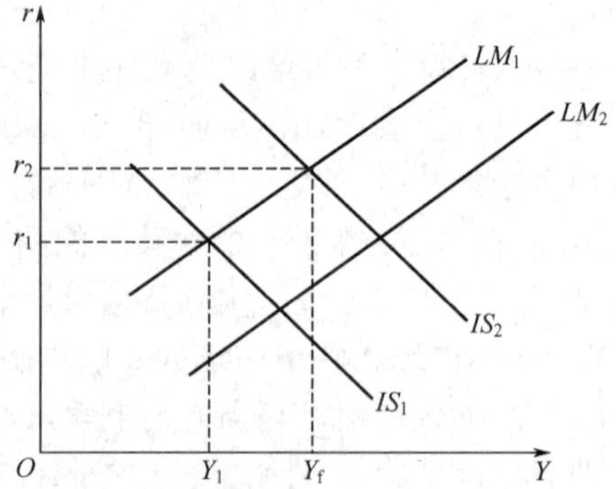

图 9-22　*IS* 和 *LM* 曲线的移动和新的均衡

① 假定 *LM* 曲线不变，*IS* 曲线变动。从图 9-23 中还可以看出，*IS* 和 *LM* 曲线移动时，不仅收入会变动，利率也会变动。当 *LM* 曲线不变时，*IS* 曲线向右移动不仅会造成收入提高，利率也会随之上升。这是因为，*MS* 曲线的右移是由于自发支出（投资、消费或者政府支出）的增加，这种计划支出的增加使得产出和收入增加，收入增加后，货币的交易需求也会增加，由于货币供给不变（*LM* 曲线的不变意味着实际货币的供给不变），人们只能出售有价债券来获取从事交易所需的货币，这就会导致证券价格下跌，利率上升。同理，当 *LM* 不变时，*IS* 曲线的左移会导致利率和收入下降。

② 假定 *IS* 曲线不变，*LM* 曲线变动。当 *IS* 曲线不变而 *LM* 曲线向右下方移动时，收入提高，利率下跌，如图 9-24 所示。这是因为，*LM* 曲线的右移意味着货币的实际供给增加了，在产品市场的供求没有发生变化的情况下，即货币的需求没有发生变化，货币供给的增加必然导致利率的下跌。利率的下跌刺激消费和投资从而使得收入增加。相反，当 *LM* 曲线向左上方移动时，利率上升，收入下降。*IS—LM* 模型分析了储蓄、投资、货币需求和货币供给是如何影响国民收入和利率的。在政策上，它为政府的宏观经济政策提供了更为具体的选择工具。根据图 9-24 模型的 *IS—LM* 曲线变动的影响性质和特点，国家为实现收入的均衡增长，在利率很低时，可以实行扩张性财政政策；在利率很高时，可以实行扩张性货币政策。同时，在任何情况下，都必须使财政政策与货币政策相配合，既要产品市场均衡，也要货币市场均衡，不能顾此失彼。

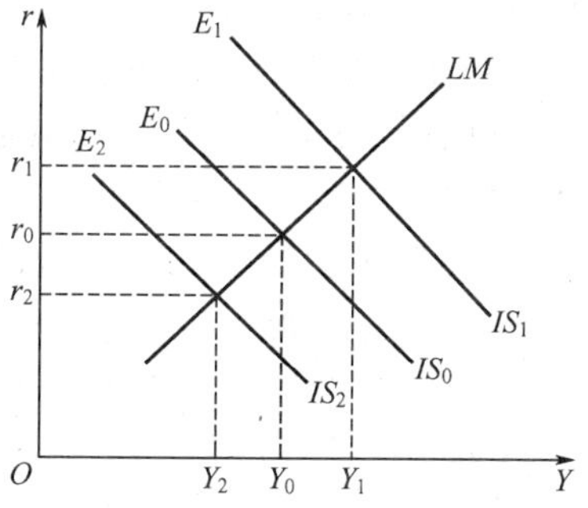

图 9-23 *IS* 曲线变动影响

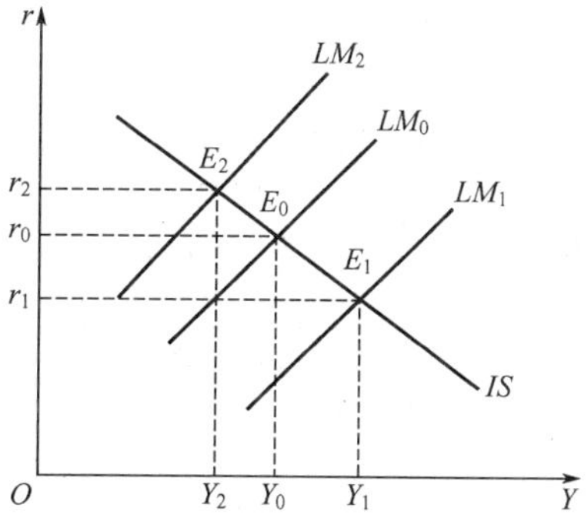

图 9-24 *LM* 曲线变动的影响

9.5 国民收入决定的总需求—总供给模型

前面在讨论国民收入的决定问题时，都未考虑价格水平因素，或者说，基本上都假定价格水平不变。在 *IS—LM* 模型中，虽然 *LM* 曲线的方程式中纳入了价格因素，并将价格变动作为影响 *LM* 曲线移动的一种外部力量，但并未讨论价格水平的决定及价格变动对于总需求、总供给从而对于国民收入的影响机制。

本节取消价格水平固定不变的假设，着重说明总产量（即国民收入）和价格水平的决定，说明价格水平对于国民收入的影响机制。当然，这里的价格指的不是某一种或某几种商品的价格，而是社会总体物价或社会平均物价水平。

9.5.1 总需求曲线

总需求（aggregate demand）是指经济社会在一定价格水平时所愿意且能够购买的产品和服务的总量。按照总需求的定义，用 AD 代表总需求，则有：

$$AD = C+I+G+NX$$

式中，C 为消费需求，I 为投资需求，G 为政府购买需求，NX 为净出口需求。

1．总需求曲线的推导与形态

在总需求—总供给模型中，总需求随价格水平的变化而变化，总需求曲线便是用来表示总需求与价格水平之间的函数关系的曲线。也就是说，总需求曲线描述了与每一价格水平相对应的均衡的收入或支出，因此，总需求曲线可以由 *IS—LM* 模型中的均衡收入与价格水平之间的关系导出。

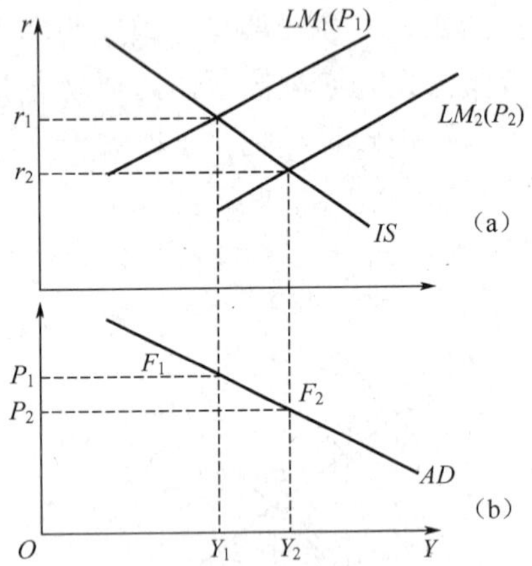

图 9-25　总需求曲线的推导

如图 9-25 所示，图（a）是 *IS—LM* 图形，图（b）的横轴代表国民收入或总产出、总支出，纵轴代表价格水平。

当价格水平为 P_1 时，LM 曲线为 $LM_1(P_1)$，这时的均衡国民收入为 Y_1，于是，在图 9-25（b）中找到 P_1 与 Y_1 的对应点 F_1。当价格水平降至 P_2 时，LM 曲线右移至 LM_2（P_2），这时的均衡国民收入为 Y_2，又可找到 P_2 与 Y_2 的对应点 F_2，将 F_1、F_2 等类似点连接起来的轨迹便是总需求曲线，简称 AD 曲线。

从图形上可看到，AD 曲线表示的社会总需求与价格水平是反方向运行的：价格水平越高，需求总量越小；价格水平越低，需求总量越大。

AD 曲线与微观经济学中单个商品的需求曲线即 DD' 曲线的形态相似，即都是向右下方倾斜。但实际上两者的内涵是不同的。DD' 曲线反映特定产品价格的变化通过收入效应和替代效应影响该产品的需求量，从而使得价格下降，产品（吉芬品除外）的需求量增加。但 AD 曲线的形态无法用收入效应与替代效应来解释。

因为 AD 曲线反映的价格是价格总水平，在价格总水平的下降中，无法判断哪些商品价格相对上涨了，从而也就无法用价格下跌的商品去替代那些价格相对上涨的商品，也就是价格变动在这里不存在替代效应。至少是在这里不能用商品间的替代效应作普遍性的解释。更何况，商品间的替代效应意味着一种或一些商品需求量的增加势必带来另一种或另一些商品需求量的减少，社会总需求未变，仅是需求结构变化而已。但在这里，要考察的恰恰是价格水平变化引起的总需求量的变化。收入效应同样也不适用于此。在单一产品市场上，价格变动时，可以假定消费者的名义收入不变，从而存在收入效应。而在这里，当价格总水平变动时，不能再假定经济社会中所有购买者的名义收入不变。例如，当价格总水平上升时，至少有相当一部分产品和劳务的价格上涨，而销售收入最终是要转化为工资、租金、利润、利息等形式的收入的，即至少有相当一部分人甚至所有人的名义收入都会增加，也就是，经济作为一个整体，其名义收入会提高。反过来，价格总水平下降，整个经济社会的名义收入也会减少。

2．总需求曲线形态的决定

AD 曲线向右下方倾斜的形态是怎样决定、怎样形成的呢？这主要是由如下因素决定的。

（1）实际资产效应。

这里的资产主要是指金融资产，如银行存款、股票、债券、基金等。价格水平的上涨，使得等额金融资产的名义数量虽未变，但以货币实际购买力衡量的实际资产的数量会减少。人们感到自己拥有的金融资产不如过去那样“值钱”了，比过去“穷”了，因而减少消费需求并进而减少了总需求。反过来，如果价格水平下降，人们会感到比过去“富”了，因而增加消费需求并进而增加了总需求。因此，*AD* 曲线向右下方倾斜。

（2）利率效应。

价格水平上升，物品变得昂贵，无论是消费者购买消费品，还是投资者购买投资品等都需要比过去更多的货币，即货币需求量因价格水平上升而增加。在货币供给不变的条件下，这显然会促使利率提高。随着利率的提高，投资成本增加，一些过去有利可图的投资项目变得无利可图或面临亏损，因此，投资需求萎缩。而对于贷款购物的消费者来说，利率的上升将使他们之中的一部分人放弃购买计划，即消费需求减少。反过来，价格的下降当然会导致投资需求与消费需求的增加。因此，*AD* 曲线向右下方倾斜。

（3）进出口效应。

在开放经济条件下，一国价格总水平的上升会促使人们更多地从国外购买进口品，减少对本国产品的需求。外国消费者也会减少对进口品的购买。这就是说，价格上升的国家的进口会增加，出口会减少，即净出口会减少，而净出口是属于需求。这也是 *AD* 曲线向右下方倾斜的原因之一。

3．总需求曲线的移动

以下按照总需求的四个构成部分来讨论总需求曲线的移动。

（1）消费需求的变动。

如果消费者所拥有的资产升值了，财富增加了，则在同一价格总水平时，消费者的消费需求会增加，即 *AD* 曲线由图 9-26 中的 AD_0 右移至 AD_1；反之，*AD* 曲线左移。

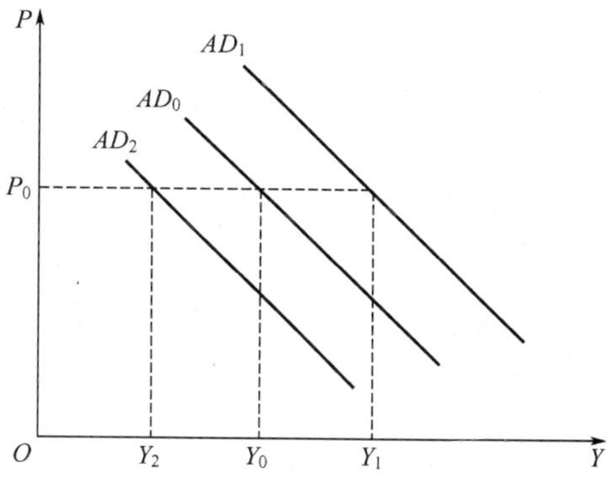

图 9-26　*AD* 曲线的移动

如果消费者预期经济走势趋好，自己的收入会增加，或预期今后的物价会上涨，则当前的消费需求也会增加，*AD* 曲线右移；反之，曲线则左移。

如果税率降低，消费者的纳税额减少，或者消费者得到的政府转移支付（如失业救济金、困难补助、各种政府补贴等）增加，则消费者的消费需求会增加，*AD* 曲线右移；反之，曲线左移。

（2）投资需求的变动。

如果企业税收减少，或者预期利润提高，或者价格以外的因素引起利率下降（如货币供给量的增加），或者生产技术的进步等因素促使投资需求增加，即 *AD* 曲线右移；反之，曲线左移。

（3）政府支出的变动。

政府支出的变动取决于政府的宏观财政政策，当价格总水平未变化时，政府支出可能增加，也可能减少。当政府支出增加时，*AD* 曲线右移；反之，则左移。

（4）净出口需求的变动。

净出口增加意味着同一价格水平时的总需求扩大，*AD* 曲线右移；反之，则左移。净出口本身则主要取决于汇率变动和外国收入的变动。如果世界经济繁荣，外国或世界主要经济体企业和消费者的收入增加，其进口一般会增加，从而导致本国或所讨论的某国的净出口增加。至于汇率变动及其经济效应在此暂不讨论。

9.5.2 总供给曲线

总供给（aggregate supply）是指在任一价格水平，经济社会中的所有企业所愿意且能够提供的产品和服务的总量。因此，总供给（*AS*）曲线反映了价格水平和总供给量之间的函数关系。在经济学理论中，总供给曲线是一个颇为复杂的问题。

1. 总供给与劳动市场

总供给取决于经济社会的所有经济资源，一般而言，这些经济资源包括全社会的劳动、资本、土地及管理水平、生产技术等。但在短期内，资本、土地、技术等要素都是相对稳定的，且需要人力要素去推动。而劳动投入量即社会就业量在短期内却可以有较大的波动，因此，宏观经济学在短期分析中认为，总供给即总产量取决于全社会的就业量。以 *Y* 代表总产量或总供给，*N* 代表总就业量，*K* 代表短期内既定的劳动以外的其他生产要素或经济资源，则有：

$$Y=f(N,K)$$

上式为宏观生产函数或总量生产函数，它与微观经济学中的微观生产函数是既有联系又有区别的。上式表示，在一定的技术水平和资本存量等条件下，总供给是社会就业总量的函数。

一般地，总产出随总就业量的增加而增加，但由于边际收益递减规律的作用，随着总就业量的增加，总产出按递减的比率增加。这样，宏观生产函数可由图 9-27 来表示。

在一定时期和一定条件下，总供给主要由全社会的就业总量决定，那么，就业总量又是怎样决定的呢？为此，需要引入劳动力市场来分析。

结合微观经济学中劳动要素市场的基本理论原理，不难理解，如图 9-28 所示的劳动需求曲线（N_d）是向右下方倾斜的。表示实际工资（w/P）越高，（所有）企业的劳动需求量也即社会就业量（*N*）就越小；实际工资越低，（所有）企业的劳动需求量即社会就业量就越大。

w/*P* 中的 *w* 代表名义工资，*P* 代表价格水平。当名义工资上升的幅度低于产品价格上升的幅度时，实际工资就下降；反之，实际工资就上升。对于企业的劳动需求决策来

讲，有意义的当然是实际工资，而不是名义工资。一般地，劳动供给曲线（N）向右上方倾斜，表示实际工资越高，劳动供给越多。也就是说，劳动需求和劳动供给都是实际工资的函数。

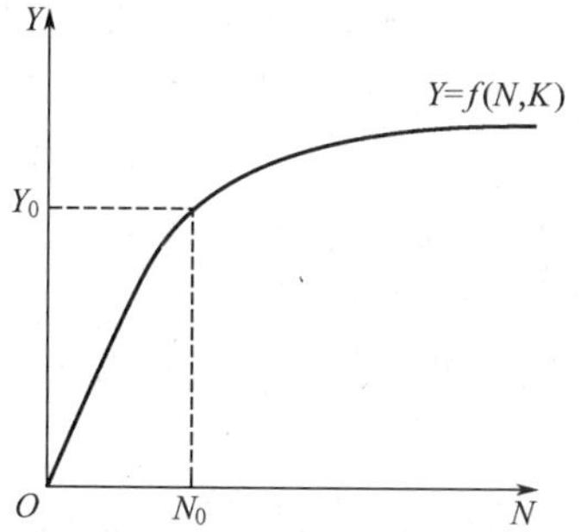

图 9-27　宏观生产函数

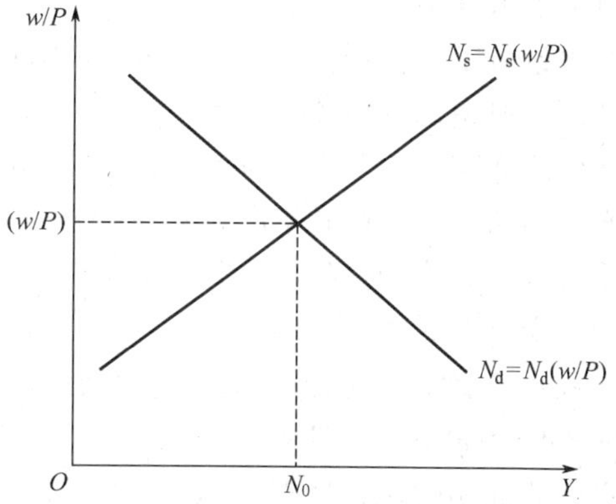

图 9-28　劳动需求与劳动供给

2．长期总供给曲线

在凯恩斯以前的古典经济学[①]中，工资、价格可以灵活变动。这样，就业量的决定就完全独立于价格水平的变化。因为物价上升时，名义工资很快会同比例上升，从而实际工资保持不变，劳动市场迅速恢复均衡，就业量也恢复到原有的水平，总产出也因此维持在原有水平。如果名义工资的上升幅度小于物价的上升幅度，意味着实际工资下降，那么劳动需求大于劳动供给的状况会促使名义工资继续上升，直至等同于物价的上升幅度。

根据上述分析，社会就业量不随物价水平的变化而变化，从而由社会就业量决定的总产出、总供给也不随价格水平的变化而变化。因此，当工资、价格具有完全的伸缩性时，*AS* 曲线垂直于横轴。如图 9-29 所示，由于这种情况下的总产出是在劳动市场均衡即劳动力资源得到充分利用的条件下取得的，因而这时的总产出可以被认为是经济社会可能的最大产出（如图 9-29 中的 Y_m），即潜在产出或充分就业产出。

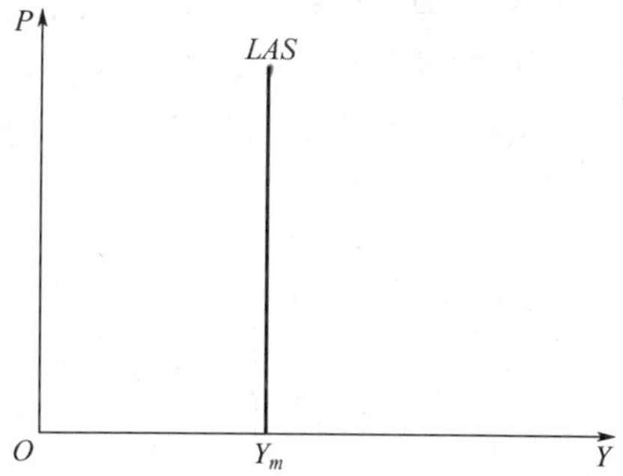

图 9-29　长期总供给曲线

在现代宏观经济学看来，古典学派的理论中关于名义工资与价格水平调整的一致性只有在时间足够长的情况下才符合实际，因此，图 9-29 中垂直于横轴的总供给曲线被认为是长期总供给曲线（*LAS*），它表示一个经济社会的长期的总产出不受价格变动的影响。当然，这样的总供给曲线有时也被称为古典总供给曲线。

3．短期总供给曲线

古典学派关于工资和价格具有完全伸缩性即完全弹性的假定受到后来许多经济学家的质疑和否定，他们在这方面提出了多种理论假说，用以说明总供给曲线的形成。由于这些

① 一般将凯恩斯以前的占支配地位的经济理论统称为古典经济学，主要指以马歇尔为代表的新古典经济学。

总供给曲线同前述的长期总供给曲线是有区别的，它是在经济社会的经济资源未得到充分利用的情况下取得的，因而带有短期性特征，所以被称为短期总供给曲线。

下面简要地介绍几种代表性的理论假说。

（1）资本设备闲置假说。

资本设备闲置假说是由凯恩斯提出来的。他认为，在经济社会存在大量资本设备闲置的条件下，投资品的价格不会因生产的扩大而上涨，劳动投入和就业量的增加也不会带来边际产值的递减，因为这时与劳动投入量相配合的资本设备等可以同比例增加。也就是说，随着产出的增加，产品的生产成本保持不变，从而价格保持不变。即在相同的价格水平下，总供给可以一直增加，直到资本设备等全部被充分利用时为止。这种情况下的 *AS* 曲线表现为某一不变价格时的水平线。

一旦经济资源被充分利用，*AS* 曲线便转变为垂直形。这样的总供给曲线也常被称为反 *L* 形的总供给曲线，如图 9-30 所示。

凯恩斯描述的这种情况是以 20 世纪 30 年代的经济大萧条为背景的，在大萧条期间，确有资本设备大量闲置，生产成本和产品价格可以短期内维持不变的情形。但这是一种不具有普遍意义的特殊情况，因而水平状的短期 *AS* 曲线仅是一种特殊形式。

（2）工资刚性假说。

工资作为劳动力这种特殊要素的价格，其与工人大众的生活水平直接相关，因而工人对于货币工资水平特别敏感。由于行业工会的力量很强大，降低货币工资将会遭到工会的强烈反对而难以实施，因而货币工资呈现出只能提高而无法下降的特征，这就是所谓的工资刚性（wage rigidity）。

在工资刚性条件下，价格上升，货币工资可以相应上升。但在价格下降时，货币工资却不下降，这意味着实际工资提高，企业减少对劳动的需求量和使用量，从而就业总量降低，总供给降低。也就是：*P* 下降，实际工资上升，就业量即就业人数减少，*Y* 减少。*SAS* 曲线表现为向右上方倾斜，如图 9-31 所示。

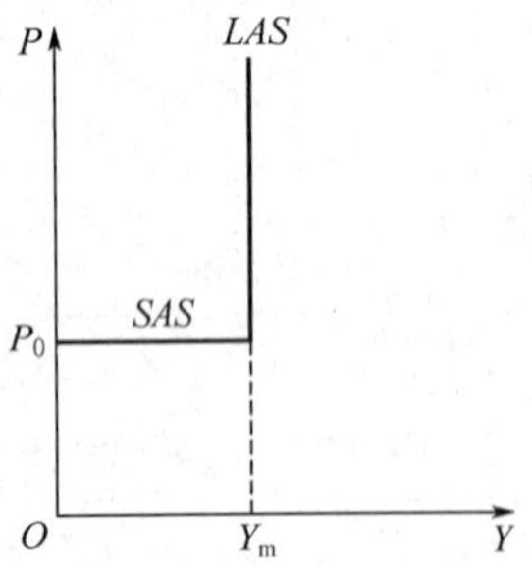

图 9-30 特殊的水平状短期总供给曲线

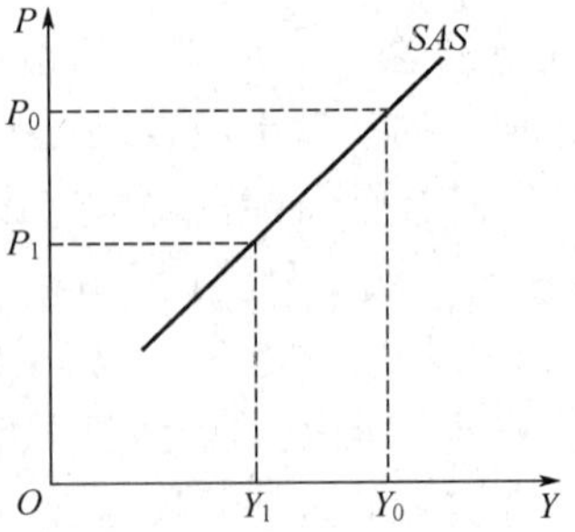

图 9-31 工资刚性条件的短期总供给曲线

（3）工资黏性假说。

工资黏性（wage sticky）是指货币工资水平较为稳定，其变动很缓慢。工资黏性产生的重要原因就是长期劳动工资合同的存在。工资水平是由劳资双方的劳动工资合同规定的。劳动工资合同一旦签订就不可随意更改。在美国，许多劳动工资合同的有效期限一般为 2～3 年，除规定基本工资外，往往还带有一些附加条款，如工资的增长幅度等。但尽管如此，一旦市场环境和价格水平发生预期以外的较大幅度的变动时，名义工资的变动往往显得缓慢、迟钝。

工资黏性对总供给的作用机制如下：

① 工资黏性使得货币工资水平稳定，在此条件下，价格水平的上升降低了实际工资，劳动成本随之降低。

② 实际工资和劳动成本降低促使企业增加雇用工人，所有企业或大多数企业如此时，社会就业总量增加。

③ 就业总量的增加提高了总产出水平，提高了总供给。即总供给随价格水平的上升而增加，*SAS* 曲线向右上方倾斜。

（4）货币幻觉假说。

在劳动市场上，企业与工人掌握的信息是不对称的。企业经常了解实际工资的变动情况，而工人却常常并不真正了解。当物价水平提高后，劳动市场上的货币工资也常常会提高。但由于工人掌握的信息不充分，会误以为自己的工资收入发生了实质性增加，即误以为实际工资提高了，便会增加劳动供给。

而企业了解到货币工资的上升幅度实际上低于物价的上升幅度（这是经常发生的），即实际工资下降了，企业的实际生产成本降低了，便会增加劳动投入。所有企业或大部分企业都如此，则全社会的就业量和总供给会随价格水平的上升而增加，即 *SAS* 曲线向右上方倾斜。

除了凯恩斯以大萧条为背景的理论说明外，上述几种理论假说实际上都论证了短期总供给曲线是向右上方倾斜的。

4．总供给曲线的移动

（1）*LAS* 曲线的移动。

由于 *LAS* 曲线反映的是经济社会的潜在生产能力或可能的最大生产能力，因此只有影响或改变这种潜在生产能力的因素才会导致 *LAS* 曲线的移动。经济社会中人口（劳动力）的增加、资本存量的增加、生产技术的进步和新的资源（如大油田）的发现等提高生产潜能，会使 *LAS* 曲线右移，如图 9-32 中的 LAS_0 移至 LAS_1；反之，则相反。这种移动与价格水平的变动无关。

与 *AD* 曲线较易移动的特性相比，*LAS* 曲线不太容易移动，这是因为生产潜能的提高并非易事。

（2）*SAS* 曲线的移动。

一方面，短期总供给曲线（*SAS*）随长期总供给曲线（*LAS*）的移动而移动。因为 *LAS* 曲线的移动意味着生产潜能的变化，而长期总供给是短期总供给的基础，这必然导致 *SAS* 曲线的移动。如图 9-32 在 LAS_0 曲线未移动时，SAS_0 曲线代表的最大产量是 Y_{0m}；在 LAS_0 移至 LAS_1 后，新的 *SAS* 曲线代表的最大产量不可能仍是 Y_{0m}，而应是 Y_{1m}，即 LAS_0 移至 LAS_1 后，使得 SAS_0 相应地移至 SAS_1。

另一方面，经济社会的短期总供给主要受工资及原材料价格的影响。在价格总水平（*P*）不变的条件下，如果工资水平上升（工会力量更强大）或原材料价格上升，则所有企业愿意提供的产出减少，从而 *SAS* 曲线左移。如图 9-33 中的 SAS_1 移至 SAS_2；反之，则相反。在这种生产成本的变化中，由于经济社会的生产潜能并未变化，故 *LAS* 曲线未移动。

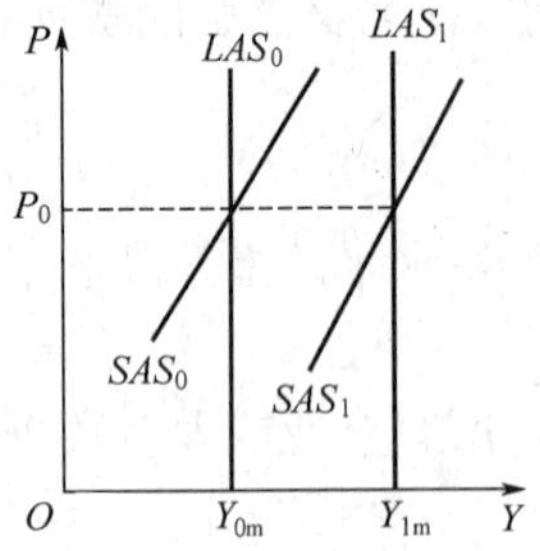

图 9-32　*LAS* 曲线的移动

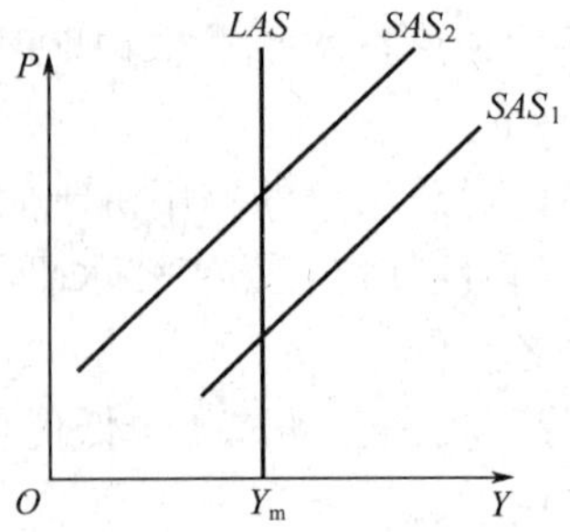

图 9-33　*SAS* 曲线的移动

5．总需求—总供给模型分析

以上分别总结了总需求曲线和总供给曲线。现在将总需求曲线与总供给曲线结合在一起来说明国民收入与价格水平的变动。本模型按照总供给曲线的不同，分析总需求国民收入和价格水平之间的关系以及短期总供给变动对国民收入和价格水平的影响。总需求—总供给模型是分析宏观经济情况与政策的一种很有用的工具，如图 9-34 所示。

在图 9-34 中，总需求曲线 *AD* 与总供给曲线 *AS* 相交于 *E* 点，这时均衡的国民收入水平为 Y_0，均衡价格水平为 P_0。

从图 9-34 可知，总供求均衡点决定均衡国民收入和均衡价格总水平，该均衡点的位置又取决于 *AD* 和 *AS* 的位置，*AD* 和 *AS* 位置的任何移动都将导致均衡点的变动，而价格总水平以外的其他因素所引起的总供求的变动都会引起 *AD* 或 *AS* 的移动，从而导致均衡国民收入的变动。

（1）总需求曲线移动对国民收入与价格水平的影响。

在总需求—总供给模型中，假定总供给曲线 *AS* 不变。总需求变动对国民收入与价格水平的影响根据总供给曲线的不同情况而不同。

① 凯恩斯主义总供给曲线情形。在凯恩斯主义总供给曲线时，总需求的增加会使国民收入增加，而价格水平不变；总需求的减少会使国民收入减少，而价格水平也不变，即总需求的变动不会引起价格水平的变动，只会引起国民收入的同方向变动。可用图 9-35 来说明这种情况。

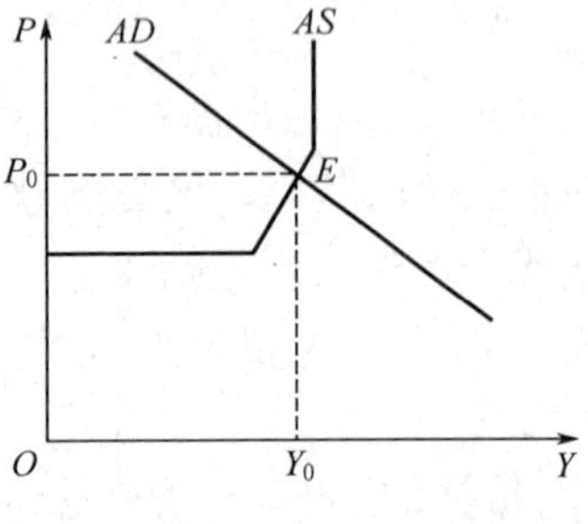

图 9-34　总需求—总供给模型

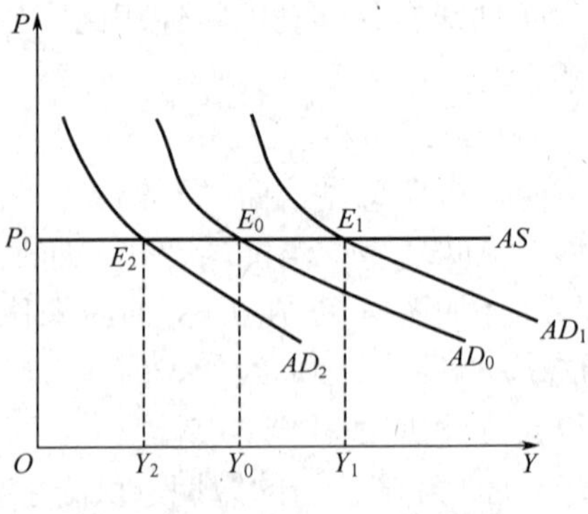

图 9-35　凯恩斯情形

在图 9-35 中，*AS* 为凯恩斯主义总供给曲线。*AS* 与 AD_0 相交于 E_0 点，国民收入为 Y_0

价格水平为 P_0。总需求增加，总需求曲线由 AD_0 移动到 AD_1，这时 AD_1 与 AS 相交于 E_1 点，国民收入为 Y_1，价格水平仍为 P_0，这就表明总需求增加使国民收入由 Y_0，增加到 Y_1，而价格水平未变。相反，总需求减少，总需求曲线由 AD_0 移动到 AD_2，这时 AD_2 与 AS 相交于 E_2 点，国民收入为 Y_2，价格水平仍为 P_0，这就表明总需求减少使国民收入由 Y_0 减少到了 Y_2，而价格水平未变。

② 短期总供给曲线情形。在这种总供给曲线下，总需求的增加会使国民收入增加，价格水平也随之上升；总需求的减少会使国民收入减少，价格水平也会随之下降，即总需求的变动会引起国民收入与价格水平的同方向变动。可用图 9-36 来说明这种情况。

在图 9-36 中，AS 为短期总供给曲线，AS 与 AD_0 相交于 E_0 点，国民收入为 Y_0，价格水平为 P_0；总需求增加，总需求曲线由 AD_0 移动到 AD_1，这时 AD_1 与 AS 相交于 E_1 点，国民收入为 Y_1，价格水平为 P_1，这就表明，总需求增加使国民收入由 Y_0 增加到 Y_1，使价格水平从 P_0 上升为 P_1。总需求减少，总需求曲线由 AD_0 移动到 AD_2，这时 AD_2 与 AS 相交于 E_2 点，国民收入为 Y_2 价格水平为 P_2，这就表明，总需求减少使国民收入由 Y_0 减少到 Y_2，使价格水平由 P_0 下降为 P_2。

③ 长期总供给曲线。在这种总供给曲线下，由于资源已得到了充分的利用，所以总需求的增加只会使价格水平上升，而国民收入不会变动；同样，总需求的减少也只会使价格水平下降，而国民收入不会变动，即总需求的变动会引起价格水平的同方向变动，而不会引起国民收入的变动。可用图 9-37 来说明这种情况。

在图 9-37 中，AS 为长期总供给曲线，AS 与 AD_0 相交于 E_0 点，决定了充分就业的国民收入为 Y_f，价格水平为 P_1；总需求增加，总需求曲线由 AD_0 移动到 AD_1，这时 AD_1 与 AS 相交于 E_1 点，国民收入仍为 Y_f，价格水平为 P_1，这就表明，总需求增加使价格水平由 P_0 上升为 P_1 而国民收入仍为 Y_f；总需求减少，总需求曲线由 AD_0 移动到 AD_2，这时 AD_2 与 AS 相交于 E_2 点，国民收入仍为 Y_f，价格水平为 P_2，这就表明，总需求减少使价格水平由 P_0 下降为 P_2，而国民收入仍为 Y_f。

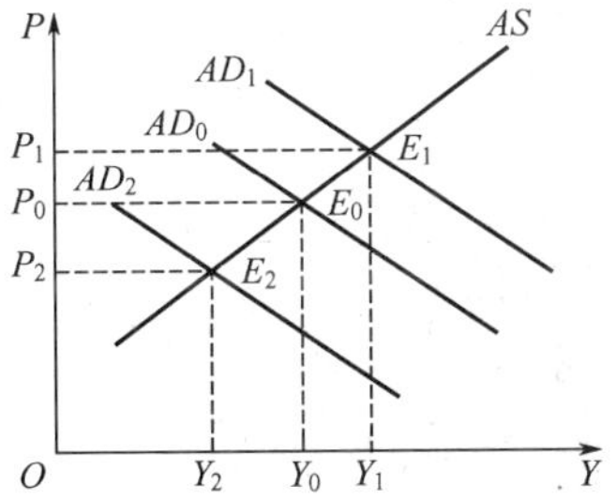

图 9-36 短期总供给曲线变动对国民收入的影响

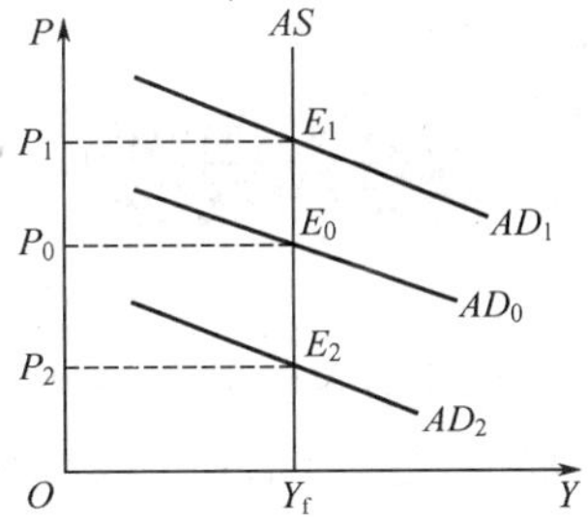

图 9-37 长期总供给曲线变动对国民收入的影响

（2）短期总供给变动对国民收入和价格水平的影响。

短期总供给是会变动的，这种变动同样会影响国民收入与价格水平，在总需求不变时，总供给的增加，即产量的增加会使国民收入增加，价格水平下降；而总供给的减少，即产量的减少会使国民收入减少，价格水平上升，可用图 9-38 来说明这种情况。

在图 9-38 中，AS_0 与 AD 相交于 E_0 点，国民收入为 Y_0，价格水平为 P_0。当总供给增加时，供给曲线由 AS_0 移动到 AS_1，AS_1 与 AD 相交于 E_1 点，国民收入为 Y_1，价格水平为 P_1，表明由于总供给的增加，国民收入由 Y_0 增加到了 Y_1，而价格水平由 P_0 下降为 P_1。当总供给减少时，总供给曲线由 AS_0 移动到 AS_2，AS_2 与 AD 相交于 E_2 点，国民收入为 Y_2，价格水平为 P_2，这表明由于总供给的减少，国民收入由 Y_0 减少到 Y_2，而价格水平由 P_0 上升为 P_2。这种实际国民收入下降而价格水平上升的现象叫做“滞胀”。

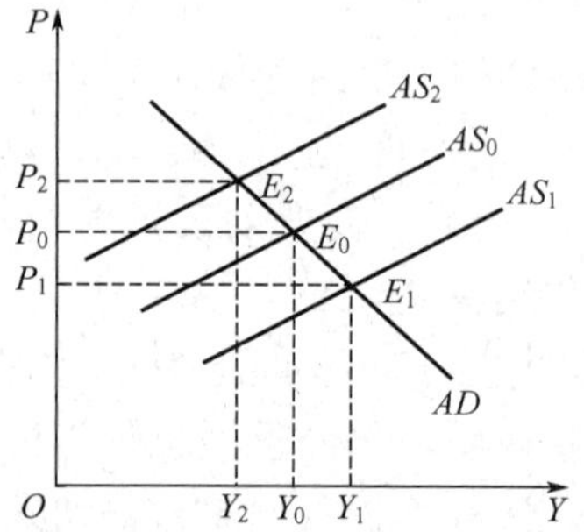

图 9-38　短期总供给变动对国民收入和价格水平的影响

总需求—总供给模型是分析宏观经济情况与政策的一种很有用的工具。

国民经济均衡的形式有以下三种：

第一是低水平的均衡。这种均衡状态表现为社会产出水平低、生产能力利用不足，失业人数众多，国民经济很不景气，这种不均衡状态是总需求不足所造成的。

第二是高水平的均衡。高水平均衡状态表现为产出水平高、生产能力得到充分利用，失业问题基本解决，国民经济结构比较合理，呈现经济繁荣但不过度的局面。

第三是超能力的均衡。这种均衡状态仅仅表现为货币的均衡，实际上是货币供给过多，可供物资太少，此时总需求与总供给的均衡是通过物价的上涨来实现的，所以通货膨胀严重。

一国应当争取实现第二种均衡，尽量避免第一种和第三种均衡。因为：第一种均衡是国民经济萎缩的均衡；第三种均衡是总供给小于总需求，国民经济过度膨胀的均衡。

案例分析

中国改革开放以来的四次经济过热

经济过热是我国经济发展中的常见现象，自 20 世纪 80 年代以来就发生了四次。信贷型投资是经济过热的祸首，投资的快速增长是推动我国经济增长的主要动力。

1. 1983—1985 年

这次经济过热，其背景是商品供不应求的宏观环境。当时，经济增长刚刚开始，经济增长速度很快，是劳动生产力的一种示范，并没有太大的破坏性。1983—1985 年的 3 年间，投资增长对 GDP 增长贡献率分别达到 40%、41%和 65%。

2. 1988 年

投资增长对 GDP 增长贡献率提高到 53%。这次经济过热，其背景也是商品供不应求的宏观环境。1988 年，为了抑制严重的通货膨胀，我国在财政政策上采取了严厉的紧缩措施，通货膨胀率虽然明显下降，但为此付出的代价却是国民经济连续两年萎靡不振，致使 1989

年和 1990 年的国内生产总值增长率仅为 4.1%和 3.8%。

3. 1993—1996 年

投资增长对 GDP 增长贡献率分别达到 39%、81%、46%和 51%。1992 年，邓小平南巡讲话时，提出“发展才是硬道理”的重要思想。以此为契机，我国开始进入新一轮的经济快速增长时期，一举扭转了 1989 年和 1990 年经济低速增长的态势，国民经济发展进入了一个新的阶段。从 1993 年开始的新一轮经济增长，在取得巨大的社会经济成就的同时，也带来了新的问题。

经过 3 年多的宏观调控，我国经济基本实现了“软着陆”，经济增速和通货膨胀都进入了中长期的合理区间。

4. 2003 年至今

2003 年的经济过热是由于投资过热造成的。投资增长与地方政府的推动有一定关系，与银行资金的支持也有一定关系。

持续到 2007 的经济过热，直接的表现是 2007 年第二季度中国经济增长速度达到 11.9%，经济面临过热风险已是不争的事实。

【思考】 结合我国宏观经济的分析，请你说明确保宏观经济正常运行的条件。

阅读材料

宏观经济学的产生与发展

宏观经济学的产生和发展经历了一个较长的历史时期，大体可分为以下四个阶段。

1. 古典宏观经济学的发展阶段（17 世纪中期到 19 世纪中期）

从 17 世纪中期配第的研究开始，他在《赋税论》（1662 年）中研究了国家的财政收入和支出，分析了一个国家国民财富的构成和增长，并第一次对英国的国民收入进行估算。稍后，亚当 · 斯密在《国富论》（1776 年）中则系统地分析了国民财富的形成和增长，研究了货币的流通规律。斯密的总量分析被其后的经济学家继承和发展。大卫 · 李嘉图在《政治经济学及赋税原理》（1817 年）一书中在很多方面推进了斯密的研究成果，考察了财富的增长、总收入与纯收入的关系，货币流通量变动与物价水平变动的关系等问题。

同时，重农学派的魁奈也在《经济表》中第一次系统地分析了社会总资本的再生产和流通过程。西斯蒙第则通过对资本主义生产和消费的分析，揭示了资本主义生产过剩的必然性。当然，在经济学史上，这时是西方经济学的早期阶段或初创时期，宏观分析与微观分析是经常混在一起的，这时西方经济学家大多从国民财富、国民收入、货币流通总量等宏观分析入手，而在考察中又总会涉及如一种商品的价值和价格如何决定、各要素的收入如何分配和决定等微观经济问题。

2. 传统宏观经济学的发展阶段（19 世纪后期到 20 世纪初期）

此时，资本主义从自由竞争阶段向垄断阶段过渡，在经济发展的同时各种矛盾日趋深化，经济危机连续发生，经济学界面临的任务是从经济总体上探寻和解释经济危机和经济周期性波动的原因。这一时期的宏观经济分析主要是瑞典经济学家的动态均衡理论、熊彼特的经济发展理论、英美经济学家的货币数量理论以及美国经济学家对国民收入和经济周期的研究。

（1）瑞典经济学家缪尔达尔、林达尔和维克塞尔等，首先采用总量分析方法考察了资本主义国民经济的运动。他们的宏观经济理论的特点是把总量分析和动态的过程分析结合在一起，形成了宏观动态均衡理论。其理论基础是奥国学派的效用价值论和洛桑学派的一般均衡理论。

（2）熊彼特的经济发展理论，从理论渊源上说，也是以边际效用论和一般均衡论为基础，但他也受到新历史学派和多元历史观的影响，因而他的宏观动态理论同制度历史分析相结合，其核心部分是创新学说。他运用生产要素的组合即创新这一概念，来解释经济周期的波动和社会的经济发展。

（3）20 世纪初期，英美两国经济学家开始进行关于货币数量问题的研究。在英国主要是马歇尔和庇古，他们关于货币数量问题的表述（即剑桥方程式 $M=KPQ$），反映了有关经济总量变动之间的关系；在美国主要是费雪，他提出了货币的交易方程式 $MV=PQ$，以反映所要考察的有关部门经济总量变动的依存关系。20 世纪初期，美国经济学家密契尔对经济周期波动和国民收入及其变动进行了分析，他的总量分析的特点是强调时间序列的重要性，着重动态的研究，反对静态分析和均衡概念。密契尔对国民收入资料的统计研究与他的经济周期学说，为他以后的宏观经济学的确定与发展提供了条件。

3. 现代宏观经济学的发展阶段（20 世纪初到 20 世纪 60 年代）

1936 年凯恩斯《通论》的出版，是现代宏观经济学形成的标志。现代西方宏观经济学与传统的宏观经济学的区别在于：它的研究是国民收入的变动及其与就业、经济周期波动、通货膨胀等的关系，因此它又被称为收入分析；同时它又通过收入分析得出结论，即资本主义经济不可能自动调节的实现充分就业均衡，并且通常情况下是小于充分就业的均衡。这种分析的代表就是用以研究总供给价格和总需求价格之间关系的有效需求理论。

凯恩斯认为，由于经济活动中一些基本心理因素的作用，通常情况下总需求价格是小于总供给价格的，而市场机制却没有力量使总需求价格与充分就业下的总供给价格相等，这样一来就出现了小于充分就业的均衡，因而导致资本主义经济出现了萧条和大规模失业现象，并由此推出必须依靠国家干预以恢复经济稳定的政策性结论。在这里，凯恩斯采用的是短期、总量、比较动态分析。后来凯恩斯的追随者提出了这种分析的局限性，并主要从三个方面对凯恩斯的宏观经济学做了一些补充和发展：一是投资函数理论的补充和发展；二是消费函数理论的补充和发展；三是从封闭经济模型发展成为开放经济模型。凯恩斯经济学的出现，以及后来西方经济学家对凯恩斯理论的补充和发展，构成了现代西方宏观经济学的基本理论体系。

4. 当代西方宏观经济学的进一步发展演变阶段（20 世纪 60 年代以后）

由于资本主义世界出现了通货膨胀、失业、资源供给紧张、输入分配失调等各种经济问题，凯恩斯的宏观经济理论与政策被认为无法解决如此困难的经济情况，于是只好寻求其他的理论对策和分析方法。在这一阶段，在宏观经济理论方面至少发生了以下四个方面的变化。

一是非凯恩斯主义宏观经济学的复兴，其中最突出的例子就是货币数量理论的复兴和供应学派、理性预期学派的出现。这些理论都是以传统宏观经济学作为基础的，近几年这些理论还在发展。

二是凯恩斯派宏观经济理论对供给问题和规范问题的强调，进入 20 世纪 70 年代以后，由于世界能源和原料供给问题的日益突出，宏观经济分析中的供给分析的重要性日益得到承认。同时一些凯恩斯主义者也从资源供给的角度分析价值判断、研究经济政策的运用究竟在何种程度上符合经济学中的标准。

三是凯恩斯派宏观经济学与非凯恩斯派宏观经济学的互相渗透。如凯恩斯主义、货币主义和瑞典经济学家的经济理论之间，虽然各自的理论和政策主张不同，互相有很多的争论，但面对当代资本主义社会的多种问题，各学派的经济学家都在注意其他学派可汲取的东西，它们之间也在相互吸收和影响。

四是宏观经济学以微观经济学为基础问题。面对当代资本主义社会的多种经济问题，一些西方经济学家认为单纯的宏观经济理论不能提供有效的对策，于是就提出宏观经济学与微观经济学的结合问题，这种宏观分析与微观分析相结合的新理论，统称为新凯恩斯主义。如在新古典宏观理论中，边际效用价值论和边际生产力分配论成为宏观经济学的微观基础；新凯恩斯主义则从对工资刚性和价格刚性的进一步分析中寻找宏观经济学的基础。

新货币主义者也提出了货币主义宏观经济理论和微观基础问题，即在分析宏观经济学领域中的货币流通总量和利息率水平时，也还要分析微观经济学领域中的人们对工资和价格变动的预期、市场信息的传递方式等。这是所谓第二代通货膨胀研究者对货币主义的补充和发展。

本章小结

1. 宏观经济学研究整个社会的经济活动。整个社会的经济活动主要靠国民收入这一概念来衡量和表现。而国民收入这一概念包括六个总量：国民生产总值（GNP）、国内生产总值（GDP）、国民生产净值（NNP）、国民收入（NI）、个人收入（PI）和个人可支配收入（DPI），其中核心概念是国内生产总值。

2. 在国民经济核算体系中有不同的计算国内生产总值的方法，其中主要有支出法、收入法以及部门法。支出法从产品的使用出发，把一年内购买各项最终产品的支出加总，计算出该年内生产出的最终产品的市场价值。收入法是从收入的角度出发，把生产要素在生产中所得到的各种收入相加。部门法按提供物质产品与劳务的各个部门的产值来计算国内生产总值。这种计算方法反映了国内生产总值的来源，所以又称生产法。

3. 把一国复杂的宏观经济部门抽象出来，用一个模型来表示，这就是简单的凯恩斯模型。凯恩斯模型从两部门经济到三部门经济、四部门经济假设，分析各个经济的国民收入决定。

4. 简单的国民收入决定模型。当总需求等于总供给时的国民收入称为均衡的国民收入。由此看出，国民收入的水平是由总需求与总供给共同决定的。在不考虑总供给的前提下，均衡的国民收入水平是由总需求决定的，因此，总需求的变动必然引起均衡的国民收入水平的变动。总需求水平的高低，决定了均衡的国民收入的大小。所以，总需求的变动会引起均衡的国民收入同方向变动，即总需求增加，均衡的国民收入增加；总需求减少，均衡的国民收入减少。

5. *IS* 曲线说明的是产品市场均衡时利率与收入的关系，利率降低，投资需求增加，从而国民收入增加。自发支出与政府的财政政策会使得 *IS* 曲线移动。

6．*LM* 曲线说明的是货币市场均衡时利率与收入的关系，在货币供给不变的条件下，收入增加，导致货币需求增加，从而使得利率增加。中央银行货币供给的变动和物价水平的变动都会导致 *LM* 曲线的移动。

7．产品和货币市场同时实现的均衡一定是 *IS* 曲线和 *LM* 曲线的交点，但此交点未必就是充分就业时的国民收入。政府可以通过移动 *IS* 曲线或者 *LM* 曲线来实现目标。

8．总需求（*AD*）是经济社会对产品和劳务的需求总量。总需求由消费需求、投资需求、政府需求和国外需求构成。

9．总需求函数是产品市场和货币市场同时达到均衡时的物价水平 P 与国民收入 Y 之间的依存关系。总需求函数可以表示为 $Y=F(P)$。

10．总需求曲线是表明产品市场与货币市场同时达到均衡时总需求与价格水平之间关系的曲线。总需求的变动会引起总需求曲线的移动。当总需求增加时，总需求曲线向右上方移动，表明在价格水平既定时，总需求由于其他原因（例如政府支出的增加）而增加了。当总需求减少时，总需求曲线向左移动，表明在价格水平既定时，总需求由于其他原因（例如政府支出的减少）而减少了。

11．总供给是经济社会的总产出，总供给主要由劳动力、生产性资本存量和技术状态所决定。

12．总供给曲线是表明产品市场与货币市场同时达到均衡时，总供给与价格水平之间关系的曲线。总供给曲线有三种情况：第一种情况的总供给曲线称为“凯恩斯主义总供给曲线”；第二种情况的总供给曲线称为“短期总供给曲线”；第三种情况的总供给曲线称为“长期总供给曲线”。在资源条件既定，即潜在的国民收入既定的条件下，凯恩斯主义总供给曲线和长期总供给曲线是不变的，但短期总供给曲线是可以变动的。

13．总需求—总供给模型是把总需求曲线与总供给曲线结合在一起来说明国民收入与价格水平的变动关系。本模型按照总供给曲线的不同，分析总需求、国民收入和价格水平之间的关系以及短期总供给变动对国民收入和价格水平的影响。

本章习题

一、选择题

1．在国民收入核算体系中，测定一个国家在一定时期所有最终产品和劳务的货币价值量的是（　　）。

A．国民收入　　B．国内生产总值
C．国民生产净值　　D．可支配收入总和

2．一国的国民生产总值小于国内生产总值，说明该国公民从外国取得的收入（　　）外国公民从该国取得的收入。

A．大于　　B．小于　　C．等于　　D．可能大于也可能小于

3．下面哪一种情况是从家庭部门向企业部门的实物流动（　　）。

A．物品与劳务　　B．生产要素
C．为物品与劳务进行的支付　　D．为生产要素进行的支付

4．下面哪一种情况属于政府部门对家庭部门的转移支付（　　）。

A．政府为其雇员支付工资

B．政府为购买企业生产的飞机而进行的支付

C．政府为其债券支付的利息

D．政府为失业工人提供的失业救济金

5．在一个只有家庭、企业和政府构成的三部门经济中，一定有（　　）。

A．家庭储蓄等于净投资

B．家庭储蓄等于总投资

C．家庭储蓄加折旧等于总投资加政府支出

D．家庭储蓄加净税收等于投资加政府支出

6．在用支出法计算国内生产总值时，不属于投资的是（　　）。

A．通用汽车公司购买政府债券

B．通用汽车公司增加了 500 辆汽车的存货

C．通用汽车公司购买了一台新机床

D．通用汽车公司建立了另一条新装配线

7．国内生产总值等于（　　）。

A．国民生产总值

B．国民生产总值减本国居民国外投资的净收益

C．国民生产总值加本国居民国外投资的净收益

D．国民生产总值加净出口

8．下列哪一项应记入 GDP（　　）。

A．面包厂购买的面粉　　B．购买 40 股股票

C．家庭主妇购买的面粉　　D．购买政府债券

9．在国民收入核算体系里，政府支出是指（　　）。

A．政府购买物品的支出

B．政府购买物品和劳务的支出加政府转移支付之和

C．政府购买物品和劳务的支出，不包括转移交付

D．转移支付

10．所谓净出口是（　　）。

A．出口减进口　　B．进口减出口

C．出口加进口　　D．只是出口

11．在国内生产总值的计算中，所谓商品（　　）。

A．必须是有形的

B．必须是无形的

C．既可以是有形的，也可以是无形的

D．无法判断

12．在国民收入核算体系里，下面哪一项属于私人投资（　　）。

A．政府修建公路　　B．私人购买股票

C．厂商年终的存货大于年初　　D．私人购买政府债券

13．以下定义正确的是（　　）。
A．名义利息率等于实际利息率减去通货膨胀率
B．实际利息率等于名义利息率加上通货膨胀率
C．名义利息率等于通货膨胀率减去实际利息率
D．实际利息率等于名义利息率减去通货膨胀率
14．假设工资处于市场出清水平，那么（　　）。
A．任何失业都是非自愿的
B．任何失业都是自愿的
C．低工资时，失业是自愿的；高工资时，失业是非自愿的
D．劳动供给是相对有弹性的
15．总需求等于消费、投资和政府开支（　　）。
A．减去进口和出口　　B．加上净出口
C．加上进口减去出口　　D．减去净出口
16．当消费函数为 $C=a+bY$，$a>0$，$b>0$，这表明，平均消费倾向应（　　）。
A．小于边际消费倾向　　B．大于边际消费倾向
C．等于边际消费倾向　　D．以上三种情况都有可能
17．假定其他条件不变，厂商投资增加将引起（　　）。
A．国民收入增加，但消费水平不变
B．国民收入增加，但消费水平下降
C．国民收入增加，同时消费水平提高
D．国民收入增加，储蓄水平下降
18．边际消费倾向与边际储蓄倾向之和，是（　　）。
A．大于 1 的正数　　B．小于 1 的正数
C．零　　D．等于 1
19．消费函数引起消费增加的因素是（　　）。
A．价格水平下降　　B．收入增加
C．平均消费倾向一定为负　　D．利率提高
20．如果边际储蓄倾向为负，则（　　）。
A．边际消费倾向大于 1　　B．边际消费倾向等于 1
C．平均消费倾向一定为负　　D．边际消费倾向小于 1
21．四部门经济与三部门经济相比，乘数效应（　　）。
A．变小　　B．变大　　C．不变　　D．无法确定
22．资金供给取决于（　　）。
A．利息率　　B．未来盈利的预期
C．可支配收入　　D．A 和 C
23．资金需求取决于（　　）。
A．利息率　　B．未来盈利的预期
C．可支配收入　　D．A 和 B

24．消费函数的截距和斜率分别称为（ ）。

A．自主性消费，边际消费倾向 B．非计划消费，边际消费倾向

C．边际消费倾向，自主性消费 D．非计划消费，平均消费倾向

25．影响货币总需求的因素是（ ）。

A．只有收入 B．只有利息率

C．流动偏好 D．利息率和收入

26．按照凯恩斯的货币理论，如果利率上升，货币需求将（ ）。

A．不变 B．受影响但不可能说出是上升还是下降

C．下降 D．上升

27．下列哪一项不是居民和企业持有货币的主要动机（ ）。

A．储备动机 B．交易动机

C．预防动机 D．投机动机

28．如果实际国民生产总值不变，那引起实际货币需求量增加的原因是（ ）。

A．物价水平上升 B．物价水平下降

C．利率上升 D．利率下降

29．实际货币量等于（ ）。

A．实际国民生产总值÷名义货币量 B．名义货币量÷物价水平

C．名义货币量-国民生产总值 D．名义国民生产总值÷物价水平

30．利息率越高（ ）。

A．实际货币需求量越少，而货币流通速度越高

B．实际货币需求量越少，而货币流通速度越低

C．实际货币需求量越多，而货币流通速度越高

D．实际货币需求量越多，而货币流通速度越低

31．如果居民发现实际货币持有量小于合意的水平，他们就会（ ）。

A．出售金融资产，这将引起利息率上升

B．出售金融资产，这将引起利息率下降

C．购买金融资产，这将引起利息率上升

D．购买金融资产，这将引起利息率下降

32．依据凯思斯货币理论，货币供给增加将（ ）。

A．降低利率，从而减少投资和总需求

B．降低利率，从而增加投资和总需求

C．提高利率，从而增加投资和总需求

D．提高利率，从而减少投资和总需求

33．货币需求曲线是向下倾斜的，这是因为（ ）。

A．提高利率会使持有货币的机会成本增加，诱使人们持有较多的货币

B．货币需求是不受利率影响的

C．降低利率会使持有货币的机会成本下降，诱使人们持有较多的货币

D．随着利率的下降，货币供给增加

34．当 *IS* 和 *LM* 曲线出现相同方向的移动时，下列哪个变量的变动方向能够确定

（　　）。

A．r　　B．Y　　C．r 和 Y　　D．以上都不正确

35．*IS* 曲线上的每一点都表示使（　　）。

A．产品市场均衡的收入和利率的组合

B．投资等于储蓄的均衡的货币量

C．货币需求等于货币供给的均衡货币量

D．产品市场和货币市场同时均衡的收入

36．*LM* 曲线上的每一点都表示使（　　）。

A．货币市场均衡的收入和利率的组合

B．投资等于储蓄的均衡的货币量

C．货币需求等于货币供给的均衡货币量

D．产品市场和货币市场同时均衡的收入

37．政府支出的增加使 *IS* 曲线（　　）。

A．向左移动　　B．向右移动　　C．保持不动　　D．斜率增大

38．*IS* 曲线左边的点，代表着产品市场的（　　）。

A．过剩　　B．短缺　　C．均衡　　D．过剩或短缺

39．一般来说，*LM* 曲线的斜率（　　）。

A．为正　　B．为负　　C．为零　　D．可正可负

40．*LM* 曲线右边的点代表着货币市场的（　　）。

A．过剩　　B．短缺　　C．均衡　　D．过剩或短缺

41．一般来说，*IS* 曲线的斜率（　　）。

A．为正　　B．为负　　C．为零　　D．可正可负

42．中央银行货币供给量的减少会使 *LM* 曲线（　　）。

A．向左移动　　B．向右移动　　C．保持不动　　D．斜率增大。

43．当 *IS* 和 *LM* 曲线出现相反方向的移动时，下列哪个变量的变动方向能够确定（　　）。

A．r　　B．Y　　C．r 和 Y　　D．以上都不正确

44．在总供给曲线为正斜率时，原材料价格上升，总供给曲线会（　　）。

A．右移，价格水平下降，实际产出增加

B．左移，价格水平下降，实际产出增加

C．右移，价格水平上升，实际产出减少

D．左移，价格水平上升，实际产出减少

45．总供给曲线的水平区段为（　　）。

A．凯恩斯区间　　B．正常区间

C．古典区间　　D．以上都不是

46．*IS* 曲线表示（　　）。

A．收入增加使利率下降　　B．收入增加使利率上升

C．利率下降使收入增加　　D．利率下降使收入减少

47．政府支出的增加使 *IS* 曲线（　　）。

A．向左移动　　B．向右移动　　C．保持不动　　D．斜率增大

48．政府减税一般会导致 *IS* 曲线（　　）。

A．向左移动　　B．向右移动　　C．保持不动　　D．斜率增大

49．*LM* 曲线上每一点都表示是（　　）。

A．货币供给等于货币需求的收入和利率的组合

B．货币供给大于货币需求的收入和利率的组合

C．产品需求等于产品供给的收入和利率的组合

D．产品需求大于产品供给的收入和利率的组合

二、判断题

1．在 *IS* 曲线上只有一个点的利率与实际产出的组合实现了产品市场的均衡。（　　）

2．在其他条件不变的情形下，如果利率上升，*IS* 曲线将向左移动。（　　）

3．在其他条件不变的情形下，如果利率上升，*LM* 曲线将向左移动。（　　）

4．如果中央银行增加货币供给，总需求曲线向右移动。（　　）

5．如果政府减税，总需求曲线将向左移动。（　　）

6．物价水平的降低，将使得总供给曲线向右移动。（　　）

7．短期总供给曲线和长期总供给曲线具有不同的形状。（　　）

8．垂直的总供给曲线往往说明的是短期的状况。（　　）

9．垂直的总供给曲线实际上是假设劳动力市场有足够的伸缩性。（　　）

10．如国务院实施更严格的环保标准，总供给曲线将向左移动。（　　）

11．面对不利的供给冲击，政府可以在不提高价格水平的情况下采取增加总需求的方法，使宏观经济回到充分就业的产出水平。（　　）

第 10 章　宏观经济运行

本章导学

在过去 100 多年的时间里，整个世界发生了巨大的变化，伴随着技术转移，全球经济的中心从欧洲转移到了美洲。20 世纪伴随着亚洲的崛起，又有人预测，21 世纪将是亚洲或中国的世纪。他们是如何预测的？美国在过去的 30 年里，经济增长逐步放缓，政府经常支出大于税收，持续的巨额政府赤字使美国联邦政府的非核心部门关门放假。多年来，美国的贸易进口额总是大于出口额。而且，截至 2014 年 2 月，中国持有美国国债总额为 12 729 亿美元，为什么一个发展中国家会成为最发达国家的"债主"？

为什么有些国家富有，有些国家贫穷？贫穷的国家会变得富有吗？如何变得富有？ 政府在一国经济的发展中扮演什么角色，可以使用哪些手段和政策措施？

改革和开放使中国经济得以快速发展，商品生产极其丰富，大量商品出口国际市场，并积累大量的外汇储备。中国将生产的产品销售给外国人，将货币留给了自己，中国超过 4 万亿美元的外汇储备换回的人民币，在国内市场上形成购买力，出现了流动性过剩。于是，人们用它去购买"砖头"，由此，房价被推动得不停上涨。超过 4 万亿美元的外汇储备是中国经济发展的源泉，还是会成为中国的负担？

一国经济会自发性稳定增长吗？经济的波动是如何发生的？是否需要政府部门的调控。为什么 2008 年美国的金融危机会发展成世界性的经济危机。美国政府又为此采取了哪些经济政策和手段？为此，中国投资了 4 万亿刺激经济增长。为什么美国得病，中国吃药？中国吃药是医治中国的病，还是医治美国的病？这个药吃得合适吗？经济的全球化加深了世界各国的经济联系，这种联系是福音还是灾难？

通过有关宏观经济学知识的学习，将帮助大家对上述问题做出解答。宏观经济学研究的是社会总体的经济行为及其后果。当然，总体的经济行为是家庭、企业、政府部门的个体行为的集中表现。研究如何使国民收入稳定地（没有通胀和衰退）、以合适的速度增长。

宏观经济学研究的是一国经济增长问题、经济周期性问题、失业和通货膨胀、开放经济中的比较优势以及国际经济问题。具体说来，就是解释了为什么一些国家的经济会发生时而高涨、时而萧条的周期性波动，并因此造成不同程度的失业问题；为什么一些国家在一定时期会发生严重的通货膨胀。总的来说，宏观经济学就是用来分析一个经济整体是如何运行的以及如何使其运行得更好。

始于 20 世纪 30 年代的经济危机，促使宏观经济学诞生。近在眼前的美国金融危机带来的世界性经济衰退，让人们看到了经济发展中，经济冲击的严重破坏性，同时，也让人们认识到政府治理经济政策的必要性和可能的边界，更是对政府干预经济能力的考验和宏观经济调控的最大实验。

通过本章学习，你将能够：

（1）了解何为宏观经济学运行中的经济周期和经济增长；

（2）掌握失业与通货膨胀的理论；

（3）掌握经济开放和国际收支问题；

（4）了解经济可持续发展理论。

10.1 经济周期与经济可持续发展

宏观经济学是以整个国民经济活动为研究对象，也就是说，宏观经济学研究的不是经济活动中的各个单位，而是由这些单位组成的整体，即由厂商（企业）、居民、金融机构、政府部门等组成的总体；宏观经济学是研究整体经济的运行方式与规律，从总体上分析经济问题，采用总量分析的方法研究社会经济活动各种总量关系及其变化规律的经济学；宏观经济学是考察国民经济运行中总供给和总需求是否均衡，分析国民经济各组成部分之间在社会再生产中的比例关系，以研究资源配置的基本经济问题的经济学。

总量是指能反映整个经济运行情况的经济变量。这种变量有两类：一类是个量的总和，如国民收入是组成整个经济的各个单位的收入总和，总投资是各个企业的投资之和等；另一类是平均量，如价格水平是各种商品与劳务的平均价格等。总量分析就是分析这些总量的决定、变动及其相互关系，并通过这种分析说明经济的运行的均衡状况，决定利用什么样的经济政策来调节和控制国民经济各部门的有效运行模式及机制。

宏观经济学是以整个国民经济活动作为研究对象的，它分析一国国民收入或国内生产总值的决定与变动，以及它与社会就业、通货膨胀、经济增长与经济周期、财政和金融等之间的关系。

10.1.1 经济周期理论

1. 经济周期的含义

经济周期又叫经济增长的周期波动、商业循环，是指经济增长过程中国民收入及总体经济活动水平有规律地呈现上升和下降的周而复始的运动过程。经济增长的长期波动是经济增长过程中的普遍现象。一个经济体的一段时期的经济增长，将呈现两个特征：一是潜在 GDP 的增长，二是实际 GDP 围绕着潜在 GDP 波动。这种经济的上下波动形成了经济周期。

当经济体的所有劳动、资本、土地和企业家才能被充分利用时，所生产的总价值叫作潜在 GDP（potential GDP）。实际 GDP 围绕着潜在 GDP 波动，长期经济增长率用潜在 GDP 的增长率来衡量。图 10-1 中向上倾斜的黑色直线描绘了潜在 GDP 的走势。

对于经济周期的定义，早期的经济学家是建立在实际 GDP（或 GNP）变动的基础之上的，这样的经济周期被称为古典的经济周期。现代经济学家将经济周期归结为以经济增长率的变化为基础，即经济周期是经济增长率的上升和下降交替出现的经济发展变化过程，通过对国民收入变动的分析来研究这一变化的过程及其规律。根据经济周期理论，经济发展总会呈现扩张和收缩，但收缩是为了更好地发展。因此，衰退不一定表现为经济总量绝对量的下降，而是表现为经济总量增长率的下降，所以在现代经济中存在着增长性的衰退。

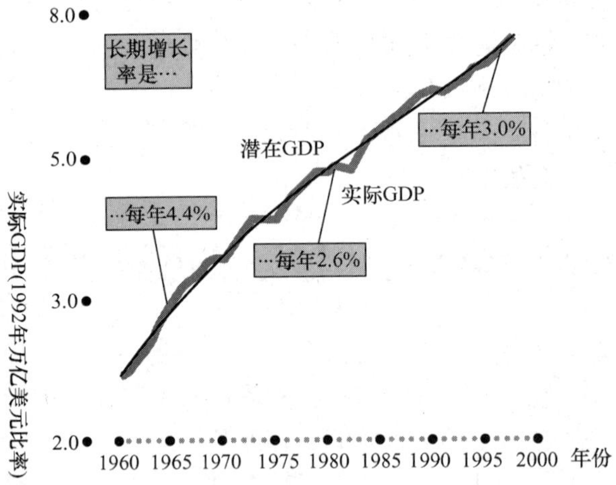

图 10-1　美国的经济增长

实际 GDP 在经济周期过程中围绕潜在 GDP 波动。所谓经济周期（Business Cycle）是指生产呈周期性的不规则上下运动，经济周期是通过实际 GDP 围绕潜在 GDP 的波动来测量的。当实际 GDP 低于潜在 GDP 时，说明一些生产资源处于闲置状态，如一部分劳动力失业，资本未充分利用。当实际 GDP 高于潜在 GDP 时，说明资源被过度使用，如许多人超出意愿地长时间加班，机器设备长时间高强度运转，以致不能保证正常的工作秩序，交货时间延长，瓶颈出现，从而导致过期订单增加。

经济周期是不规则的、不可预测的，也不像月的阴晴圆缺那样具有重复性。经济周期的时间变化是不可预测的，但是却有一些共性。每一次经济周期都包含两个阶段：衰退和扩张。衰退期（recession）通常被定义为这样一个时期：连续两个季度实际 GDP 的下降，或者出现负增长率。扩张（expansion）期就是实际 GDP 增长的时期。另外，还含有两个转折点：波峰和波谷。当经济扩张结束而经济衰退开始时，转折点被称为波峰；当经济衰退结束而经济扩张开始时，转折点被称为波谷。

图 10-1 中正斜率的直线是经济的长期增长趋势线。由于经济在总体上保持着或多或少的增长，所以经济增长的长期趋势是正斜率的。经济周期大体上要经历周期性的四个阶段：繁荣、衰退、萧条和复苏。

（1）繁荣阶段（高涨阶段）。

在这一阶段中，生产迅速增加，投资增加，信用扩张，价格水平上升，就业增加，公众对未来乐观。当就业与产量水平达到最高，这时经济就开始进入衰退阶段。

（2）衰退阶段（危机阶段）。

在这一阶段中，生产急剧减少，投资减少，信用紧缩，价格水平下降，企业破产倒闭，失业急剧增加，公众对未来悲观。萧条的最低点称为谷底，这时就业与产量跌至最低。

（3）萧条阶段。

在这一阶段中，生产、投资、价格水平等不再继续下降，失业人数也不再增加。国民收入与经济活动低于正常水平，即在低水平上徘徊向前。但这时由于存货减少，商品价格、股票价格开始回升，公众的情绪由悲观逐渐转为乐观。

（4）复苏阶段（恢复阶段）。

在这一阶段中，经济开始从低谷全面回升，投资不断增加，商品价格水平、股票价格、利息率等逐渐上升，信用逐渐活跃，就业人数也在逐渐增加，公众的情绪逐渐高涨。产量或产值等相关经济指标恢复到衰退前的最高水平时，就进入了新一轮的繁荣高涨阶段。

2. 经济周期类型

对于经济周期问题的研究和说明，经济学家由于掌握的资料、分析问题的角度和理论基础不同，在经济周期类型的划分和判定工作中得出了不同的结论，一般将经济周期分为以下几种类型。

（1）基钦周期。

英国经济学家基钦（J. Kitchen）于1923年提出了一种时间长度为40个月左右的经济周期概念，这是一种短周期，又称为“基钦周期”。基钦认为，经济周期实际上包括大周期和小周期两种周期，小周期即为上述的3.5年（40个月左右），一个大周期则包括两个或三个小周期。基钦还认为，这种小周期是心理原因所引起的有节奏的运动结果，而这种心理原因又是受农业生产欠丰影响食物价格所造成的。

（2）朱格拉周期。

这种经济周期是以法国经济学家朱格拉（C.Juglar）的名字而命名的，该周期是以国民收入、失业率和大多数经济部门的生产、利润和价格的波动为标志加以划分。朱格拉在1862年出版的《法国、英国及美国的商业危机及其周期》一书中提出：资本主义社会中存在着一种9～10年的周期性经济波动，由于这种周期与其他类型的周期相比处于中等长度，因此又被称为中周期，有的经济学家还把这种周期称为“主要经济周期”。

（3）康德拉季耶夫周期。

前苏联经济学家康德拉季耶夫（N.Kondratiev）于1925年提出了这种经济周期理论。他认为，资本主义经济社会中存在着50～60年的周期，被称为长周期。该经济周期理论认为，从18世纪末期以后，经历了3次长周期：第一个长周期从1789年到1849年，上升部分为25年，下降部分35年，共60年；第二个长周期从1849年到1896年，上升部分为24年，下降部分为23年，共47年；第三个长周期从1896年起，上升部分为24年，1920年以后进入下降期。

（4）熊彼特的综合周期。

这种经济周期理论是奥地利经济学家熊彼特（Joseph Schumpeter）在1936年，以他的“创新理论”为基础，对各种周期理论进行综合分析后提出。他认为，每个长周期包括6个中周期，每个中周期包括3个短周期，其中短周期约为40个月，中周期约为9～10年，长周期约为49～60年。熊彼特于1939年提出，人类进入工业社会后大约经历了3个长周期，每个长周期都与人类技术创新紧密结合：第一个长周期是从1780年到1842年，为“纺织机时代”；第二个长周期是从1842年到1897年，为“蒸汽机和钢铁时代”；第三个长周期是1897年以后，为“电气化和汽车时代”。

（5）库兹涅茨周期。

这种经济周期理论由美国经济学家西蒙•库兹涅茨（S.Kuznets）于1930年提出。他认为，市场经济在经济发展过程中存在着一种平均长度为20年的经济周期，这种周期性波动在美国的许多经济活动中，尤其是建筑行业中表现得特别明显，所以库兹涅茨周期也称为建筑业周期。

10.1.2 经济周期成因分析

从1825年世界第一次经济危机发生以来，经济学家们就开始研究经济周期，他们并不仅仅满足于对经济周期现象的描述和对经济周期阶段统计资料的整理，而是力图探索经济波动的原因，以期建立起完整的经济周期理论。时至今日，对经济周期原因的理论研究主要有以下几种观点。

1. 消费不足理论

这一理论的代表人物是英国经济学家霍布森。该理论认为，资本主义不合理的分配制度引发经济衰退，经济衰退的原因在于消费不足，而消费不足是由于收入中用于储蓄的部分过多，用于消费的部分太少。收入的分配不均，使富人得到的收入过多，消费却有限，而穷人得到的收入过少，消费也有限。如果收入分配再平均一些，社会消费就不会不足，经济也就不会出现波动。

2. 投资过度理论

这一理论的代表人物是奥地利经济学家哈耶克和密塞斯。该理论认为，经济周期产生的原因不是投资太少，而是投资过度。投资过度是指生产资本品和耐用品部门的发展超过了生产消费品部门的发展。经济扩张时，引起经济繁荣，导致对生产资料等投资品需求的增加。资本品和耐用品的增长速度比消费品的增长速度要快，形成经济结构性失衡；经济衰退时，资本品的下降速度也比消费品的下降速度要快。正是由于资本品和耐用品的投资过度才造成了整个经济的波动。

3. 货币信用过度理论

这一理论的代表人物是英国经济学家霍特里。该理论认为，经济波动是银行货币和信用波动的结果，因此经济周期是一种货币现象。当银行货币和信用扩张时，就会导致利率下降，从而引起信用扩大、生产扩张、投资增加、供给增加、收入与需求上升、物价上涨、经济活动水平上升，经济进入繁荣阶段，引起通货膨胀，促使利率下调；当银行货币和信用紧缩时，生产萎缩、投资减少、经济活动水平下降，这样就会导致利率上涨，从而引起投资减少、供给减少、收入与需求下降、物价下跌、经济活动水平下降，经济便走向衰退阶段。

4. 心理周期理论

这种理论认为，经济波动的原因是由公众心理反应的周期性变化而引起的。当人们对未来持乐观态度时，消费活跃，投资增加，经济处于繁荣状态；当人们对未来持悲观态度时，消费低迷，生产减少，投资下降，经济走向衰退。人们对社会经济的心理态度是乐观与悲观交替进行的，因此经济也是繁荣与衰退交替进行的。

5. 有效需求不足理论

该理论的观点是凯恩斯对经济周期产生的原因所做出的解释。他认为，决定就业的各种因素的影响都会成为导致商业周期出现的原因，其中消费倾向、灵活偏好和资本边际效率为主要影响因素。只有当实现充分就业时，经济才会平稳发展，而就业不足必然导致有效需求不足，因此产生经济周期性波动也就不可避免。

6. 创新周期理论

该理论认为，技术革命和发明创新不是均匀连续的过程，而是存在高潮阶段和低潮阶段。当经济创新成功时，便能给创新者带来巨大的利润，使其他企业组织竞相效仿，形成创新浪潮。当经济创新处于高潮时，银行信用扩张，投资膨胀，经济就进入繁荣时期；随着创新的普及，赢利机会消失，银行信用收缩，投资下降，经济就会进入低潮阶段，经济就走向萧条。正是经济活动过程中的创新活动存在着高潮阶段和低潮阶段，才导致经济上升与下降，形成经济周期。

7. 政治周期理论

这一理论认为，经济波动的原因是政府交替执行扩张性政策与紧缩性政策的结果。政府为了实现充分就业，实行扩张性的财政政策和货币政策，以实现经济繁荣。但是财政赤字和通货膨胀会导致公众的反对，于是政府又不得不转而实行紧缩性政策，这样也就人为地造成了经济衰退。也就是说，政府干预经济才造成了经济的波动，经济波动周期性的根源在于充分就业与价格水平稳定之间存在着固有的矛盾。

10.1.3 “乘数—加速数”原理

在凯恩斯主义的经济周期理论中，“乘数—加速数”模型是一个有代表性和有影响力的模型。“乘数—加速数”模型的基本思想是：在宏观经济学中，产量水平的变动和投资支出数量之间的关系被称为加速数原理。“乘数—加速数”原理相互作用理论可以用下面的公式来表示：

$$Y_t=C_t+I_t+G_t$$

上式中，Y_t为现期国内生产总值，C_t为现期消费，I_t为现期投资，G_t为现期政府支出。这个公式说明，根据凯恩斯主义的国民收入决定理论，现期收入等于现期消费、现期投资与现期政府支出之和（不考虑开放经济中的净出口）。

“乘数—加速数”模型在试图把外部因素和内部因素结合在一起对经济周期做出解释的同时，特别强调投资变动的因素。假设由于新发明的出现使投资数量增长，投资数量的增长会通过乘数作用使收入增加。当人们的收入增加时，他们会购买更多的物品，从而整个社会的物品销售量增加。通过上面所说的加速数的作用，销售量的增加会促进投资以更快的速度增长，而投资的增长又使国民收入增长，从而销售量再次上升。如此循环往复，国民收入不断增加，于是，社会便处于经济周期的扩张阶段。

然而，社会的资源是有限的，收入的增加迟早会达到资源所能允许的峰顶。一旦经济达到经济周期的峰顶，收入便不再增长，从而销售量也不再增长。根据加速数原理，销售量增长的停止意味着投资量下降为零。由于投资的下降，国民收入减少，从而销售量也随之减少。又根据加速数原理，销售量的减少使得投资进一步减少，而投资的下降又使国民收入进一步下降。如此循环往复，国民收入会持续下降。这样，社会便处于经济周期的衰退阶段。

收入的持续下降使社会最终达到经济周期的谷底。这时，由于在衰退阶段的长时期所进行的负投资，生产设备的逐年减少，所以仍在营业的一部分企业会感到有必要更新设备。这样，随着投资的增加，收入开始上升。上升的国民收入通过加速数的作用又一次使经济进入扩张阶段。于是，一次新的经济周期又开始了。

西方经济学家指出，在社会经济生活中，投资、收入和消费者相互影响、相互调节，通过加速数，上升的收入和消费会引起新的投资，通过乘数，投资又使收入进一步增长。假定政府支出为固定的值，则靠经济本身的力量自行调节，就会自发形成经济周期，经济周期中的阶段正是乘数与加速数相互作用而形成的：投资影响收入和消费（乘数作用），反过来，收入和消费又影响投资（加速数作用）。两种作用相互影响，形成累积性的经济扩张或收缩的局面，这是西方学者对经济波动做出的一种解释。他们认为，只要政府对经济干预，就可以改变或缓和经济波动。例如，采取适当政策刺激投资，鼓励提高劳动生产率以提高加速数、鼓励消费等措施，就可克服或缓和经济萧条。

10.1.4 经济增长理论

1. 经济增长的含义与特征

经济增长是指在一个较长时期内一国的国民生产总值不断增加的现象。经济学家一般把经济增长规定为产量的增加，通常用国民收入量和人均国民收入量来度量经济增长。

经济增长的程度可以用增长率来描述。经济增长是经济活动中的长期趋势，而不是短期现象，其核心是生产能力的长期增长。同时也应该注意到与经济增长这一概念紧密联系而又有区别的另一个概念，即经济发展。经济增长仅仅是一个量的概念，而经济发展是一个比较复杂的概念。经济发展不仅包括经济增长，还包括国民生活质量的提高、整个社会经济结构和制度结构的总体进步。因此，经济发展反映的是一个经济社会的总体发展水平，而经济增长集中表现为生产能力的增长。

美国经济学家库兹涅茨提出："一个国家的经济增长，可以定义为给国民提供种类日益繁多的经济产品的能力长期上升，这种不断增长的能力是建立在先进技术及所需要的制度和思想意识相适应的基础上的。"他认为，这个定义有三个组成部分：第一，提供产品能力的长期上升，因而不断提高国民生活水平是经济增长的结果，也是经济增长的标志；第二，先进技术是经济增长的基础或者说必要条件；第三，制度与意识的调整是技术得以发挥作用的充分条件。

2. 经济增长的源泉

经济学家研究了生产过程中产出与投入要素之间的关系，在众多的投入要素中，认为劳动、资本和技术是三个主要因素。因此，总生产函数，即总产出与投入要素之间的函数关系，可以用如下公式表示：

$$Y=A\cdot f(K,L)$$

式中，Y 代表产出，A 代表技术，K 代表资本，L 代表劳动，f 表示产出与各生产要素之间的函数关系。根据生产函数公式，可以把经济增长的源泉归结如下：

（1）资本。

经济增长中一定要有资本的增加，英国古典经济学家亚当·斯密就曾把资本的增加作为增加国民财富的源泉。现代经济学家也认为，在经济增长中人均资本量是不断增加的，也就是说，资本的增加要大于人口的增加。只有人均资本量增加，才有人均产出的增加。特别是在经济增长的开始阶段，资本的增加所做的贡献与劳动和技术相比要大一些，随着经济的进一步发展，资本的相对作用会不断下降。物质资本又称有形资本，是指设备、厂房、存货等的存量。

（2）劳动。

劳动是指劳动力的增加。劳动力的增加可分为劳动力数量的增加和劳动力质量的提高。应该说，这两个方面都有促进经济增长的作用。劳动力数量的增加，一是靠劳动力绝对人数的增加，二是靠劳动时间的延长。而劳动力绝对人数的增加取决于总人口的规模和就业率的高低，劳动力质量的提高则依靠劳动者科学文化技术水平和健康水平的提高。

从世界各国经济发展的历史来看，在最初的经济发展中劳动力的增加主要依靠劳动力数量的增加，随着经济的发展，人口增长率不断下降，劳动时间逐渐缩短，从而就需要通过提高劳动力质量来弥补劳动力数量的不足，这已经成为全世界的一个普遍规律。

（3）技术进步。

技术进步在经济增长中的作用体现在生产率的提高上，即同样多的生产要素的投入能够提供更多的产出。技术进步主要包括人力资源配置的改善、物质资源配置的改进、规模经济和知识的改进。其中，人力资源配置的改善主要是通过劳动力从劳动生产率低的部门或行业转移到劳动生产率高的部门或行业，以促进生产率的提高。物质资源配置的改进主要是通过资源配置方式、方法的进步，把有限的物质资源从效率低的生产部门或行业转移到效率高的生产部门或行业，以提高资源投入产出率。规模经济是指由于生产规模扩大而引起总成本的下降，最终导致经济收益的增加。规模扩大，就能够采用新的技术和先进的设备，也能够采用新的生产方法。从当今世界各国经济发展进程看，知识进步与发展是技术进步中最重要的内容，它包括科学技术的发展与应用、新工艺的发明与采用等，它是经济增长的根本动力。

以上三个方面的影响因素称为经济因素，在现代社会中非经济因素对经济增长也具有重要的影响。非经济因素主要是指政治因素和制度因素。

纵观历史，世界各国经济增长的差别很大。引起这种巨大差别的原因很多，但首先是制度因素。制度是一种涉及社会、政治和经济的行为规则。如果把人类的所有活动都看成游戏，制度就是游戏规则。制度规范人们的行为，同时也提供激励。人的行为是对制度所做出的反应。制度决定人们的经济与其他行为，也决定一国的经济增长。人类社会出现过多种经济制度，但从目前来说，最适于经济增长的是市场经济制度。只有选择这种制度，经济的迅速增长才是可能的。市场经济是一个制度体系，包括了多种制度。其中包括保护个人财产的产权制度、降低交易费用的货币制度、规范人们行为的合约制度、组织经济活动的公司制度，等等。这些制度的建立与完善是经济增长的前提。

除了上面提到的之外，还应包括所有的政治经济制度、社会风俗习惯、社会价值观念、行为模式和意识形态等，它们都是资本、劳动力和技术充分发挥作用的社会基础条件。

10.1.5 经济增长模型分析

经济学家通过经济增长模型来描述经济增长的机制、探讨影响经济增长的因素、预测经济的增长率。现代经济理论中，具有代表性的经济增长模型有哈罗德—多马模型、新古典经济增长模型和新剑桥经济增长模型。

1．哈罗德—多马经济增长模型

1939 年，哈罗德发表了《论动态理论》一书，从而形成了哈罗德的经济增长理论。20 世纪 40 年代中期，美国经济学家多马（E.Domar）也采用了长期动态分析方法对经济增长过程和模式进行了深入研究，并先后发表了《资本扩张、增长率和就业》和《扩展与就业》等论文，提出了多马经济增长模型。由于哈罗德模型与多马模型基本相似且相互补充，所以人们将其合称为哈罗德—多马模型。

该模型有以下严格的假设条件：

（1）社会只生产一种产品，这种产品既可作为消费品，也可以作为资本品；

（2）生产中只使用两种生产要素：I 和 K，这两种生产要素为固定技术系数，即它们在生产中的比率是固定的，不能互相替代；

（3）规模收益不变，即生产规模扩大时不存在收益递增或递减；

（4）不考虑技术进步，即生产技术水平是既定的。在这一系列假定条件下，经济增长率由以下等式决定：

增长率 $G=s/C$，储蓄率 $s=S/Y$，资本—产出比率 $C=\Delta K/\Delta Y$

从哈罗德—多马模型公式可以看出，一个国家的经济增长率是由该国的储蓄率与资本—产量比率二者共同决定的。经济增长率与储蓄率成正比，经济中的储蓄越多，增长就越快；经济增长率与资本—产量比率成反比，资本和产量的比率越高，生产单位产品所耗费的资本量越大，增长就越慢。因此，如果资本—产量比率不变，则可以通过提高储蓄率来提高经济增长率；如果储蓄率不变，则可以通过降低资本—产量比率来提高经济增长率。

哈罗德—多马经济增长模型说明，从短期来看，一个国家的经济增长取决于该国的储蓄率和资本—产量比率。那么一个国家的经济又如何能实现长期稳定增长呢？为了说明这个问题，哈罗德多马经济增长模型还用实际增长率、合意增长率（有保证的增长率）和自然增长率这几个概念来分析经济短期和长期稳定增长的条件。

实际增长率是实际上发生的增长率，它由实际储蓄率和实际资本产量比率来决定；合意增长率，是理想的长期增长率，它由合意储蓄率和合意资本—产量比率决定；自然增长率，是长期人口增长和科技进步所允许达到的最大增长率。

哈罗德—多马经济增长模型认为，经济的短期波动是由于实际储蓄率不等于合意增长率。当实际增长率小于合意增长率时，实际储蓄率低于合意储蓄率，形成累积性的投资缩减，进而引起经济收缩；当实际增长率大于合意增长率时，实际储蓄率高于合意储蓄率，则会形成累积性的经济扩张。从长期看，合意增长率与自然增长率不一致，也会引起经济波动：当合意增长率大于自然增长率时，即合意增长率超过了人口增长和技术进步所允许的最大值时，经济将会出现长期停滞；反之，当合意增长率小于自然增长率时，即没有达到人口增长和技术进步所允许的最大值时，经济就会出现长期繁荣。因此，实现经济长期稳定增长的条件是：实际增长率、合意增长率和自然增长率三者相等。

哈罗德—多马增长模型是一个简单化、理想化的模型，描绘了经济的波动特征，但其劳动与资本完全不能替代的假定是一个极大的缺陷，也成为后来的增长理论修正的出发点。

2．新古典经济增长模型

20 世纪 50 年代，美国索洛等人放弃哈罗德—多马增长模型中资本与劳动不能互相替代的假设，采用资本和劳动可以互相替代但不完全替代的假设，提出了新古典经济增长模型，认为经济增长取决于劳动、资本、资本与劳动在生产中的组合比例以及技术进步。新古典经济增长模型是在哈罗德—多马模型的基础上进行的改进和完善，所以它的假定条件基本上与哈罗德—多马模型一致，只是假定资本—产量比率可变，且考虑技术进步对经济增长的贡献。

10.1.6 关于经济增长的争论

人们在对经济增长的研究中发现，一国在经济增长的同时会引起环境污染、资源耗竭等严重问题，因此一些学者对经济增长提出了异议。

1. 增长极限论

增长极限论主要是由罗马俱乐部提出来的，又称零经济增长理论，这是一种主张经济增长应当停滞的理论。以麦多斯 1972 年出版的《增长极限论》为代表作。该理论认为经济增长取决于人口增长、粮食供应、工业资本投资、能源消耗和环境污染五个因素，这些因素都须按指数增长。人口以指数形式增长，要求粮食供应和工业资本投资也按指数形式增长，但粮食供应受自然资源的制约，无法实现指数增长，工业资本投资的指数增长又会使地球上不可再生资源以指数形式消耗，环境污染以指数形式增加。这样，经济增长就必然要受到限制，而绝不会无限增长下去。这一理论主张各国经济零增长，以避免“世界末日”的到来。

2. 增长价值怀疑论

美国经济学家米香等人从价值判断的角度提出反经济增长理论，称为增长价值怀疑论。其代表作为 1972 年发表的《经济增长需要怀疑》，该理论认为经济增长并不一定带来生活水平的提高，人们为经济增长所付出的社会和文化的代价太高了。首先，持续的经济增长使人们失去了许多美好的享受。例如，无忧无虑的闲暇、田园式的享受、清新的空气等。其次，经济增长所带来的仅仅是物质享受的增加，但物质财富的享受不是人类快乐的唯一源泉，随着社会的发展，人们也并不应该把物质享受作为唯一的目标。最后，人们对幸福的理解取决于他在社会上的相对地位，经济增长尽管增加了个人收入的绝对量，但并不一定能够提高他在社会上的相对地位，这样也就不一定能给他带来幸福。总之，在米香等人看来，技术的进步、经济的增长仅仅是物质产品的增加而不是幸福的增加。在经济增长中，人们失去的幸福太多了，因此，追求经济增长是不合算的。

3. 对增长极限论的批评

由于《增长的极限》一书涉及的是有关人类前途的大问题，而结论又是那么悲观，所以该书出版后，立即引起西方学术界的激烈争论。有很多经济学家认为，罗马俱乐部的世界模型结论是否正确，取决于所选择的基本经济关系是否恰当，估计的参数是否正确，而罗马俱乐部的世界模型在这些方面都有缺点。例如，有的学者根据麦多斯等人的世界模型，假定自 1970 年起，自然资源发现率每年增长 2%，控制污染的技术能力每年增长 2%，粮食产量每年增长 2%，按照这样的假定，去改变模型结构时，计算结果表明产量和人口增长都不受限制，崩溃永远都不会发生。人们还对世界模型做了另一个实验，就是把模型的开始时期由 1900 年提前到 1850 年，且用该年各个变量的实际数值作为起点水平，结果，答案是世界在 1970 年左右就已经崩溃了。

美国经济学家索洛认为，世界末日模型是一个伪科学，因此也是公共政策的消极导向。末日模型从假设到结论之间的逻辑关系过于简单，以至于它更像是一个假设而不是一个有意义的理论结论。

4. 可持续发展观

可持续发展观主张经济与社会、人口、资源和环境要协调发展。可持续发展观萌芽于 20 世纪 70 年代，成形于 20 世纪 80 年代，成熟于 20 世纪 90 年代。它是人们对单纯追求经济发展的传统发展观的深刻反思和检讨的结果，是经济发展历程中的一次飞跃。可持续发展观认为：经济发展既要考虑当前发展的需要，又要考虑未来发展的需要，不要以牺牲后代人的利益为代价来满足当代人的利益。在经济发展的同时，不能破坏经济发展所依赖的资源和环境基础。事实上，并不是所有的经济发展都必须以牺牲环境为代价。生态环境问题的解决，除了转变经济发展方式，还需要相应的经济政策做保证。只要制定出相应的适当的经济政策，完全可以在发展经济的同时，保护生存和发展的环境。

10.2 失业和通货膨胀

失业和通货膨胀已成为困扰各个国家不同时期发展的两大难题。经济学家们往往将一个社会的失业率和通货膨胀率合称为“痛苦指数”。解决失业问题，降低通货膨胀率成为社会关注的对象和政府各项政策的着力点。本节将学习关于失业与通货膨胀的基本理论，具体包括二者的定义与测度、分类与成因、危害及治理的方法。

10.2.1 失业理论

就业和失业直接关系到社会的政治稳定和经济发展，是现代社会的中心问题。就劳动力个人而言，失业往往会带来许多经济困扰。当失业率较高的时候，人们的收入下降进而生活水平降低，经济上的问题长期存在就会引发一系列的社会问题，因此相当多的国家把实现充分就业作为宏观管理的主要目标之一。

1. 失业和就业的经济学解释

（1）劳动力的含义。

① 劳动力。一般来说，年龄在16岁以上的正在工作与不在工作但正在积极寻找工作，或被暂时辞退并等待重返工作岗位的人都属于劳动力。但并非所有16岁以上的人都是劳动力。如正在上学的、退休的、因病而无法工作的或由于各种原因不愿寻找工作的成年人都不能算作劳动力。

劳动力=就业者+失业者

劳动参与率是指处于工作年龄阶段人数中的劳动力的比率。计算公式为：

劳动参与率=劳动力/工作年龄阶段人口×100%

② 就业者。就业者是指那些从事有报酬工作的人，也包括那些有工作但由于生病、罢工或休假而暂时不在工作岗位的人。另外，没有报酬的家庭成员在家庭企业工作（如在农场工作）也计入就业之中。

③ 失业者。失业者是指在一定的年龄范围内（如16～65周岁），有工作能力，愿意工作并积极寻找工作而未能按当时通行的实际工资水平找到工作的人。

在美国劳动统计局的定义当中，属于失业范围的人主要包括：其一是新加入劳动力的队伍、第一次寻找工作或者重新加入劳动力队伍正在寻找工作达4周以上的人；其二是为寻找其他工作而离职，在找工作期间作为失业者登记注册的人；其三是被暂时辞退并等待重返工作岗位而连续7天未得到工资的人；其四是被企业解雇而且无法回到原工作岗位的人。

衡量失业最常用的指标就是失业率。失业率是失业者人数与劳动力人数的比率。

失业率=失业者人数/劳动力人数×100%

（2）失业的分类。

经济理论认为，失业就是在现行的工资水平上，劳动力需求量小于劳动力供给量的差额。按照失业的原因，可将失业分为三个基本类型：周期性失业、摩擦性失业和结构性失业。

周期性失业（Cyclical Unemployment）是指总需求相对不足而减少劳动力派生需求所导致的失业，或者说，经济周期中的衰退或萧条阶段因需求下降而造成的失业。

在经济复苏和繁荣阶段，产品市场的需求增加，各厂商争先扩充生产，引起劳动力市场需求增大，就业人数普遍增加，导致失业率下降。在经济衰退和谷底阶段，产品市场的需求减少，各厂商纷纷压缩生产，大量裁减雇员导致失业率上升，形成周期性失业大军。

经济学家认为经济中紧缺性缺口的存在是周期性失业产生的主要原因。紧缺性缺口是指当实际总需求小于充分就业的总需求时，实际总需求与充分就业总需求之间的差额。

在图 10-2、图 10-3 中，如均衡的国民收入水平（Y_0）低于潜在的或充分就业时的国民收入水平（Y_f），则出现紧缺性缺口，此时就存在失业现象，即需求不足以引起失业，也就是凯恩斯讲的周期性失业。

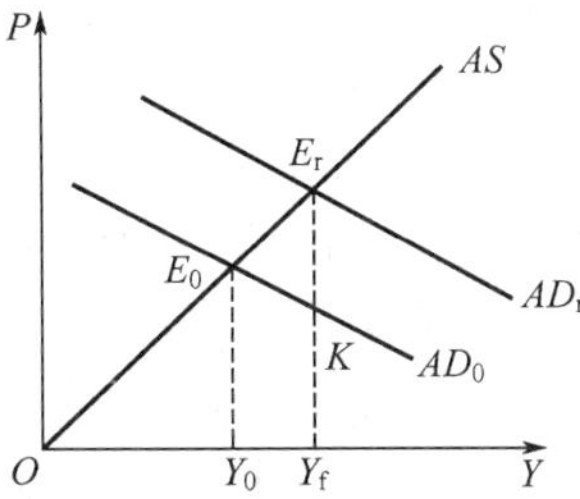

图 10-2　周期性失业

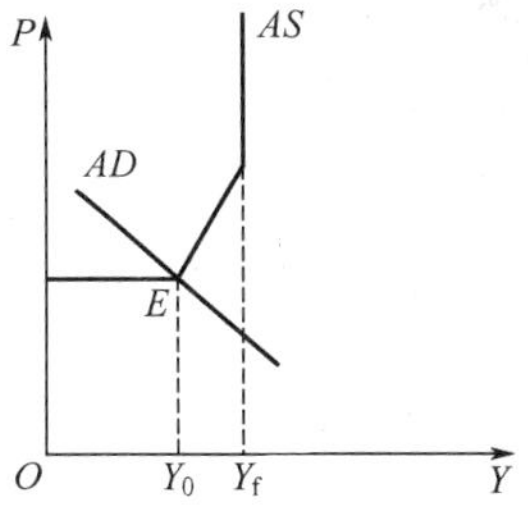

图 10-3　周期性失业

摩擦性失业（Frictional Unemployment）是指劳动者处在不同工作之间的过渡阶段，即由于劳动力的正常流动导致的失业。

例如，当人们来到一个新城市后，很自然地需要寻找新的工作。或者，一个人由于某种职业不够理想而想寻找其他职业所引起的暂时性失业。再例如，时下大学毕业生就业难的情况比较常见，大学毕业生寻找一个比较理想的工作往往需要花费一段时间，从而导致一时性失业；妇女在生完小孩以后可能需要重新寻找工作等。这些在劳动力流动过程中造成的失业均属于摩擦性失业。一定程度的摩擦性失业是不可避免的。

结构性失业（Structural Unemployment）是指因经济结构的变化，劳动力的供给和需求在职业、技能、产业等方面不协调所引起的失业。某些具有劳动能力的工人，由于他们所在的产业进入萧条状态而失去工作机会，但他们又不一定能适应新工业部门的技术要求，因而找不到工作。在我国产业结构调整过程中，有的部门将会衰退甚至消失，这时出现的失业，就是一种结构性失业。结构性失业的存在，必然会引起失业与工作空位并存，即一方面存在着有工作无人做的“空位”，另一方面又存在着有人无工作的“失业”。这种失业的根源在于劳动力市场的结构特点。

（3）充分就业。

充分就业（Full Employment）就是消灭了周期性失业时的就业状态。充分就业并不是指所有劳动力都有工作，在市场经济的状态下，失业率是不可能降低到零的。如果在现行的市场工资水平下，不存在非自愿失业，则认为宏观经济实现了充分就业。这意味着即使在充分就业下，仍然存在着一定的失业率。只不过这时的失业要么是摩擦性失业，要么是结构性失业。另外，当劳动力市场实现了充分就业后，总产出的水平自然位于其潜在国民收入产出水平，与总需求相适应的对劳动力的需求能全部吸纳所有愿意工作并正在寻找工作的劳动者。

2．失业造成的影响

（1）失业的经济损失。

西方经济学理论认为，失业率的上升必然导致社会总产量的下降，相应地导致国民实际总收入的降低。失业率上升引起的社会产量损失不可能在失业率下降时得到挽回，人们不可能指望所有的工人在一年内干出两年的活，失去的将永远失去，这必然使经济付出沉重的代价，制约了经济增长的实现。

失业意味着劳动力资源的浪费，会造成商品生产量和服务量的下降，影响国民生产总值；失业还使现有的生产能力不能充分利用，从而使国民生产总值下降；同时失业使部分劳动力失去收入来源，也使在职人员收入水平降低或收入提高的速度减慢，这些都会使消费水平降低或增长速度减慢，从而直接影响国民生产总值。

失业还会间接地影响国民生产总值。这主要是因为，失业使部分劳动力失去收入来源，依靠社会的转移支付维持生活，同时社会还要为失业者提供各种服务及训练费用，这些都会增加社会的负担，对劳动生产率起抑制作用，当然影响国民生产总值。

美国经济学家A.奥肯在20世纪60年代运用失业率与实际国民收入增长率之间关系的经验统计规律，来说明失业对国民收入的影响，提出著名的奥肯定理。这一规律表明：失业率每增加1%，实际国民收入就减少2%；反之，失业率每减少1%，实际国民收入就增加2%，失业率与实际国民收入增长率之间是反方向变动的关系。

对经济而言，衰退和随之而来的失业的代价是昂贵的。如20世纪70年代和20世纪80年代早期的萧条时期内，美国耗费了数亿美元，而且还付出了巨大的社会成本。美国战后的经济增长过程表明，失业对经济增长有严重的影响。

（2）失业的社会性损失。

失业的社会性损失是无法用货币指标加以衡量的。失业不仅会使失业者及其家庭的收入和生活消费水平下降，而且会给其心理造成巨大的创伤，会使失业者及其家庭承受极大的痛苦和压力，并带来一系列社会问题。高失业率时期往往伴随着高犯罪率、高离婚率及其他各种社会骚乱，并使更多的人早衰早亡。所以说，严重的失业既是一个经济问题，又是一个社会问题。

3．失业的治理

因为失业既是一个经济问题，又是一个敏感的社会问题，所以即使是发达国家，其政府也非常重视失业问题的治理。由于失业对市场经济社会发展的巨大影响，可以说失业要比通货膨胀性质还要严重许多，如果治理不善，其结果将直接影响国家大局的稳定，影响宏观经济的正常运行，因此各国政府都高度重视对失业问题的治理。

（1）摩擦性失业的治理。

摩擦性失业经常被看成是一种自愿失业，其原因就在于这种失业局面的出现往往和求职者的不同要求有关，另外也和用工信息不畅有关，因此对摩擦性失业的治理应该从以下两个方面入手：

其一是对于劳动者来说，劳动者要对自身的情况有很清楚的了解，要清楚自己在社会上的处境和能够胜任大致工作目标和就业方向。劳动者只有对自身有清楚的了解，才能减少寻找工作需要的时间，同时也会相应减少变动工作岗位的频率。

其二是对于社会而言，社会应该设立较规范的职业介绍机构，定期发布劳动力需求信息，即要以尽可能多的传播途径传播就业的有关信息，以达到减少摩擦性失业的目的。

（2）结构性失业的治理。

大多数国家在经济增长的过程中都会出现经济结构的变化，而经济结构的变化必然会引起结构性失业。政府要接受伴随经济增长的经济结构变化，制定与其相适应的政策以解决失业问题。主要措施包括：加强基础教育和职业教育，促进高等教育；对青年及成年劳动力进行工作经验训练；对失业者给予训练和再训练等。同时鼓励劳动密集型产业的发展，支持中小企业发展。其目的是按照经济发展对劳动力提出的新要求来调节和改善劳动力供给，进而达到减少失业的目的。

（3）周期性失业的治理。

通过前面的讲述我们知道在三种失业中，周期性失业是由“有效需求”不足引起的，也就是说它是由劳动力市场以外的原因造成的，因此对周期性失业的治理不能靠劳动力市场来解决。对于该种失业，国家应该积极干预经济，如增加政府支出、减少政府税收、增加货币供给等方法，刺激总需求的增长，从而达到增加生产、提高就业水平的目的。

以美国为例，大危机后的罗斯福政府，认识到了失业的严重性及政府对减少失业所承担的责任，采取了政府直接创造就业机会的措施来调节劳动力市场的需求。第二次世界大战结束前后，为了防止战后失业率的上升，美国国会连续通过了《1945年就业法案》和《1946年就业法案》，共同确定了政府对劳动力市场的就业实行持续性调节的充分就业政策。

10.2.2 通货膨胀理论

1. 通货膨胀的概述

（1）什么是通货膨胀。

通货膨胀问题是现代经济学的重大问题。所谓通货膨胀就是通货供应量过度增加导致物价持续上涨，货币不断贬值的过程。理解通货膨胀，要把握以下的含义：一是通货膨胀是指总体物价水平持续、普遍地上涨，而局部或个别产品的价格上涨以及季节性、偶然性和暂时性的价格上涨，都不属于通货膨胀。二是通货膨胀是与纸币发行过多联系在一起的，所以资源短缺、商品质量提高等原因引起的价格上涨，不能算通货膨胀，只有当纸币发行量超过了宏观经济过程的实际需要量，才能成为通货膨胀。通货膨胀是一种纸币现象，凡是实行纸币制度的国家，都有可能发生通货膨胀。由于现在世界各国实行的都是纸币制度，因而通货膨胀又是一个世界性的问题，也是争论最多的问题之一。

如果价格水平持续上升，通货膨胀就会发生。但是如汽油价一时跳跃，则不是通货膨胀，只有所有价格水平持续上升才是通货膨胀。通货膨胀率是负的，则价格水平下降，且出现通货紧缩。

各国的通货膨胀，因经济环境和状况不同，在不同时期的表现也不同。美国从1960—

2006 年的通货膨胀率一直是正数。在 20 世纪 60 年代早期，年通货膨胀率在 1%～2%之间；在 60 年代后期的越南战争时期，通货膨胀开始增加。

（2）如何衡量通货膨胀。

通货膨胀的严重程度是通过通货膨胀率这一指标来衡量的。我们用人们购买的产品与服务所支付的平均价格来衡量价格水平（price level）。一种常用的衡量价格水平的指标是消费者价格指数（CPI），它指的是所有价格平均水平的持续上升。与它相反的是通货紧缩，代表所有平均价格水平的下降。我们用价格水平的每年变动百分比来衡量通货膨胀率（inflation rate）。例如，如果 CPI（价格水平）在一年中从 200 上升到 208，那么年通货膨胀率就是 4%。价格水平的高低则是通过各种价格指数来衡量的，世界上较为流行的价格指数可以分为以下三种：

① 消费者价格指数（Consumer Price Index）。消费者价格指数是根据家庭消费的代表性消费品和劳务的价格变动状况来编制的。它主要是反映了与人们生活直接相关的衣服、食品、住房、水电、交通、教育、医疗等商品和劳务的价格变动。该指标的优点是资料比较容易收集，便于及时公布，能够较为迅速地反映公众生活费用的变化。由于它与社会公众的生活密切相关，所以深受关注。但是该指标包括的范围较窄，不能反映各种资本品和中间品的价格变动情况。

② 生产者价格指数（Producer Price Index）。该指数是根据企业，而不是消费者所购买的商品的价格变化状况编制的。它反映了包括原材料、中间品及最终产品在内的各种商品批发价格的变化。由于生产者价格指数反映了企业经营成本的变动，所以被企业广泛关注；同时，由于企业经营成本的上升最终往往要在消费品的零售价格中反映出来，所以生产者价格指数在一定程度上预示着消费者价格指数的变化。

③ 国内生产总值平减指数（GDP Deflator）。该指数是一个涵盖面更广的价格水平指标，它反映了一国生产的各种最终产品（包括消费品、资本品以及劳务）价格变化状况。它等于按照当期价格计算的国内生产总值（即名义值）与按照基期价格计算的国内生产总值（即实际值）的比率。

2．通货膨胀的分类

通货膨胀可以根据多个角度进行分类，首先根据通货膨胀的严重程度，一般可以把通货膨胀分为 3 种类型，分别是温和的通货膨胀、急剧的通货膨胀和恶性的通货膨胀。

（1）温和的通货膨胀。

温和的通货膨胀也称低通货膨胀，它的特点是价格上涨缓慢且可以预测。我们可以将其定义为年通货膨胀率在 10%以下的通货膨胀。在温和的通货膨胀阶段，物价相对比较稳定，人们对货币比较信任，也愿意持有货币，这主要是因为这些货币的价值在一个月或一年当中不会有很大的变化，人们确信自己买卖的商品的相对价格变化不会太大，大多数工业国在过去的十年间都经历过温和的通货膨胀。因此，有的经济学家认为此种通货膨胀对经济没有多大不利影响，但也有经济学家认为，从长期来看，这种通货膨胀的积累也会引起不良后果，即可能加速通货膨胀。

（2）急剧的通货膨胀。

急剧的通货膨胀也称奔腾式通货膨胀，它的特点是市场的总价格水平以每年 20%、100%，甚至 200%及以上的速率上涨。这种较大幅度的物价的持续上升会持续较长的时期，许多拉丁美洲国家，如阿根廷和巴西，在20世纪七八十年代就曾经历过50%～700%的通货膨胀。

（3）恶性的通货膨胀。

恶性通货膨胀也称超级通货膨胀，它的特点是在这种局面之下，各种商品的价格以每年百分之一百万，甚至百分之万亿的惊人速率持续上涨，经济处于无法维持的状态。

这种恶性的通货膨胀也曾在德国出现过，1921年1月，德国一份日报的价格为0.3马克。不到两年之后，1922年11月，一份同样的报纸价格为7 000万马克。经济中所有其他物品的价格都以类似的程度上升。这个事件是历史上最惊人的通货膨胀的例子，也就是说通货膨胀总是表现为经济生活中物价总水平的上升。

通过经济学家的研究，发现超级通货膨胀有一些共同的特征：一是实际的货币需求急剧下降；二是相对价格变得极不稳定；三是它有可能导致货币金融体制的彻底崩溃。鉴于上述三个特征，可以说恶性通货膨胀对国家经济的冲击是致命的。

在研究通货膨胀时，价格增长是否可以预期是区分通货膨胀的一个显著标志。根据对通货膨胀的预期来划分，可以把通货膨胀划分为完全预期的通货膨胀和不完全预期的通货膨胀。

完全预期的通货膨胀也称为可预期的通货膨胀，是指公众可以正确地预期到物价上涨率的通货膨胀。假如每年的实际通货膨胀率都和预期的通货膨胀率相吻合，那么这种可预期的通货膨胀无论是对经济效率或是对收入和财富的分配几乎没什么影响，变动的价格仅仅成为人们调整自己行为的标准。

不完全预期的通货膨胀也称为不可预期的通货膨胀，是指公众无法正确预期到物价上涨率的通货膨胀。因为实际上的通货膨胀率往往是不可预期的。人们可以在生活当中不知不觉地发现自己的钱变得不值钱了，而在此之前好像并没有什么标志可以让百姓预测到可能发生的悲剧。如前苏联在解体前的几十年里物价都是稳定的，当1992年物价突然放开时，没有人能预测到未来5年内物价会上升1 000倍，经济学家也没有预测到。当时几年发生的通货膨胀使以传统方式保存财富的人的财富迅速化为乌有。

3．通货膨胀的影响

因为通货膨胀是一切社会都要面临的问题，而且突然降临的通货膨胀还会给人们的生活和社会的秩序带来极大的冲击，所以无论是各国政府、中央银行的经济学家还是普通百姓都很警惕通货膨胀。

（1）通货膨胀对收入和财富分配的影响。

当通货膨胀完全可以预期时，包括各种资产在内的各种商品与生产要素的价格都按预期的通货膨胀率调整，各种债务合同也是如此，从而通货膨胀对实际收入与财产分配就没有任何影响。但事实上这种情况是理想化的，实际生活中并不存在这样的好事，通货膨胀，特别是幅度比较大的通货膨胀往往对不同的对象有不同的影响。

如果是债权人，那么价格的急剧上升对他们就意味着财产损失。对债务人而言则意味着获得了一笔额外的收入。也就是说通货膨胀使债权人变得比以前更穷，因为别人还给你的钱的实际价值比你借出时要小。

我们假定上述的通货膨胀持续了很长时间，使人们最终有可能预见其发展趋势，并且市场也开始与之相适应，那么市场利率中就会逐渐地包含着一种对通货膨胀的补偿部分。如果一旦在利率上进行了这样的调整，收入和财富的大调整也就随之结束了，也就是说不可预期的通货膨胀有利于债务人而有害于债权人。

如果是利润收入者，那么通货膨胀对其是有利的。因为通货膨胀发生后产品价格调整较快，而工资调整较慢。这样实际工资减少，而实际利润增加，价格的增长所带来的好处归利润所有者，工人则由于价格上升、名义工资调整缓慢、实际工资收入下降而受害。

但对不同利润收入者来说，通货膨胀的影响也是不同的。其中具有垄断地位的厂商可以较大幅度、较迅速地提高价格，甚至可以使自己产品价格上升的幅度大于通货膨胀率，从而由通货膨胀中获得更大的好处。而经营规模小的中小厂商所面临的情况就不同了，它们无法控制自己产品的价格，它们产品的价格取决于市场供求状况。因此，在通货膨胀中大大获利的只是那些具有垄断地位的厂商。

如果是工资收入者，通货膨胀的影响也不一样。有专业技术的技术工人，由于通货膨胀时期经济很热，市场对技术工人的需求很旺盛，因而他们可能获得较高的工资，但非技术工人的处境就没有技术工人那么乐观。需要说明的是，在通货膨胀中受打击最大的是退休金领取者，即退休的人以及靠社会救济为生的穷人。但在更多的时候，通货膨胀只是将收入和资产搅和在一起，随机地在全体国民中进行重新分配，而不会只冲击某些单个群体。

（2）通货膨胀对经济效率的影响。

因为通货膨胀会扭曲价格和价格信号，所以对经济效率有损害。在一个低通货膨胀的经济社会中，如果某种商品的市场价格上升，则商品的买方和卖方都会清楚：这种商品的供给和需求都发生了实际的变化，他们可就变化做出正确的反应。如市场上某种商品的价格上涨了，那么人们就会去选择替代品。但如果在高通货膨胀的经济社会中，人们就很难区分到底是相对价格的变化还是整体价格的变化，面对频繁变动的商品市场价格，人们自然无所适从，也无从判断。

通货膨胀也会引起货币使用的混乱。如果年通货膨胀率从 0 上升到 10%，则现金的实际利率将从每年的 0 降到了-10%，问题是现在还没有办法消除这种扭曲。

由于货币的实际利率为负，因此在通货膨胀时期，人们频繁地出入银行以减少货币的持有量，结果是既磨损了鞋跟，又浪费了有价值的时间，这就是所谓的“皮鞋成本”，即为减少货币持有量所浪费的资源。而真实的资源并不用于生产性的投资，而且人们总是希望通过投机获得更大的收益。

此外，通货膨胀还会造成税收负担的扭曲，许多国家实施的都是累进税，在发生通货膨胀时，企业和个人将因为名义收入的上升承担更高的税率。许多人将这种因通货膨胀而造成的税收增加称为“无须立法的征税”，显然这种税收负担的加重会影响到生产的积极性。

4．通货膨胀的原因

在现代经济中，通货膨胀是如此常见而且影响巨大，因而探讨通货膨胀的成因便成为经济学家们责无旁贷的任务。在众多的解释通货膨胀的成因的理论中，较为流行的有三种，即需求拉动说、成本推进说和结构性通货膨胀。

（1）需求拉动型通货膨胀。

总需求的变动是影响通货膨胀的重要因素之一。货币供给增加、投资、政府支出或净出口的变化都会使总需求发生变化，所以由总需求变动而引起的通货膨胀就是需求拉动型通货膨胀。这种通货膨胀使物价上升以平衡总供给与总需求，也就是说，由于需求方的货币竞相追逐有限的商品供给，从而将物价提拉起来。由于失业率下降，劳动力变得稀缺，工资随之被抬高，所以通货膨胀会加速到来。

对需求拉动型通货膨胀通常有两种解释：一是由于对产品和劳务的需求超过了现行价格条件下可能的供给，因此导致物价上涨。二是由于太多的货币追求太少的货物而导致物价上涨。在上面引起总需求移动的因素中，除货币供给具有持续的扩张能力，可能引起总需求曲线持续上移外，其余因素都有一定限度而不可能使总需求曲线持续上移。所以，货币供给的扩张是需求拉动型通货膨胀的唯一根源。20 世纪 20 年代初在德国出现的通货膨胀就是对需求拉动型通货膨胀的最好证据。当时的德国中央银行曾印制了数万亿马克的纸币，这些纸币都涌入市场寻求相应的商品。而当时的德国社会并没有能力提供与其巨大的货币发行量相等值的商品，于是导致德国当时的物价成十倍地上涨，货币当然就变得不值钱了。

（2）成本推进型通货膨胀。

如果说通货膨胀仅仅是由于总需求过大而产生的，那么它应该是在经济达到充分就业后。但在现实中却屡屡发现，当失业率居高不下时许多国家也会出现很高的通货膨胀，尤其是 20 世纪 70 年代，西方发达国家普遍经历高失业和高通货膨胀并存的“滞胀”局面。这种情况下的通货膨胀显然是无法通过需求过度加以解释。因此许多经济学家转而从供给方面寻找通货膨胀的根源，提出了“成本推进”的通货膨胀理论，即认为通货膨胀的原因在于成本上升导致了总供给曲线上移。

导致成本上升的原因有很多，如农产品的欠收会导致以农产品为原材料的工业成本上升。但成本推进论者主要关注的是由于经济中某些垄断性因素导致的成本上升。他们着重论述了两种类型的成本推动：工资推动和利润推动。前者是指在一些发达国家中，工会力量日益强大，作为一个垄断性的组织，工会提高了工人的谈判能力，使得工人有可能获得高于均衡水平的工资，这种过高工资的要求推动了总供给曲线上移，从而造成工资推动的通货膨胀。后者是指一些垄断组织控制了某些重要的原材料的生产和销售，这些垄断性的组织为了获得更高的利润而提高价格，使得总供给曲线上移，从而导致了通货膨胀。其中最典型的是，在 1973—1974 年，石油输出国组织历史性地将石油价格提高 4 倍，到 1979 年，石油价格又再一次提高，这两次石油价格的提高对西方发达国家产生了强烈的影响，由此导致的经济萧条被称为“石油危机”。

成本推进的通货膨胀仅仅是物价上涨的最初原因，政府为了维持其就业和产出水平而采取的扩张性政策才是价格水平持续上升的根本原因；同时，政府利用财政手段来扩张需求的能力是有限的，只有货币才有持续的扩张能力。因此成本推进型通货膨胀也主要是一种货币现象。

（3）结构性通货膨胀。

除了总量因素外，许多经济学家还从结构方面寻找通货膨胀的原因。这些经济学家相信，即使总供给和总需求相对平衡的条件下，某些结构性因素也可能导致通货膨胀，即结构性通货膨胀。这些结构性因素包括：

① 瓶颈制约。有的国家，由于缺乏有效的资源配置机制，使得资源在各部门之间的配置严重失衡，有些行业生产能力过剩，而另一些行业，如农业、能源、交通部门则严重滞后，形成经济发展的“瓶颈”。当这些瓶颈部门的价格因供不应求而上涨时，便引起其他部门甚至是生产过剩部门的连锁反应，形成一轮又一轮的价格上涨。

② 需求移动。社会对产品和服务的需求不是一成不变的，它会不断从某一部门转移到

另外一个部门，而劳动力及其他生产要素的转移则需要时间。因此原先处于均衡状态的经济结构可能因需求的移动而出现新的失衡。那些需求增加的行业，价格和工资将上升，但是需求减少的行业，由于价格和工资刚性的存在，却未必会发生价格和工资的下降。其结果是，需求的转移导致了物价的总体上升。

③ 劳动生产率增长速度的差异。部门间劳动生产率增长速度的不同会引起总体物价水平的上升，这是结构性通货膨胀论者提出的一个命题。其基本的逻辑是，一国经济可根据劳动生产率增长速度的差异划分为不同的部门。如果各部门内的货币工资增长率都与本部门劳动生产率增长速度一致，则价格水平就可以维持在原有的物价上。但是落后部门的工人往往要求其货币工资上涨率与先进部门相同。由于这一压力，货币工资的整体水平便与先进部门的劳动生产率同比例增长。其结果是，落后部门的生产成本便上升，进而造成物价整体水平的上升。

结构性通货膨胀理论标志着人们对通货膨胀成因认识的进一步深化，特别是在许多发展中国家，经济结构的失衡和部门间劳动生产率的差异确实存在并且在促成通货膨胀方面扮演着重要的角色。但是结构性通货膨胀的发生同样要以货币扩张为条件，因为在货币总量不变的条件下，这些结构性的因素也只能导致相对价格的变化，而不是整体价格的变化。

5. 通货膨胀与失业的关系——菲利普斯曲线

1957 年，经济学家菲利普斯根据英国近 100 年的统计资料做出了一条曲线，显示失业与通货膨胀存在一种交替关系：通货膨胀率高时，失业率低；通货膨胀率低时，失业率高。这条曲线就是著名的菲利普斯曲线，他从一个方面说明了降低通货膨胀率与减少失业率两个目标间存在矛盾。菲利普斯曲线一直是个有争议的问题，但大多数经济学家认为，在短期内，通货膨胀率与失业率之间存在交替关系。

20 世纪 70 年代，西方国家出现了高通货膨胀率与高失业率并存的滞胀现象，打破了菲利普斯曲线的结论。美国经济学家弗里德曼和费尔普斯根据适应性预期理论修改了菲利普斯曲线。他们认为：在短期内，工人来不及调整预期的通货膨胀，预期的通货膨胀率可能低于以后实际发生的通货膨胀率。这样，工人得到的实际工资可能小于先前预期的实际工资，从而使实际利润增加，刺激了投资，就业增加，而失业率下降。在此前提下，通货膨胀率与失业率之间存在交替关系。短期菲利普斯曲线正是表明在预期的通货膨胀率低于实际发生的通货膨胀率的短期中，失业率与通货膨胀率之间存在交替关系。所以，向右下方倾斜的菲利普斯曲线在短期内是可以成立的。

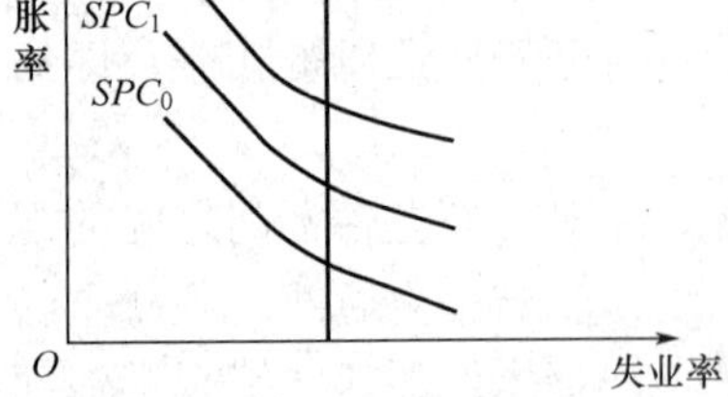

图 10-4　长期的菲利普斯曲线和短期的菲利普斯曲线

但是，在长期中，工人将根据实际发生的情况不断调整自己的预期。工人预期的通货膨胀率与实际上发生的通货膨胀率相一致，其结果是菲利普斯曲线不断向右上方移动，把每一条短期菲利普斯曲线上实际通货膨胀率与预期通货膨胀率相等的那一点连接起来，形成一条垂直线，即长期菲利普斯曲线，如图 10-4 所示。在长期内，由于预期通货膨胀率与实际通货膨胀率一致，所以通货膨胀不会引起就业的增加，因此通货膨胀率与失业率不存在交替关系。

6．通货膨胀的治理

通过上述分析可以看出，通货膨胀是一种经济现象，而且带有国际性，所有实行市场经济的国家几乎都遭受过通货膨胀的困扰。因此各个国家的政府在其经济发展过程中历来都非常警惕通货膨胀问题，也努力寻求治理通货膨胀的经济政策。

（1）抑制总需求的政策。

紧缩财政和货币政策是所有国家在治理通货膨胀时所采用的传统方法。紧缩财政政策包括减少支出和增加税收，直接效果就是降低总需求。紧缩货币政策包括减少货币供应量、提高贴现率或法定准备金率，其直接效果是利率的提高，进而抑制投资和消费，从而导致总需求的减少，以控制通货膨胀。上述办法在经济发达国家治理通货膨胀中经常使用，效果也很好。

例如，1979 年在英国爆发了严重的经济危机，失业率最高时达到 21.9%。英国政府采取了"以坚定的货币主义政策为主，以紧缩的财政政策为辅"的办法，既降低了利率，同时又大幅度削减了财政支出。这些做法收到了明显的效果，通货膨胀率在一年后降至 8.7%，以后多年一直稳定在 5%左右。

美国在 20 世纪七八十年代也曾遭遇通货膨胀，其中 1982 年美国的通货膨胀率达到了 10.8%，美国政府也采取了紧缩的货币政策和财政政策，包括每年规定货币供给量的增长指标，并运用调整贴现率、改变法定存款准备金率以及公开市场操作三种工具来保证指标的实现。自 1979 年 10 月美国调整货币政策以后，其物价上涨速度逐年降低，经济逐渐趋于平稳。

（2）收入政策。

确切地说，收入政策应该被称为工资价格政策，它是通过对工资和物价的上涨进行直接干预来达到降低通货膨胀率的目的。

收入政策的理论基础是通货膨胀的成本推进论。既然通货膨胀的一个重要原因是由于工资、成本上升而导致总供给曲线的上移，那么采取某些直接的手段来限制这种上移便是理所当然的了。从发达国家的经历来看，这种限制主要包括如下措施：

① 规劝。也就是政府劝告工资和价格制定者们负责任地采取行动，鼓励雇员和雇主在较低的工资增长水平上达成和解，以减轻通货膨胀的压力。

② 自愿的工资价格指导线。政府根据长期劳动生产率的平均增长率来确定工资和物价的增长标准，并要求各个部门将工资—物价的增长控制在某一幅度范同之内。

③ 以税收为基础的收入政策。政府以税收作为惩罚或奖励手段来限制工资增长，对工资增长率保持在政府规定界限以下的企业，以减少税收的方式实施奖励，对于工资增长率超出政府规定界限的企业则以增加税收的方式进行惩罚。

④ 工资—价格管制。由政府颁布法令，强行规定工资—物价的上涨幅度，在某些时候，甚至暂时将工资和物价加以冻结。这种严厉的管制措施一般在战争时期较为常见，在和平时期通货膨胀变得难以对付时，政府也可能求助于它。

从各国的实践来看，利用收入政策对付通货膨胀的效果并不理想。它有以下几个方面的局限：首先，温和的收入政策，如规劝和自愿的工资—价格指导线，往往收效甚微。其次，严格的工资价格管制将严重削弱价格机制在资源配置中的作用。相对价格的灵活伸缩是市场资源配置的基本条件，在管制过程中，由于很难区分哪些价格变动代表着合理的相对价格变动，哪些代表物价水平的整体上升，所以政府只能笼统地加以管制，结果，在限制物价总水平上升的同时，往往也限制了资源向合理的方向流动。最后，即使是严厉的工资—价格管制，在没有紧缩性的财政和货币政策配合的情况下，也不可能长期有效。这是因为，人们会想出种种办法来变相地规避管制，变相地提高价格和工资，而且一旦管制造成的经济失衡引起公众的强烈反对，管制就难以为继，并且当最终被迫放弃时，因管制而得不到释放的价格上涨就可能爆炸性地释放出来。

所以，收入政策并不是治理通货膨胀的灵丹妙药，它充其量只能作为紧缩性财政和货币政策的一种补充。

（3）收入指数化政策。

鉴于通货膨胀的现象如此普遍，而通货膨胀的遏制又是如此困难，经济学家弗里德曼提出了旨在与通货膨胀“和平共处”的适应性政策——收入指数化政策，也就是各种名义收入，如工资、利息等，其部分或者全部与物价指数相联系，自动地随物价指数的升降而升降。例如，在劳资双方的工资合同中，可以附加一个生活费用调整条款，即当消费物价水平保持不变时，下一年的工资上涨率为 2%，若消费物价指数上升 10%，则工资上涨率为 6%（或者 10%、12%，这取决于劳资双方的讨价还价）。同样，债券利息也可以实施指数化，即利率随实际通货膨胀率的上升而上升。

这种政策的好处在于，首先，指数化可以缓解通货膨胀造成的不公平的收入再分配，从而消除许多不必要的扭曲。例如，工人和债权人受到指数化条款的保护之后，就不必费心地预测未来物价水平的变动了。其次，由于下述两个原因，指数化还可能有利于通货膨胀的最终下降：第一，指数化条款使得在通货膨胀的条件下，作为净债务人的政府还本付息的负担加重，从而使政府在通货膨胀中获得的好处减少，因此，政府实行通货膨胀的政策的动机会减弱；第二，当政府的紧缩性政策使得实际通货膨胀率低于签订劳动合同时的预期通货膨胀率时，指数化条款会使得名义工资相应地下降，从而避免了因实际工资的上升而造成失业增加。

但是，在另一方面，指数化政策往往也强化了工资和物价交替上升的机制，从而使得物价越发不稳定，而不是有利于通货膨胀率的下降。例如，假定消费者物价指数上升 10%，在一个充分指数化的经济中，这将使所有的名义收入上升 10%，从而使得下一期的消费者物价指数以接近于 10%的比例上升，然后各种名义收入再次上升，并再次引起新一轮的价格上升，如此反复。因此，指数化也只是一种消极的对付通货膨胀的政策。

10.3 经济开放与国际收支

以下将在开放经济条件下考察开放的宏观经济模型的基本特征。

10.3.1 国际分工理论和学说

1. 亚当·斯密的绝对优势理论

1776 年，英国著名经济学家亚当·斯密发表了其代表作《国民财富的性质和原因的研究》，提出了绝对优势理论：各个国家依据绝对成本优势进行专业化生产，然后进行交换，可以使所有的参与者获取贸易利益。

亚当·斯密认为，每个国家由于先天或后天的条件不同，都会在某一种商品的生产上有绝对优势，如果每一个国家都把自己拥有的全部生产要素集中到自己拥有绝对优势的产品的生产上来，然后通过国际贸易，用自己产品的一部分去换取其他国家生产上具有绝对优势的产品，则各国资源都能被最为有效地利用，每一个国家都能从中获利。

2．大卫·李嘉图的比较优势理论

1971年英国经济学家大卫·李嘉图在《政治经济学及赋税原理》一书中提出了比较优势理论：在两国都生产同样产品的条件下，即使其中一国在两种产品的生产上都处于劣势，该国仍然可以专门生产一种劣势较轻的产品，双方仍然可以从贸易中获利，即“两利相权取其重，两弊相衡取其轻”。

3．要素禀赋理论

要素禀赋理论分为狭义的要素禀赋理论和广义的要素禀赋理论。狭义的要素禀赋理论认为，在国际贸易中，一国的要素丰腴程度即要素禀赋决定了一国的比较优势，一国应该集中生产并出口其要素禀赋丰富的产品，进口其要素禀赋稀缺的产品。即如果A国劳动相对丰腴、资本相对稀缺，那么它就应该出口劳动密集型的产品，而进口资本密集型的产品。

广义要素禀赋理论认为，国际贸易不仅会导致商品价格的趋同，而且会使各国生产价格趋同。由于各国的要素禀赋是不同的，一国出口本国要素禀赋丰富的商品，随着该种商品的不断出口，该种要素会变得越来越稀少，从而导致该种要素价格的上升，在没有其他因素干扰的情况下，该种要素价格一直上升到与贸易国该种要素价格趋于均等。

10.3.2 国际收支和汇率

1．国际收支平衡表

国际收支是指一国在一定时期内（通常是一年内）在与外国的全部经济交往中所引起的收支总额的对比，是一国与其他各国之间经济交往的记录。国际收支平衡是指国际性的收入等于国际性的支出，既没有顺差也无逆差的状态。国际收支集中反映在国际收支平衡表中，该表按复式计账原理编制。

国际收支平衡表提供了一个国家的如下一些信息：进口和出口，国内居民对于他们在国外资产的收益，外国居民对于他们在本国资产的收益，本国对外国和外国对本国的单方面转移（包括国外援助），政府和中央银行的官方交易。

国际收支平衡表的账户中包括借方和贷方。借方前面加“-”号显示，贷方前面加“+”号显示。任何在国际金融市场上增加一国货币供给的交易被记录为借方（debit）。例如，假定一个美国批发商想要购买日本生产的电视机，从而他可以在他的美国商店里销售日本电视机。为了从日本购买电视机，这个美国批发商首先必须（在外汇市场上）提供美元以换取日元。然后他将把日元交给日本商人以换取电视机。

任何在国际金融市场上增加一国货币需求的交易被记录为贷方（credit）。表10-1描绘了借方和贷方的概要。

2．国际收支平衡表中的内容

国际收支平衡表中的项目分为以下几类。

（1）经常项目。

经常项目主要反映一国与他国之间实际资源的转移，是国际收支中最重要的项目。经常项目包括货物（贸易）、服务（无形贸易）、收益和单方面转移（经济转移）四个项目。经常项目顺差表示该国为净贷款人，经常项目逆差表示该国为净借款人。

（2）资本与金融项目。

资本与金融项目反映的是国际资本流动，包括长期或短期的资本流出和资本流入，是国际收支平衡表的第二大类项目。

资本项目包括资本转移和非生产、非金融资产的收买或出售，前者主要是投资损益和债务注销：后者主要是土地和无形资产（专利、版权、商标等）的收买或出售。

金融账户包括直接投资、证券投资（间接投资）和其他投资（包括国际信贷、预付款等）。

（3）净差错与遗漏。

为使国际收支平衡表的借方总额与贷方总额相等，编表人员人为地在平衡表中设立该项目，来抵消净的借方余额或净的贷方余额。

（4）储备与相关项目。

储备与相关项目包括外汇、黄金和分配的特别提款权（SDR）。

特别提款权是以国际货币基金组织为中心，利用国际金融合作的形式而创设的新的国际储备资产，是国际货币基金组织（IMF）按各会员国缴纳的份额，分配给会员国的一种记账单位，1970 年正式由 IMF 发行，各会员国分配到的 SDR 可作为储备资产，用于弥补国际收支逆差，也可用于偿还 IMF 的贷款。所以，SDR 又被称为“纸黄金”。

国际收支总差额=经常账户差额+资本与金融账户差额+净差错与遗漏国际收支总差额+储备资产变化=0

各项差额=该项的贷方数字−借方数字

表 10-1　2013 年中国国际收支平衡表（简表）　　单位：亿美元

项　目	行次	差　额	贷　方	借　方
一、经常项目	1	1 828	26 637	24 809
A．货物和服务	2	2 354	24 250	21 896
a．货物	3	3 599	22 190	18 591
b．服务	4	−1 245	2 060	3 305
B．收益	18	−438	1 855	2 293
C．经常转移	21	−87	532	619
二、资本和金融项目	24	3 262	17 271	14 009
A．资本项目	25	31	45	14
B．金融项目	26	3 232	17 226	13 995
1．直接投资	27	1 850	3 478	1 629
1.1 我国在外直接投资	28	−732	364	1 096
1.2 外国在华直接投资	29	2 582	3 114	532

续表

项　　目	行次	差　　额	贷　　方	借　　方
2．证券投资	30	605	1 041	436
3．其他投资	41	776	12 707	11 930
三、储备资产	64	-4 314	13	4 327
四、净误差与遗漏	70	-776	0	776

注：1． 本表计数采用四舍五入原则。

2． 本表由2013年四个季度平衡表美元值累加而成。

3．国际收支的均衡与不均衡

在不考虑官方储备项目的情况下，国际收支有平衡和不平衡两种情况，不平衡又分为国际收支顺差与逆差两种情况。

当经常项目与资本项目的借方与贷方相等时，也就是在国际经济活动中一国的总支出与总收入相等时，就称为国际收支平衡。这里要注意的是，国际收支平衡指经常项目与资本项目的总和平衡。也就是说，如果经常项目的顺差（或逆差）与资本项目的逆差（或顺差）相等，则国际收支就是平衡的。当国际收支平衡时官方储备项目不变。

当经常项目与资本项目的借方与贷方不相等时，就是国际收支不平衡。如果是贷方大于借方，即总收入大于总支出，则国际收支顺差，或者说国际收支有盈余。如果是借方大于贷方，即总支出大于总收入，则国际收支逆差，或者说国际收支有赤字。就经常项目与资本项目来说，如果经常项目和资本项目都有盈余，则国际收支有盈余；如果经常项目和资本项目都为赤字，则国际收支为赤字。如果经常项目的盈余大于资本项目的赤字，则国际收支有盈余；如果经常项目的盈余小于资本项目的赤字，则国际收支有赤字。如果经常项目的赤字大于资本项目的盈余，则国际收支为赤字；如果经常项目的赤字小于资本项目的盈余，则国际收支有盈余。

当国际收支顺差，即有盈余时，会有黄金或外汇流入，即官方储备项目增加；当国际收支逆差，即有赤字时，会有黄金或外汇流出。也就是说，当国际收支中的经常项目与资本项目之和不相等，即国际收支不平衡时，要通过官方储备项目的调整来实现平衡。

多年来，我国一直保持国际收支顺差，2013年达到5 090亿美元。

表10-2　2007—2013年国际收支顺差结构　　单位：亿美元

项　　目	2007年	2008年	2009年	2010年	2011年	2012年	2013年
国际收支总差额	4 474	4 607	4 417	5 247	4 016	1 836	5 090
经常项目差额	3 532	4 206	2 433	2 378	1 361	2 154	1 828
占国际收支总差额比重	79%	91%	55%	45%	34%	117%	36%
与GDP之比	10.1%	9.3%	4.9%	4.0%	1.9%	2.6%	2.0%
资本和金融项目差额	942	401	1 985	2 869	2 655	-318	3 262
占国际收支总差额比重	21%	9%	45%	55%	66%	-17%	64%
与GDP之比	2.7%	0.9%	4.0%	4.8%	3.6%	-0.4%	3.6%

注：2012年为修正后数据。

我国货物贸易顺差继续扩张。按国际收支统计口径，2013 年，我国货物贸易出口 22 190 亿美元，进口 18 591 亿美元，分别较上一年增长 8%和 7%；顺差 3 599 亿美元，增长 12%，仅次于 2008 年的 3 606 亿美元（详见图 10-5）。

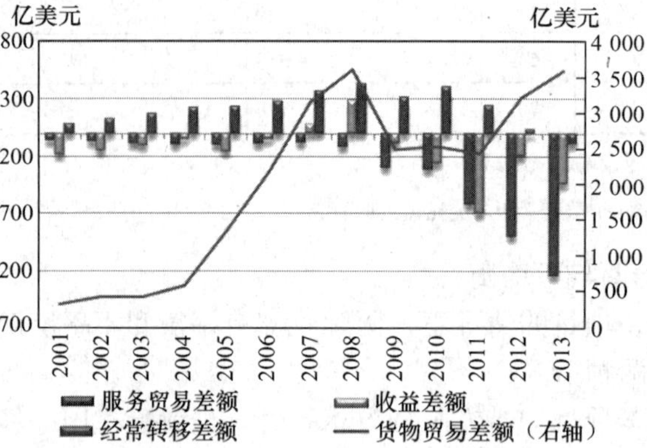

图 10-5　2001—2013 年经常项目主要子项目的收支状况

服务贸易逆差创历史新高。2013 年，服务贸易收入 2 060 亿美元，较上一年增长 8%；支出 3 305 亿美元，增长 18%；逆差 1 245 亿美元，扩大 39%，其中，旅游和运输两大逆差项目分别增长 48%和 21%。 2013 年，货物与服务贸易顺差合计为 2 354 亿美元，较上一年增长 2%，与 GDP 之比为 2.6%，较上年下降 0.2 个百分点（详见图 10-6）。

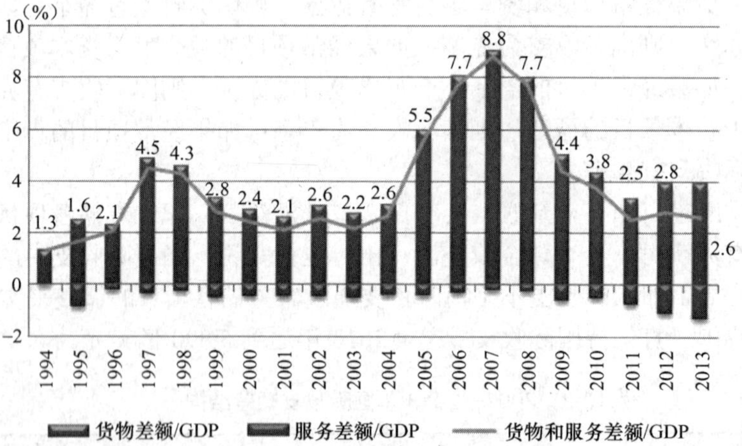

图 10-6　1994—2013 年货物和服务贸易差额与 GDP 之比

我国收益项目逆差扩大。2013 年，收益项目收入 1 855 亿美元，较上一年增长 11%；支出 2 293 亿美元，增长 23%；逆差 438 亿美元，扩大 1.2 倍。其中，职工报酬顺差 161 亿美元，增长 5%；投资收益逆差 599 亿美元，扩大 70%。数据主要反映了我国对外资产负债的结构问题，当期外商在华投资的收益较上一年增长 23%。

直接投资保持净流入。按国际收支统计口径，2013 年，我国直接投资顺差 1 850 亿美元，较上一年增长 5%。其中，外商来华直接投资净流入 2 582 亿美元，增长 7%；我国对外直接投资净流出 732 亿美元，增长 13%。

我国证券投资净流入有所增长。2013 年，证券投资项净流入 605 亿美元，较上一年增长 27%。其中，我国对外证券投资净流出 54 亿美元，下降 16%；境外对我国证券投资净流入 659 亿美元，增长 22%。

其他投资由净流出转为净流入。2013 年，其他投资项净流入 776 亿美元，上一年为净流出 2 601 亿美元。其中，我国对外的贷款、贸易信贷和资金存放等资产净增加 1 365 亿美元，较上年减少 41%；境外对我国的贷款、贸易信贷和资金存放等负债净增加 2 142 亿美元，上年为净减少 284 亿美元。

储备资产增长较快。2013 年，剔除汇率、价格等非交易价值变动影响（下同），我国新增储备资产 4 314 亿美元，较上一年增长 3.47 倍。其中，外汇储备资产增加 4 327 亿美元，较上年多增 3 340 亿美元。截至 2013 年末，我国外汇储备余额达 38 213 亿美元。

10.3.3 外汇与汇率

如果国内企业之间购买产品，支付方式比较简单，用人民币就可以进行结算，因为买方有人民币，卖方同样需要人民币。但是国际贸易结算就比较复杂，如中国企业向美国企业购买计算机软件，需要用美元而不是用人民币结算，这里涉及一个新的问题，就是外汇。

1. 外汇与汇率

（1）外汇。

外汇是用外币表示的用于国际间结算的支付手段。当前，在国际市场上用于国际间结算的货币主要是美元、英镑、日元、欧元等。

（2）汇率。

汇率（Exchange Rate）又称汇价，是一个国家的货币折算成另一个国家货币的比率。汇率表示的是两个国家货币之间的交换关系。

汇率的表示方法有两种：直接标价法和间接标价法。以一定单位的外币折算成若干单位本币来表示的，称为直接标价法。以一定单位的本币折算成若干单位外币来表示的，称为间接标价法。我国人民币汇率采用直接标价法，通常采用 100 单位外币作为标准，折算为一定数量的人民币。当 100 单位外币可以兑换更多人民币时，则说明外汇升值（与此对应的是人民币贬值），即外汇汇率升高。汇率是联结国内外市场和金融市场的一条重要纽带。

2. 汇率制度

汇率制度是一国货币当局对本国货币与外币交换时汇率确定方法的安排与规定。各国的汇率制度主要有两种，即固定汇率制度和浮动汇率制度。

固定汇率制度就是指中央银行坚持按照相对于某些其他货币的一个固定价格来买卖本国的货币。从第二次世界大战结束到 1973 年，主要国家之间都采用固定汇率制度。在固定汇率制度下，中央银行必须通过在市场上购买或出售外汇的方式来维持本国的汇率。如果本国的国际收支失衡，本国的货币就存在升值或贬值的压力，这时，中央银行有义务提供任何数量的外币来维持固定的汇率。

浮动汇率制度就是中央银行听任汇率的变动来平衡外汇的供求。但是现实中，几乎没有一个国家实行这种纯粹的、自由的浮动汇率制度，所有国家都在不同程度上存在对外汇的干预。这种汇率制度又叫有管理的浮动汇率制度。我国目前实行的就是有管理的浮动汇率制度。

1994 年以前，我国先后经历了固定汇率制度和双轨汇率制度。1994 年汇率并轨后，实行以市场供求为基础的、有管理的浮动汇率制。自 2005 年 7 月 21 日起，我国开始实行以市场供求为基础、参考一揽子货币进行调节、有管理的浮动汇率制度。

3. 汇率的决定

（1）浮动汇率制下的汇率决定。

在自由浮动汇率制下，汇率由外汇市场上的供求关系决定。在外汇交易市场上存在着外汇供给和外汇需求两种力量。人们由于购买外国商品、在国外进行投资和投机活动或出于保值等动机而对外汇有需求。外汇需求随着外汇汇率的上升而减少，随着外汇汇率的下降而增加，因此外汇的需求曲线是向右下方倾斜的线，如图 10-7 所示的 D 线。另一方面，出口商人、从国外抽回投资的经营者以及在外汇市场上的投机者等构成外汇市场的供方力量，外汇的供给与外汇汇率同方向变动，在图 10-7 中供给线 S 是向右上方倾斜的线。在供求两种相反力量的相互作用下，汇率最终在 D 线与 S 线的交点处 E_0 点达到均衡，此时的汇率 e_0 是市场均衡汇率，外汇交易量 Q_0 是市场均衡的交易量。

在同一汇率水平下，外汇需求的增加会引起需求曲线向右上方移动，如由于进口增加或对外投资增加，D 线从 D_0 移至 D_1 的位置，见图 10-8。另一方面，在同一汇率水平下，外汇供给的增加会使供给线向右移动，如出口能力增加或吸引外资能力增加使 S 线从 S_0 移动到 S_1 的位置。需求曲线和供给曲线的移动改变均衡汇率的水平，形成新的均衡点。

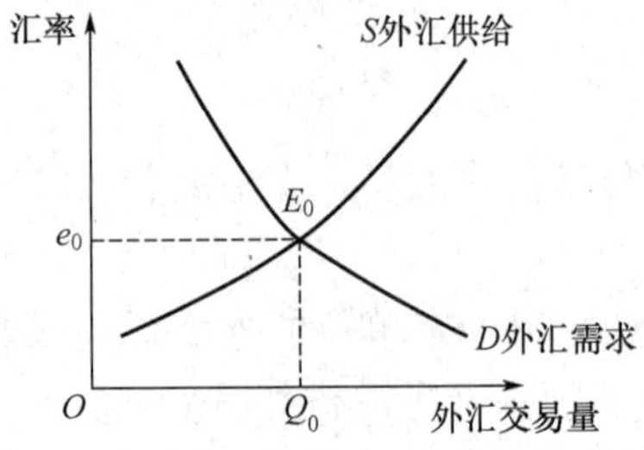

图 10-7 汇率的决定

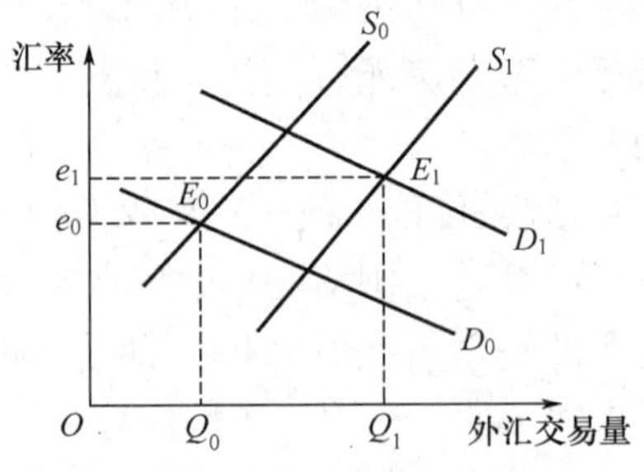

图 10-8 均衡汇率的变动

在浮动汇率制下，汇率的水平主要是由外汇市场对外币的供求所决定。而国际收支状况决定了对外汇的供求变化。具体来说，是经常项目与资本项目的收支差额情况决定了对外汇供求的变化。

假定 A、B 两国，A 国的国际收支存在逆差。这意味着，A 国的出口小于进口，或资本输出大于资本输入。当两国进行结算时，A 国会感到出口所得不足以支付进口，资本输入额不足以抵偿输出额，A 国的进口商或资本输出者就会发现，到外汇市场购买外汇很困难。为了获得外汇，只得加价求购，这导致了 A 国的汇率下降。而 B 国的情况恰恰相反，由于贸易与资本流动均有顺差，外汇供给大于外汇需求，使汇率上升，也就是本币升值。

（2）固定汇率制下的汇率决定。

在固定汇率制下，本国货币与外国货币之间的交换比率由一国的货币当局来决定。

但是一国货币当局在决定本国货币与外国货币的交换比率时也不能随心所欲，而要有一定的依据，即要有一个平价或基准价。实行固定汇率制国家的政府在实际决定汇率时要考虑的因素很多，如本国经济实力、出口能力、吸引外资能力等，从理论上说，汇率决定的依据主要是购买力平价。

购买力平价的出发点是，每种货币在本国都有购买商品和劳务的能力，根据所谓同一价格定律，即同一种商品在两个国家的货币购买力应当相同，因此，不同货币购买力的比率就构成了相互间汇率的基础。例如，在美国购买一件产品需要 1 美元，而同样产品，在中国需要 6.2 元人民币，那么，美元和人民币之间就建立了一种比率关系，即 1 美元折合人民币 6.2 元。那么根据此理论，汇率就由两国的价格水平所决定。

（3）名义汇率与实际汇率。

名义汇率是一国货币可以兑换另一国货币的比率。实际汇率是一国的产品同另一国产品交易的比率。名义汇率与实际汇率是密切相关的，实际汇率取决于名义汇率和两国物品用本国货币衡量的价格，其计算公式为：

实际汇率=名义汇率×（国外价格/国内价格）

显然，实际汇率越高，本国商品相对于外国商品越便宜。因此，国内市场和国外市场对本国商品的需求会越高，进口就越少，出口就越多，净出口也越高。

10.3.4 汇率变动对经济的影响

1．对货币升值的具体分析

一个国家的货币升值（上浮）后，等量的这种货币能比以前换取更多的外国货币，买到更多的外国商品。同时，这种货币的信誉及这个国家的国际经济地位也将随之提高。尽管有这些好处，但一般来讲，不到迫不得已，任何国家都不会将其货币升值，因为这会给国家带来严重后果。如：

（1）货币升值后，出口商品价格随之提高，进口商品价格相应降低，这会导致出口减少，进口增加，对国际收支产生不利影响。

（2）货币升值，使本国的对外贸易环境恶化，造成国内生产下降，失业增加，国内矛盾加剧。

（3）货币升值，将使本国的外汇储备或从外国调回的资金折成本国的货币后也相应减少。

因此，总体上看，货币升值对一个国家来说弊大于利。西方发达国家，一般轻易不选择将本国货币升值，我国也不例外。

2．对货币贬值的具体分析

（1）对国际收支的影响。

首先对出口收入有影响：一国货币贬值通过降低本国商品相对外国商品的价值，使国外人们增加对本国产品的需求，本国居民减少对外国产品的需求，从而有利于本国产品的出口，减少进口；外国货币购买力相应提高，货币贬值国商品、劳务、交通、住宿等费用相对便宜，有利于吸引外国游客，扩大旅游业发展；对国际资本流动也有影响，如果贬值趋势不断发展，那么人们将会把资金从本国转移到其他国家，引起资金外流。

（2）对国内经济的影响。

贬值后，一国的贸易收入往往会得到改善。整个经济体系中外贸部门所占比重会扩大。从而提高本国的对外开放程度，可以有更多的产品同国外产品竞争，有利于本国企业“走出去”；贬值对物价也有影响：一是出口扩大，引起需求拉动物价上升；二是通过提高国内生产成本推动物价上升，货币贬值对物价的影响会逐渐扩大到所有商品，引起全社会供求不平衡，甚至导致通货膨胀。

（3）对世界经济的影响。

主要工业国的货币贬值会影响其他国家的贸易收支，由此可引起贸易战和汇率战。在国际贸易和借贷活动中，收进贬值货币的一方会遭受损失，而要付出贬值货币的一方将从中获利。主要工业国的汇率变化还会引起国际金融领域的动荡。主要货币的汇率不稳定还会给国家储备体系和国际金融体系带来巨大影响。1997年波及全世界的亚洲金融危机就是从泰国货币贬值开始的。在东南亚金融危机中，我国坚持人民币不贬值的做法有得有失，但利大于弊，它提高了人民币的信誉，吸引了外商投资，提高了我国的国际地位。

10.3.5 国际收支均衡曲线——*BP* 曲线

1. *BP* 曲线的推导

（1）国际收支平衡关系。

国际收支平衡是指经常项目收支差额与资本金融项目收支差额之和为零。若以 *BP* 表示国际收支差额，则有：

$$BP=(X-M)-(AX-AM)$$

其中，X 表示出口额，M 表示进口额，AX 表示金融资产流出，AM 表示金融资产流入，$X-M$ 为净出口，$AX-AM$ 为净资本流出。

若以 nx 表示净出口，F 表示净资本流出，则上式可以表示为：

$$BP=nx-F$$

当国际收支平衡时，$BP=0$，这时有：

$$nx=F$$

从上式可以看出一个国家或地区经常账户的逆差，可以以净资本流入来抵消，经常账户的顺差，也可以用向外输出资本、增加净资本流出来加以平衡。

为了推导出国际收支均衡函数和国际收支均衡线——*BP* 曲线，首先要引入净出口函数和净资本流出函数的概念。

（2）净出口函数。

影响净出口的因素有很多，其中最重要的因素是国民收入水平和实际汇率。就国民收入水平来讲，出口一般不直接受本国国民收入的影响，但是受外国国民收入的影响。进口则要受本国国民收入的影响，当国民收入提高时，消费者用于购买本国产品和进口产品的支出都会增加，净出口会下降；本国国民收入下降时，情况则相反。因此净出口与一国国民收入成反向变动关系，其函数关系为：

$$nx=q-mY+neP_f/P$$

式中，Y 为国民收入，m 为边际进口倾向，q、n 为参数，eP_f/P 为实际汇率。如图 10-9 所示，净出口曲线是一条向右下方倾斜的曲线，表明国民收入水平越高净出口量越小，反之则相反。

（3）净资本流出函数。

由于追求更高的资本回报率是国际资本流动的根本动力，资本总是从利率较低的地方向利率较高的地方流动，因此利率是影响资本流入和流出从而影响净资本流出的主要因素。如果本国利率高于国外利率，外国资本就会流入本国，净资本流出下降；如果本国利率低于国外利率，本国资本就会流出，净资本流出上升。因此净资本流出是本国利率 r 与国外利率 rw 之差的函数，其函数关系为：

$$F=a(rw-r)$$

式中，a 为参数，rw 是一个外生变量，假定 r 不变，则 F 与本国利率 r 成反向变动关系，即本国利率越高，净资本流出越少；本国利率越低，净资本流出越多。

如图 10-10 所示，纵坐标表示本国利率水平 r，横坐标表示净资本流出量 F，F 线向右下方倾斜，反映了 F 与 r 的反向变动关系。当国内利率为 r_1 时，净资本流出额为 F_1；当利率上升到 r_2 时，净资本流出减少到了 F_2。

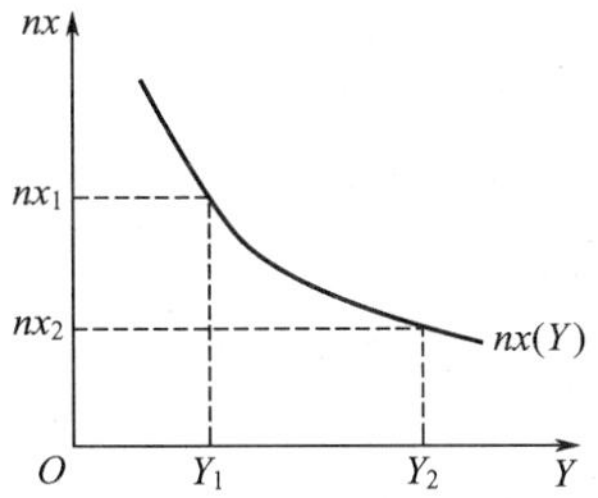

图 10-9　净出口曲线

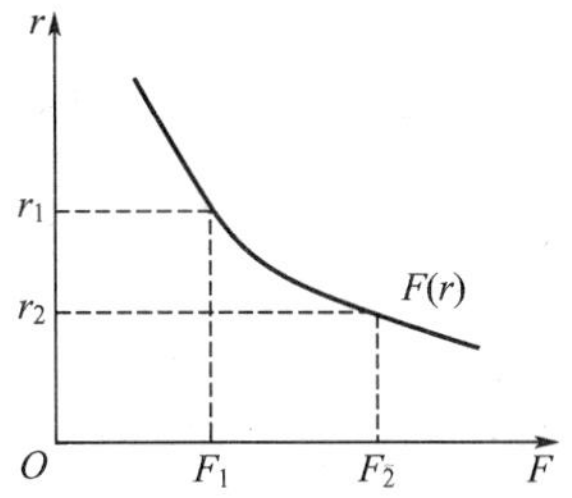

图 10-10　净资本流出曲线

（4）国际收支均衡函数的推导。

国际收支差额函数为 $BP=nx-F$，当国际收支平衡时 $BP=0$，因此当国际收支平衡时：

$$nx=F$$

将净出口函数和净资本流出函数代入 $nx=F$，则有：

$$r=m/aY+rw-n/a\times eP_f/P-q/a$$

该式即为国际收支均衡函数，也称 BP 曲线方程。

假如国外利率 rw 给定，名义汇率 e 不变，国内外价格总水平 P_f 和 P 不变，则实际汇率不变，且 n、m、a、q 等参数给定，那么国际收支均衡函数就直接表现国际收支均衡时国民收入水平 Y 和国内利率 r 的相互关系，从式中可知 Y 与 r 是同方向变动关系。

国际收支均衡函数的几何表达形式就是国际收支均衡线——*BP* 曲线。*BP* 曲线是国际收支均衡曲线，*BP* 曲线上的各点均为国际收支的均衡点。*BP* 曲线的斜率为正，曲线向右上方倾斜，如图 10-11 所示。

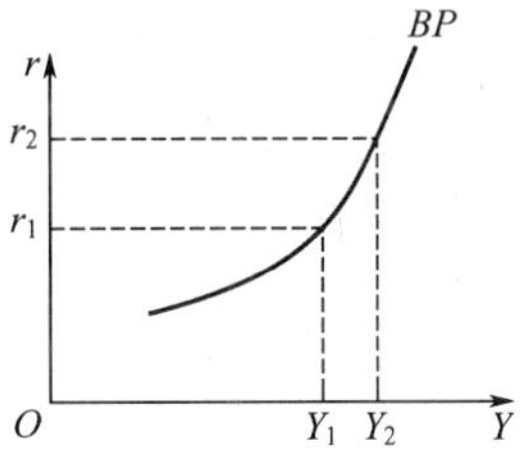

图 10-11　国际收支均衡曲线

2．影响 *BP* 曲线移动的因素

（1）净出口变化的影响。

从 *BP* 曲线的推导中可以看出，当其他条件不变时，净出口增加、*nx* 曲线向右移，会使 *BP* 曲线向右移；净出口减少则会使 *BP* 曲线向左移动。

（2）汇率变化的影响。

从净出口函数 $nx=q-mY+neP_f/P$ 中可以看出，汇率 e 上升（本币贬值）会使 nx 增加，汇率 e 下降（本币升值），会使 nx 减少，因此汇率下降会使 BP 曲线向左移，汇率上升会使 *BP* 线向右移。

（3）国际收支状况的影响。

当一个国家的国际收支出现较大数额的逆差时会增加对外币的需求，对外币需求的增加通过外汇市场供求关系的变化导致外汇汇率上升，*BP* 曲线向右移动；而当顺差很大时，外汇汇率会向下调整，外汇汇率的下调又会影响 *BP* 曲线向左移动。可见一国国际收支的状况会对汇率产生影响，进而对 *BP* 曲线产生影响。

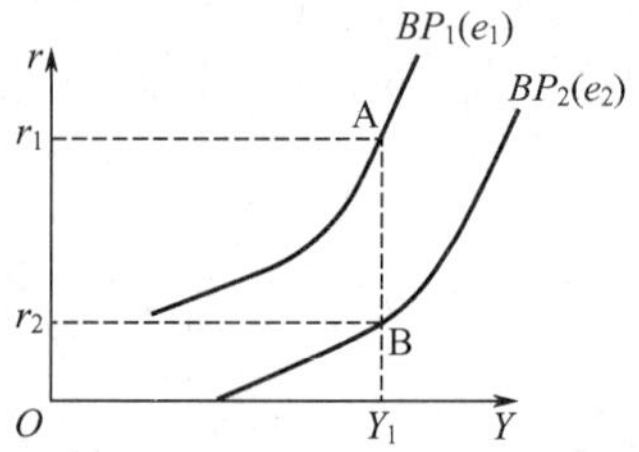

图 10-12　利率变化对 *BP* 曲线的影响

（4）利率变化的影响。

国内利率的变化会对汇率产生影响，进而使 *BP* 曲线移动。如图 10-12 所示，假定最初外部均衡在 *BP* 曲线上的 *A* 点，由于外部已经达到均衡状态，所以必然有一均衡汇率 e_1 与点 $A(Y_1 \cdot r_1)$相对应。如果国内利率由 r_1 下降到 r_2，会导致金融资产流出增加，而流入减少，使资本和经常项目出现逆差。如果 Y_1 保持不变，则经常项目余额不变，因此总的国际收支会出现逆差。这时外汇市场上本国货币的供给大于需求，本币将贬值，外汇汇率上升，*BP* 线向右移动。当 *BP* 曲线从 BP_1 移动到 BP_2 时，新的均衡汇率为 e_2。如果国内利率上升，将会出现相反的情况。

（5）价格水平变动的影响。

价格水平的变动对 *BP* 曲线的影响机制是：价格水平的变动先影响汇率，然后通过汇率的变动进而影响 *BP* 曲线位置的变动。假定在总产量不变的条件下，一国的货币供给量增加一倍，则该国的价格水平也将提高一倍。价格总水平的提高意味着该国货币的购买力下降，如果这时其他国家的价格水平不变，即其他国家货币的购买力不变，根据购买力平价理论，一国外汇汇率为本国的价格水平与外国价格水平之比，即 $E=eP_1/P$ 等，由该式可知，一国的外汇汇率同本国的价格水平成正比，同外国的价格水平成反比。

根据以上分析可得出如下结论：一国的价格水平上升该国的外汇汇率也将上升，从而引起 *BP* 曲线向右移动；相反，一国的价格水平下降，外汇汇率将下降，从而引起 *BP* 曲线向左移动。

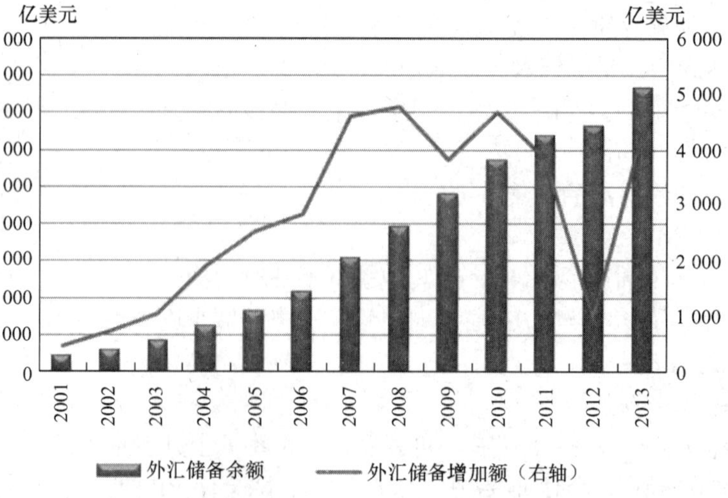

图 10-13　2001—2013 年外汇储备增加额与外汇储备余额

注：图中外汇储备增加额为交易引起的变化，剔除了估值效应的影响。 数据来源：国家外汇管理局。

较长时间以来，我国经济靠出口拉动，但美国经济危机后，国际经济环境发生了较大变化。但是，我国国际收支不平衡矛盾依然突出。2012 年，我国初步呈现“经常项目顺差、资本和金融项目逆差”的国际收支平衡格局，但 2013 年，我国重回经常项目和资本项目双顺差。其中，经常项目与直接投资差额之和（即基础性差额）依然较大，2013 年为 3 678 亿美元，与 2009—2012 年年均值基本持平。非直接投资（包括证券投资和其他投资）资本流动由逆转顺，2013 年顺差达 1 382 亿美元，相当于 GDP 的 1.5%，而 2012 年为逆差 2 123 亿美元（见图 10-5）。这说明我国国际收支平衡的基础还不牢固，仍需积极构建市场化的国际收支平衡体制机制。

案例分析

从美国的金融海啸到全球的经济危机

美国次贷危机从 2007 年 8 月开始，这期间，美国政府采取了大幅降息、巨额注资、增加市场流动性等多种方式救市，但均未扑灭华尔街熊熊燃烧的金融大火。贝尔斯登、雷曼兄弟公司、美林、房利美、房地美、美国国际集团……昔日华尔街一个个叱咤风云的角色相继“沦陷”，或卖身求存、或被政府接管、或走上破产之路。美国媒体惊呼：华尔街正陷入 19 世纪 30 年代大萧条以来最严重的金融危机中。

美国许多重量级经济学家，包括前财长萨默斯、美联储前主席沃克等在《华尔街日报》上撰文，他们主张政府应系统性地介入，借鉴 20 世纪 80 年代末、90 年代初美国储贷危机时的做法，建立类似清算信托公司的临时机构，专门接收和出售倒闭储蓄银行的资产。他们认为，政府事实上已在向这一方向前进。无论是提供 290 亿美元资助摩根大通收购贝尔斯登，还是接管“两房”，明确支持两公司拥有或担保的 5.3 万亿美元的抵押贷款，还同意在公开市场上购买“两房”担保的有价证券，最终只能是由华尔街的一家公司来为政府管理和出售这些证券。

欧元区和英国相继传出经济进一步下滑的坏消息，加深了人们对世界经济即将陷入衰退的担忧；与此同时，多国企业不是宣布疲弱的业绩，就是大幅度削减盈利预估，致使欧美股市紧跟亚洲市场之后猛跌。

全球经济已面临 80 年来最严重的危机，市场担心更多小经济体会像冰岛一样垮掉。

目前多数市场人士担心的是俄罗斯，因为原油和天然气价格猛跌严重影响当地经济。标准普尔将俄罗斯长期主权评级从“稳定”降低到“负面”，因为该机构预料当地企业和银行无法偿还债务的情况会进一步升级。

自 8 月份以来，俄罗斯已从近 6 000 亿美元的外汇储备中，动用了大约 700 亿美元来稳定卢布汇率。防止该国出现欠债情况的成本，已激升到比冰岛还高的水平。冰岛的银行体系已陷入崩溃。

华尔街道琼斯工业平均指数下滑 279.40 点，或跌 3.21%，报 8 411.85。纽约自动报价综合指数跌 37.14 点，或 2.32%，报 1566.77。标准普尔 500 指数跌 31.01 点，或 3.41%，报 877.10。欧洲三大股市闭市时，伦敦 FTSE100 指数下滑 5.0%，巴黎 CAC40 指数下滑 3.54%，法兰克福 DAX30 指数也下滑 4.96%。

据报道，欧元区 15 国的 10 月份采购经理指数，从 9 月份的 46.9 点进一步滑落至 10

月份的 44.6，这是欧元区采用该指数 10 年来的最低点，这意味着欧洲原已疲弱的经济进一步大幅度恶化。

孤悬欧陆外的英国一样糟糕，英国国家统计局昨天公布，该国经济在 2007 年第三季度萎缩了 0.5%，这是 1992 年以来头一遭。

由于自家后院起火，投资者纷纷将资金撤出东欧、亚洲和拉丁美洲较小经济体，导致这些经济体的股市和它们的货币承受巨大的压力。

摩根士丹利资本国际的新兴市场指数也猛跌超过 6%，这些新兴市场股票指数在这个星期内已下滑超过 15%，过去四年所取得的涨幅在几天内就化为乌有。

伦敦嘉诚证券分析员温德尔说："主要发达经济体，不是已陷入经济衰退，就是正要陷入经济衰退。新兴经济体的增长速度又一样显著放缓……目前，人们都没有信心，到底有什么力量能够让经济复苏。"

市场担心，会有更多国家步冰岛的后尘，在其主要金融机构倒闭后，整个经济体系也瓦解了。目前，匈牙利、乌克兰、白俄罗斯和巴基斯坦等国家，已随冰岛之后和国际货币基金组织讨论援助安排。

金融危机已经扩大为经济危机，从东京、巴黎至纽约的多个企业面对市场凋萎的困境。世界知名电子产品制造商新力公司和美国零售网站 Amazon.com 都因消费需求疲弱，不得不削减了销售预测。多家欧洲大型汽车公司以及法航荷航集团，皆宣布大幅度减产或节约措施。

【思考】

试分析美国金融危机的原因及其后果？

阅读材料

《国际劳工组织 2014 年全球就业趋势研究报告》摘抄

全球经济复苏缓慢，全球来看劳动力市场增长缓慢。2013 年，全球失业人数近 2.02 亿人，2014 年全球就业增长依然疲软，失业率继续上升，尤其是年轻人，还有大量潜在工人。许多利润主要进入资本市场，而不是实体经济，根据目前趋势，2018 年全球新增就业岗位大约是 200 万个。

青年失业仍是一个问题，全球 25 岁以下青年大约有 7450 万人失业，全球青年失业率超过了 13%，超过整体失业率两倍多。

（1）研究报告中的一些数字。

2013 年，全球失业人数增加近 500 万，达到了 2.02 亿，平均失业率是 6%。

大约 23 万工人退出了劳动力市场。

预计 2018 年，求职者人数上升超过 1 300 万。

2013 年，15～24 岁失业人数大约是 7 450 万人，青年平均失业率是 13.1%。

2013 年，大约 8.39 亿工人每天花费不到 2 美元。

2013 年，大约 3.75 亿工人每天花费不到 1.25 美元。

在发展中国家，工作质量改善步伐放缓，短期工作仍普遍存在，2013 年，全球 2.7% 工人每天生活费不足 1.25 美元。

在发达经济体股价，税收减少，消费税开支与加息平衡依赖于私人企业。

全球劳动力市场复苏受困于总需求赤字。货币政策与财政政策之间协调增加了劳动力市场不确定性，用人单位不愿意长期投资与雇用。

在一些国家，如西班牙和希腊，失业率大大增加，求职者需要花费比危机前多两倍时间进行求职。

根据国际劳工组织研究，由于劳动力市场疲软，估计2014年将有2 300万学生选择退学。

现在，关键是考虑更多就业政策，提高劳动者收入，促进经济增长，创造就业机会，根据研究报告，新兴市场和发展中国家，关键是加强社会保障，推动就业增加，支持总需求与全球经济增长。

（2）各国或区域就业发展趋势。

在发达国家和欧盟国家，2013年劳动力市场没有改善迹象。

在中欧和东南欧、独联体国家，失业率从2009年高峰到2013年发生了逆转。

在拉丁美洲和加勒比海地区，就业增长持续高于新增劳动力。

在东亚国家，就业增长依然疲弱，劳动力增长疲乏。

在东南亚和太平洋地区，2013年雇用增加了1.6%，预计未来几年将持续增长。

在南亚地区，劳动力市场仍然缺少保护，承受高利率之苦。

在中东和北非地区，2013年增速太少，失业率仍然高居世界前位。

在南非地区，高薪就业匮乏，2013年雇用率是77.4%，也是最高的。

（3）注释。

不同国家失业率不同，数据来自2012年和2013年，资料来源是国际劳工组织，动态计量经济学模型与研究，研究报告时间是2013年10月。

（4）图10-14为2012—2014年全球失业率情况，颜色越深，表示失业率越高；颜色越浅，表示失业率越低。

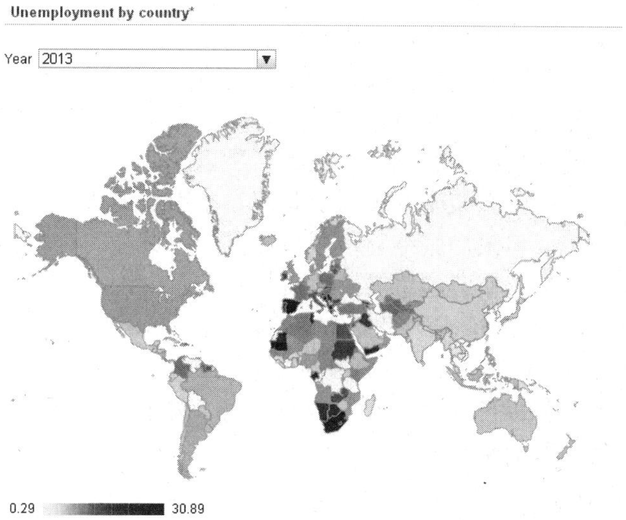

资料来源：国际劳工组织2014年全球就业趋势研究报告

图10-14 全球失业率示意图

本章小结

（1）经济周期是指经济活动沿着经济发展的总体趋势所经历的有规律的扩张和收缩。经济周期大体经历繁荣、衰退、萧条和复苏四个阶段。解决经济周期负面影响的相应政策是财政政策和货币政策。

（2）一个国家的经济增长可以定义为：给居民提供种类日益繁多的经济产品的能力长期上升。不断增长的能力是建立在先进技术以及所需要的制度和思想意识相应调整的基础上的。市场经济制度的建立和完善是实现经济增长的前提。经济增长的源泉主要包括劳动、资本和技术进步。

（3）可持续发展观认为：经济发展既要考虑当前发展的需要，又要考虑未来发展的需要，不要以牺牲后代人的利益为代价来满足当代人的利益。在经济发展的同时，不能破坏经济发展所依赖的资源和环境基础。

（4）失业者是指有工作能力、愿意工作且正在寻找工作的人。一个社会的失业率总是变动的。

（5）失业可分为摩擦性失业、结构性失业和周期性失业。摩擦性失业是由于劳动力的正常流动而产生，结构性失业是由于劳动力不能适应经济结构的变化而产生的，周期性失业往往是由于总需求不足产生的普遍性失业。

（6）失业会造成不好的后果，除了劳动者个人的收入减少，还会造成家庭和社会的不稳，失业还会导致总产出的缩减。

（7）通货膨胀出现在总体价格水平上升的时候，仅仅是某一种或某几种商品价格的上涨不能定义为通货膨胀，因为通货膨胀衡量的是平均价格水平的走向。

（8）通货膨胀按严重程度不同可以划分为三种类型：温和的通货膨胀、奔腾式通货膨胀和超级通货膨胀。一般来说，可预见的温和上升的物价水平似乎是经济健康增长的最好环境。但超级通货膨胀对社会经济而言则是致命的。历史上，超级通货膨胀往往出现在极其特殊的年代。此外还可以把通货膨胀分为可预期的通货膨胀和不可预期的通货膨胀。

（9）因为通货膨胀通过收入和财富的重新分配，会对生产率和个人产生一定的影响，特别是超级通货膨胀对社会经济的危害性极大，所以任何一个社会也不会长期忍受高通货膨胀，政府会采取一系列的政策来治理通货膨胀。常用的通货膨胀的治理政策有紧缩财政和货币政策及收入政策，但采用紧缩财政政策和货币政策往往会产生产量损失和增加，而采用收入政策则会因为没有相应的总需求政策的配合而失败。

（10）主要的国际贸易理论有绝对优势理论、比较优势理论、要素禀赋理论等。

（11）汇率是指一国货币与另一国货币的比率，或者用一国货币表示的另一国货币的价格。由于各国的货币名称以及代表的购买力的不同，为了方便国际交往，各国有必要确定不同货币之间的比价，即汇率。

（12）汇率变动对经济的影响。汇率下跌将鼓励出口、限制进口，从而在一段时期之后可能改善该国的贸易收支；反之，汇率上升将鼓励进口、限制出口，有可能使该国的贸易收支状况恶化。

（13）*BP* 曲线是国际收支均衡曲线，*BP* 曲线上的各点均为国际收支的均衡点。

本章习题

一、选择题

1．经济周期的四个阶段依次是（　　）。

A．繁荣、衰退、萧条、复苏　　B．衰退、萧条、繁荣、复苏

C．复苏、萧条、衰退、繁荣　　D．萧条、复苏、衰退、繁荣

2．朱格拉周期是一种（　　）。

A．短周期　　B．中周期　　C．长周期　　D．不能确定

3．基钦周期是一种（　　）。

A．短周期　　B．中周期　　C．长周期　　D．不能确定

4．康德拉耶夫周期是一种（　　）。

A．短周期　　B．中周期　　C．长周期　　D．不能确定

5．库兹涅茨周期是一种（　　）。

A．短周期　　B．中周期　　C．长周期　　D．不能确定

6．经济增长在图像上表现为生产可能性边界（　　）。

A．向内的某一点向边界移动　　B．向外移动

C．向上的某一点沿着边界移动　　D．向内移动

7．生产可能性曲线向右移动是因为（　　）。

A．投入减少而引起产出增加

B．产出随着投入的增加而增加

C．劳动力被有效地利用

D．生产可能性曲线内的一点向生产可能性曲线上一点的移动

8．引起周期性失业的原因是（　　）。

A．工资刚性　　B．总需求不足

C．经济中劳动力的正常流动　　D．经济结构的调整

9．下列哪一种情况会增加失业（　　）。

A．退休工人数量增加　　B．退出劳动力队伍的人增加

C．离开学校找工作的人增加　　D．离开工作岗位去上学的人增加

10．假设工资是刚性的，当劳动需求曲线向左移动时（　　）。

A．目前的工资高于市场出清水平，劳动供给超过劳动需求，导致失业

B．目前的工资低于市场出清水平，劳动供给超过劳动需求，导致失业

C．工资下降到新的市场出清水平，但劳动的供给超过劳动需求，导致失业

D．工资高于市场出清水平，劳动需求超过劳动供给，导致失业

11．传统的劳动力市场理论预测，劳动需求的增加将（　　）。

A．减少就业并提高实际工资　　B．减少就业并降低实际工资

C．对就业和实际工资均无影响　　D．增加就业并提高实际工资

12．通常，失业（　　）。

A．对经济中的不同阶层的影响是公平的

B．对高技能高工资的人有较大影响，因雇主可以从解雇他们当中节约更多的劳动成本

C．对低技能、兼职的人有更大影响

D．只对计件付薪者有影响

13．如果工资和物价同比例下降，则实际工资（　　）。

A．增加　　B．减少

C．不变　　D．增加或减少取决于实际工资的绝对水平

14．中央银行的紧缩性货币政策引起了（　　）。

A．总供给冲击，通货膨胀率上升

B．总供给冲击，通货膨胀率下降

C．总需求冲击，通货膨胀率上升

D．总需求冲击，通货膨胀率下降

15．如果债权人预计第二年的通货膨胀率为 6%，这时他所愿意接受的贷款利率为（　　）。

A．4%　　B．5%　　C．2%　　D．6%

16．在通货膨胀不能完全预期的情况下，通货膨胀将有利于（　　）。

A．债务人　　B．债权人　　C．在职人员　　D．离退休人员

17．滞胀意味着，实际国民生产总值停止增长，甚至下降，而且（　　）。

A．通货膨胀率下降　　B．通货膨胀率上升

C．通货膨胀率保持稳定　　D．通货紧缩

18．在（　　）情况下，通货膨胀的很多不利的后果会消失。

A．未被预期到　　B．每年少于 10%

C．每年高于 10%　　D．被预期到

19．将工资水平的提高与物价的上升相联系的做法被称为（　　）。

A．调节　　B．需求管理　　C．指数化　　D．保险

20．如果英镑的汇率是 2 美元，那么美元的汇率就是（　　）。

A．2 英镑　　B．1 英镑　　C．0.5 英镑　　D．无法确定

21．本同货币升值，可以使（　　）。

A．本国的进口和出口都增加　　B．本国的进口增加、出口减少

C．本国的进口减少、出口增加　　D．本国的进口和出口都减少

22．对英镑和美元两种货币来说，如果英镑的汇率上升，那么美元的汇率将（　　）。

A．上升　　B．下降

C．不确定，尚需考虑其他因素　　D．两者之间没有关系

23．国际收支失衡意味着（　　）。

A．国际收支平衡表的借、贷双方余额不等

B．经常账户与资本账户的借贷余额不等

C．商品和劳务的进出口额不等

D．资本流出、流入额不等

24．国际收支逆差将导致（　　）。

A．黄金、外汇储备减少　　　　B．本国货币贬值
C．国内产出水平下降　　　　　D．以上各项均正确

二、判断题

1．劳动的边际产量递减意味着劳动的需求曲线向右下方倾斜。（　　）

2．在其他条件不变的情形下，随着实际工资上升，劳动的需求量减少。（　　）

3．假设货币工资（即名义工资）与实际工资是相等的，则在物价水平上升之后，货币工资将高于实际工资。（　　）

4．如果每单位劳动的边际产量增加，那么劳动的需求曲线将向右下方移动。（　　）

5．退休人口的增加一定会提高一国的失业率。（　　）

6．根据劳动力市场的有伸缩性工资理论，劳动力市场总是均衡的。（　　）

7．根据刚性（黏性）工资理论，劳动的供给量决定就业。（　　）

8．在宏观经济实现充分就业时，失业率仍然是零。（　　）

9．摩擦性失业对有些劳动力来说具有正面意义。（　　）

10．只要实际通货膨胀率与预期通货膨胀率不一致，债权人与工人就会受到损失。（　　）

11．未预期到的通货膨胀对社会各个阶层的影响是相同的。（　　）

12．如果通货膨胀率上升，但名义利率仍然不变，那么实际利率就会下降。（　　）

13．严重的不利的供给冲击会引起物价水平上升，实际产出减少。（　　）

14．如果通货膨胀超过了预期的水平，而工人根据以前的货币工资合同确定工资，则实际工资就会上升。（　　）

15．进一步预期通货膨胀往往会加剧实际通货膨胀。（　　）

第 11 章　宏观经济政策

本章导学

前面已经分析了一个经济体在经济发展中的种种经济表现，我们看到受 2007 年以来全球金融危机的严重影响后各国经济增长已经放缓，尽管已经从底部缓慢回升，但仍不稳定，存在众多的不确定性。各国都有失业，并且处在衰退时期失业率很高；通货膨胀持续使货币贬值；并且美国和欧洲一些国家政府债务和国际收支赤字持续不断增长。美联储曾经为应对此次经济危机，实施了三次货币数量宽松政策。现在，也已逐步退出。那么，你可能会好奇是否可以做些什么来改善美国及其他国家的宏观经济表现？

经济学家认为可以做的有很多，但是对于最有效的方法则持不同意见。他们的观点最后被归为两大学派：古典学派和凯恩斯学派，古典观点起源于 1776 年出版的亚当·斯密的《国富论》，该观点认为政府唯一的经济作用是保护产权，如果政府让人们自由地追求自己的最大利益，经济就会最好地运行，政府试图改善宏观经济表现的努力将无济于事。

凯恩斯观点起源于 1936 年出版的凯恩斯著作《就业、利息与货币通论》，它是在大萧条时期产生的。该观点认为，如果顺其自然，经济将会运行得很差，因此需要政府的行为来实现和维持充分就业。可能充分就业只是一种理想，但是本次经济危机发生后，让西方世界重新认识和思考政府这只有形的手，应该发挥什么作用和怎样被使用更有意义。可以肯定地说，经济危机和治理危机的过程无疑是验证宏观经济学理论最好的科学实验室。

通过本章学习，你将能够：

（1）了解宏观经济政策的目标；

（2）了解财政政策及其实施效果分析；

（3）理解货币政策及其效果分析；

（4）理解财政政策与货币政策组合及效果。

11.1　财政政策

前面几章在不同假设条件下，从不同角度分析了市场机制调节过程中均衡国民收入的决定。但市场机制的自发调节是有局限性的，而且往往要经过较长时期，付出巨大的社会代价。失业与通货膨胀就是社会经济非均衡状态中出现的消极经济现象。因此，现代社会的政府一般都介入社会经济活动，运用财政政策与货币政策实施政策调节和经济干预。

一般认为，宏观经济政策主要有四大目标：充分就业、价格稳定（即货币的币值稳定）、经济持续稳定地增长、国际收支平衡。此外，政策目标还包括资源优化配置、改善收入分配、环境保护等。财政政策是指政府通过调整、改变财政收入与支出来影响宏观经济，以使其达到理想状态的一种宏观经济调节政策。政府的财政收入主要是政府税收，财政支出的内容则非常多，如公共工程建设支出、社会福利支出、国防支出、国债利息支出、公共教育支出、科研经费支出等。财政支出的方式主要有两种：一是政府购买，二是政府转移支付。如公共工程建设支出、国防支出等一般体现为政府购买，而社会福利支出、国债利息支出等则体现为政府转移支付。

11.1.1 自动稳定器

自动稳定器（automatic stabilizer）又称内在稳定器，是指财政制度本身的内在机制会自动地调整收入与支出，从而发挥稳定宏观经济的功能，主要通过下述途径来实现此功能。

1. 税收的自动变化

当总需求较大、生产扩张、国民收入增加时，个人和企业缴纳的各种税收会自动增加。其中的所得税通常实行累进税率，如月收入 3 000 元以内，按 2%纳税，3 000～5 000 元的月收入则按 4%纳税。这样，收入的上升会使许多纳税人自动进入更高的纳税档次，从而政府税收上升的幅度会超过收入上升的幅度。因此，个人和企业手中的可支配收入自动减少了，这将促使总需求一定程度地下降，从而有助于稳定宏观经济。

反之，当总需求较小、生产收缩、国民收入减少时，个人和企业缴纳的各种税收会自动下降。而且，由于累进税率的原因，收入的下降将使许多纳税人自动进入更低的纳税档次，从而政府税收下降的幅度会超过收入下降的幅度。因此，个人和企业的可支配收入相对地少下降一些，这会对总需求起某种支撑作用，从而有助于稳定宏观经济。

2. 政府转移支付的自动变化

当总需求较大时，社会失业人数减少，经济困难群体缩小，政府支付的失业救济金和其他社会福利支出自动减少，这在一定程度上有助于抑制人们的可支配收入的增长，从而一定程度上抑制总需求，稳定经济。

反之，当总需求较小时，社会失业人数增加，经济困难群体增大，政府支付的失业救济金和其他社会福利支出自动增加，从而有助于一定程度上支撑总需求。

3. 农产品价格的变化

政府通常对农产品实行制度性的价格调控。当总需求过大、国民收入增加时，社会对农产品的需求增加（农产品是许多副食品生产的原材料），农产品价格上升，政府依据农产品价格维持制度，减少对农产品的收购并抛售库存的农产品，以抑制农产品价格的上涨。这样会有助于抑制农民收入的较快增长，并一定程度上抑制总需求。

反之，当总需求过小、农产品价格下降时，政府按支持价格或保护价格收购农产品，即增加这方面的财政支出，以保护农民利益和保障农民收入，这样会在一定程度上支撑总需求，对经济起稳定作用。

但是，自动稳定器的作用是有限的。当经济波动较大、经济失衡现象较严重时，必须采取更有力度的宏观调节政策。

11.1.2 相机抉择的财政政策

相机抉择的财政政策（Discretionary Fiscal Policy）由凯恩斯主义提出和倡导，因而也被称为凯恩斯主义财政政策。它要求政府根据对经济形势的判断和权衡，积极主动地改变财政收支，以影响总需求和宏观经济。其原则是要逆经济波动的风向行事，即总需求过大时，通过政策实施压缩总需求；总需求过小时，通过政策实施扩大总需求。

1．政策手段

（1）改变政府购买水平。

在总需求过小、失业增多甚至经济萧条时，政府主动扩大对商品和劳务的购买（当然也包括了扩大政府投资）。如政府花巨资建设铁路、高速公路、大型水利设施、大型电站，增加国防开支和办公用品的开支等，以刺激总需求。如20世纪末、21世纪初，我国政府针对总需求过小、市场疲软的经济情况，大力建设西气东输、南水北调、青藏铁路等，大力推进西部开发这些利在千秋的项目，这对于克服那个期间的总需求不足起到了重要作用。

相反，在总需求过大甚至通货膨胀时，政府减少对商品和劳务的购买，以压缩总需求。

（2）改变政府转移支付水平。

在总需求过小、失业增多时，政府增加失业救济金、养老金、抚恤金、困难补助等社会福利开支，提高转移支付水平，以提高人们的可支配收入，从而增加和刺激总需求；相反，在总需求过大时，政府减少转移支付，以压缩总需求。

（3）改变税率。

在总需求过小时，政府降低税率、减少税收，让个人和企业有更多的可支配收入，以便增加消费和投资，从而扩大总需求；相反，在总需求过大时，政府提高税率、增加税收，从而压缩总需求。

以上叙述的旨在扩大总需求的财政政策被称为扩张性财政政策①，旨在压缩总需求的财政政策被称为紧缩性财政政策。扩张性财政政策会使*IS—LM*模型中的*IS*曲线右移，*AD—AS*模型中的*AD*曲线右移，都会使均衡国民收入增加；而紧缩性财政政策则会使*IS*曲线和*AD*曲线分别左移，从而使均衡国民收入减少。

2．财政赤字与财政盈余

如上所述，在总需求过小时，政府采取以增加支出、减少收入（税收）为特征的扩张性财政政策，这将产生财政赤字。如某年的财政收入为2 000亿元，财政支出却高达2 300亿元，则该年的财政赤字便为300亿元；相反，在总需求过大时，政府采取以减少支出、增加收入为特征的紧缩性财政政策，这将产生财政盈余。

现代经济学认为，不能机械地用传统的年度平衡预算原则来对待和处理财政赤字与财政盈余。因为如果要求每个财政年度的收支平衡，则只会加剧经济的波动。如经济萧条时期，税收必然会随国民收入的减少而减少，如果坚持年度平衡预算原则，那么，只有减少支出或提高税率（即减少总需求），其结果会加重萧条；通胀时期，税收必然会随国民收入的增加而增加，为了减少和消除盈余，只有增加支出或降低税率（即增加总需求），其结果会加重通胀。

---

① 媒体上常有“刺激内需”的说法。总需求包括国内需求与国外需求，国内需求（简称内需）包括国内的消费、投资和政府购买，国外需求体现为净出口。在进口既定的条件下，净出口被认为取决于国外的经济状况和收入水平，是国内宏观经济政策所无法左右的。国内宏观经济政策只能调节和影响内需。从这个意义上说，刺激总需求实际上也就是刺激内需。

如果财政赤字是源于反经济衰退和萧条，财政盈余是源于反通胀（盈余或赤字也有可能源于经济本身的周期性波动，如通胀期因国民收入的增加而使税收增加，形成盈余），则应对一定时期和一定规模内的赤字与盈余持容忍态度。财政赤字总比经济衰退及与此相伴的大量失业要好，而财政盈余总比通胀要好。

如何弥补财政赤字呢？换言之，在财政收入只有 2 000 亿元的条件下，如果往年没有财政盈余结存，要支出 2 300 亿元，那 300 亿元的资金缺口该如何补上呢？

弥补财政赤字主要有出售政府资产、向中央银行借债（这实际上是中央银行增发货币，这可称为货币筹资，容易引发通胀）、向国内公众或外国发行公债（国债，也可称为债务融资）等途径。

由于可供出售的政府资产是有限的，因而第一种途径不可能经常被采用，第三种途径是常被采用的。所以，财政赤字与公债常常是联系在一起的。但如果公债规模过大、偿债期过于集中的话，会引起人们对政府偿债能力的怀疑及其他社会问题。一国债务与 GDP 之比称为债务收入比率，国际上通常用这一比率来衡量公债的规模适度问题。当然，由于各国的经济总量及其增长率、公债的实际利率、社会稳定度等的差异性，在不同国家，这一比率的合理适用性也是有差异的。

3．政策局限性

相机抉择的财政政策虽能有效地调节宏观经济活动水平，但也有其局限性。

财政收入政策的局限性表现在：第一，增税不仅是一个经济问题，而且是一个敏感的社会问题甚至是政治问题。增税在现实社会中总是会遇到很大的阻力；第二是经济衰退时期的减税不一定能导致公众增加消费和投资，因为这时的物价看跌，人们往往持币观望或将少纳税的收入用于储蓄；第三是税率和税收的变动，一般要经过复杂的批准程序（如在美国要经过国会批准），这就有可能错过政策实施的最佳时机。

财政支出政策的局限性表现在：第一，政府如要减少转移支付，将会面临社会公众的强大压力而使政策变形；第二，政府增加转移支付也不一定能使公众增加消费，因为经济衰退时期物价是看跌的；第三，政府如要减少对大公司产品的购买，也将面临大公司强大的宣传、公关和游说活动的考验。

11.1.3 供给学派的财政政策

与相机抉择的财政政策相抗衡的一种较具代表性的政策是供给学派提出的财政政策。供给学派是 20 世纪 70 年代中期在美国兴起的一个曾经很有实际影响力的经济学流派。该学派认为，凯恩斯主义的相机抉择的财政政策只强调对总需求的调节是错误的，当时美国经济问题的根源不在需求方面，而是缺乏利益刺激，导致供给不足。而利益刺激减弱的主要原因，在于政府的高税收政策。因而，它提出的财政政策主要为以下内容。

1．降低税率、减少税收

供给学派认为，高税率严重挫伤人们的劳动热情和企业的生产积极性，使人们的可支配收入减少，缩减了投资与储蓄。储蓄的下降又抬高了利率，从而使生产成本提高，物价上涨，降低了美国产品在国际市场上的竞争力。高税率还将导致逃税严重，地下经济兴旺等。因而，高税率实际上将导致政府的税收总额减少。供给学派的重要成员拉弗提出的拉弗曲线（Laffer curve）便反映了税收与税率之间的这种关系，如图 11-1 所示。

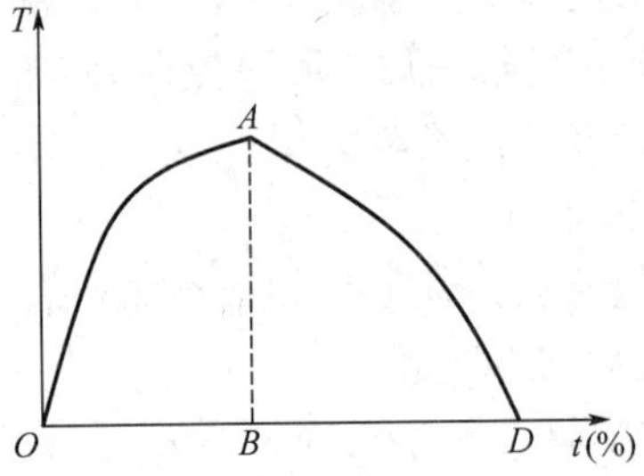

图 11-1 拉弗曲线

横轴代表税率（%），纵轴代表税收。当税率 t 为 0 时，政府的税收 T 也为零。起初税率提高时，税收随着提高，税率为 B 时，税收达到最大值 A。然后税率继续提高，高税率使经济受挫，税基减少，从而税收不升反降。理论上当税率到达 D 点（100%）时，无人劳动，无企业生产，这时税收为零。AB 线右侧的区域被称为税率禁区。供给学派认为，当时美国的税率已进入禁区，这时降低税率会刺激经济，增大税基，从而税收总额不降反升。所以，供给学派主张大幅度降低边际税率。边际税率为衡量增加最后一单位收入而须增加缴纳的税收。

供给学派的减税主张还包括免除企业研究发展费用的税收、降低股息所得税率等。

需说明的是，相机抉择的财政政策强调的减税，意在刺激总需求；而供给学派的减税，则意在通过提高企业与劳动者的生产积极性而刺激总供给。相机抉择的财政政策依据不同的经济状况，逆经济风向行事，交替采用减税与增税的权宜性举措；而供给学派则主张长久性减税，以长久地刺激和增加总供给。

2．削减政府转移支付

在减税的同时，供给学派主张削减政府支出，主要是削减转移支付，即社会福利支出。大规模的社会福利支出提高了对政府税收的要求，而且助长了人们的懒惰思想，鼓励人们失业，还不必要地扩大了政府机构。

减少转移支付和社会福利支出后，可以降低失业率，使人们恢复勤劳，提高生产效率；还有助于政府机构消肿，减少政府的经济干预，使经济体系在经济自由中更有效率地运行。

美国前总统里根在两届任期内（1981—1989 年），很大程度上实行了供给学派的政策主张。在里根执政的 8 年中，是美国历史上较长的经济稳定时期之一。但也有经济学家认为，这与美国的经济周期运行有关，不能完全归因于供给学派的理论与政策。减税对供给的刺激作用是有限的，减税的直接作用是扩大总需求。

11.2 货币政策

11.2.1 货币政策与银行体系

1．货币政策

货币政策又称金融政策。凯恩斯的宏观货币政策是指通过中央银行增加或减少货币供应量，影响利息率，通过利息率的升降来间接影响投资和消费，国民收入，实现宏观政策目标。为了充分地理解货币政策，了解货币供应量，商业银行的法定准备金制度和货币创造机制是必要的。而货币政策的实施是通过货币供应量的变化来实现的。在经济学中，一般把货币分为 M_1 与 M_2，即：

$$M_1=通货+商业银行活期存款$$

$$M_2=M_1+定期存款与储蓄存款$$

其中，M_1 被称为狭义的货币，M_2 被称为广义的货币。

现在决定一个国家货币供给量的第一个重要因素，是中央银行发行或投放的货币数量。

中央银行经常以向商业银行提供贷款、贴现等形式投放货币。由于中央银行投放的货币进入商业银行体系后，会通过银行存款创造机制成几倍扩大，对货币供给量有着举足轻重的影响，因此中央银行发行、投放的货币被称为“基础货币”或“强力货币”。

2．银行体系

现代西方的银行体系主要是由中央银行、商业银行和其他金融机构组成。银行体系结构及其主要业务如下。

（1）中央银行。

中央银行是指由政府拥有的、用于控制和管理银行体系的银行。它是一国最高的金融机构，它统筹管理全国的金融活动，实施货币政策以影响经济。当今社会除少数地区和国家外，几乎所有的独立的国家都设立了中央银行。中央银行在美国是联邦储备委员会，在英国是英格兰银行，在日本是日本银行，在中国是中国人民银行。一般认为中央银行具有以下三个职能：

首先，是作为发行货币的银行。目前几乎所有的西方国家的纸币都由中央银行发行。但也有例外，如美国、日本，硬币和辅币由财政部发行。此外，中央银行还管理国家的黄金和外汇储备。

其次，是作为银行的银行，为商业银行开户，吸收它们的存款。中央银行最大的存款来源是各商业银行缴存的存款准备金。中央银行通过贷款、贴现、公开市场操作，为各商业银行提供资金支持。它是银行的最后贷款者，为各商业银行之间的交易办理现金结算。

第三，是政府的银行，代理政府预算收支。

（2）商业银行。

商业银行是私人拥有的各种银行。商业银行主要是为公众服务的。它的主要业务是接受存款、发放贷款和代客结算等。此外还有证券经销、票据承兑、保险、咨询等业务。商业银行是唯一能接受、创造和收缩活期存款的银行。

（3）其他金融机构。

在现代金融体系中，还有许多非银行金融机构，如保险公司、信托投资公司、邮政储蓄机构等。

11.2.2 法定准备金与货币创造

1．法定准备金

商业银行从储户那里吸收存款，并用于放贷和投资。但储户因现金需要会经常来提取存款，因此商业银行必须保留一定比例的现金。如果商业银行为了获取尽可能多的放贷利息收入，过多地将资金贷放出去，就可能会出现储户前来提款而银行却无现金可提的情况，一旦这种现象发生，人们立刻会怀疑该银行的资产状况和信誉，引发“挤兑”风潮。银行不可能马上收回贷放出去的资金，因而可能会迫使该银行倒闭。在现代社会里，整个金融机构连成一体，一家银行尤其是大银行的倒闭往往会引发连锁反应。

为了保障储户的存款安全和整个金融体系的良好秩序，并有效地控制货币供给量，中央银行通过规定法定准备金率强制性要求商业银行必须保留最低限度的现金。法定准备金率（Required Reserve Ratio）是指中央银行依据法律授权规定的商业银行必须保留的最低限度的现金占其吸纳的全部存款的比率。按法定准备金率提留的现金就是法定准备金，有时也叫存款准备金。现代商业银行的法定准备金按规定存入中央银行。

在美国等国家，中央银行对商业银行存入的存款准备金是不支付利息的，而目前在我国，中央银行为此是支付利息给商业银行的。2008 年 11 月 27 日利率调整后，我国央行对金融机构法定准备金的存款年利率为 1.62%。

银行保留的总的现金中超过法定准备金的部分称为超额准备金（excess reserve），超额准备金是可以被贷放出去的，但由于找不到合适的放贷对象和出于金融安全考虑等原因暂时未贷放出去。2008 年 11 月 27 日起，我国金融机构在中国人民银行的超额准备金存款年利率由 0.99%下调到 0.72%。

为保险起见，现代商业银行一般还在库存现金、在中央银行存款以及同业存款等一线准备金之外，再设置数量适当的二线准备金（secondary reserve）。二线准备金是指可以随时出售、马上能转换成现金的有价证券，如政府公债等。

如果由于某种原因，出现暂时的提款风潮，提款量超过一线准备金，银行就可以在短期内通过证券市场抛出持有的政府公债等有价证券，用所获现金来应付储户提款。而在平时，这些有价证券则可为银行带来利息等收入。

2．存款创造机制

首先来剖析商业银行的存款创造机制。商业银行的存款创造表现为银行系统在法定准备金率下，通过一系列存贷关系，导致存款总额增加，下面举例来说明。

中央银行在公开市场业务中向企业 A 买进国债 100 万元，A 将这 100 万元存入工商银行，则银行系统就因此增加了 100 万元的存款。如果法定准备金率为 20%，工商银行则可以将 80 万元资金贷放出去。

假设工商银行将这 80 万元贷放给企业 B。企业 B 向企业 C 购买了 80 万元的原材料，企业 B 将工商银行开出的 80 万元的支票交给企业 C，企业 C 将这张支票转入自己在建设银行的存款账户上。于是，建设银行的存款增加了 80 万元，也就是整个银行系统又增加了存款 80 万元。

建设银行又可以将 64 万元的资金贷放给企业 D，在类似上述的关系中，这 64 万元又转入招商银行……这一过程继续进行下去，最后的存款额趋于 0。则整个银行体系由初始的 100 万元的存款引致的存款总额为（运用无穷级数之和的公式）：

$$100+100\times(1-20\%)+100\times(1-20\%)+\cdots\cdots=100/20\%)=500(\text{万元})$$

可见，商业银行的存款创造表现为商业银行不断地将存款转化为贷款，而贷款又派生存款的连续过程。

3．存款乘数

存款乘数（deposit expansion multiplier）是指初始存款所引致的银行系统存款总额的增加倍数。上例中，初始存款为 100 万元，导致银行系统增加的存款总额为 500 万元，即存款乘数为 5。如果以 S_n 代表存款总额，a 代表初始存款，r_d 代表法定准备金率，K_D 代表存款系数，存款乘数可根据无穷级数之和的公式导出，则有：

$$K_D=S_n/a=1/r_d$$

由上式可见，存款乘数与法定准备金率负相关：法定准备金率越高，存款乘数就越小；反之，则越大。

上述的存款创造过程中，假设准备金是不再参与银行派生存款的唯一漏出。但实际上，可能漏出的还有其他项目。

（1）超额准备金。

除了法定准备金外，商业银行往往还自愿保留一定数量的超额准备金，或者由于找不到合适的放贷对象，或者由于企业不愿多借款也会形成超额准备金。这些超额准备金不参与派生存款的创造，因而，在存在超额准备金的条件下，存款乘数比公式计算的要小。

（2）现金外流。

企业在接受贷款后，一般不会分文不取地全部通过银行间的支票划转来使用款项，而是往往会提取一部分现金用于支出。这部分现金流出银行系统，也不参与派生存款的创造。外流现金占存款的一定比率，则这时的存款乘数又进一步减少。

由上可见，存款创造过程中的各种漏出越多，存款乘数就越小。

应该注意的是，商业银行虽然通过存贷关系可以创造存款，却不能够创造真实财富。以上例子中的任何一个企业在获得贷款的同时，也承担了相应的债务，商业银行在获得存款的同时，也须承担相应债务。它们并未比过去更富有。当然，存贷款的增加为财富增加创造了条件。

4．货币乘数

在以上讨论的基础上，再来分析货币乘数。由上可推知，如果非银行部门（个人和企业）减少其持有的货币，并将它存入银行，便会为存款扩张和货币创造提供基础。商业银行的准备金总额（包括法定的和超额的）加上非银行部门持有的现金称为基础货币（monetary base），货币乘数（money multiplier）就是基础货币创造的货币供给的倍数。由于基础货币具有使货币供给量成倍放大或成倍缩小的高度能力，因而又称高能货币。

如果用 C 代表非银行部门持有的通货（现金），R_d 代表商业银行的法定准备金，R_e 代表商业银行的超额准备金，B 代表基础货币，则：$B=C+R_d+R_e$

使用 M_2 的定义，将货币定义为通货和银行存款（D）之和，即：

$$M=C+D$$

将式 M 除以 B 则有：

$$M/B=(C+D)/(C+ R_d+R_e)$$

将上式右边的分子分母都除以 D，得到：

$$M/B=(r_c+1)/(r_c+ r_d+r_c)$$

式中，M/B 为基础货币创造的货币供给量的倍数，即货币乘数，它等于$(r_c+1)/(r_c+ r_d+r_c)$。

由于现金—存款比率 r_c 取决于公众的偏好和习惯，超额准备金率（r_e）取决于商业银行的偏好及社会经济状况，因而，一定时期内的 r_c 和 r_e 都较为稳定，基本上为常数。所以，中央银行可以通过调节基础货币量（B）和法定准备金率（r_d）来影响货币供给量。

需强调指出的是，银行存款的减少或基础货币量的减少也会导致银行系统存款总额或货币供给量的成倍减少。2008 年 12 月，我国基础货币余额为 12.9 万亿元，广义货币供应量（M_2）余额为 47.5 万亿元，货币乘数为 3.68。我国基础货币的投放主要有公开市场业务证券买卖、中央银行对金融机构贷款、外汇占款、有价证券及投资等渠道。20 世纪 90 年代中期以前，中国人民银行投放基础货币的主渠道是对金融机构贷款，近年来主要是外汇占款。

11.2.3 货币政策工具

一般性的货币政策工具主要有三项。

1．公开市场业务（open-market operations）

公开市场业务是指中央银行在证券市场上买进或卖出政府债券，以调节货币供给量，进而调节宏观经济活动水平的政策行为。

若中央银行在证券市场上买进政府债券，意味着中央银行投放基础货币，售出债券的个人和企业将货币存入银行，并通过货币乘数带来货币供给量的成倍增加。如果售出债券的是商业银行，则商业银行的准备金和可贷放资金会增加。中央银行买进债券的行为导致货币供给量增加，从而会促使市场的均衡利率下降，间接地促进消费和投资的扩张。

若中央银行在证券市场上卖出政府债券，会导致基础货币减少，并引起货币供给量加速减少，促使市场均衡利率提高。

公开市场业务是中央银行控制货币供给量的常用政策工具。该政策工具操作简单、灵活。一个证券交易日内都可操作许多次，而且短时内可迅速地变买进为卖出债券，或变卖出为买进债券。如果卖出太多了，可很快买回一部分债券，迅速纠错。

美国联邦储备委员会（简称“美联储”）主要就是通过公开市场业务来调整货币供给，以达到和实现其公布的基准利率目标。

在多数发达国家，公开市场操作是中央银行吞吐基础货币，调节市场流动性的主要货币政策工具，通过中央银行与指定交易商进行有价证券和外汇交易，实现货币政策调控目标。中国公开市场操作包括人民币操作和外汇操作两部分。外汇公开市场操作于1994年3月启动，人民币公开市场操作于1998年5月26日恢复交易，规模逐步扩大。1999年以来，公开市场操作已成为中国人民银行货币政策日常操作的重要工具，对于调控货币供应量、调节商业银行流动性水平、引导货币市场利率走势发挥了积极的作用。

中国人民银行从1998年开始建立公开市场业务一级交易商制度，选择了一批能够承担大额债券交易的商业银行作为公开市场业务的交易对象，目前公开市场业务一级交易商共有50多家金融机构（包括商业银行、证券公司、保险公司和基金管理公司等）。这些交易商可以运用国债、政策性金融债券等作为交易工具与中国人民银行开展公开市场业务。从交易品种看，中国人民银行公开市场业务债券交易主要包括回购交易、现券交易和发行中央银行票据。其中回购交易分为正回购和逆回购两种：正回购为中国人民银行向一级交易商卖出有价证券，并约定在未来特定日期买回有价证券的交易行为，正回购为央行从市场收回流动性的操作，正回购到期则为央行向市场投放流动性的操作。逆回购为中国人民银行向一级交易商购买有价证券，并约定在未来特定日期将有价证券卖给一级交易商的交易行为，逆回购为央行向市场投放流动性的操作，逆回购到期则为央行从市场收回流动性的操作。现券交易分为现券买断和现券卖断两种：前者为央行直接从二级市场买入债券，一次性地投放基础货币；后者为央行直接卖出持有的债券，一次性地回笼基础货币。中央银行票据即中国人民银行发行的短期债券，央行通过发行央行票据可以回笼基础货币，央行票据到期则体现为投放基础货币。

2．再贴现率和利率

再贴现率是指商业银行向中央银行借款时支付的利率，或者说是中央银行向商业银行的贷款利率。由于传统的、历史的习惯，这一贷款利率被称为再贴现率，商业银行向中央银行的借款被称为再贴现。再贴现率也常被称为贴现率（discount rate）。

若中央银行降低再贴现率，将鼓励商业银行向中央银行借款，从而增加商业银行的准备金和可贷放资金，导致货币供给增加；反之，中央银行提高再贴现率，则会货币供给减少。

但是，这一政策工具有较大的局限性。因为它不是一个主动性的政策，如果商业银行不向中央银行借款，这一政策就无从执行。对于短期资金周转的不足，商业银行可以通过同业拆借市场作暂时性弥补，即向短期资金充裕的其他商业银行借入，不一定非向中央银行借入。所以，调整再贴现率的手段并不常用，调整本身也更多地是一种象征意义。例如，中央银行提高再贴现率，意味着发出政策紧缩的信号；反之，意味着发出政策扩张的信号。

就利率来说，如果总需求不足，中央银行可以降低商业银行等金融机构对企业和消费者的贷款利率，以鼓励和增加贷款，促进企业投资和民间消费，进而增加总需求。这种行为也称为减息。当然，降低贷款利率的同时，一般也会降低存款利率，促使企业和个人减少储蓄，增加投资和消费，这也有助于增加总需求。反之，如果总需求过大，中央银行可以提高商业银行等金融机构的贷款利率，以抑制和减少贷款，进而减少总需求。这种行为也称为加息。而存款利率的相应提高，则会促使企业和个人增加储蓄，减少投资和消费，从而有助于减少总需求。

当然，严格地讲，中央银行调整的是金融机构存、贷款的基准利率。基准利率是在整个利率体系中起核心作用并能制约、影响其他利率的基础利率。目前在我国，可以将金融机构存、贷款的基准利率看做是中央银行公布的商业银行存款、贷款等业务的指导性利率，存款利率已能在一定范围内上、下浮动，商业银行对贷款利率可以在基准利率基础上根据具体情况作一定的上、下浮动。

调整利率的幅度常用基点来表示。如将贷款利率从 7.02%提高到 7.29%，意味着利率提高了 27 个基点。

3．法定准备金率

中央银行如果降低法定准备金率，各商业银行就增加了可用于贷款的货币量，并将通过存款乘数成倍地扩大货币供给，而且，法定准备金率的降低还会使货币乘数本身增大；反之，中央银行如果提高法定准备金率，则会导致货币供给的减少。

在商业银行和其他金融机构接受的存款与放出的贷款大体相等，从而可贷放的资金量有限（即流动性有限）的条件下，这一政策手段由于会改变所有金融机构可贷放的资金量，作用很猛烈。尤其是提高法定准备金率，容易导致存款额较少的中小银行经营困难甚至破产。所以许多国家的中央银行这时一般不轻易采用这一政策工具。但如果在金融机构接受的存款大大超过放出的贷款，从而可贷放的资金量非常充裕（即流动性过剩）的条件下，提高法定准备金率的实质性意义和市场冲击力就不大，更多的只是具有政策象征意义。

上述的凡是旨在通过增加货币供给、降低利率，以刺激总需求的政策属于扩张性货币政策，一般在总需求较小时采用；凡是旨在通过减少货币供给、提高利率，以压缩总需求的政策属于紧缩性货币政策，一般在总需求较大或通胀期间采用。扩张性货币政策也常被称为“放松银根”（“银根”泛指货币供给），紧缩性货币政策也常被称为“紧缩银根”或“抽紧银根”①。

除了上述三项主要的、一般性的政策工具和政策手段外，中央银行还常采用道义劝告

① 我国常有诸如“积极的财政政策”、“谨慎的货币政策”的说法，实际上它们分别对应的大体上是（适度）扩张性财政政策、（适度）紧缩性货币政策。当然，无论是扩张性政策还是紧缩性政策，政府总是力图使其适度、恰当。

这一次要的政策手段。这是指中央银行以口头或书面等方式，劝告商业银行扩大或收缩贷款。道义劝告虽然不是硬性约束，但通常也有一定效果，因为商业银行在日常业务经营方面对中央银行有一定的依赖性。

11.2.4 货币政策的局限性

货币政策虽能影响宏观经济活动水平，但也有其局限性。它主要表现在以下几方面。

（1）经济衰退时期，企业生产的产品滞销，商业银行认为放款风险大，贷出去的款项很有可能无法收回，因而通常不愿扩大放贷，尽管中央银行这时采取种种措施增加货币供给量、降低利率。

（2）经济衰退时期，企业的预期利润率低，通常也不愿多向银行借款，尽管中央银行这时采取扩张性货币政策。

（3）通胀时期，尽管中央银行采取紧缩性货币政策，但这时产品价格高，企业利润率高，企业在利率较高的条件下仍愿增加借款。商业银行出于自身利益，也愿扩大贷款。

（4）货币政策有较强的时滞性，即政策实施后往往要间隔较长时期才能产生实质性效果。这是因为货币政策的传导环节多，不像财政政策那样可以直接影响总需求。中央银行变动货币供给量后，要通过影响利率，再影响投资和消费，然后再影响就业和国民收入。

（5）金融创新降低了货币管理当局对货币的控制力，也就是使货币政策的效果受到了冲击。

11.3 两种政策的组合与效果

前两节分别论述了财政政策与货币政策，本节对它们进行综合分析。

11.3.1 两种政策的组合方式

总体而言，财政政策与货币政策的组合方式大致有以下几种。

（1）扩张性的财政政策与扩张性的货币政策相配合。

这可以有力地刺激总需求，但容易引起通货膨胀，留下后遗症。所以，一般情况下不采用，除非经济衰退很严重。

（2）紧缩性财政政策与紧缩性货币政策相配合。

这可以有力地压缩总需求，但容易导致较长时期的经济衰退。所以，一般情况下也不轻易采用，除非通货膨胀很严重。

（3）扩张性财政政策与紧缩性货币政策相配合，或者紧缩性财政政策与扩张性货币政策相配合。

这样可以使总需求扩大但又不至于引起通货膨胀，或者使总需求缩减但又不至于导致经济衰退。

当然，面对具体的经济状况，也可采取温和扩张的财政政策与温和扩张的货币政策相组合，或者采取温和紧缩的财政政策与温和紧缩的货币政策相组合。

11.3.2 两种政策的组合及其影响

这里主要是运用*IS—LM*模型来分析两种政策的不同组合方式对于利率与国民收入的影响。

1．扩张性财政政策与扩张性货币政策

如图 11-2 所示，以增加政府购买为主要特征的扩张性财政政策使 *IS* 曲线右移，以增加货币供给量为主要特征的扩张性货币政策使 *LM* 曲线右移。扩张性的财政政策导致总需求和国民收入增加，并且对货币的需求增加，利率上升，而扩张性的货币政策导致利率下降，国民收入增加。所以，这种政策组合肯定会使国民收入增加，利率的升降则取决于两种政策的力度大小比较。图 11-2（a）显示国民收入与利率均提高了，说明财政政策的力度较大；图 11-2（b）显示国民收入增加的同时，利率下降了，说明货币政策的力度较大。

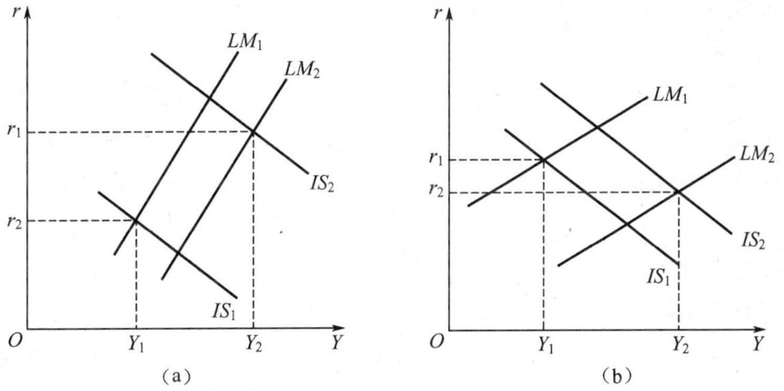

图 11-2 扩张性财政一货币政策组合的影响

当然，财政政策与货币政策的政策力度在这里除了与 *IS* 曲线和 *LM* 曲线分别移动的幅度有关外，还与这两条曲线各自的斜率有关。这将在稍后论述。

为简便起见，以△*G* 上升、△*G* 下降分别代表扩张性与紧缩性的财政政策，以△*M* 上升、△*M* 下降分别代表扩张性与紧缩性的货币政策，则上述内容可简明地表示为：

△*G* 上升，*IS* 曲线右移；△*M* 上升 *LM* 曲线右移；△*G* 上升，利率 *r* 上升和国民收入 *Y* 增加；△*M* 上升，利率 *r* 下降和国民收入 *Y* 增加。

2．紧缩性财政政策与紧缩性货币政策

△*G* 下降，*IS* 曲线左移；△*M* 下降，*LM* 曲线左移。

△*G* 下降，利率 *r* 下降和国民收入 *Y* 减少；△*M* 下降，利率 *r* 上升和国民收入 *Y* 减少。

3．扩张性财政政策与紧缩性货币政策

△*G* 上升，*IS* 曲线右移；△*M* 下降，*LM* 曲线左移曲线左移

△*G* 上升，利率 *r* 上升和国民收入 *Y* 增加；△*M* 下降，利率 *r* 上升和国民收入 *Y* 减少。

4．紧缩性财政政策与扩张性货币政策

△*G* 下降，*IS* 曲线左移；△*G* 下降，利率 *r* 下降和国民收入 *Y* 减少；

△*M* 上升 *LM* 曲线右移；△*M* 上升，利率 *r* 下降和国民收入 *Y* 增加。

11.3.3 两种政策的效果

这里主要是运用 *IS*—*LM* 模型分析一种政策环境既定条件下，与之组合的另一种政策的作用力度和实施效果。

1．财政政策的效果

财政政策的效果受到 *LM* 曲线和 *IS* 曲线的陡峭或平坦程度的影响，具体如下：

（1）在 *LM* 曲线斜率不变时，*IS* 曲线越陡峭，则移动 *IS* 曲线时收入变动就越大，即财政政策效果越大。

政府购买的增加导致了货币需求的增加，进而引起了利率的上升，利率的上升抑制和减少了私人投资，从而使总需求增加较少，相应地，国民收入也增加较少。这种由于政府购买的增加而使利率上升。从而导致私人投资下降的现象称为“挤出效应”（crowding out effect）。投资对于利率的变动越敏感，*IS* 曲线就越平坦，这时利率提高挤出的私人投资就越多，国民收入增加就越有限。利率上升虽也产生了挤出效应，但挤出效应较小，因而扩张性财政政策的效果较大。当然，同样可论证，*LM* 曲线斜率不变时，*IS* 曲线越陡峭，紧缩性财政政策的效果也越大。

（2）在 *IS* 曲线斜率不变时，*LM* 曲线越平坦，则财政政策效果越大。

将 *IS* 曲线右移相同的幅度，*LM* 曲线越陡峭，说明货币需求对利率变动的反应越迟钝。因此，政府购买增加引起货币需求增长，进而使利率上升，由于刚讲到的“迟钝”原因，这种利率上升并不会反过来引起货币需求的明显减少。即是说，货币需求仍维持在较高水平，因而利率上升幅度会较大。从而对私人投资产生较大的挤出效应，于是，国民收入增加有限。

2．货币政策的效果

货币政策的效果受 *LM* 曲线和 *IS* 曲线的陡峭或平坦程度的影响具体如下：

（1）在 *LM* 曲线斜率不变时，*IS* 曲线越平坦：货币政策的效果越大。

政府实行扩张性货币政策，使 *LM* 曲线右移相同的幅度，图 11-2（a）中的政策效果更大。这是因为，*IS* 曲线越平坦，说明投资对利率变动越敏感，因此，货币供给增加使利率下降后，投资会大幅增加，从而国民收入也会大幅增加。

（2）在 *IS* 曲线斜率不变时，*LM* 曲线越陡峭，货币政策效果就越大。

将 *LM* 曲线右移相同的幅度，货币政策效果更小。这是因为，*LM* 曲线越平坦，说明货币需求对利率变动的敏感程度越高。货币供给量增加使利率稍有下降，货币需求就会较大幅度增长，从而大量吸纳货币供给，使利率下降幅度有限。因此，*LM* 曲线越平坦，扩大货币供给量导致的利率下降就越有限，对投资的刺激就越小，国民收入增加较小。

最后指出的是，财政政策与货币政策是两种基本的宏观经济政策，其他政策是以它们为基础的，或者说，要通过它们来实施和执行。如产业政策，对需培育和扶持的特定产业的加大投资、税收减免等属于财政政策（差别化）范畴，对这些产业的贷款利率优惠则属于货币政策（差别化）范畴。当然，这也不意味着财政政策和货币政策可以替代其他的政策手段，因为不同政策的经济功能是有差异的。

案例分析

量化宽松（Quantitative Easing，QE）主要是指中央银行在实行零利率或近似零利率政策后，通过购买国债等中长期债券，增加基础货币供给，向市场注入大量流动性资金的干预方式，以鼓励开支和借贷，也被简化地形容为间接增印钞票。QE3 意思则是美国实行的第三次量化宽松刺激政策。

美国联邦储备委员会于 2012 年 12 月 12 日宣布，将在年底“扭转操作”到期后，扩大现有资产购买计划，并用量化数据指标来明确超低利率期限。

美联储当天在结束为期两天的货币政策例会后发表声明说，在卖出短期国债、买入中长期国债的“扭转操作”年底到期后，每月除了继续购买400亿美元抵押贷款支持证券外，还将额外购买约450亿美元长期国债。同时，美联储将继续把到期的机构债券和机构抵押贷款支持证券的本金进行再投资。

此外，美联储决定，在失业率高于6.5%、未来1—2年通胀水平预计高出2%的长期目标不超过0.5个百分点的情况下，将继续把联邦基金利率保持在0～0.25%的超低区间。

美联储在声明中说，上次例会以来收集的信息显示，美国经济和就业近来温和增长。失业率虽然自今年夏天以来出现一定程度的下降，但依然处于高位。居民消费继续增长，房地产市场进一步改善，但企业固定资产投资增长放缓。通胀水平除了因能源价格波动而出现短期起伏外，基本处于美联储设置的长期目标水平之下。长期通胀预期保持稳定。

美联储同时表示，将密切关注未来几个月的经济和金融数据，如果就业市场前景没有显著改善，将继续执行购买国债和抵押贷款支持证券的操作，并合理利用其他政策工具。

北京时间12月13日凌晨3点消息，据美联储刚公布的经济预期，联邦公开市场委员会（FOMC）调降了对2012直到2015年的经济增长预期，这也从一个侧面说明了联储为何推出新的QE（量化宽松）项目。

美联储对2012年实际GDP增长率的中间趋势预期（注：各去掉3个最高和最低值）为1.7%～1.8%，低于今年9月预期的1.7%～2.0%，对2013年经济增长率预期为2.3%～3.0%，低于9月的2.5%～3.0%，2014年经济增长预期从3.0%～3.8%降至3.0%～3.5%，2015年经济增长预期从3.0%～3.8%降至3.0%～3.7%。

与此同时，美联储对2015年之前的失业率预期整体下调，但在2015年之前估计都不会低于6.5%，因此0～0.25%超低利率政策将至少维持到2015年中这句话似乎依然有效。联储对今年失业率的预期降至7.8%～7.9%，低于9月估计的8.0%～8.2%，对明年失业率预期从7.6%～7.9%降至7.4%～7.7%，2014年失业率预期从9月估计的6.7%～7.3%微升至6.8%～7.3%，而2015年失业率从6.0%～6.8%降至6.0%～6.6%。

尽管推出QE4，美联储对通胀的预期还是略降，继续处在接近而未超过2%的舒适区间，这也为继续推行QE奠定了基础。以今年个人消费开支（PCE）价格指数为例，联储对其预期为同比增1.6%～1.7%，低于9月预期的1.7%～1.8%，对2013年PCE价格指数的增长预期为1.3%～2.0%，低于9月预期的1.6%～2.0%

试分析美国推出量化宽松政策的依据和具体安排内容？

阅读材料

在当前的世界格局中，任何一个有一定规模的国家经济都是开放的经济，都与其他国家有着大量贸易和金融联系，宏观经济学的研究对象自然也包括国与国之间的国际经济。在国际经济中，当一国的出口大于进口，称为贸易顺差；当进口大于出口，则是贸易逆差。近年来，贸易逆差问题受到逆差国媒体和政策制定者越来越高的重视。是什么引起贸易的不平衡，贸易逆差对逆差国及其贸易伙伴国的经济有何影响都是宏观经济学家着力回答的问题。

国际收支的不平衡，成为制约一些国家发展的重要问题。这取决于两个方面，一是贸易收支，二是货币的汇率。生产成本相对较低的发展中的制造业大国，成为贸易出超国家。

以中国和日本为主的亚洲国家，有大量的贸易盈余。并且中国和日本也成为美国的最大的债权国。而以美国和英国为首的金融发达国家，却成为入超国家。国际货币的美元化，美国成为货币的最大输出国。由此，形成的新的国际分工，被称为“倾斜的世界”。因此，由于一直以来中美之间贸易的不平衡，产生了中美的贸易摩擦和货币摩擦。其中，人民币和美元的汇率问题，一度成为人们关注的焦点。

即使不如美国所期望的幅度那么大、速度那么快，中国的汇率还是有所上升。升值可用不同方法进行衡量。大多数经济学家的衡量方法，是观察贸易项下经消费价格通胀指数调整后得出的实际有效汇率（REER）。以此计算，2005 年 7 月至今，人民币已经升值 27%。另一种测量指标为国内实际汇率（IRER），此指标测量不能跨境交易的中国商品与可跨境交易的中国商品间的价格比。据中国香港货币研究所的研究报告，中国的国内实际汇率（IRER）在 2005 年 7 月到 2011 年 12 月间上升幅度超过 35%。人民币升值刺激中国生产制造更多的不可交易商品同时买进更多的可交易商品。这两种行为均可造成盈余收窄。

当美元贬值，其他保持不变时，美国必须为进口的东西支付更多。而当美元升值时，美国为进口的东西支付更少。因此，一个较低的美元价值使消费者受害，而一个较高的美元价值使他们受益。

然而，对消费者有利的事情会使生产者的日子变得艰难。一个较高的美元价值使得一个美国的生产者更难与国外市场竞争，而一个较低的美元价值则使其更具有竞争力。

1999 年，中国出口额还不足美国的三分之一。而 10 年后，中国已成为全球最大的出口国。美国及欧盟国家进口玩具中有 85%～90%都为中国制造。

中国迅猛的出口增长对经常账户盈余贡献极大，2007 年中国经常账户盈余已经超过 GDP 的 10%。中国的经常账户盈余——其进口之于出口、消费之于盈利、投资之于储蓄的不足——已经变成了一项经济奇观，同时也引发了几乎与经济盈余一样令人印象深刻的评论及解释的盈余。中美贸易顺差仍然很大，而且争议不断，但中国对世界其余各国的经常账户盈余正在萎缩。2012 年盈余额收窄至 2 010 亿美元，已不足 GDP 的 2.8%，为 2002 年以来最低值。若以货币计，中国的盈余规模还不及德国。

中国的大量持续多年的贸易顺差，积累了巨额的外汇储备，今年将超过 4 万亿美元，而且购买了大量的美国债券，高达 1.29 万亿美元。美元的贬值和美债贬值都将使中国蒙受损失。

中国出口了产品，收到美元换回的人民币，留在国内形成了巨大的购买力，推动了物价上涨，成为“输入型通货膨胀”。因此，巨额的外汇储备已经成为中国的经济负担。另外，中国正在推动人民币的国际化，与多个国家开展人民币互换业务，扩大用人民币进行国际结算的范围，减少对美元的依赖。那么，中国的外汇储备的增长是否可以得到控制？现在，还不得而知。

本章小结

宏观经济政策就是国家依据某种或某些宏观经济理论或思想，为达到一定的宏观经济政策目标而制定和实施的调节宏观经济的原则或措施。宏观经济政策目标包括充分就业、物价稳定、经济增长和国际收支平衡四个目标。就内容侧重点来说，宏观经济政策主要分为财政政策和货币政策。

财政政策是西方国家干预和调节经济的主要政策之一。财政政策是运用政府财政支出和政府税收来调节经济中的总需求水平，消除通货紧缩缺口或通货膨胀缺口，以达到宏观经济需求管理目标的政策。财政政策的运用工具主要是政府财政支出和财政收入。按支出方式，西方国家的政府财政支出可分为政府购买支出和转移支付两部分。财政收入主要由各项税收和公债构成。在现代西方国家的财政政策理论和实践中，财政政策的运行类型有扩张性财政政策、紧缩性财政政策和平衡性财政政策三种。财政政策本身具有内在的自动调节经济、使经济稳定的效用，但作用十分有限。政府运用各项财政政策手段来调节经济，既会对整个经济产生乘数效应，也会产生挤出效应，因此需要审时度势，把握分寸。

货币政策是西方国家干预和调节经济的主要政策之一。它是指中央银行通过运用货币政策工具来控制经济中的货币供给，调节利息率，改变信贷条件，进而影响总需求变动，使宏观经济朝着既定的宏观经济政策目标方向运行。货币政策通常是由中央银行代表政府通过银行体系来实施的。在货币政策调节经济的过程中，商业银行创造存款货币的机制是十分重要的。这一机制与法定准备金制度、支票流通制度以及银行贷款转化为客户的活期存款等制度有着直接的关系。货币政策的运用工具包括：公开市场业务、再贴现政策、法定准备金率政策。在不同的经济形势下，中央银行要运用不同的货币政策来调节经济，以实现需求管理的目标。大体来说，货币政策有三种类型：扩张性货币政策、紧缩性货币政策和均衡性货币政策。

宏观经济供给管理政策是指侧重通过对总供给的调节来达到一定的宏观经济政策目标的宏观经济政策。宏观经济供给管理政策主要包括控制工资与物价的收入政策、改善劳动力市场的人力政策和促进技术或效率改进的经济增长政策。

本章习题

一、选择题

1．宏观经济政策的目标是（　　）。

A．充分就业和物价稳定

B．物价稳定和经济增长

C．同时实现充分就业、物价稳定、经济增长和同际收支平衡

D．国际收支平衡和充分就业

2．当经济过热时，政府应该采取（　　）的财政政策。

A．减少财政支出　　B．增加财政支出

C．扩大财政赤字　　D．减少税收

3．经济中存在失业时，应采取的财政政策工具是（　　）。

A．增加政府支出　　B．提高个人所得税

C．提高公司所得税　　D．增加货币发行量

4．紧缩性货币政策的运用会导致（　　）。

A．减少货币供给量，降低利率　　B．增加货币供给量，提高利率

C．减少货币供给量，提高利率　　D．增加货币供给量，降低利率

5．对利率变动反应最敏感的是（　　）。

A．货币的交易需求　　B．货币的谨慎需求

C．货币的投机需求　　D．三种货币需求的敏感程度相同

6．以下各项不能增加政府财政收入的是（　　）。

A．税收　　B．公债　　C．罚款　　D．转移支付

7．当法定准备金率为20%，商业银行最初所吸收的存款为10 000元时，银行所能创造的货币总量为（　　）。

A．2 000元　　B．8 000元　　C．50 000元　　D．10 000元

8．中央银行在公开市场上买进和卖出各种有价证券的目的之一是（　　）。

A．调节债券价格　　B．调节利息率

C．调节货币供应量　　D．调节货币需求量

9．公开市场业务是指（　　）。

A．商业银行的信贷活动

B．中央银行增加或减少对商业银行的贷款

C．中央银行在金融市场上买进或卖出有价证券

D．商业银行卖出有价证券

10．中央银行提高再贴现率会导致（　　）。

A．货币供给量的增加和利息率提高　　B．货币供给量的减少和利息率提高

C．货币供给量的增加和利息率降低　　D．货币供给量的减少和利息率降低

11．当经济中存在失业时，所采取的货币政策工具是（　　）。

A．在公开市场上买进有价证券　　B．提高再贴现率

C．提高准备金率　　D．在公开市场上卖出有价证券

12．在下述（　　）情况下会发生挤出效应。

A．货币供给的下降使利率提高，从而挤出了对利率敏感的私人支出

B．私人部门税收的增加引起私人部门可支配收入和支出的下降

C．政府支出增加使利率提高，从而挤出了私人部门的支出

D．政府支出的下降导致消费支出的下降

13．下列属于紧缩性财政政策工具的是（　　）。

A．减少政府支出和减少税收　　B．减少政府支出和增加税收

C．增加政府支出和减少税收　　D．减少政府支出和减少货币供给量

14．属于内在稳定器的项目是（　　）。

A．购买　　B．税收　　C．货币供给　　D．政府公共工程支出

二、判断题

1．充分就业和物价稳定是一致的，只要达到了其中一项，也就实现了另一项。（　　）

2．扩张性的财政政策包括增加政府支出和增税。（　　）

3．中央银行和商业银行都可与一般客户有接待关系。（　　）

4．凯恩斯主义的货币政策是通过货币供给量来调节利率，通过利率来影响总需求。（　　）

5．中央银行购买有价证券将引起货币供给量的减少。（　　）

6．提高再贴现率和准备金率都可以减少货币供应量。（　　）

7．在经济萧条时期，中央银行要运用扩张性的货币政策，而在经济繁荣时期，则要运用紧缩性的货币政策。（　　）

参考文献

[1] 曼昆，梁小平译. 经济学原理. 北京：机械工业出版社，2009.
[2] 迈克尔·帕金，张军译.微观经济学（第八版）. 北京：人民邮电出版社，2009.
[3] 鲁彬费尔德. 微观经济学. 北京：中国人民大学出版社，2000.
[4] 吴志清，黄忠林. 经济学基础（第 2 版）. 北京：机械工业出版社，2013.
[5] 高鸿业. 西方经济学（第五版）. 北京：中国人民大学出版社，2011.
[6] 穆红莉. 西方经济学. 北京：清华大学出版社·北京交通大学出版社联合出版，2010.
[7] 王小兰，邓容华. 经济学基础. 北京：北京理工大学出版社，2009.
[8] 颜家水. 经济学基础. 北京：人民邮电出版社，2013.
[9] 杨柏，许劲.微观经济学. 北京：人民邮电出版社，2013.
[10] 李荣植，桂华春译.每天学点街头经济学. 南昌：江西科学技术出版社，2010.
[11] 康海波编. 你其实不懂经济学. 广州：南方出版社，2011.
[12] http://wenku.baidu.com，百度文库.